판도라의 딸들, 여성 혐오의 역사

세상에서 가장 오래된 편견

판도라의 딸들
여성 혐오의 역사

세상에서 가장 오래된 편견

잭 홀런드 지음, 김하늘 옮김

감사의 말

이 책이 저자 사후에 출간되는 데 도움을 준 많은 분에게 감사드린다.
정신적으로, 실질적으로 지원해준 스티븐 데이비스, 돈 길버트, 수잔 피닉스,
마르시아 록, 미셸 스토다드에게 감사를 표한다.
www.jackholland.net을 만들고 개발해서 유지하고 있는 브래드 헨슬리와
데이비드 구다인, 마이크 마일스도 매우 고맙다.
런던의 출판 에이전트 사포 클리시트에게 특별히 감사의 말을
전하고 싶다. 그녀는 다른 에이전트들과 달리 이 프로젝트를 맡을 용기와
선견지명을 보여주었다.
그들 모두에게 진심 어린 감사를 전한다.

─── 메리 허드슨과 제니 홀런드

헌사

저자를 기리며 이 책을 바친다.
저자를 길러준 여성들, 즉 어머니 엘리자베스 로저스 홀런드와 할머니 케이트
머피 홀런드, 고모 '시시' 마사 홀런드를 비롯해 그의 여자 형제들인 캐서린,
엘리자베스, 아일린에게도 이 책을 바친다.

철학을 공부하면 세상이 환해졌다. 인식의 쾌감이 커질수록 조바심이 났다. 살림하고 애 키우고 임금 노동을 하자면 읽기도 버거운 이 대작들을 누가 어떻게 썼을까? 유사 이래 철학, 역사, 종교, 예술 등 인류의 정신을 직조하는 일은 남성의 몫이었다. 여성은 배움에서 배제되고 폭력에 저당 잡힌 '가정의 천사' 자리에 배정되었다. 인류의 기획은 끈질기고 공공연했다. 그래서 여성이 '감히' 생각하는 주체로 살고자 할 때 중력을 거스르는 고통이 수반되는 것이다.

이 책을 보고 나니 온갖 의문이 풀린다. 바퀴의 역사보다 오래된 여성 혐오의 역사, "인류의 절반을 비인간화"해온 인식의 지층을 정교하게 '탐침해' 들어가는 이 책의 저자도, 남성이다. 그러나 거부하기 힘들다. 사유의 전복자 니체가 19세기의 가장 파급력 있는 여성 혐오자이기도 하다는 받아들이고 싶지 않은 사실을 비로소 이해했다. 이 한 권의 책은 앞으로 떠날 사유 여행의 친절한 지도가 되어줄 것이다.

— 은유, 《있지만 없는 아이들》 저자

이 책의 제목은 《판도라의 딸들, 여성 혐오의 역사》이지만 다른 모든 좋은 책들처럼 사랑의 힘으로 쓰였다. 저자 잭 홀런드는 이 책을 집필하고 이내 암으로 세상을 떠났다. 지금 이 책을 손에 들고 있는 독자는 한 남자가 병원 침대에 누워서 어쩌면 가끔은 창밖을 보기도 하면서, 마지막 수정 작업을 마친 책을 펼치는 중이다. 그가 병환보다 더 자주 생각한 것은 원고였을 것이다. 이 책을 읽는 가장 좋은 방법은 딸이 쓴 서문을 읽고 질문 하나를 가슴에 품는 것이다. '내가 살아 있는 한 꼭 하고 싶은 말이 있는가? 내가 살아 있는 한 기필코 해내야 하는 일이 있는가?' 잭 홀런드에게는 여성 혐오에 대해서 발언하는 것이 그가 살아 있는 한 꼭 해야 할 일이었다. 평생 역사와 여성을 사랑한 그가 자신이 사랑한 두 가지를 엮어서 쓴 이 한 권의 책은 무엇이라고 봐야 할까? 눈부시게 아름다운, 그러나 그에게는 단 며칠만 허락된 어느 봄날. 그는 어느 페이지를 펼치든 '이 세상에 다시는 그런 일이 없어졌으면 좋겠어!'에 해당하는 일들이 나오는 책을 썼다. 그의 소망대로 이런 일들이 없으면 세상은 더 아름다울 것이다. 수천 년 동안 찾고 기다려온 사랑도 모습을 드러낼 것이다. 더 눈부신 햇살 속에서 어쩌면 우리는 서로를 존중하면서 더 잘해낼 것이다. 그게 무엇이든. 자신이 사랑하는 일을.

그가 먼저 지옥의 한가운데를 몸으로 뚫고 나왔다. "이 길은 아니에요." "다른 길로 나를 따라오세요." 그러나 그는 없다. 이제 우리 힘으로 그가 멈춘 곳에서, 다른 길로 가야한다.

— 정혜윤, 《앞으로 올 사랑》 저자

차례

소개글

내 아버지는 역사를 사랑했고 여성을 흠모했다. 이 두 요소는 아버지가 경력을 쌓아왔던 북아일랜드 정치 문제와는 현저히 다른 여성 혐오라는 주제로 그를 이끌었다.

아버지는 2002년부터 《판도라의 딸들, 여성 혐오의 역사》를 집필하는 작업에 착수했다. 이 주제는 열띤 대화를 불러일으키곤 했다. 아버지가 진행 중인 작업에 관해 말하면 다른 남자들은 흔히 그가 여성 혐오를 변호하기 위해 글을 쓰고 있다고 추측하는 반응을 보여서 아버지를 놀라게 했다. 그렇지 않으면 그런 책을 남성이 쓴다는 데 놀라워하는 것이 일반적인 반응이었다. 이에 대한 아버지의 대처는 간단했다. 그는 "왜 안 되죠, 여성 혐오도 남자가 발명하지 않았습니까?"라고 말하곤 했다.

집필하는 동안 아버지는 남편이, 아버지가, 이웃과 통치자가 여성에게 저지른 믿기 힘든 범죄 목록에 열중했다. 근대 초기 유럽에서 마녀로 몰린 사람들에게 자행된 상상조차 할 수 없는 고문부터 북한 수용소에 갇힌 여성들이 겪는 끔찍한 잔학 행위에까지 이르는 아버지의 이야기를 들으며 어머니와 나는 몸서리쳤다. 아버지는 신문기사를 오려냈고 무수히 많은 역사책을 읽었으며 문화적인 설명을 찾기 위해 시와 희곡으로 관심을 돌리기도 했다.

아버지는 이 책이 인생에서 가장 중요한 작업이 되리라고 여겼다. 그리고 저널리스트의 안목을 바탕으로 어려운 질문에 답하고자 했다. 전 역사에 걸쳐 세계 인구의 절반이 다른 절반을 억압하고 학대해온 일을 대체 어떻게 설명할 수 있을까?

동시대의 다른 분쟁 사안이 독자에게 가닿을 수 있게끔 사용했던 도구를 그는 이 질문과 씨름하면서도 활용했다. 그것은 바로 어렵고 접근하기 힘든 자료를 간략하게 정리하는 능력, 서양 문화와 역사에 대한 방대한 지식, 억압받는 자들을 향한 연민, 서정적인 산문체다. 이들 도구를 이용해서 그는 잔혹한 주제를 다루긴 하지만 그래도 읽는 즐거움을 선사하는 역사책을 써냈다.

아버지는 원고를 다 쓰고 한 달이 지난 2004년 3월에 암 선고를 받았다. 그리고 그해 5월에 희귀 난치성 암인 NK/T 세포 림프종으로 돌아가셨다. 질환과 치료 때문에 쇠약해진 상태에서도 아버지는 책에 몰두했고 병원 침대에 있으면서도 마지막 수정 작업을 이어나갔다.

부녀 관계는 이 책에서 중요한 위치를 차지한다. 아버지와 딸이 어떤 관계를 맺는지에 따라 여성 혐오가 끼치는 해로운 영향이 지속할지 아니면 중단될지가 결정되기 때문이다. 부녀 관계는 여자아이의 삶에서도 중심을 차지한다. 내 아버지는 부모 역할을 꽤 활하게 받아들였고 딸에게 진심 어린 찬탄을 보여주었으며 내가 성인 여성이 되었을 때도 품위를 지키며 요령 있게 대처했다. 무엇보다도 항상 아버지는 내 생각을 물었다. 내가 논쟁을 벌이고 아버지에게 이의를 제기하도록 격려했다. 가끔은 치기 어린 확신에 빠져 있던 나를 보고 웃거나 놀리기도 했다. 어떤 때는 토론이 꽤 격렬해지기도 했다. 그간의 말로 미루어볼 때 아버지가 내 지성을 높이 산다는 사실을 깨달았다. 부드러운 눈빛을 보며 아버지가 여성으로서 내가 지닌 모습을 소중히 여긴다는 걸 알았다.

이런 식의 인정이 얼마나 중요했는지는 이루 헤아릴 수 없을 정도며, 아버지가 사라진 지금은 더욱 그렇다. 여러 세기 동안 모든 대륙에 걸쳐 수많은 여성이 받았던 대우에 관해 아버지가 써내려간 내용을 읽으면서 역설적인 측면을 알아차렸다. 나는 여성 혐오의 영향에서 벗어나 있었다. 적어도 집에서는 그 족쇄가 전혀 힘을 발휘하지 못했다.

평생의 애정 어린 추억 가운데서도 가장 기억에 남는 일은 아버지가 돌아가시기 3일 전에 일어났다. 아버지와 나는 단둘이 맨해튼 병원의 한 환자 휴게실에 앉아서 원고를 검토했다. 나는 원고를 소리 내서 읽었고 아버지는 내가 바꾸었으면 하는 부분이 있는지 알고 싶어 했다. 나는 직업작가이자 전문가이며 성인이고 아버지인 그가 풋내기 기자이자 아직 전문가도 아니며 젊은 여성이자 딸인 나에게 의견을 물어봤다는 점에 으쓱해졌다.

그 순간은 소중했고 추억이 되면서 더욱 빛을 발했다. 당시에는 마치 우리를 사로잡은 조용한 과업이 아버지가 앓는 질환보다 중대한 것처럼 느껴졌다. 허드슨 강이 내려다보이는 햇살 가득한 방에 함께 앉아서 비록 짧은 순간

이었지만 암 병동을 둘러싼 고통과 두려움에서 벗어날 수 있었다.

작업을 시작하고 얼마 지나지 않아서 아버지의 담당의사가 감동한 표정을 지으며 우리를 지켜보고 있다는 걸 알아챘다. 친절하고 부드러운 목소리를 지녔으며 2주 전쯤 어머니와 내게 아버지의 죽음이 얼마 남지 않았다고 알려준 바로 그 의사였다. 그의 표정으로 보아 이런 장면을 자주 목격한 적이 없음이 분명했다.

아버지는 1950년대에 북아일랜드에서 자랐고 사회적, 정치적으로 격변을 겪던 1960년대에 성인이 되었다. 어릴 적부터 그는 유능한 여성들에게 둘러싸여 있었다. 주로 할머니인 케이트 머피 홀런드Kate Murphy Holland의 손에 자랐다. 그녀는 다운주 황야 출신의 강인한 여장부였다. 고모인 '시시' 마사 홀런드Cissy Martha Holland는 아름다운 여성으로 독신이었고 벨파스트에 있는 한 린넨 공장에서 일했다. 어머니인 엘리자베스 로저스 홀런드Elizabeth Rodgers

Holland는 가난했기에 자라면서 학업을 중간중간 중단해야 했다. 평생 아버지는 자신의 어머니를 보며 자극을 받았다. 아버지는 작가로서 지닌 목표가 자신의 어머니같이 교육을 받지는 못했으나 지성을 타고난 사람들이 고차원적인 관념들을 접할 수 있도록 돕는 것이라고 말하곤 했다.

아버지는 언제나 여성의 경험에 관심을 보였다. 북아일랜드 분쟁이 최고조에 달했을 때 그는 실화에 기초해 분쟁에 관한 첫 책을 쓰면서 자신의 어머니와 고모의 이야기랑 편지들을 발굴했다. 그리고 그것을 1981년에 발간한 《너무 오랜 희생: 1969년 이후로 북아일랜드에서 있었던 삶과 죽음 Too Long a Sacrifice: Life and Death in Northern Ireland Since 1969》에 활용하며 책에 큰 효과를 주었다. 첫 소설인 《죄수의 아내 The Prisoner's Wife》(1982)에서는 남자들이 전쟁에 참여할 때 여자들이 겪는 고통을 탐구했다.

아버지 인생에서 가장 중요한 여성은 나의 어머니 메리 허드슨 Mary Hudson이었다. 어머니도 탁월한 지성과 언어적 재능을 타고난 교사였다. 둘은 30년간 생산적이고 행복한 결혼 생활을 누렸으며, 그 기간은 그들에게 사적 측면에서나 직업적 측면에서나 소중한 시기였다. 자라면서 나는 아버지가 당시 집필하던 책들의 이런저런 면을 어떻게 발전시킬지를 두고 어머니와 함께 상의하는 얘기를 저녁식사 자리에서 수없이 들었다. 《판도라의 딸들, 여성혐오의 역사》뿐 아니라 다른 책들도 어머니의 수정이 더해져서 더욱 향상되었다.

지난 2년간 어머니의 끈질긴 노력이 없었다면 이 책은 출간되지 못했을 것이다. 아버지와 계약하고 집필하는 내내 긴밀하게 협력했던 미국 출판사는 이상하게도 아버지가 돌아가시자 원고가 출판 불가능한 상태라고 알려왔다. 어머니는 이 말이 사실이 아님을 알았다. 전달해야만 하는 이야기를 담고 있는 책이었기에 어머

13

니는 출간해줄 곳을 찾기로 결심했다. 어머니의 강인함 덕분에 중요하고 많은 시사점을 던지는 책이 독자에게 가닿을 수 있었다.

우리는 현재 상대적으로 계몽된 시대에 살고 있으며, 여성 혐오라는 현상이 단지 억압과 부당함의 원천일 뿐 아니라 인류의 발전과 사회적, 경제적 진전의 걸림돌이라고 인식한다. 하지만 대체로 여성은 여전히 같은 위치의 남성보다 적게 벌며, 미국에서는 수십 년 전에 쟁취한 생식권이 다시 위태로워지고 있다. 진정한 성평등은 여전히 달성되지 않았다. 세계 여러 곳에서 성별 문제는 가난과 무지, 근본주의와 질병으로 악화되었고, 이곳에 사는 여성의 운명은 수백 년간 거의 개선되지 않았다.

나의 아버지 잭 홀런드는 이들 문제가 단 한 권의 책으로 해결될 수 없다는 사실을, 그리고 실은 많은 책으로도 해결될 수 없다는 사실을 잘 알고 있었다. 하지만 그가 마지막으로 남긴 이 책은 세상에서 가장 오래된 편견에 맞선 투쟁에서 중요한 수단이 될 것이다.

서문

그녀의 삭발한 머리
흑밀 그루터기 같고
눈가리개는 붕대
올가미는 반지라네
—셰이머스 히니Seamus Heaney
〈처벌Punishment〉,
시집 《북쪽North》(1975) 중에서

2002년 6월 22일 펀자브 지방 외진 곳에서 무크타란 비비Mukhtaran Bibi라는 파키스탄 여성은 남동생이 지체 높은 여성과 같이 있는 장면이 목격되었다는 이유로 부족 회의에서 집단 강간형 선고를 받았다. 자비를 베풀어 달라는 간청을 무시하고 남자 넷이 비비를 오두막으로 끌고 갔다.

"그들은 저를 한 시간 동안 강간했고, 그 후에 전 움직일 수 없었어요." 그녀는 기자들에게 말했다. 수백 명이 선고 현장에 있었지만 아무도 도와주지 않았다.

2002년 5월 2일 탈북자 이순옥은 워싱턴 D.C.에 있는 미국 하원 국제 관계 위원회에서 북한 개천 여자수용소의 실태에 관해 증언했다. 이곳 수감자 중 80퍼센트 정도가 주부다. 이순옥은 시멘트 바닥에서 출산하는 여성을 세 명이나 목격했다. "수용소 의사가 워커 발로 임산부를 차는데 보기에 끔찍했습니다. 아이가 태어나자 의사가 외쳤어요. '빨리 죽여버려. 감옥에 있는 죄수가 아이를 가진다는 게 가당키나 한가?'"*

2002년 나이지리아에서 아미나 라왈Amina Lawal은 혼외정사로 아이를 가졌다고 투석형 선고를 받았다. 목까지 파묻힌 뒤에 머

---

* 이순옥의 증언은 진위를 의심해볼 정황이 있다. 자세한 내용은 7장의 주석을 참고하기 바란다.

리가 깨질 때까지 돌을 맞아야 한다는 판결을 받은 것이다.

미국 노스캐롤라이나주 페이엣빌의 포트 브래그 육군기지에서는 2003년 여름 6주에 걸쳐 네 여성이 격분한 남편의 손에 살해당했다. 그중 한 명은 한때 그녀를 사랑한다고 했던 남자의 손에 50여 차례나 찔렸다.

이집트에서 소말리아에 이르는 아프리카 동부 지역에서는 80퍼센트에서 100퍼센트에 이르는 여성들이 할례를 당한 것으로 추산된다. 일부는 미국으로 도망쳐 망명을 신청했으며, 정치 탄압을 피해 온 난민과 같은 보호를 받을 자격이 있다고 주장했다. 그런데 그들이 벌이는 투쟁은 국권이나 참정권, 시민권을 위한 운동보다 훨씬 오래되었다.

나는 펀자브, 북한, 동아프리카와는 전혀 다른 세계인 북아일랜드에서 자랐다. 하지만 이곳에서조차 '씹cunt'이란 말은 상대에 대한 최악의 경멸을 드러낸다. 어떤 사람을 혐오하거나 경멸한다면 단지 '씹'이라고 말하는 것만으로 충분하다.

그 단어는 쓰레기가 널브러진 뒷골목이나 오물 냄새와 지린내가 나는 공중화장실 벽에 휘갈겨 있었다. '씹'같이 대우받는 것처럼 최악도 없었고 '씹같이 명청한' 것보다 바보 같은 것도 없었다.

내가 자란 북아일랜드 벨파스트에는 특유의 증오심이 있었다. 그곳에 존재하던 해묵은 종파 간 적대감은 벨파스트를 폭력과 유혈 참사의 대명사로 만들었다. 하지만 가톨릭과 개신교 공동체는 교전 중에도 한 가지 문제에서만큼은 서로 동의했다. 바로 경멸받는 여성의 지위 문제였다.

벨파스트는 이 점에서 영국 내 다른 가난하고 산업화한 지역과 다르지 않았으며, 이곳에서도 아내 학대와 같은 일상적인 형태의 여성 경멸이 꽤 정기적으로 일어났다. 남자들은 개가 주인에게 발로 걷어차이는 모습을 보면 보호하려고 개입했지만 아내가 남편에게 학대받는 장면을 마주했을 때는 동일한 의무감을 느끼지 않았다. 역설적이게도 타인의 개입을 금지하는 부부 관계의 '신성한' 지위 때문이었다.

1960년대 후반에 정치적 폭력이 발발했을 때 여성 혐오적인 행동이 공개적으로 자행됐다. 영국 군인과 사귀던 가톨릭 여성들은 길가로 끌려 나와서 대개 다른 여성에 의해 움직이지 못하게 제압되었다. 남자들은 그들의 머리카락을 거칠게 자르고 밀어버린 뒤에 그들 위로 뜨거운 타르를 붓고 깃털을 뿌렸다. 그러고 나서 그들은 행인들이 지나가다가 쳐다보고 겁을 먹도록 가로등 기둥에 묶였고 목에는 성적 모욕의 또 다른 표현인 '갈보'라고 휘갈겨 쓴 표지판이 걸렸다.

성 관련 문제에서 프랑스를 본뜨곤 하는 영어권 국가의 특성상, 어쩌면 프랑스가 해방되었을 때 독일 군인과 사귀었던 여성들에게 닥친 일을 찍은 보도사진을 보고 프랑스인들을 따라한 것일지도 모른다. 그러나 우리 안의 강력한 감정이 불러일으킨 내부 논리를 따른 것이기도 했다. 바로 '씹'이라는 단음절의 간결한 단어로 표현된 그 분노 말이다.

그 논리는 약 1,800년 전 가톨릭 교회의 교부 테르툴리아누스(Tertullianus, 서기 160년~220년)의 글에서도 분명하게 드러난다.

너는 악마에 이르는 길이요, 금지된 나무의 봉인을 해제한 이요, 신이 내린 법을 처음으로 버린 자요, 악마가 차마 용기를 내지 못해 공략하지 못한 남자를 설득한 여자다. 너는 신의 형상을 한 남자를 참 쉽게 파멸시켰다.

여성 혐오는 다양한 차원에서 무럭무럭 커나갔다. 가장 높은 철학 차원에는 서양 세계관의 틀을 짠 그리스 사상가들의 작품이 있었고 낮은 차원에는 19세기 런던 뒷골목이나 현대 로스앤젤레스 도로에 출몰한 연쇄살인마들이 있었다. 살인마들이 지나간 길 뒤에는 고문당하고 훼손된 여성의 시체가 남겨졌다. 여성 혐오는 서기 3세기 기독교 고행자들부터 1990년대 후반 아프가니스탄을 지배한 탈레반 통치자들까지 분노를 여성에게로 돌리게 했고 여성의 관능성을 억누르려고 했다. 역사상 적어도 한 번은 성에 기반한 집단 학살이라고 할 수 있는 현상이 빚어졌다. 바로 중세 후기에 있었던 마녀사냥으로, 전 유럽에서 수십만 명(일부 역사학자들에 따르면 수백만 명)의 여성이 화형대에서 불태워졌다. 여성 혐오는 인간 문명이 배출한 가장 명성 높은 예술가들의 손으로도 표현되었고 현대 포르노그래피가 만든 저속하고 질 낮은 작품에도 등장한다. 여성 혐오의 역사는 오래된 만큼이나 유일무이한 증오에 관한 이야기며 아리스토텔레스와 잭 더 리퍼Jack the Ripper, 리어왕과 제임스 본드를 하나로 결속하는 열쇠다.

가장 사적인 영역에 속하는 섹스도 굴욕과 수치심을 유발하는 행위가 되었다. 범해진 여성에게는 굴욕이었고 범한 남성에게는 수치였다. 벨파스트에서 쓰이는 동사 형태의 속어 '스티프stiff'에는 '성관계를 갖다'와 '죽이다'라는 의미가 있다. 여기서 죽음은 프랑스어에서 말하는 '작은 죽음la petite mort'과는 다른 것이다. 작은 죽음은 오르가슴이 주는 황홀함에 빠진 상태를 가리키지만, "내가 저녁을 '스티프'했다"는 말은 "내가 그를 쏴서 죽였어"라는 뜻도 되고 "내가 그 여자를 따먹었어"라는 뜻도 될 수 있다. 둘 중 어느 것이든 희생자는 버려졌고 관심 밖으로 벗어났으며 비인간화되었다.

어떤 형태의 증오든 역사를 추적해나가는 일은 복잡하다. 계급이든 인종이든 종교든 민족이든, 특정 형태를 띠는 증오심의 근원에는 갈등이 있다. 그런데 인간들이 각자에게 느끼는 증오심을 담은 우울한 목록에서 여성 혐오는 독특하다. 남성 대부분이 여성을 향해, 그리고 여성 대부분이 남성을 향해 느끼는 강렬한 필요와 욕망을 수반하기 때문이다. 증오와 욕망이 독특한 방식으로 공존한다. 이것이 바로 여성 혐오가 그토록 복잡한 면모를 띠는 이유다. 그 안에는 남성이 자신과 벌이는 갈등이 포함된다. 사실 대개 갈등은 인지되지도 않는다. 다른 가톨릭 세계와 마찬가지로 아일랜드에서도 이 갈등은 언뜻 보기에 역설적인 형태로 표출되었다. 여성은 길거리에서는 경멸을 받을지 모르지만, 어느 가톨릭 성당에든 걸어 들어가는 순간 받침대 위에 놓여 우러름을 받고 심지어 숭배되는 여성을 발견하게 될 것이다.

벨파스트에서 내가 다녔던 성당은 별 특징이 없는 건물로, 19세기 후반과 20세기 초반에 지어진 전형적인 아일랜드 성당이었다. 즉 가톨릭 건축의 영광스러운 시대가 오래전에 지나고 감상적인 경건함의 시대로 대체된 이후에 세워졌다. 성당은 주변에 늘어선 집들처럼 붉은 벽돌로 지어졌다. 아름답게 장식된 것이라곤 고딕 양식을 흉내 낸 출입구와 반암으로 된 성수대뿐이었다. 일요일 마지막 미사가 거행될 때쯤이면 작은 성수대 바닥에 자잘하고 검은 먼지 덩이가 엉긴 채 내려앉아 있었다.

어두운 내부로 들어서면 시선이 한 젊은 여성 조각상에 쏠렸다. 여성은 파란 망토를 걸쳤고 머리 주변에는 별로 된 후광이 있었으며 창백하고 앙증맞은 발로 몸부림치는 뱀의 머리를 밟고 있었다. 뱀의 붉은색으로 화려하게 칠해진 입 사이로 두 갈래로 갈라진 혓바닥이 위협적으로 튀어나와 있었다. 하지만 독을 품은 분노는 무력했다. "그리고 그 거대한 용, 악마나 사탄으로 불리며 온 세상을 속였던 옛날의 뱀은 쫓겨났습니다."〈요한계시록〉 20:2)

동정녀인 여성이 완전무결한 순결함을 통해 악마를 무찔렀다. 조각상은 여성이 승리를 거둔 뒤에 밟고 있는 악이 육신과 육욕,

언급할 수 없는 행위를 저지르고자 하는 욕망의 악이며 그 때문에 이 여성이 찬미되고 있다고 이해하게끔 만들었다. 하지만 뱀이 무시하기에는 너무나 확연한 성적 상징이라는 사실 때문에 집중이 흐트러졌다. 육욕에 대항한 순결함의 승리를 기념하는 조각상은 그보다는 잠재된 관능성을 보여주었다. 옷이 살짝 들리면서 드러난 앙증맞고 여성스러운 발은 미끄러지며 몸부림치는 뱀과 밀접하게 신체적으로 접촉해 있었다. 언젠가 우리는 성을 억압하는 것이 단지 형태만 다른 성적 집착임을 깨닫게 될 것이다. 포르노그래피처럼.

열다섯이 되었을 때 나와 내 친구들은 그녀가 무엇을 짓밟는지 알았다. 사회에서 여성이 수행하도록 요구되는 역할은 다른 사람의 욕망을 부인하고 자신 안의 욕망을 억압하는 것이었다.

'씹'이라는 단어 뒤에 깔린 여성 혐오를 판독하기 위해 철학적 훈련을 거칠 필요는 없었다. 하지만 동정녀 마리아를 하나님의 어머니로 격상한 일은 여성 혐오가 여성을 밑으로뿐만 아니라 위로도 밀어낼 수 있다는 사실을 보여주었다. 어느 방향이든 결과는 같았다. 여성은 비인간화되었다.

여성 혐오는 가장 끈질기게 지속되는 편견 가운데 하나지만 세월이 흐르면서 형태가 바뀌고 진화했으며, 지배적인 사회적, 정치적 흐름, 그리고 무엇보다도 종교적 흐름에 따라 완화되거나 악화되었다. 그리고 기독교가 부흥하고 원죄 교리가 공표되면서 여성 혐오의 역사에 극적인 변화가 일어났다.

이 책에서 설명하듯이 원죄 교리는 고대 세계를 관통하는 강력한 세 물줄기가 기독교 안에서 합치면서 나온 결과물이다. 이 세 물줄기는 그리스 철학의 플라톤주의와 유대교의 가부장적 일신교, 그리고 그리스도가 하나님의 아들이며 육신을 입고 인간사에 직접 개입했다고 주장하는 기독교의 계시다. 전례 없이 철학적,

신비주의적, 역사적 주장이 만나면서 세계에서 가장 오래된 편견에 강력한 이념적 기반이 만들어졌다. 더불어 원죄로 인해 임신 자체가 죄악시되었다. 여성은 동정녀 마리아의 형태로 찬미되는 한편, 인류를 하나님의 은총이 가득한 완벽한 상태에서 멀어지게 하고 존재가 마주해야 하는 끔찍한 현실로 내려보내는 죄를 지었기에 이에 대한 책임이 있다고 여겨졌다.

여성을 격상하기도 하고 폄하하기도 하면서 이중으로 진행된 비인간화 과정이 어떻게 일어났는지 알려면 성모 마리아 숭배 훨씬 너머로 가야 한다. 이건 가장 오래된 편견에 관한 이야기이기 때문이다. 여성 혐오는 한 형태에서 다른 형태로 바뀌가며 어마어마한 시간을 살아남았고 제국과 문화를 삼킨 대변동 속을 멀쩡하게 헤쳐 나와서 다른 생각과 감정을 쏟어냈다. 철학 혁명과 과학 혁명이 세계를 바라보는 방식을 영원히 바꾼 듯이 보였을 때도 끈질기게 살아남았다. 사회적, 정치적 격변이 시민과 국가의 관계를 재정립했을 때도, 민주주의가 과두제를 무너뜨리고 전제군주들을 권력에서 내몰았을 때도 여성 혐오는 마치 떨쳐낼 수 없는 유령처럼 끈질기게 돌아와서 평등이란 이상 근처에 계속 출몰했다. 가장 최신의 포르노 웹사이트처럼 현대적이면서도 문명만큼이나 오래되었다.

우리는 위대한 과거 문명의 기원까지 거슬러 올라가는 오랜 전통의 계승자들이다. 과거 문명은 우리의 의식을 형성하는 데 지대한 영향을 미쳤으며 인류의 절반을 비인간화하려는 노력 뒤에 있는 이원론을 만들어냈다. 20세기 오스트리아의 사상가이자 아마도 철학적 근거에 기초해서 여성 혐오를 정당화하려고 시도한 마지막 서양 철학자일 오토 바이닝거Otto Weininger는 "세계의 이원성은 이해의 범주 밖에 있다. 그것은 태곳적 수수께끼며 인류 타락의 과정이다. 그것은 영원한 생명

22

과 필멸의 존재를, 순수한 것과 죄지은 것을 묶는다"고 적었다.

이 '수수께끼'의 역사를 이해하면 여성 혐오를 파헤치는 데에도 도움이 될 것이다. 하지만 근원을 추적하려면 그 이전에 있었던 일도 살펴야 한다. 여성이 오랜 세월 경멸의 대상이었다면 여성의 역사에서 여성 혐오가 발현되기 이전인 '경멸 전' 역사가 있을까? 그것이 바로 문제다.

주로 여성이 남성과 맺어온 관계를 다루어온 종래의 여성사 너머를 탐구한 여성학자와 여성사학자 들은 이 질문을 놓고 고심했다. 실제로 최근까지만 해도 남성과의 관계를 제외하면 학문적 측면에서 여성사는 거의 다뤄지지 않았다.

역사History는 종교, 정치, 군사, 사회, 철학, 경제, 예술, 과학 등, 남자들이 자신을 둘러싼 세계의 복합적인 측면에 미친 영향을 담은 '남자들의 이야기his story'였고 오늘날에도 대체로 그렇다. 페미니스트뿐 아니라 많은 사람이 역사를 가리켜 여성의 역할과 공헌이 무시되거나 가치 절하된 가부장적 사회의 산물이라고 여긴다. 그 역사 내내 여성 혐오는 시기마다 다른 방식으로 나타났다. 실제로 일부 사람은 우리가 역사라고 부르는 것은 가부장제가 말하고자 하는 이야기이고, 여성 혐오는 체제를 지탱하는 이념으로서 남자가 여자를 지배하는 이유를 설명하려는 목적을 지닌 믿음과 사고체계라고 본다.

많은 페미니스트가 자신을 구속하는 역사에 불만을 품고 대안을 찾아 선사시대로 고개를 돌렸다. 그리고 모권제가 지배적이었고 여성이 더 높은 지위를 부여받았으며 훗날 그들의 삶을 망가뜨리고 그들의 모습을 왜곡하게 될 경멸로부터 안전한 더 먼 과거를 구축했다.

다양한 모권제 모델이 19세기부터 시작해, 프리드리히 엥겔스Friedrich Engels와 지그문트 프로이트Sigmund Freud부터 20세기 후반의 영적 페미니즘 운동의 회원들에 이르기까지 매우 다양한 부류의 사람들에게 드문드문 강렬한 매력을 발휘했다. 이들 모델은 고고학자 마리야 김부타스Marija Gimbutas같이 진지한 학자의 지지를 받기도 하고 로잘린드 마일스Rosalind Miles가 쓴 베스트셀러 «세계 여성의 역사: 인류를 지탱해온 '위대한 절반'의 사라진 흔적을 찾아서Who Cooked the Last Supper?: The Women's History of the World»로 대중화되기도 했다. 책은 이렇게 서술한다.

> 최초에 인간이 선사시대의 어둠 속에서 등장했을 때 신이 여성이었기 때문이다. 그것도 얼마나 대단한 여성이었는지! ……첫 여성 신이 지닌 힘과 중심적 위치는 역사상 가장 잘 숨겨져온 비밀이다.

마일스는 위대한 여신 숭배의 역사(모권제 사회가 널리 퍼져 있었다는 생각과 동일시되었다)를 연대순으로 알려주고 "여성의 신성한 지위는 적어도 2만 5천 년간 지속했다. 일부 해설자는 과거로 더 거슬러 올라가서 4만 년이나 심지어 5만 년간 계속되었다고 보기도 한다. 사실 인류 역사가 이 단계에 있을 때 여성이 특별하거나 마력을 발휘하지 않는다고 여겨진 때는 없었다"고 적는다.

문제는 모권제 사회가 존재했다는 증거를 찾는 일이다. 그리고 만약 증거가 존재한다고 하더라도 그 자체만으로는 여성이 역사에서 맡은 역할이 그들이 남성과 맺은 관계로 정의되고 있다는 사실을 바꾸지 못한다. 모권제 역사는 단순히 종속적인 역할을 지배적인 역할로 바꿀 뿐이다. 모권제가 우세했다고 여겨지는 기간 대부분에 문자 기록이 존재하지 않는다. 프랑스 남부부터 시베리아에서까지 발견되는 이른바 비너스상 같은 구석기 시대 유물이 위대한 여신 숭배가 널리 퍼져 있었다는 증거로 활용된다. 하지만 이런 유물은 해석하기 어렵기로 악명 높다. 모권제로 해석하려는 사람들에게 이 조각상은 당시 여성이 경외감과 존경을 누렸다는 증거다. 하지만 다른 이들은 경외감과 존경이 아닌 공포를 불러일으키는 기괴한 존재로 해석한다. 설령 조각상이 위대한 여신 숭배를 상징한다고 증명되더라도 역사는 여신 숭배와 여성의 높은 사회적 지위 사이에는 필연적인 연관성이 없다는 사실을 보여준다. 예를 들어 성모 마리아 숭배는 중세에 마녀사냥이 벌어지던 와중에도 계속 중요성을 더해갔다.

그리스와 로마가 패권을 잡기 전 유럽에 특정한 형태의 모권제 사회가 널리 퍼져 있었다는 문헌상 근거는 구석기 시대가 이미 아득한 옛날이 되고 유럽에 켈트족 문화가 나타난 무렵에야 발견된다. 증거로는 켈트족 신화와 영웅전설이 있고, 다른 한편으론 켈트족이 여성에게 부여한, 그들로서는 충격적인 형태의 자유를 보고 당대 그리스인과 로마인이 적은 글이 남아 있다.

남녀 관계에 갈등이 없었던 잃어버린 황금시대의 이상향을 믿고 싶은 유혹은 강렬하지만 뿌리쳐야만 한다. 우리가 바랄 수 있는 최대치는 적어도 켈트족 사회에선 성별 관계가 한결 균형 잡혀 있었다는 증거 정도다. 이 책에서는 고대 그리스와 로마가 부상하면서 그 균형을 잃어버린 정황을 보여주고 이 문명이 창조해낸 이원론을 살펴볼 것이다. 그들의 이원론에서 남성은 정립이었고 여성은 반정립이었다.

하지만 변증법과 달리 이원론은 본질상 종합되지 않는다. 남녀는 영원한 갈등을 겪을 운명인 것이다. 여성은 남성과 비교해 여성이 '열등함을 타고났다'는 걸 증명하고 법제화하기 위해 나타난 수많은 철학적, 과학적, 법적 주장과 마주해야 했다. 나중에 기독교는 여기에 신학적인 요소를 더하면서 중대한 영향을 끼쳤고 오늘날까지도 이로부터 파생된 결과가 계속된다.

계몽주의 시대 이후에 자유민주주의가 도래하면서 여성의

정치적, 법적 평등을 요구하는 긴 투쟁이 시작되었다. 하지만 여성 혐오는 이런 진전이 자기 앞을 가로막게 용납하지 않았다. 서양에서 정치적, 법적 평등에 뒤이어 성혁명이 일어나자 근본주의 개신교도와 보수적인 가톨릭교도 들이 반발했다. 많은 3세계 국가들에서 여성의 권리를 증진하려는 운동은 깊이 뿌리내린 종교 사상과 사회 관습을 위협했다. 그에 대한 반격은 탈레반이 통치하던 아프가니스탄에서 절정에 달했다. 이곳에서 여성 억압은 국가의 주요 목표가 됐다. 나치가 뉘른베르크 법을 제정해서 유대계 독일인들을 비인간화했듯이, 탈레반이 제정한 법들도 여성을 공적 영역에서 몰아냈고 여성들의 기본 권리를 부인했다. 인류의 절반을 비인간화하려는 여성 혐오의 목표가 이토록 노골적으로 드러난 적이 없었다.

여성 혐오는 우리의 가장 내밀한 자아를 건드리기에 다른 혐오보다 훨씬 강력한 영향을 끼친다. 여성 혐오의 역사는 공적 영역에서 일어난 사건만을 다룬다. 하지만 여성 혐오가 공적 세계와 사적 세계가 교차하는 지점에 놓여 있기에 남녀가 개인 차원에서 맺는 복잡한 관계가 어쩌다가 여성 혐오를 키웠는지도 추측해보게 한다. 그 까닭을 추측하다 보면 남녀 평등이 결국에 가서는 여성 혐오를 몰아내고 세상에서 가장 오래된 편견에 종지부를 찍으리라는 사실을 알게 될 것이다.

제1장
판도라의 딸들

판도라-헤시오토스-
길가메시 서사시-
호메로스-헬레네-
민주주의-강간-솔론-
아마존 전사-그리스
희곡-히폴리토스-
플라톤-펠로폰네소스
전쟁-이데아론-
아리스토텔레스-동물
발생론-노예-여자아이
유기-스파르타

편견이 어디서부터 시작되었는지 정확히 짚어내기는 어렵다. 하지만 만약 여성 혐오에 탄생일이 있다면 기원전 8세기 언젠가일 테고, 요람이 있다면 지중해 동부 어딘가일 것이다.

그 무렵 그리스와 유대 땅에서 훗날 신화로서 힘을 얻게 될 창조 설화가 생겨났다. 이들 설화는 인류의 타락을 이야기했고 여성의 유약함이 어떻게 고통과 비참함, 죽음을 불러들였는지 설명했다. 두 가지 신화는 그 후 두 개의 가장 강력한 지류에 휩쓸려 서양 문명의 주류로 흘러들었다. 여전히 대다수 미국인이 진실이라고 믿는¹ 유대인의 경전인 〈창세기〉에 따르면 원흉은 하와였고, 그리스 전통에 따르면 판도라였다.

그리스인은 처음으로 지성 세계를 개척하고 장악했다. 자연법칙이 세계를 지배하며 그 자연법칙을 인간이 지성을 활용해 밝혀내고 이해할 수 있다고 여긴 그리스인의 시각은 오늘날 과학과 철학의 기본 전제가 된다. 민주주의를 창시한 것도 그리스인이다. 그러나 그들은 여성을 둘러싼 악의에 찬 견해에서도 선구자 역할을 해 여성 혐오의 역사에서 독보적인 자리를 차지한다. 이 견해는 현대까지도 끈질기게 이어지면서 이성과 과학의 발전이 편견과 혐오의 종말을 불러오리라는 생각에 의심을 불어넣는다.

판도라 신화는 기원전 8세기 무렵 농부 출신 시인인 헤시오도스 Hesiodos의 작품 《신들의 계보 *Theogonia*》와 《일과 날 *Ergakai Hemerai*》에 처음 등장한다. 농부로서 쌓은 경험이 상당한데도 헤시오도스의 인류 창조 이야기는 생명에 관한 기본 사실을 무시한다. 여성이 오기 전에 인류는 신들의 친구가 되어 더할 나위 없는 행복 속에서 자주적인 삶을 누리며 "슬픔과 괴로운 노동 없이/ 질병이란 속박 없이……" 살았다.2 《성경》에 등장하는 인간 창조 이야기와 마찬가지로 여성은 나중에 고안되었다. 그런데 그리스 신화 속 여성은 악의적인 면모도 가지고 있었다. 신들의 아버지인 제우스는 불의 비밀을 숨겨서 인간이 짐승처럼 고기를 날것으로 먹도록 벌을 내리려 했다. 그러자 반신半神이며 첫 인류의 창조자인 프로메테우스가 하늘에서 불을 훔쳐 땅으로 가져왔다. 속은 데 몹시 화가 난 제우스는 '모든 것을 주는 이'라는 뜻의 판도라를 "기쁨을 선사할 사악한 것"으로써 인류에게 선물하는 고도의 속임수를 썼다. 판도라를 가리키는 데 사용하는 그리스어 표현인 '칼론 카콘 kalon kakon'은 '아름다운 악'을 뜻한다. 그녀의 아름다움은 여신들에게 비견할 만했다.

> 그녀에게서 모든 여성 종족이 나왔다네.
> 치명적인 여성 종족과 아내 무리가
> 필멸하는 남성과 함께 살며 해악을 끼친다네.3

신들은 판도라에게 "교활한 태도와 암캐의 마음"을 주었다. 판도라는 프로메테우스의 남동생인 에피메테우스에게 선물로 보내졌다. 에피메테우스는 "남성에게 치명적인 헤어나올 수 없는 덫"에 매료되어 그녀와 결혼한다. 판도라는 입구를 봉한 커다란 항아리를 가져왔는데 절대 열어봐서는 안 된다고 신신당부를 받았다. 여기에서 말하는 항아리는 주로 포도주나 올리브유를 보관하는 데 쓰는 도기다. 과거에는 관으로 쓰기도 했다.4 판도라는 안에 무엇이 들어 있는지 보고 싶은 마음을 참지 못했다.

> 그러나 이제 여성이 항아리를 열었고,
> 고통과 악을 인간 사이에 흩뿌려놓았다네.5

그리스 신화에 따르면 그 후로 인류는 노동을 해야 했으며, 나이 들고 병들어 고통 속에서 죽을 운명을 맞게 되었다.

신화의 기능 중 하나는 "왜 별들이 빛나죠?"나 "왜 할아버지가 돌아가셨나요?"와 같이 우리가 어릴 적 던지곤 했던 질문에 답하는 것이다. 그와 더불어 기존의 자연 질서와 사회 질서를 정당화하고 전통으로 내려온 믿음과 의례, 역할을 설명하기도 한다. 그리스 전통, 그리고 훗날 유대-기독교 전통에서 가장 중요하게 여긴 믿음은 신이 동물과는 별개로 인간을 창조했다는 것이다(다윈의 진화론이 여전히 저항에 부딪히는 이유는 이 믿음이 보수적인 기독교인들 사이에서 끈질기게 살아남았기 때문이다). 불을 소유했다는 사실은 인간이 동물과는 다르며 종의 위계질서에서 더 높은 곳을 차지한다는 증거였다.

하지만 불을 얻게 되자 인간은 지나치게 신에 가까워졌고 신은 위협을 느꼈다. 여성은 인간의 교만에 대한 징벌이었으며, 기원과 포부가 아무리 대단하다 해도 인간은 결국 하찮은 짐승과 마찬가지로 세상에 나온다는 사실을 상기시켰다. 오늘날 몇몇 사람들은 이렇게 경멸에 찬 태도를 완전히 뒤엎어서 여성이 자연에 가깝다는 이유로 여성을 찬미한다. 하지만 그리스인에게 자연이란 남성이 더 높은 차원에 이르지 못하게 막는 걸림돌이자 위협적인 존재였다. 그리고 여성은 매혹적이기에 자연의 가장 강력한 화신으로 여겨졌다. 여성은 한편으론 인류가 존속할 수 있게 했지만, 비인간화되어야만 했다. 여성은 욕정을 불러일으키며 인류를 벗어날 수 없는 생사의 순환 고리 속으로 끌어들였고, 따라서 경멸받아 마땅했다.

그리스인은 죽을 수밖에 없는 인간의 운명을 판도라 탓으로 돌렸을뿐더러 여성을 남성과 대조되는 '타자'로, 울타리 속에 갇혀야 할 존재로 보았다. 무엇보다도 그리스인은 이원론 세계관을 공고히 할 철학적, 과학적 토대를 세웠고, 그 속에서 여성은 변덕스럽고 본질적으로 경멸스러운 세계를 영원히 형상화하는 역할을 맡을 운명이었다. 인류의 절반을 비인간화하려는 시도의 역사를 따라가다 보면 우리가 가장 소중히 여기는 가치 중 일부가 여성을 폄하하고 멸시한 사회에서 만들어졌다는 역설을 마주하게 된다. 역사학자 세라 포메로이Sarah Pomeroy는 "훗날 현대 독자에게 익숙해질 성 역할은 아테네의 암흑시대에 공고히 자리를 잡았다"고 적었다.6 그리스인은 플라톤, 파르테논 신전과 함께 '착한 여자 대 나쁜 여자'라는 개념을 포함한 여러 가지 저속한 성적 이분법을 남겼다.

헤시오도스가 작품을 쓴 시기는 훗날 그리스인이 될 부족들이 정복자로서 지중해 동부를 휩쓸고 그리스 본토뿐 아니라 주변 섬들과 오늘날 터키에 해당하는 소아시아의 해안에 정착한 지 다섯 세기가 흐른 뒤였다. 기원전 6세기에 그리스인은 서쪽으로 시칠리아섬과 이탈리아 남부 해안, 오늘날 프랑스에 해당하는 갈리아족 땅의 남동부 해안까지 퍼졌다. 그들은 가장 강력한 천둥의 신 제우스를 비롯해 전사의 신 무리를 함께 데려갔다. 하지만 난폭한 전사의 신이 존재한다고 해서 반드시 여성 혐오 문화가 있는 건 아니다. 이집트와 바빌로니아 문명처럼 그리스인이 마주친 역사가 더 오래된 문명에도 전쟁의 신이 많았지만, 인류 타락의 신화 같은 건 없었다.

메소포타미아 지방에 살았던 고대 수메르인이 «길가메시 서사시 The Epic of Gilgamesh»를 쓴 시점은 기원전 3000년경으로 거슬러 올라가며, 이야기 속 영웅도 프로메테우스처럼 신들에게 필적하고자 한다. 길가메시는 이를 위해 신처럼 불멸을 얻으려고 한다. 하지만 여기에서는 악의를 품은 어떤 신에 의해 언젠가 죽어야 할 운명을 거부하는 인간을 벌하려는 수단으로 여성이 등장하지 않는다. 길가메시 역시 "인간의 운명"을 여성 탓으로 돌리며 책망하지 않는다. 인간이 죽어야만 하는데 대한 책임은 신에게 있다. 천국을 관장하는 여신은 그에게 말한다.

> 길가메시여, 어디로 그리 급하게 향하는가? 네가 구하려는
> 영생은 결코 찾을 수 없을 것이다. 신은 인간을 창조했을 때
> 인간에게 죽음을 부여했고 영생은 자신들 몫으로 두었다.
> 길가메시여, 너는 좋은 음식으로 배를 채우고 낮과 밤, 밤과 낮을
> 춤추며 즐기고, 향연을 벌이고 기뻐하며 보내라. 깨끗한 옷을
> 입고, 목욕하고, 네 손을 잡은 작은 아이를 소중히 여기고, 네
> 품의 아내를 기쁘게 해주어라. 이것 또한 인간의 몫이니라.7

　　유럽 북서부를 지배하던 켈트 유목민의 후기 문화에도 찾았다가 잃어버린 낙원에 관한 신화가 수두룩하지만, 인류의 타락을 다루는 신화는 없다. 수메르인이나 유대인 신화처럼 켈트족의 낙원도 풍요로운 정원이며 이곳을 다스리는 아름다운 여성은 남성을 환희에 찬 삶으로 유혹한다. 유일한 갈등은 고향을 그리워하는 마음과 정원의 여성을 향한 욕망의 갈림길에서 발생한다. 욕망이 존재하되 해로운 결과를 초래하지는 않는다. 켈트족 신화에는 판도라나 하와와 유사한 인물이 등장하지 않는다.

　　올림포스산에 거주했다고 전해지는 그리스 도시국가의 신들에게는 몇 가지 눈에 띄는 특징이 있다. 주요 여신 다섯 중 넷은 처녀거나 무성에 가깝다. 가장 중요한 여신인 아테나는 뉴욕항에 있는 자유의 여신상처럼 중성적이다. 아테나는 보통 방패와 창을 들고 헬멧을 쓴 채 몸을 가리는 길고 두꺼운 가운을 입은 모습으로 그려진다. 다섯 번째 여신이자 사랑의 여신인 아프로디테는 그 가운데 예외로, 간혹 생각 없

는 듯한 행동을 벌이기도 한다. 여신들이 대부분 성적 면모를 결여하고 있다는 사실은 남성 신의 난폭하고 탐욕스러운 모습과 극명한 대조를 이룬다. 의미심장하게도 그리스 도시국가의 신들은 연쇄강간범인 하늘의 신 제우스를 신들의 아버지 자리에 앉혔다. 제우스의 수많은 자식은 대부분 제우스가 인간 여성을 겁탈한 결과로 태어났다. 두 가지 예외적인 사례가 아테나와 디오니소스인데, 둘은 제우스가 직접 낳았다. 아테나는 제우스의 머리에서 창과 방패를 들고 완전 무장한 상태로 튀어나왔고, 디오니소스는 제우스의 허벅지에서 나왔다.

모든 종교는 불가능한 것을 믿으라고 요구한다. 남성이 여성에게 의존하지 않아도 된다고 보는 남성 자주성에 관한 환상은 이미 판도라가 등장하는 창조 신화를 통해 나타났다. 여기서 남성은 여성 없이 생겨났다. 그리스 도시국가의 신들은 한 발 더 나아가 여성이 없어서는 안 되는 분야, 즉 생식에서조차 남성이 여성을 불필요하게 만들 수 있다고 불가능한 주장을 한다.

터무니없어 보일지 모르나 신들의 아버지가 신들의 어머니도 된다는 신화는 아리스토텔레스의 과학으로 힘을 얻었다. 아리스토텔레스는 임신 중인 어머니의 역할이 단순히 영양을 제공하는 데 그친다고 했다. 여성은 남성의 정액을 받는 수동적인 그릇이며, 정액에는 환경을 제외하고 태아의 발달에 필요한 모든 것이 함유되어 있다고 했다. 여성이 할 수 있는 일이라면 뭐든지 남성이 더 잘해낼 수 있을 듯이 보였다. 그리스 남성이 임신과 출산을 해보려고 곧장 실험에 뛰어들었다는 증거는 없지만서도 말이다.

그리스에서 여성 혐오가 출현한 기원전 8세기경에 가문에 기반한 왕조들의 영향력은 쇠퇴해갔다. 권력은 대신 도시국가의 정치적 통일체에 돌아갔다. 한 역사학자는 다음과 같이 적었다.

정권이 왕실에 기반한 경우에는 정치와 가정, 공과 사의 경계가
그다지 엄격하지 않다. 남성과 여성의 역할은 서로 겹친다.
남편이 부재할 때 여성이 정권을 휘두르는 위치에 가까이 갈 수
있는 것도 이러한 이유에서다.8

　귀족 가문끼리 맺는 연합은 매우 중요했고, 유대 관계를 조성하는
데 여성의 역할은 필수적이었다. 이 점은 헤시오도스보다 더 재능이 출
중한 동시대인인 호메로스Homeros의 작품에서도 잘 드러난다. 트로이
공성전을 다룬 이야기인 «일리아스Ilias»에서 스파르타의 왕이자 헬레
네의 남편인 메넬라오스는 아내 덕분에 왕위에 올랐다. 파리스와 눈이
맞아 트로이로 달아난 아내를 되찾는 일은 단지 헬레네가 견줄 데 없이
아름다웠기 때문이 아니라 왕위가 걸린 문제였기에 메넬라오스에게
지극히 중요했다.
　호메로스는 왕조들이 존재했던 더 이른 시기의 자료를 바탕으로
«일리아스»와 (그리스 왕들 중 한 명인 오디세우스가 집으로 돌아가기
까지 겪는 긴 모험담인) «오디세이아Odysseia»를 창작했다. 두 작품에서
여성은 대체로 공감 어린 시각으로 묘사되었다. 여성들은 강인하고 복
합적인 면모를 지녔으며 모든 문학 작품을 통틀어 매우 인상적인 인물
들에 속한다. 왕조 시대가 끝날 무렵 목축 경제에서 노동집약적이며 재
산 보전을 중시하는 농업 경제로 축이 이동했다. 하지만 헤시오도스의
작품뿐 아니라 현존하는 다른 기원전 8세기 문헌에서 표출하는 여성을
향한 적개심은 정치와 사회 구조의 변화만으로는 설명할 수 없다. 그
어떤 뿌리 깊은 증오도 그런 방식으로 설명되지 않는다. 하지만 정치와
사회 구조의 변화는 남성이 여성 혐오를 표현하기에 수월한 환경을 제
공했다.9 그리고 혐오를 분출하기에 만만한 대상은 기원전 8세기의 창
조물로서 "천 척의 배를 출범시키고/ 트로이의 까마득히 높은 성채를

불태운" 미모를 지녔으며 그리스에서 여성 혐오의 주요 표적이 된 트로이의 헬레네였다.10

헬레네의 어머니 레다는 제우스의 강간 피해자 중 한 명이었다. 제우스는 백조로 변신해서 레다를 범했다. 하지만 욕망과 혐오를 동시에 불러일으키는 복합적인 인물로서 범상치 않은 길을 밟아왔다는 점에서 헬레네는 레다보다 판도라의 딸에 가깝다. 판도라처럼 헬레네의 아름다움도 환영에 불과하다. 그녀의 아름다움은 남성에게 엄청난 욕망을 불러일으킨다. 그러나 그녀를 욕망하면 유혈 참사와 파멸 같은 해악에 길을 터주게 된다. 《일리아스》에서 헬레네가 자신을 가리켜 "재앙을 불러들이는 끔찍한 여자"라고 부르며 자기혐오를 표출하는 모습은 판도라를 연상시킨다.11 아테네의 창작 활동이 정점에 이르렀던 시기에 일부 위대한 희곡 속 여성 등장인물에게 자기혐오는 보편적인 감정이 되었고, 헬레네는 여성 혐오의 중심점이 되었다. 헬레네에게는 살해자, 남자에게 내린 저주, 암캐, 흡혈귀, 도시 파괴자, 독이 든 성배, 남자를 집어삼키는 여자 등 상상할 수 있는 거의 모든 여성 혐오의 수식어가 따라붙었다. 에우리피데스Euripides가 쓴 《트로이의 여인들Troiades》에서 살해된 트로이의 왕 프리아모스의 과부인 헤카베는 승리를 거둔 스파르타의 왕 메넬라오스에게 외친다.

축복하겠네, 메넬라오스여, 그대를 축복하겠네,
만약 그녀를 살해한다면! 단지 그녀의 얼굴을 보면
그대가 유혹에 빠져 무너지지나 않을까 두려울 뿐이네!
그녀는 강인한 남자의 눈을 사로잡고 우뚝 솟은 도시를 옭아매네.
그녀 안의 불은 집들을 삼켜버리네.
그녀는 죽음의 잔이며 그런 마법을 부린다네!12

헤카베의 간청은 허사로 돌아간다. 메넬라오스는 헬레네를 원했고 필요로 했기에 처벌하지 않는다. 메넬라오스는 헬레네를 스파르타로 데려갔고 그곳에서 결혼 생활을 다시 이어간다. 반면 다른 여성들은 승자의 노예 신세로 전락해서 잃어버린 남편과 아버지, 아들을 생각하며 비탄에 잠긴다.

판도라 신화처럼 헬레네 이야기도 욕망과 죽음을 뗄 수 없는 관계로 엮는 알레고리다. 헬레네를 향한 파리스의 욕망이 전쟁과 온갖 참상을 일으키듯이 판도라 신화에서 판도라가 순결함을 잃는다는 것, 즉 항아리를 여는 행위는 세상에 죽음을 불러들인다. 이러한 알레고리는 지그문트 프로이트Sigmund Freud가 "파괴 또는 죽음 충동과 에로스 사이에 벌어지는 영원한 투쟁"이라고 부른 것을 나타낸다.13 여성을 경멸하는 문화에서 여성들은 자신의 아름다움이 욕구를 불러일으키고 생과 사의 순환 고리를 시작하게 만든다는 이유로 강한 죄책감을 느껴야 했다.

다른 신화와 문화에서도 에로스*와 타나토스**가 맺는 복잡한 관계를 고찰했으나, 그것을 주로 피할 수 없는 삶의 일부라는 관점에서 바라보았다. 켈트족 신화에서 여신들은 삶과 죽음의 원리하고 동일시되었지만 그 두 가지 역할을 이원론의 관점에서 바라보지는 않았다. 삶과 죽음이라는 두 원리는 영원히 서로 전쟁을 치르는 관계가 아니었다. 켈트족은 모든 어머니가 현실에서 그러하듯이 여신들도 의식하지 않고 삶과 죽음의 힘을 조화롭게 한다고 여겼다. 생명을 낳는 행위는 죽음도 함께 불러온다. 삶과 죽음의 조화는 켈트족에겐 단순히 세상이 돌아가는 방식이었으며, 누군가를 비난하거나 탓할 문제가 아니었다.

하지만 그리스인의 이원론적 사고방식에서 자연은 인간의 한계와 약점을 상징했고, 여성은 자연을 상징했다. 여성은 인간의 한계를

---

*   사랑 또는 생의 충동.

**   죽음의 충동.

지속해서 분하게 상기시켰다. 그 점이 바로 판도라와 딸들이 저지른 죄였고, 옛이야기부터 철학까지의 여성 혐오가 모든 여성을 벌하고자 하는 이유였다.

시인 로버트 그레이브스Robert Graves는 "모든 신화에 변함없이 적용되는 한 가지 법칙은 신들 사이에서 벌어지는 일은 모두 땅 위에서 벌어지는 사건을 반영한다는 것이다"라고 적었다.14 신화가 승인한 관계나 태도는 대개 법과 관습에 반영되었다. 민주주의가 발전하고 아테네를 포함한 도시국가들이 성장한 기원전 6세기에 여성의 행동을 통제하고 제한하는 규범이 급속도로 발달했다는 사실이 이 법칙을 뒷받침한다.

민주주의의 출현이 여성의 지위를 낮추었다는 생각은 현대인에게 모순처럼 보일 것이다. 하지만 현재 통용되는 보통 선거권이란 개념은 물론이고 평등이란 개념조차 그리스와 로마 민주주의에 영감을 주지 않았다. 그리스와 로마는 노예제 국가였고 민주적 권리는 시민의 지위를 가진 성인 남성에게만 부여했다. 노예를 소유하는 경제 체제에서 모든 사람이 평등하게 태어났다는 생각은 엄연한 현실과 상충했다. 더군다나 노예제는 보편적이었고 이득을 안겨 주었다. 이런 체제에서 노예제는 타고난 능력 차이에 따른 '자연스러운' 결과로 받아들여졌다. 한 형태의 지독한 불평등이 일상화된 곳에서는 다른 형태의 불평등도 만연하기 쉽다.

여성의 행동과 가능성을 통제하던 법률은 헤시오도스가 쓴 여성 혐오의 알레고리가 어떻게 사회적 사실이 되었는지를 생생하게 보여주는 적절한 예시다. 법적으로 아테네 여성은 아이 상태에 머물렀고 언제나 남성의 보호 아래 있었다. 여성은 보호자를 동반하지 않고는 집을 나설 수 없었다. 남편과의 저녁식사에 초대받는 일은 매우 드물었고 집안의 격리된 구역에서 생활했다. 정규 교육도 받지 못했다. 철학자 데

모크리토스Democritos는 "여성이 이성을 발달시키지 못하게 하라. 그건 끔찍한 일이 될 것이다"라고 말했다. 여성은 사춘기에 접어들면 결혼을 했고 대개 결혼 상대인 남자는 나이가 두 배가량 많았다. 나이와 성숙도, 교육 정도의 차이는 여성이 열등하다는 인식을 강화했을 것이다. 게다가 남편들은 다음과 같은 충고를 들었다. "아내에게 글자를 가르치는 것은 분별없는 짓이다. 그것은 뱀에게 독을 더해주는 행위나 마찬가지다."15

　　남편의 간통은 이혼 사유로 여겨지지 않았다(이런 견해는 1923년까지도 영국에 널리 퍼져 있었으며, 영국 상류층 문화에 고전이 얼마나 깊이 배어들었는지 보여준다). 하지만 아내가 간통을 저지르거나 강간당하면 남편은 이혼해야 할 의무가 있었고, 그렇게 하지 않으면 시민권을 박탈당했다. 이러한 위협을 마주했기에 인류가 만든 첫 민주 국가에서 여성의 처지는 고대 바빌로니아의 전제 정치 아래에서보다 취약했다. 고대 바빌로니아에서 기원전 1750년경 편찬된 함무라비 법전은 적어도 남편에게 간통을 저지른 아내를 용서할 수 있는 결정권을 주었다.

　　다른 남자의 아내와 합의하고 성관계를 갖는 것은 고대 그리스에서 강간보다 더 심한 모욕으로 여겨졌다. 아내의 정부를 살해한 죄로 기소된 남편의 재판에서 법원 서기는 강간과 관련된 솔론(Solon, 기원전 6세기에 살았던 아테네의 위대한 입법자)의 법을 낭독했다.

> 배심원 여러분, 따라서 입법자는 강간한 자가 유혹한 자에 비해 가벼운 처벌을 받아야 한다고 생각했습니다. 유혹한 자에 대한 처벌은 사형으로 규정했지만 강간한 자에 대한 처벌은 갑절의 벌금입니다. 그의 생각은 이렇습니다. 폭력을 쓴 자는 강간당한 사람의 증오를 받을 겁니다. 하지만 설득으로 바라던 바를 얻은 자는 여성의 마음을 타락시키고 여성이 남편보다

그들에게 더 애착을 느끼게 합니다. 그 결과 가정 전체가
그들의 손아귀에 넘어가고 아이의 아버지가 남편인지 정부인지
불분명해집니다.16

남편은 둘을 현장에서 적발했기 때문에 아내의 정부를 죽일 권리
가 있다고 변론했다. 강간당한 여성은 간통 혐의를 받은 여성과 동일한
처벌을 받았고, 공적 행사에 참여하거나 장신구를 착용하는 것이 금지
되었다. 오늘날 여러 보수적인 이슬람교도 사회에서처럼 강간 피해자
한테 강간에 대한 책임이 있다고 여겨졌다. 피해자는 사회에서 버림받
았고, 도시국가처럼 작고 긴밀히 연결된 공동체에서 이는 끔찍한 운명
으로 받아들여졌다.17

솔론은 여성에게 더 많은 제약을 가했다. 전통적으로 보수를 받고
장례식에서 곡을 하는 여성 무리가 있었으나 솔론은 장례식과 연회에
여성이 참여하는 것을 제한했고 공공장소에서 부를 과시하는 행위도
통제했다. 게다가 여성은 땅을 사거나 팔지 못하도록 금지했다. 솔론
은 아버지가 사망했을 때 여성에게 남자 형제가 없다면 여성은 가장 가
까운 친척과 결혼해야 한다는 법을 만들었다. 그리하여 이 결혼에서 탄
생한 아들들이 땅을 물려받게 되었다. 여성들은 이런 방식으로 "재산
이 가족 내에 머물게끔 하는 수단"이 되었다.18 결혼한 뒤에도 아테네
여성은 아버지의 통제 아래 있었고, 아버지는 이득이 된다고 판단하면
딸을 남편과 이혼시키고 다른 사람과 재혼시킬 수 있었다. 솔론이 제정
했다고 알려진 또 다른 법은 아테네 시민이 다른 아테네 시민을 노예로
삼는 것을 금지했다. 다만 한 가지 예외가 있었다(시민이 아니라면 노
예로 삼는 것이 허용되었다). 아버지나 가장에게는 아직 결혼하지 않은
딸이 순결을 잃으면 딸을 노예로 팔 권한이 있었다.

'착한' 여자들이 무분별한 성적 행동이 남기는 오점에서 안전하

40

다는 점이 확실해지자 남성들의 성욕을 충족해주는 '나쁜' 여자들을 공급할 필요가 생겼다. 솔론은 공인된 국영 유곽을 세웠고 그곳을 노예와 외국인으로 채웠다. 착한 여자들은 아내이자 어머니라는 한 가지 범주에 속했다. 반면 나쁜 여자들은 오늘날 정부情夫에 해당하며 손이 많이 가는 고급 창부 헤타이라부터 욕구를 해소하기 위해 허름한 곳에서 헐값에 취할 수 있는 길거리 매춘부까지 여러 등급으로 나뉘었다. 창녀의 성행위는 공중화장실과 같은 역할을 했다. 창녀는 남성이 성욕을 배출하는 일종의 하수구로 여겨졌다.19

위대한 아테네의 연설가인 데모스테네스Demosthenes는 "우리에게는 즐거움을 주는 헤타이라와 매일의 필요를 충족해주는 첩, 집안일을 돌보고 적자를 낳는 아내가 있다"고 말했다고 전해진다. 여성의 덕목을 성에 대한 무심함과 결부해 구분 짓는 행위는 오늘날까지도 여성을 비인간화하는 데 활용된다.

여성을 옭아매던 수많은 제약을 고려하면 남성이 경계를 넘나드는 여성에게 집착했다는 사실은 그리 놀랍지 않다. 아마존에 대한 관심은 그리스인이 여기에 얼마나 매료되었는지를 생생하게 보여준다. 아마존은 전설의 여전사 부족으로, 조직적인 전투라는 남성들만의 성역을 침범했다. 그들은 그리스 역사에 반복해서 등장하며 현재까지도 주제로 다뤄진다. 역사의 '아버지'라 불리는 기원전 5세기경 역사학자 헤로도토스Herodotos에 의해 처음 언급되었고, 문명의 접경 지대에 거주하며 전쟁에만 전념하는 모습으로 그려졌다. 그들은 성관계를 갖기 위해서만 남자를 찾았으며, 남자아이는 모두 버리고 여자아이만 길렀다. 아마존은 가부장 사회인 아테네의 거울상이다. 자주적인 남성이란 환상은, 아마존 설화에서 악몽과도 같은 정반대 모습인 자주적인 여성을 마주한다.

이렇게 고대 아테네 때부터 현대의 만화 주인공 원더우먼이나 여자 프로레슬러에 이르기까지 남성은 오랫동안 여전사에 매료되어 왔다. 여자 프로레슬러들은 아마존과 마찬가지로 만들어진 환상에 불과한 전투를 치른다. 하지만 실제로 남성은 여전사에게 불안감이 깃든 매혹을 느꼈고, 그것이 아테네인들 사이에서는 과도한 규모에 달했다. 남성과 아마존의 전투는 고대에 여성을 묘사하던 가장 인기 있는 주제 중 하나였다. 작품 800여 점이 현재까지 살아남았으며, 대부분이 아테네에서 만들어졌다.[20] 그들은 신전부터 항아리와 잔에 이르기까지 모든 것을 장식했다. 어디로 눈을 돌리든 그리스 시민은 칼이나 창을 든 남자가 여자의 머리채를 잡고 말에서 끌어 내리는 장면, 창으로 찌르거나 곤봉으로 때려서 죽이는 장면을 볼 수 있었다. 이 경우에 창은 유두를 겨눴고 으레 여자가 입은 튜닉은 흘러내려서 가슴을 드러냈으며 짧은 치마는 말려 올라가 허벅지를 노출했다.

아테네에서 가장 거대한 신전인 파르테논은 기원전 5세기에 도시를 지배하는 여신 아테나에게 영광을 돌리고 페르시아 침략자들에게 거둔 승리를 기념하기 위해 건립되었다. 하지만 아테나 상의 방패를 장식하는 전투 장면은 역사적 사건에 기반하지 않았다. 대신 아테네를 설립했다는 신화 속 영웅 테세우스가 아마존 침략군에 맞서 거둔 전설의 승리를 새겨넣었다. 이 장면의 인기는 단순히 이 주제를 다룰 때에만 나체 혹은 반나체인 여성을 보여줄 수 있다는 이유만으로는 설명할 수 없다(기원전 5세기의 아테네 관습에 따르면 남성만을 나체로 표현할 수 있었다). 이 장면은 재생산되는 포르노그래피처럼 거듭 반복된다. 하지만 포르노그래피와 마찬가지로 반복된다 하더라도 그 뒤에 감춰진 욕구나 불안감은 누그러지지 않는다.[21]

경계를 넘나드는 여성을 향한 남성의 불안감은 그리스 희곡에서 특히 강렬하게 인상적으로 표출된다. 현재까지 전해지는 비극들은 모두 아테네 극작가들의 작품이며 비교적 짧은 기간인 기원전 5세기에 집중적으로 쓰였다. 그중 여성 인물이 등장하지 않는 작품은 소포클레스Sophocles가 쓴 «필록테테스*Philoktetes*»뿐이다. 반절이 넘는 비극의 제목에 여성 이름이나 여성과 연관된 단어가 들어가 있다.22 여성 등장인물들은 무대 중앙을 차지했고 격렬하게 저항했다.

비극의 구성과 등장인물은 호메로스의 서사시와 거기에 등장하는 청동기 시대 영웅과 여걸, 악당 들에서 빌려온 경우가 많았다. 현대로 치면 소설가가 등장인물과 줄거리를 모두 아서왕과 원탁의 기사들 전설에 기반해야 하는 관습을 따르는 것과 비슷하다. 따라서 이런 연극이 현실에서 여성이 마주했던 삶과 문제를 얼마나 대변해줄지 의문이 제기되어왔다. 하지만 문제는 연극이 현실 여성의 행동을 얼마나 정확히 반영했느냐가 아니라 남녀 관계에 대해 사회가 느끼는 불안감을 얼마나 제대로 표현했느냐다. 그들이 제대로 표현했다는 점에는 의문이 없다.23

에우리피데스의 작품 «메데이아*Mēdeia*»에서 동명의 주인공은 그리스 신화 속 영웅이자 남편인 이아손이 다른 여자와 결혼하기 위해 그녀를 저버리자 복수하려고 자기 자식들을 제 손으로 죽인다. 아이스킬로스Aeschylos의 작품 «아가멤논*Agamemnon*»에서 클리타임네스트라는 남편이 트로이를 향해 출항하자 애인을 만든다. 그러고는 국가 권력을 거머쥔 뒤 남편이 돌아오자 살해한다. 소포클레스의 작품 «엘렉트라*Elektra*»에서 아가멤논의 딸은 어머니 클리타임네스트라를 살해해 아버지의 죽음에 복수하라며 주저하는 오라비 오레스테스를 부추긴다. «안티고네*Antigone*»는 외삼촌이자 왕인 크레온이 위반하면 사형에 처하겠다며 내린 명령을 거역하고 오빠의 시신을 거둬 땅에 묻은 여성의 이야기다. 안티고네는 반항한 대가로 산 채로 묻혔다. 에우리피데스의 작품 «바쿠스 여신도들*Bakchai*»은 광란의 축제를 벌이는 포도주의 신 디오니소스를 따르던 여신도 무리가 아마존 전사처럼 돌변한 이야기를 담고 있다. 그들은 시골을 휘젓고 돌아다니며 마을을 약탈했고 파견된 군대를 무찔렀고 광란에 빠져서 그들을 염탐하려던 펜테우스 왕의 사지를 갈기갈기 찢었다.

각각의 사례에서 비극은 여성이 가부장적 질서를 거역하고 씌워진 굴레에서 잠시 벗어난 결과로 발생한다. 그들은 '자연의 순리'를 외치며 저항한다. 많은 경우, 국가의 요구 사항보다 먼저 생겨났고 그들에게 더 우선시되기도 하는 가족의 이름으로 맞서기도 한다. 안티고네가 오빠를 향한 가족애 때문에 법을 어겨서라도 시신을 제대로 매장해야만 했다고 항변하자 크레온은 "내가 살아 있는 한 여성의 법을 받아들이는 일은 없을 것이다"라고 외친다.24

비극 여주인공들은 저항하면서 여성에게 용인된 행동과 용인되지 않은 행동 사이에 놓인 경계를 넘어서고 결과적으로 남성적으로 변하며, 나아가 아마존 전사처럼 되기도 한다. 안티고네가 법을 거역하려고 하자 이스메네는 반항적인 언니에게 경고한다. "우리는 여자로 태어났으니…… 남자와 맞서 싸워서는 안 돼요."25

이야기가 전달하고자 하는 것은 모순까지는 아니더라도 상당히 복합적이다. 극작가는 고통과 억압을 받아서 저항하도록 내몰리는 여성을 향해 자주 연민을 드러낸다. 하지만 그로 인해 벌어지는 폭력과 야만스러운 행위는 기저에 깔린 불안감을 증폭한다. 여성이 제멋대로인 데다 비이성적인 생물이며 남성이 창조한 문명의 질서를 위협하는 자연의 거센 반격을 상징한다고 보는 불안감 말이다. 이러한 생각은 여태까지 쓰인 작품 중 가장 강렬하게 여성 혐오를 드러내는 에우리피데스의 «히폴리토스*Hippolytos*»에서 나타난다. 히폴리토스는 열변을 토한다.

지옥에나 떨어져라! 아무리 해도 여자들을 향한 증오가 가라앉지 않는구나.

누군가 날 보고 여자를 끊임없이 비난한다고 해도 마찬가지일
것이다.

여성의 사악함에도 끝이 없으니.

누군가 그들을 가르쳐서 분별력을 키워주거나

아니면 내가 발로 짓밟도록 해다오.26

여성이 부당함을 겪는다는 사실이 인정되었지만 부당한 일을 자
행하는 가부장적 질서를 유지하는 것 또한 필요하다고 여겨졌다.

여성이 '타자'이며 남성과 정반대되는 존재라는 인식은 연극에서
강렬하게 드러나고 이원론적 성 개념은 이후로 서양 문명의 특징이 되
었는데, 부분적으로는 플라톤과 아리스토텔레스가 이 개념을 철학적,
과학적 언어로 표현한 데서 기인한다.

플라톤(Plátōn, 기원전 429년~기원전 347년)은 고대와 중세, 근대를 통
틀어 가장 영향력 있는 철학자로 간주된다. 세계의 본질에 관한 플라톤
의 생각은 서양 문명과 그걸 앞장서서 퍼뜨리는 촉매제 역할을 한 기독
교가 뿌리내린 전역으로 확산했고, 이 사상이 만들어질 당시에 아직 알
려지지 않았던 대륙과 국가에도 훗날 지적, 정신적으로 커다란 영향을
미쳤다. 여성 혐오의 역사에 플라톤이 기여한 부분은 그가 가진 엄청난
영향력의 부산물이지만 거기에는 역설적인 측면도 있다.

어떤 사람들은 플라톤을 최초의 페미니스트라고 칭송한다. 플라
톤이 생각하는 유토피아의 모습이 담긴 «국가Politeia»에서 여성이 남성
과 동일한 교육을 받아야 한다고 주장했기 때문이다. 그런 반면 플라톤
의 이원론적 세계관은 일상적이고 변하기 쉬운 존재들의 영역을 외면
했다. 그는 현명한 사람이라면 환영에 불과하며 정신을 흐트러뜨리는
이런 존재를 마땅히 경멸해야 한다고 했다. 여기에는 결혼과 출산이 포

함되며, 하찮다고 여긴 이런 일들을 그는 여성과 동일시했다.27 플라톤은 평생 결혼을 하지 않았고, 남자가 남자에게 느끼는 '순수한' 사랑이 여성을 향한 남성의 동물적 욕망에 가까운 사랑보다 고귀하다고 찬미했다. 그는 남성을 정신적 측면과 연관시키고 여성을 성욕과 동일시하는 익숙한 이원론의 사고를 견지했다. 그러면서 전에 없이 강력한 철학적 무기를 제공했다.

철학자의 사색은 진공 상태에서 이뤄지지 않는다. 아무리 추상적이거나 무딘 생각이라 하더라도 설명하는 데 도움이 되는 충분히 현실적인 상황에 기반한다. 20세기 철학자 칼 포퍼Karl Popper는 "플라톤은 현대를 살아가는 우리에게도 유효한 특정 시대의 산물이다"라고 했다.28 플라톤이 감각 세계 너머에 존재하는 드높고 완벽한 세계를 탐구한 때는 기아와 역병, 탄압과 검열, 내전의 유혈 사태로 얼룩진 시대였다. 플라톤은 아직 청년이었을 때 고대 그리스 세계를 뒤흔든 사건들을 겪었는데, 거기에서 깊은 영향을 받았다. 그는 아테네의 부유한 집안에서 태어났고 아테네와 스파르타가 기원전 431년부터 기원전 404년까지 거의 끊임없이 벌인 펠로폰네소스 전쟁을 보며 자랐다.

펠로폰네소스 전쟁이 그리스에 미친 영향은 제1차 세계대전이 유럽에 던진 충격에 비견할 만했다. 전쟁으로 인해 아테네와 아테네 제국은 몰락했다. 그와 함께 아테네 문명이 누리던 보기 드문 지적, 예술적 성취의 시대가 종말을 맞았다. 전쟁은 그리스를 고갈시켰고 훗날 마케도니아인과 로마인에게 정복당하는 원인이 되었다. 패배에 잇따른 혼란과 소요 속에서 복수심에 불탄 민주 정권은 플라톤이 사랑하던 스승 소크라테스(Sōkrátēs, 기원전 469년~399년)를 자살하게 만들었다. 펠로폰네소스 전쟁은 플라톤의 세계관에 깊은 영향을 주었고, 바로 그 이유에서 역사의 전환점이 되었다. 전쟁은 플라톤의 마음속에 민주주의에 대한 뿌리 깊은 불신과 경멸을 심어놓았다.

　　플라톤이 상상한 첫 유토피아는 전체주의 국가로서, 수호자라 불리는 영구적인 지배 계층이 엄격하게 다스리고 하위 계층은 사회의 경제적, 농업적 기반을 유지하는 역할만을 담당하는 사회다. «국가» 속 세계에서는 사랑을 노래하는 시나 춤같이 경박한 쾌락을 추구하는 것은 금지되었다. 수호자들은 재산을 소유할 수 없었고 화장같이 개인을 치장하는 행위도 금지되었다. 플라톤은 육체란 본질적으로 악하다고 보았고, 변화하는 감각의 세계에 경멸을 표했다.[29] «향연Symposion»에서는 아름다움을 "하찮은 것"이라 불렀고, "필멸하는 것들로 인한 오염"에 대해 이야기한다. «국가»에서 플라톤은 "인간이 가진 갈망의 물줄기가 지식이나 그와 유사한 것을 향해 흐를 때 즐거움에는 정신적 측면만 남고 육체적 즐거움은 스쳐 지나갈 것이다. 그가 진정한 철학자고 사기꾼이 아니라면 말이다"라고 주장했다. 어떤 것도 지배 계층의 주의를 완벽한 아름다움과 완벽한 좋음을 사색하는 일에서 다른 데로 돌리면 안 되었다. 완벽한 무료함을 위한 비결이 있다면 바로 이것이 아닐까?

　　플라톤의 작품은 모두 소크라테스와 제자들 사이의 대화 형식을 띤다. «국가»에서 소크라테스는 남자와 여자는 생물학적 역할과 신체의 힘을 제외하면 다를 바 없다는 논거를 들어 일부 선택된 여성을 지배 계층인 수호자에 포함하고 그들에게 남성과 동일한 책임을 지워야 한다고 주장한다. 여성은 남성 동료들과 나란히 교육과 훈련을 받는다. 남성과 여성 수호자는 "함께 살고 식사하며 집이나 재산을 개인적으로 소유하지 않는다."[30] 남성과 여성 수호자 간의 서로 끌리는 감정은 불가피하나 "이상적인 사회에서 규제 없이 관계를 갖거나 다른 어떤 행위를 하는 것도 죄악이다. 통치자들이 이를 허가하지 않을 것이다." "좋은 혈통을 길러내는 것"이 목표였기에 우수한 사람들끼리 자식을 가져야만 한다. 그 결합에서 나온 아이는 태어남과 동시에 어머니

품에서 떨어져 공동 보육 시설에서 자란다. 어머니는 시간이 오래 걸리고 고단한 일인 수유에서 벗어나게 되고, 그 일은 국가에 고용된 유모가 대신한다. "부모는 자기 아이가 누군지 알아서는 안 되고, 아이는 부모가 누군지 알면 안 된다." 사유 재산이 없기에 아버지는 아무것도 물려줄 게 없을 테고, 따라서 자기 아들이 누군지 알 필요도 없을 것이다.

플라톤의 작품에서 여성은 성적 측면 전부를 부정당했을 때에만 남성과 동등해진다. 그들은 사실상 명예 남성이 된다. 그들에게 인정된 생물학적 차이는 생식밖에 없다(수천 년 뒤에 몇몇 급진적인 페미니스트들도 같은 주장을 한다. 그들에 따르면 남성과 여성의 다른 점은 생식기뿐이고 그 밖에는 모두 학습된 행동에 의한 것이다). 여성 수호자에게 출산은 허용되지만, 아이와의 유대 관계는 금지된다. 자식들은 국가가 돌본다. 성을 통제하는 것은 국가가 시민들을 통치하는 열쇠이며, 국가 정책의 수단이 된다. 가족의 유대 관계, 특히 어머니와 아이의 관계를 끊어놓음으로써 플라톤의 유토피아는 개인이라는 개념 자체를 공격한다. 모든 전체주의 이념은 국가의 요구가 가장 중요하다는 점을 확실시하기 위해 개인주의를 말살하려 한다.

일상의 즐거움을 폄하하려고 한 플라톤의 태도는 20세기 전체주의 국가에서도 발견된다. 성관계를 그저 '좋은 혈통'을 생산해내기 위한 임무로만 취급하는 측면에서는 지배 인종을 생산하는 데 집착한 나치 독일의 등장을 예시한다. 여성 수호자에게서 성적 면모를 없앤 점은 마오쩌둥毛澤東 시절의 중국이 남녀 모두에게 작업복을 입혀서 구분되지 않게 하려고 한 시도에서 반복된다. 순수한 이슬람 공화국을 세우려고 탈레반이 광적으로 검열하던 당시에 아프가니스탄에서는 시와 음악 대부분이 실제로 금지되었다. 그들이 통치하던 시기에는 미용실을 여는 것조차 선동 행위에 속했다. 플라톤 이후에 등장한 모든 전체주의 정권은 여성이 화장을 하지 못하게 막는 걸 목표로 삼았다.

《국가》에서 '타자'는 다른 형태를 취하기도 하고 다른 인종을 가리키기도 한다. 소크라테스는 여성이 남성의 '천적'이듯이 야만인은 그리스인의 '천적'이라고 주장했다. 세계를 서로 간에 전쟁을 벌이는 요소들로 나누면 사람들을 배타적인 부류들로 분류하는 것 또한 쉬워진다. 여성 혐오와 인종차별주의가 종종 같은 사회 환경에서 발견되는 현상은 우연이 아니다.

플라톤의 이원론은 이데아론에서 철학적으로 가장 설득력 있게 표현된다. 수호자라면 마땅히 이데아론을 이해해야 하고 교육의 가장 필수적인 요소이자 그들을 이끄는 지혜로 삼아야 한다. 이데아론을 이해하지 못하면 참된 실재와 허상을 구분하지 못하기 때문이다. 플라톤에 따르면 참된 실재는 지성으로만 파악된다.

플라톤은 《국가》에서 이데아론에 관해 다음과 같이 적었다.

우리는 아름답거나 좋다고들 말하는 개별 사물들과 완전한
아름다움, 완전한 좋음을 구분해야 한다. 마찬가지로 어떤 사물
묶음이든지 각자에 상응하는 하나의 유일한 이데아가 있으며,
우리는 이를 완전한 실재라고 부른다.31

이에 더해 플라톤은 한층 높은 차원의 실재를 좋음과 동일시하고, 세월과 무관하게 완전하다고 했다. 신의 본질에 관해 토론할 때는 신을 이러한 완전함이 최고로 구현된 존재로 정의하고, 마치 마법사처럼 다른 존재로 둔갑하곤 하는 호메로스의 신들을 경멸했다. "신은 완전히 좋은 것이기 때문에 어떻게 변하든 덜 완전해질 수밖에 없다"고도 주장했다.

플라톤의 이데아론은 기독교 교리인 원죄의 철학적 바탕이 되었다. 여기에 영향을 받은 기독교는 임신 자체를 신의 완전함에서 멀어져

서 고통과 죽음으로 가득 찬 현상 세계라는 나락으로 떨어지는 과정으로 보았다. 이데아론은 판도라와 인류의 타락을 그린 알레고리에도 철학적 기반을 제공했다. 타락하기 전에 자주적인 남성들은 신과 조화를 이루며 살았다. 그들이 신에게서 멀어진 것은 언제나 그렇듯 여성이 개입했기 때문이고, 이로 인해 남성은 완전히 좋은 것에서 멀어지게 되었다.

이원론의 세계관은 감각 세계를 폄하하면서 가장 높은 형태의 지식, 즉 신에 관한 지식에 이르기 위해 영원히 투쟁해야 하는 대상으로 설정했다. 이러한 시각은 기독교 사상가들이 여성을 바라보는 관점에도 영향을 미쳤으며, 여성은 비유를 넘어 문자 그대로 일시적이고 변화하며 경멸스럽다고 멸시받는 것들이 구현된 존재로 여겨졌다.

플라톤의 이데아론이 여성 혐오에 철학적으로 그럴싸한 외관을 제공했다면 플라톤의 제자인 아리스토텔레스(Aristoteles, 기원전 384년~기원전 322년)는 여성 혐오에 과학적 정당성을 부여했다. 아리스토텔레스의 과학 대부분이 현대인에겐 터무니없어 보여서, 그의 학설이 서양인들의 사고방식을 2천 년 가까이 지배했다는 사실을 간과하기 쉽다. 아리스토텔레스의 견해는 과학 혁명이 일어난 17세기가 되어서야 폐기되었다. 버트런드 러셀Bertrand Russell은 "17세기에 들어선 뒤로 중요한 지성적 발전은 대부분 아리스토텔레스의 학설을 공격하면서 시작되었다"고 논평했다.32

아리스토텔레스는 역사상 가장 맹렬한 여성 혐오자라고들 한다. 그는 여성을 과학적인 관점과 사회적인 관점에서 바라보았다. 때로는 자연 세계를 정확히 관찰했고 다양한 생물종을 기술한 내용이 찰스 다윈Charles Darwin에게 깊은 인상을 주기도 했지만, 여성에 관해서는 비뚤어진 견해를 가졌다. 여성의 열등함을 나타내는 징후로 머리가 벗어지지 않는다는 사실을 언급하면서, 이를 여성이 더 아이 같은 본성을 지

닌 증거라고 보았다. 또한, 여성이 남성보다 치아 수가 적다고 주장했
다. 버트런드 러셀은 이 주장에 대해 다음과 같이 지적했다. "이따금 한
번씩 아내가 입을 열게 허용했다면 이런 실수를 저지르지 않았을 것이
다."33

　　아리스토텔레스는 목적이라는 개념을 과학의 기본 원칙으로 소
개했다. 살아 있는 생물을 포함해 모든 물질의 목적은 그들 자신이 되
는 것이다. 아직 유전학과 진화론 관련 지식이 없던 시대였기에 아리스
토텔레스는 각자 자기 자신이 될 잠재력을 실현하는 것이 곧 목적이라
고 보았다. 어떤 면에서는 플라톤이 설파한 이데아론을 유물론 형태로
바꿔놓았다고 할 수 있다. 이를테면 이상적인 물고기가 있고 현실의 모
든 물고기는 이상적인 물고기가 구체화한 결과다. 이상적인 모습을 실
현하는 것이 현실 물고기들의 목적이다.

　　이러한 생각은 인간, 특히 여성에게 적용했을 때 불행하지만 예측
가능한 결과를 불러왔다. 그리고 차별을 해명하기보다 정당화했다. 가
장 해로운 사례는 아리스토텔레스의 «동물 발생론On Generation and Cor-
ruption»에 나온다. 이 이론은 남성과 여성이 서로 다른 목적을 지니고
있다고 상정했다. "남성은 본질적으로 우월하고 여성은 열등하다. 한
쪽이 지배하고, 다른 쪽은 지배받는다. 이 원칙은 필연적으로 모든 인
류에게 적용된다."

　　아리스토텔레스에 따르면 남성의 정액은 영혼과 정신뿐 아니라
온전한 사람이 되는 데 필요한 모든 가능성을 실어 나른다. 여성은 남
성의 씨를 받는 자로써 질료, 즉 영양을 전달하는 환경만을 제공한다.
남성은 능동적이며 주체이고 여성은 수동적이며 객체이다. 아이의 잠
재력은 남성으로 태어났을 때에만 온전히 발휘된다. 만약 자궁 속에 월
경혈이 과다해져서 여성의 "찬 기운"이 우세해지면 태아는 인간으로
서 온전한 잠재력을 발휘할 수 없고, 그 결과 여아가 된다. 아리스토텔

레스는 "여성은 말하자면 불완전한 남성이기 때문이다"라고 결론짓는다.[34]

아리스토텔레스는 주로 노예를 주제로 다룰 때 여성에 관해서도 논의한다. 여성과 마찬가지로 노예도 자연이 목적한 바에 따라 노예 상태에 놓여 있다고 여겼다. 아리스토텔레스는 노예에겐 "깊이 생각하는 능력"이 없다고 했다. 여성에게는 이 능력이 있으나 대신 "권위가 부족"하다고 했다. 복종이 여성에게 자연스러운 상태이며 이를 통해 여성은 자연이 부여한 목적을 달성한다고 보았다. 여성과 노예는 한 가지 중요한 점에서 비슷했다. 그들이 지배자(즉 노예에게는 주인, 여성에게는 남편)보다 열등하다는 사실은 영원불변한 것이었다.

여성을 불완전한 남성으로 여긴 결과는 고대의 밤에 갓난아기의 울음이 정적을 깰 때 드러났다. 기원전 1세기에 힐라리온이란 남성은 아내인 알리스에게 "그대에게 행운이 깃들기를! 아이를 낳거든 사내아이라면 살려두고 계집아이라면 내다 버리시오"라고 쓴 편지를 보냈다. 이는 기독교가 로마 제국의 지배적인 종교가 될 때까지 영아 유기 풍습이 존속했다는 사실을 증명한다.[35] 원치 않은 아기들은 쓰레기장에 버려졌다. 버림받은 아이는 대부분 기형이거나 병약한 남자아이 또는 '불완전한 남성'인 여자아이였다. 영아 유기는 빈번하게 벌어진 관행이었기에 버려진 아기들의 울음소리가 시민들의 휴식을 망친 적은 거의 없었다.

고고학자들은 기원전 7세기에 아테네에 매장된 유해들을 연구하다가 매장지에 묻힌 남성의 수가 여성의 두 배라는 놀라운 사실을 발견했다. 기원전 18년에 역사학자 디오 카시우스Dio Cassius는 상류층 남성이 결혼할 여성의 수가 부족하다고 한탄했다. 어떤 학자는 여성이 "선별적으로 제거"되었다고 적었다. 여성은 출산하거나 낙태하다가 사망할 확률이 높았고 영아 유기까지 더해져서 남성의 수는 언제나 여성보

다 훨씬 많았다.[36]

　　하지만 버려진 여자아이가 모두 죽은 건 아니었다. 버림받은 아기는 자동으로 노예 신분으로 전락했기에 유곽 주인들은 자주 쓰레기장으로 가서 매춘부로 키울 여자아이가 있는지 찾아보았다. 우리는 얼마나 많은 판도라의 딸들이 그리스와 로마의 쓰레기장에 버려진 신세가 되었는지 결코 알지 못할 것이다. 일부는 배고픔이나 추위로 죽었고, 더 '운이 좋았던' 아이는 매춘부로 살 운명을 맞았다.

　　남성 비율이 높은 성비 불균형 상태는 여성의 낮은 사회적 지위와 연관되어왔다. 오늘날 이 현상은 인도와 중국 여러 지역에서 나타난다. 이곳에서는 여자아이를 선별해서 낙태하기 때문에 여자의 수가 남자보다 적고 여성의 지위도 그만큼 낮다. 여성은 '부족한 자산'이 되고 결혼해 자녀를 기른다는 한정된 역할 속에 갇힌다.

　　반면 여성의 수가 남성보다 많아질 때는 지위도 함께 상승했다.[37] 스파르타가 이런 현상을 보여주는 증거로 인용되어왔다. 펠로폰네소스 전쟁의 승자이자 플라톤이 《국가》에서 모델로 삼은 스파르타는 이례적이었다. 스파르타에서도 영아 살해가 일어났으나, 이때는 성별에 상관없이 건강한 아기와 병약한 아기로만 구분했다. 건강한 아기는 모두 길렀고, 출생 시 남아가 여아보다 병약하거나 합병증이 발생할 확률이 높았으므로 여아가 버려지는 경우는 남아보다 드물었다. 스파르타는 군국주의 국가여서 전쟁을 자주 벌였기 때문에 남성의 사망률이 매우 높았다. 게다가 스파르타 여성은 당시의 일반적인 관습보다 늦게 결혼했고, 그만큼 임신 후 생존 확률도 높았다. 스파르타 전사에 걸맞은 어머니가 되기 위해서는 강해야 했기 때문에 여성의 건강은 국가 차원의 관심사였다. 스파르타 여성들은 벗은 채로 운동을 했고 운동 경기에 참여했으며 대체로 더 강인하고 건강했다. 나머지 그리스 국가들은 스파르타 여성을 보고 경악했지만, 흥미를 느끼기도 했음이 틀림없다.

사랑스러운 얼굴을 한 스파르타 여인이여,

장미 샘에 세수를 하여 생기가 넘쳐흐르며

매끈하고 호리호리한 몸으로 척척 발걸음을 내딛는구나.

이런, 황소도 목 졸라 죽일 수 있겠네.38

스파르타 여성은 심지어 몸을 드러내는 짧은 튜닉을 입어서 아리스토텔레스와 인습에 얽매인 도덕주의자들을 격노하게 했다. 스파르타 여성들은 남편의 재산을 물려받거나 관리할 수 있었고, 그래서 기원전 4세기 무렵 스파르타 땅의 5분의 2가 여성 소유였다. 결과는 표면상 역설로 보인다. 여성은 민주주의의 고향인 아테네에서보다 군국주의 사회에서 더 많은 자유와 높은 지위를 누렸다.

스파르타는 기억에서 잊혔고, 그곳에서 여성이 받은 대우는 훗날 이상하고 어리석은 행동의 예시로만 등장했다. 반면 플라톤과 아리스토텔레스의 생각은 살아남아서 서양의 철학적, 과학적 사고의 기둥이 되었고, 거대한 기독교 체계를 떠받쳤다. 본질적으로 물리적 세계를 경멸하는 플라톤의 이데아론이나 여성을 불완전한 남성으로 본 아리스토텔레스의 생물학적 이원론은 그 후 수 세기 동안 이어질 여성 혐오에 이론적 도구를 제공했다.

제2장
고대 로마의 여성 혐오와
로마 여성들의 반격

고대 로마 여성-혼인법-
막시무스-루크레티아-
사비니 부족 여인
납치-코리올라누스-
사치 금지법-카토-
바쿠스 신도-
카틸리나-셈프로니아-
클레오파트라-
호르텐시아-투표권-
아우구스투스-율리우스
법-율리아-메살리나-
유베날리스-타키투스-
아그리피나-네로-여성
검투사-콜로세움

고대 로마 여성은 그리스 남성이 꺼리던 악몽의 현실판이었다. 그들은 좋은 여성은 비록 칭찬일지라도 사람들 입에 오르내리는 것을 피해야 한다는 (아테네 정치인 페리클레스Pericles가 한 말로 알려진) 여성 혐오적 지시에 저항했다. 여기에 복종했던 기원전 5세기 아테네 여성들은 완전히 잊혔다. 오늘날 단 한 명의 이름조차 전해지지 않는다. 하지만 로마 여성들은 당대에 이름을 날렸다. 그중 몇몇은 이후로도 줄곧 사람들 입에 오르내렸다.

메살리나Messalina란 이름은 성적 무절제함을 가리키는 말로 사용되었다. 아그리피나Agrippina는 냉혹하고 '비정상적'인 야망을 품은 여성으로, 살인을 하면서까지 권력의 정점에 올랐다. 셈프로니아Sempronia는 지식인으로서 여성의 영역을 벗어나 음모와 혁명으로 점철된 남성의 세계에 진입했다. 클레오파트라Cleopatra VII는 재기 넘치며 유혹적인 여성으로 제국을 지배하기 위한 계략을 꾸몄고 내전을 일으켰다. 율리아Julia는 반항심 가득한 황제의 딸로 아버지의 계획에 저항했고 국가를 위기에 빠뜨렸다.

그들은 로마 역사가나 시인의 손끝에서 피와 살을 가진 구체적 예시로 등장하며 남성이 여성에 대해 어떤 생각을 가졌는지 보여준다. 그들을 기록한 내용 대부분은 찬사와는 거리가 멀다. 그러나 남성의 독설은 욕망만큼이나 강력한 방부제였고 이들의 이름을 역사에 길이 남겼다. 기록에 남은 견해는 이들이 가장 끔찍한 여성 혐오적 법을 포함해 온갖 난관을 극복했으며 당대에 큰 영향을 미쳤다는 사실을 드러낸다.

로마인들은 독창적인 사상가는 아니었다. 그들은 여성을 비인간화하고 억압하는 행위를 정당화하려고 새로운 이론을 만들거나 철학 체계를 세우지는 않았다. 현대 문화를 포함해 로마 이후에 잇따른 문화에서 그렇듯이 그리스 문화가 발전시킨 고정관념만으로도 충분했다. 하지만 로마 저술가들은 이면을 보게 해주었다. 세계적으로 위대했던 로마 문명이 형성되는 데 영향을 미쳤던 소수의 특출난 여성을 그린 역사적, 문학적 기록을 살피다 보면 그들이 권리를 주장하고 인정받기 위해 벌인 투쟁을 엿볼 수 있다.

그리스와 로마의 각 여성 혐오 간에 존재하는 차이점이 여기에서 드러난다. 그리스인은 여성에게 자유를 쥐여주었을 때 벌어질 일들을 두려워했다. 그러나 현재까지 알려진 바로는 그리스 여성이 남성에게 도전장을 내밀었다 하더라도 사적 영역에 한정되었고 공적 영역에서는 그리스식 창작력을 통해서만 표출되었다. 반면 로마 여성은 처음부터 여성 혐오적 통념에 대놓고 반발했고 자신들의 감정과 요구 사항을 공론화했다. 그리고 지워진 운명에 이의를 제기하며 거리 시위에 나섰다.

로마에서는 여성 개개인의 특색을 지우던 베일이 걷혔다. 여성은 공적 영역에 진출했고 역사를 만들었다. 전쟁에 개입했고 교전을 끝냈다. 정부 정책에 맞서 거리 시위를 했고 변화를 일궈냈다. 남편을 살해했다. 몇몇은 검투사로 훈련을 받고 원형경기장에서 싸우며 우려스럽게도 아마존 전사를 연상시켰다. 그들은 아버지의 권위에 반항했다. 심지어 연애를 통해 개인의 만족을 추구하기도 했고 통치자의 어머니라는 역할도 거부했다. 그리고 로마 남성들로서는 무엇보다 걱정스럽게도 이 여성들은 조마조마할 정도로 정권에 가까이 갔다. 그 결과 반발이 일어났고 이들은 역사상, 문학사상 가장 극심한 집중포화를 맞았다.

투쟁이 일어난 배경은 역사가 배출한 가장 위대하고 성공적인 제국이었다. 이 제국은 전성기에 영토가 오늘날의 스코틀랜드에서 이라크에 이르렀고 인구는 6천만 명이었으며 어지러울 정도로 다양한 문화와 민족을 아울렀다. 수도인 로마는 그때까지 존재하던 도시 중 가장 컸으며 서기 1세기에는 인구가 1백만에서 2백만 사이에 달했다. 로마는 당대의 뉴욕 같은 곳으로 야만스러운 볼거리와 견줄 데 없는 장엄함을 겸비했고 광대하게 뻗어나간 제국 전역에서 몰려든 다양한 사람들로 바글댔다.

　로마에 거주하던 수백만 명 가운데 상대적으로 적은 수의 이름만이 전해 내려온다. 그중 압도적 다수가 상류층에 속했다. 검투사들이 군중의 환호와 야유를 받으며 로마의 이글거리는 태양 아래서 목숨을 잃을 때까지 싸웠듯이, 그들은 원형경기장만큼이나 위험한 무대에서 부와 권력, 명예를 얻기 위해 경쟁했다.

　그로부터 2천 년이 지난 지금까지도 알려진 로마 여성의 이름 거의 전부는 지배 계층이 벌인 격전의 무대에 등장한다. 여성들은 남성과 어떤 관계를 맺고 있는지에 따라 딸, 누이, 정부, 아내나 어머니 등으로 정의되었다. 그리스 비극에 나오는 여주인공처럼 그들은 친지와 친척의 이익을 위해 싸웠다. 하지만 연극이 아니라는 점에서 그리스와 달랐다. 로마에서 이 싸움은 생사가 걸린 문제였다.

　그리스 여성처럼 로마 여성이 가장 처음 마주하는 중대한 난관은 출생 후 죽임을 당할지도 모른다는 위험이었다. 로마에서 이 위험은 여아 살해를 조장하는 법으로 만들어졌다. 로마의 전설적인 설립자 로물루스Romulus가 제정했다고 알려진 법은 "모든 남아와 맏딸"만 길러야 한다고 명시해서 결과적으로 그 후에 태어난 딸들을 유기하도록 권장했다.

　그다음에 넘어야 할 난관은 결혼으로, 사춘기에 접어들면 직면하게 되었다. 기원전 7세기경 로마 초기에 여성에게 적용된 혼인법은 매우 억압적이었다. 여성은 아내로서 남편의 절대적인 지배 아래 놓였고 남편은 아내의 생사를 결정할 권한을 거머쥐었다. 남편은 아내의 친척들과 함께 판결을 내렸고 "남편에게 형을 선고할 권한이 주어진 때는 아내가 간통을 저지른 경우나…… 포도주를 마시다가 적발된 경우로, 로물루스는 두 가지 죄를 모두 사형으로 다스릴 수 있게 허용했다."39 아내를 구타하는 행위를 적극 권장한 법이 존재했다면 바로 이 법이었다. 에그나티우스 메텔루스Egnatius Metellus는 로마의 유서 깊은 유력한 귀족 가문 태생으로 바람직한 결혼 생활을 위해 남성이 어떻게 행동해야 하는지를 알려주는 훌륭한 본보기로 여겨졌다. 어느 날 집에 돌아온 에그나티우스 메텔루스는 아내가 포도주를 마시는 장면을 목격했다. 그는 곧장 곤봉을 들어 아내를 때려죽였다. 역사가 발레리우스 막시무스Valerius Maximus는 다음과 같이 적었다.

> 아무도 그에게 죄를 묻지 않았을뿐더러 비난하는 이도 없었다. 모두가 이를 두고 술을 금하는 법을 어긴 행위에 응당한 처벌을 내린 훌륭한 모범 사례라고 여겼다. 사실인즉 무절제하게 포도주를 찾는 여인은 미덕의 문을 닫고 악덕을 불러들인다.40

발레리우스 막시무스는 아내가 공공장소에서 머리카락을 드러낸 것을 목격하고 이혼한 가이우스 술피키우스 갈루스Gaius Sulpicius Gallus의 사례도 호의 어린 시각으로 인용한다. 가이우스 술피키우스 갈루스는 21세기에 사우디아라비아 왕자가 했을 법한 말투로 설명한다. "법은 당신이 내 눈앞에서만 아름다움을 드러내야 한다고 정했소. 내 눈에 보여주기 위해 치장해야 하고 내 눈에만 사랑스러워야 하오……"41

다른 사례에는 아내가 해방 노예인 친구와 이야기 나누는 것을 보고 이혼한 남자가 나온다. 여성 사이의 친밀한 관계는 비행을 저지르게 할 가능성을 키우기에 죄악이 일어나기 전에 예방하는 것이 일어난 후에 처벌하는 것보다 낫다는 이유에서다.42 게다가 법은 며느리가 시아버지를 때리는 경우 사형을 내릴 수 있게 허용했다. 두말할 나위 없이 이혼할 권리는 남편에게만 있었다.

　로마인은 여성의 미덕에 보이던 그리스인의 집착을 물려받았고 여성의 미덕을 가족의 명예나 국가의 번영과 연관 지었다. 로마 초기에 기혼 여성이 지녀야 할 미덕을 보여준 가장 유명한 사례로는 루크레티아Lucretia가 있는데, '타락한' 로마 제국 후기의 도덕주의자들이 그를 여성 행실의 본보기로 자주 언급했다. 루크레티아가 겪은 사례는 여성의 성적 순결을 미덕과 동일시하는 여성 혐오적 생각에 기반한 도덕규범이 지배하는 곳에서 여성이 어떤 위험을 마주하는지 보여준다.

　루크레티아의 남편인 콜라티누스Collatinus는 호색한인 로마 왕 타르퀴니우스 수페르부스Tarquinius Superbus에게 아내의 미덕을 자랑하는 실수를 저질렀다. 숭상하는 마음은 종종 더럽히고 싶은 욕구를 수반한다. 마찬가지로 성적 순결의 상징이 외설스러운 모습보다 색욕을 더 불러일으키는 경우가 많은 듯하다. 기혼 여성이 지녀야 할 미덕의 본보기를 더럽히고 싶다는 충동에 사로잡힌 타르퀴니우스는 루크레티아를 협박하면서 자신과 동침하지 않으면 그녀와 노예를 죽인 후에 시신을 알몸인 채로 같은 침대 위에 올려놓겠다고 을렀다. 자신이 노예와 사랑을 나눴다고 여겨지게 되면 남편과 가족에게 치욕과 혐오가 돌아가리란 걸 알기에 루크레티아는 둘 중 그나마 나은 쪽을 선택했다. 분명 타르퀴니우스의 욕정에 희생하도록 강요당했음에도, 로마법에 의거해 루크레티아는 여전히 간통죄를 저질렀다고 여겨졌다. 무슨 일이 있었는지 남편과 가족에게 고백한 다음 루크레티아는 칼로 찔러 자결했다.*

---

*　루크레티아를 협박하고 강간한 인물은 타르퀴니우스 수페르부스의 아들인 섹스투스 타르퀴니우스라고 알려져 있으며, 저자가 그 둘을 착각한 듯하다.

강간당한 많은 여성처럼 루크레티아도 자신을 탓했고 (성 아우구스티누스가 현명하게 지적했듯이) 잘못은 다른 사람이 저질렀음에도 자신을 벌했다.[43] 여성 혐오는 언제나 여성이 딜레마를 마주하게 한다. '착한' 여자든 '나쁜' 여자든 난제를 맞닥뜨린다. 그들은 남성에게 욕정을 불러일으키고, 그 결과에 따르는 책임은 욕망한 자가 아니라 그들이 떠맡는다.

이 이야기는 불쌍한 루크레티아에게는 아닐지 몰라도 로마에게는 행복한 결말로 끝맺는다. 로마인들은 분노해서 타르퀴니우스를 타도했고 왕의 통치를 끝낸 뒤에 공화정을 세웠다. 공화정은 황제의 전제정치로 대체되기 전까지 5백 년 가까이 존속했다. 그러나 그 후로도 수 세기 동안 루크레티아 이야기는 본보기가 되었고 여성이 지닌 '미덕'이 곧 여성의 가치를 결정한다는 생각을 받아들이게 하는 데 활용되었다.

초기 로마 역사에는 인류 역사상 처음 벌어진 대규모 데이트 강간 사례가 나온다. 이 '사비니 여인의 납치'는 미래에 여성이 정치에 개입할 수 있게끔 선례를 만들었다. 여성이 부족해지자 로마의 설립자들은 근처에 살던 사비니 부족을 축제에 초대했다. 로물루스가 신호를 보내자 로마인들은 젊고 아름다운 여성들을 골라 강탈했다. 역사가 티투스 리비우스Titus Livius에 따르면 로마인들은 사로잡은 여인들을 사려 깊게 대했다고 한다. 로물루스는 여인들에게 떠나지 말고 결혼하자고 설득했다. 이 이야기에서 가장 믿기 힘든 사실은 여인들의 마음을 돌리기 위해 로마 혼인법을 읽어주며 그들의 법이 사비니 부족의 법보다 낫다고 설명했다는 대목이다. 이내 복수를 꾀하는 사비니 부족과 로마인 사이에 전쟁이 벌어졌다. 새로운 남편이 자신의 아버지와 남자 형제 들하고 싸우는 사태를 차마 보고 싶지 않았던 사비니 여인들은 전투 도중에 군대 사이에 끼어들었고 교전을 중단시켰다.

로마인들은 이 이야기를 도시의 초기 역사로 받아들였다. 그리고 그리스 여성들이 펠로폰네소스 전쟁을 멈추기 위해 섹스 파업에 돌입했다는 내용을 그린 아리스토파네스Aristophanes의 희곡 《리시스트라테Lysistrate》에서 상상으로만 존재하던 행동을 사비니 여성들이 현실에서 해냈다며 공을 돌렸다.

로마에서 남쪽으로 향하는 라티나 가도Via Latina에는 여성의 행운에 봉헌된 신전이 율리우스 카이사르Julius Caesar의 시대까지 서 있었다. 신전은 매우 뛰어난 장군이었지만 지나친 오만 때문에 로마에서 쫓겨난 코리올라누스Coriolanus가 벌인 전쟁에 여성이 개입한 사건을 기린다. 복수를 위해 코리올라누스는 로마의 적들을 이끌고 고향으로 진격했다. 그가 동료 시민들의 피를 흘릴 준비를 마치고 도시에 접근했을 때는 모든 것이 끝난 듯했다. 그러나 코리올라누스의 어머니와 아내를 포함한 로마 여성 대표단이 그의 길을 막아섰고 되돌아가라고 그를 설득했다. 도시는 위기를 넘겼고 여성들 덕분에 다시 한 번 큰 희생을 낼 뻔한 전쟁이 끝났다.

법은 억압적이었지만, 로마 여성들은 그리스 여인들과 달리 동양식 은둔 생활을 받아들이지 않았다. 로마를 방문한 그리스인들은 차이점을 보고 놀라서 논평을 남겼다. 그중 한 명이 기원전 1세기에 로마로 여행을 떠났던 코르넬리우스 네포스Cornelius Nepos다.

> 로마에서 옳다고 생각하는 많은 관습이 그리스에서는
> 충격적으로 여겨진다. 로마인 누구도 아내를 만찬에 데려가는
> 행동을 창피해하지 않는다. 집에서 아내는 가장 중요한 위치를
> 차지하며 사교 생활의 중심이다. 그리스에서는 상황이 다르다.
> 아내는 가족끼리만 모이는 자리가 아니면 만찬에 절대 참석하지
> 않으며, 여성 구역이라 불리는 집 안 구석진 곳에서 모든 시간을
> 보낸다. 그곳에는 가까운 친척인 남성만 들어간다.44

로마 여성은 더 충격적인 방식으로 자유를 과시하며 공적인 일에 개입하는 전통의 연장선에서 거리 시위를 벌였다. 그들은 여성이 조직했다고 최초로 기록된 시위 운동을 시작했다. 기원전 205년에 카르타고의 장군 한니발Hannibal과 전쟁을 벌이는 동안 로마는 사치 금지법을 통과시켰다. 이 법은 여성이 소유할 수 있는 금의 양을 줄였고 여성이 공공장소에서 사치스럽고 장식이 많이 들어간 옷을 착용하는 걸 제한했다. 10년이 지나고 카르타고가 완파되어 안전해지자 로마 상류층 여성들은 아직도 사치 금지법이 법령집에 들어 있는 이유가 무엇인지 물었다. 법을 폐지하기 위한 소요가 여러 차례 일자 원로원은 사안을 논의하기로 결정했다. 논의가 진행되던 날 여성들은 요구 사항을 관철하기 위해 원로원 건물이 있는 포럼으로 몰려갔다.

법안 폐지의 주요 반대자는 당대 최고의 연설가인 대大 카토Marcus Porcius Cato였다. 카토는 신흥 부유층에 속했으나 자신을 로마 건국의 아버지들, 그리고 오랜 귀족층과 동일시했고 옛 덕목인 근면과 검소, 소박한 삶이 로마를 위대하게 만들었다고 주장했다. 금욕에 관한 전문가답게 그는 소박한 생활 방식을 과시하듯 내보였다. 역사가 리비우스가 저술한 《로마사Ab Urbe Condita Libri》에서 카토는 탁월한 솜씨로 여성 혐오적 견해를 피력하고 있다.

모든 기혼 남성이 아내의 우러름을 받고 남편으로서 합당한 지위를 존중받기 위해 신경 썼다면 우리가 여성들 때문에 하는 고생은 반 정도로 줄어들 겁니다. 그러기는커녕 여성의 힘이 너무 세져서 가정에서 우리의 독립성은 침해당하고 공개적으로 발 아래 짓밟히고 짓뭉개지고 있습니다. 우리 각자는 여성을 제지하는 데 실패했고 이제는 그들이 힘을 합쳐 우리를 공황 상태로 몰아넣었습니다. ……불과 몇 분 전에, 여기에 오려고 운집한 여성들 사이를 헤치고 지나오자니 얼굴이 붉어졌습니다. 개별 여성이 지닌 지위와 정숙함을 존중하는 마음(군중일 때는 느껴지지 않는 마음)이 집정관으로서 물리력을 동원하는 것을 막았습니다. 그렇지 않았다면 저는 그들에게 이렇게 말했을 겁니다. "대체 유례없이 공공장소로 뛰쳐나와서 길을 막고 남편 아닌 남자들에게 소리치는 이유가 뭡니까? 같은 질문을 집에서 하거나 남편에게 할 수는 없었습니까?" (……)
여성은 난폭하고 무절제한 생물이라서, 여성에게 고삐를 쥐여주고 제멋대로 굴지 않기를 바라는 시도는 허사로 돌아가기 마련입니다. 아니요, 여러분은 손안에 고삐를 꽉 움켜쥐고 있어야 합니다. ……여성이 권리를 하나하나씩 획득하고 가로채서 결국에는 남성과 완전히 동등해진다고 상상해보십시오. 그 상황을 견딜 수 있다고 생각하십니까? 허튼소리지요. 평등을 쟁취하자마자 그들은 여러분의 주인이 될 겁니다…….45

카토의 연설은 실패로 돌아갔다. 원로원은 투표를 통해 사치 금지법을 폐지하기로 결정했다. 하지만 이후로 투표권에서 피임에 이르기까지 여성의 모든 권리를 부정할 때마다 근본적으로 같은 주장이 활용되고 있다. 카토는 놀랍도록 명료하게 말한다. 한 영역에서 여성에게 자유를 주면 다른 모든 영역에서도 악덕이 봇물 터지듯 쏟아져 내릴 것이라고.

사치 금지법이 폐지되고 10년이 채 지나지 않았을 때 엄청난 스캔들이 로마를 뒤흔들었다. 그보다 뒤인 '타락한' 시기에 역사를 기록한 리비우스는 이 사건을 카토가 옳았다는 증거로 들이댔다. 이 사건은 비정통적인 종교 활동을 강력히 탄압하는 사태로 이어졌고, 중세 마녀사냥의 전조가 되었다.

로마의 국가 종교는 남성이 관장했다. 여기에는 정해진 방식대로 의식을 치르고 제물을 바치며 주요 신들을 달래는 일이 포함되었다. 숭배 의식은 계급에 따라 나뉘어서 치러졌다. 귀족과 평민이 사회적으로 뒤섞이는 일은 못마땅하게 여겨졌다. 여성이 담당하는 숭배 의식도 몇 가지 있었다. 예를 들어 포르투나 여신은 여성의 성생활에 행운을 가져다준다고 믿었다. 평민의 순결에 바쳐진 제단도 있었으나 리비우스는 거의 방치된 상태라고 한탄했다.

가장 유명한 여성의 숭배 의식은 베스타 여사제들이 맡았다. 베스타는 화로의 여신으로, 포럼에서 가장 아름다운 건물에 속하는 자신의 신전 깊숙한 곳에서 영원히 타오르는 로마의 신성한 불꽃을 수호했다. 여섯 명으로 구성된 여사제들은 고귀한 가문에서 선발되었고 불꽃을 관리했다. 불꽃이 꺼지면 로마가 무너지리라는 믿음이 예로부터 뿌리 깊게 자리 잡았다. 어느 여사제든 불꽃을 꺼뜨리면 채찍질을 당했고, 베스타 여신을 섬기는 30년 동안 순결을 잃으면 생매장되었다. 프로이트는 여성이 영원히 타오르는 불꽃을 지키는 역할을 맡은 이유가 신체 구조상 불꽃에 소변을 눠서 불꽃을 꺼뜨릴 위험이 적기 때문이라고 말한 적이 있다!46

이 의견이 사실이든 아니든 기원전 186년이 되었을 때 더 적은 수의 여성만이 전통적인 로마의 숭배 의식에 이끌렸다. 점점 바쿠스 숭배 모임과 같은 광신적 종교 집단과 동방의 신비 종교들이 열성 신도를 끌어모았다. 특히 숨 막히는 도덕을 강요하는 제도 속에 살던 여성들에게 감정의 해방 창구를 제공했기에 매력적으로 다가왔다.

리비우스의 기록에 따르면, 기원전 186년 과거에 노예였던 여인이 바쿠스 의식에 참여한 적이 있다고 정부 당국에 고백했다. 포도주의 신 바쿠스를 숭배하는 종교는 그리스에서 로마로 퍼졌다. 바쿠스 종교에 가입하라고 어머니에게 압박받는 연인을 염려하는 마음에서 이 여인은 로마 기혼 여성들이 밤에 모여 포도주를 진탕 마시고 난교를 한다며 선정적인 모습을 그려냈다. 그녀는 '비정상적인' 성행위가 정상으로 여겨졌고 입회식의 일부였다고 주장했다. 그녀의 말에 따르면 누구든 바쿠스 종교의 성적 요구를 따르지 않으면 죽임을 당했고 그들의 시신은 비밀리에 묻혔다. 내로라하는 가문 출신인 바쿠스 여신도들이 동물 가죽을 입고서 술에 취해 홀린 채 알 수 없는 말을 하며 울부짖고 산발한 머리를 뒤로 흩날리며 밤새 뛰어다녔다. 이 종교의 숭배자들은 노예 계급을 포함한 모든 사회 계층에 존재했다. 언제나 노예 반란을 경계한 로마인들 눈에는 그러한 모임이 성적만이 아니라 사회적으로도 불온하며 기존 질서에 대항하는 위협으로 비쳤을 것이다.

　해방 노예가 전한 무시무시한 이야기는 중세에 마녀로 몰린 여성들에게 성적으로 방종하고 문란하다며 쏟아진 비난과 놀랍도록 닮아있다. 훗날 마법을 부렸다고 고발된 여성들처럼 바쿠스 여신도들도 그들을 거역하는 이라면 자신의 아이를 비롯해 누구든 살해했다고 비난받았다. 몇몇은 흑마술까지 부린다는 말이 있었다. 여기에서 중세 마녀의 모습이 틀이 잡혀가고 있는 것이 보인다. 젊고 아름다운 여인 또는 머리에 뱀을 칭칭 감은 노파가 술에 흠뻑 취한 난장판 속에서 방종하게 행동하고, 한밤중에 개구리 피와 뼈, 살해한 아이의 시체를 가지고 끔찍한 혼합물을 만든다. 여성의 사악함이라는 것을 그린 이런 종류의 여성 혐오적 초상화는 유럽에서 첫 마녀가 불에 태워진 시기보다 1,200년 전에 탄생했다. 로마 당국은 이 종교에 빠진 남성들을 체포하고 처형했다. 여성들은 각자의 가정에 넘겨졌고, 그곳에서 가장이 사형을 집행했다. 무려 7천 명이나 되는 사람들이 체포되었고 처형당했다.

　로마 역사가인 살루스티우스(Sallustius, 기원전 86년~기원전 35년)는 상류층 여성과 음모 사이의 연관성에 집착했다. 기원전 63년에 빚 때문에 절박해진 무모한 귀족 패거리가 국가를 전복하고 권력을 잡으려는 음모를 꾸몄다. 그들의 우두머리는 루키우스 카틸리나Lucius Catilina로, 살루스티우스의 기록에 따르면 "뛰어난 지적 능력과 강인한 체력"을 지녔으나 악랄하고 타락한 인물이었다고 한다.47 그 자신도 실패한 혁명가였던 살루스티우스는 음모의 한 가지 측면이 특히 우려스러웠다고 지적했다.

> 이맘때쯤 카틸리나는 모든 계층에서 지지자를 끌어모았고,
> 그중에는 젊은 시절 몸을 팔며 번 돈으로 사치스럽게 살다가
> 나이가 들어 수입이 줄었는데도 호사스러운 취향을 버리지 못해
> 빚더미에 올라앉은 여성도 여럿 있었다. 카틸리나는 이 여성들이
> 도시의 노예를 선동하고 방화를 계획하는 데 유용하리라고
> 생각했다. 그들의 남편들은 아내를 따라 그의 목표에 합류하게
> 되거나 아니면 살해될 것이다.48

혁명가로 변신한 상류층 매춘부로 이름이 언급된 인물은 단 한 명, 셈프로니아뿐이다. 셈프로니아는 로마에서 가장 저명한 가문 출신이었다.

> 그녀가 저지른 많은 범죄를 놓고 보건대 그녀는 사내다운 무모한
> 대담성을 지녔다. 행운은 그녀에게 넘치도록 호의를 베풀었고,
> 좋은 출신과 아름다움뿐 아니라 훌륭한 남편과 자식까지 주었다.
> 그리스와 라틴 문학 교육을 받았고 정숙한 여성에게 필요한 것
> 이상으로 리라 연주와 춤에 뛰어났다. ……그녀는 순결과 품위를
> 무가치하다고 여겼다. ……불타는 열정을 주체하지 못해 남자가
> 그녀에게 다가오는 경우보다 그녀가 남자에게 다가가는 경우가
> 많았다. 여러 차례 엄숙한 약속을 깼고, 위증하여 빚을 부인했고,

살인에 가담했다. ……그러나 그녀의 재능은 결코 얕볼 만하지
않았다. 그녀는 시를 쓰고 농담을 하며 상황에 따라 자유자재로
예의를 갖추거나 다정하게 대하거나 음란하게 굴며 대화를
이끌어나갔다. 그녀는 재치가 넘쳤고 엄청난 매력을 지녔다.[49]

　셈프로니아는 한때 율리우스 카이사르의 정부였고, 그녀의 자식
가운데 데키무스 브루투스Decimus Brutus가 실은 카이사르의 아들이라
는 소문이 파다했다(기원전 44년에 브루투스는 카이사르를 살해한 암
살자 무리에 가담했으며, 음모자로서는 어머니보다 성공적이었다).
　카틸리나의 음모는 누설되었고, 공모자들은 처형당했다. 하지만
셈프로니아는 무사히 빠져나왔기에 후대 역사가들은 셈프로니아가 공
모했다는 살루스티우스의 주장이 진실인지 의문을 제기한다. 확실한
사실은 이 역사가가 셈프로니아를 그리며 반감과 매혹을 동시에 느꼈
다는 것이다. 춤추고 시를 쓰고 불륜을 저지르고 혁명가들과 음모를 꾸
미고 노예를 선동하던 여성이었으니, 만약 로마에 마리화나가 있었다
면 피웠을 게 분명하다. 셈프로니아는 자유분방하며 지적인 여성의 원
형이었고, 그 후 수 세기 동안 여성에게서 이러한 특성이 발현될 때마
다 도덕주의자들은 격분해서 호통쳤다. 살루스티우스가 보기에 셈프
로니아가 저지른 진짜 잘못은 그녀가 '현대' 여성이라는 점이었다. 살
루스티우스는 기록을 통해 여성이 남성처럼 쾌락을 거리낌 없이 좇을
때 어떤 일이 벌어지는지 경고하고자 했다. 여성의 사치스러운 취향
은 부적절한 성적 행동으로 이어지고, 이들을 결국 노예와 어울리는 절
박한 혁명가로 만들기 때문이다. 로마의 통치자로서는 반항적인 여성
과 동요하는 노예가 서로 어울리는 것보다 우려스럽고 심란한 일은 없
었다.
　음모가 실패로 돌아간 뒤 몇 년간 로마는 내전의 참상으로 흔들렸

다. 내전으로 결국 공화정이 붕괴하고 카이사르 일가의 통치로 대체되었다. 유력한 소수 가문이 성장해가는 제국의 지배권을 차지하려 경쟁했고 공적 무대에서 정치적 행동을 벌이는 게 점차 위험해지면서, 여성은 더 익숙한 경쟁의 장으로 되돌아가게 되었다. 권력에 다가가는 것은 곧 통치자에게 다가가거나 그럴 가능성을 높이는 것을 의미했다. 또한 자식들, 특히 사내아이의 성공 전망을 높이는 일이기도 했다. 권력의 원천에 다가갈수록 경쟁은 위험해졌다. 그리고 전통적으로 기혼 여성에게 요구되던 겸손, 절제, 수동성 같은 규범에 저항하는 여성 악당들이 무더기로 등장하면서 로마 제국의 여성 혐오자들에게 훈계할 거리를 제공했다.

그 가운데 가장 유명하고 공화정의 황혼기에 커다란 영향을 미친 인물을 여성 '미덕'의 대표 주자였으리라고 상상하기는 힘들 것이다. 사실 클레오파트라(기원전 69년~기원전 30년)는 심지어 로마인도 아닌 이집트의 파라오로, 알렉산드로스 대왕Megas Alexandros 휘하에 있던 마케도니아 출신 장군의 직계 후손이다. 로마인들은 클레오파트라를 여성이 나랏일과 공공 정책에 관여하도록 내버려두었을 때 따라오는 폐해의 강력한 증거로 삼았다. 그럼으로써 클레오파트라를 트로이의 헬레네처럼 현대의 평범한 사람들조차 모두 아는 고대 여성으로 만들었다. 클레오파트라는 로마와 그리스 역사가, 시인, 연대기 작가에게 깊은 인상을 남겼고, 훗날 셰익스피어William Shakespeare, 버나드 쇼George Bernard Shaw의 작품과 할리우드 영화에도 영감을 주었다. 엘리자베스 테일러가 연기한 할리우드 영화는 영화 제작 역사상 매우 큰 실패작 중 하나로 남았지만 말이다.

클레오파트라는 기원전 323년 알렉산드로스 대왕이 사망했을 때 광대한 제국의 일부를 물려받은 마케도니아 장군 중 한 명인 프톨레마이오스Ptolemaios의 자손이다. 클레오파트라는 헬레니즘Hellenism 시대의 소산이었다. 헬레니즘 시대란 알렉산드로스 대왕이 사망한 때부터 클레오파트라가 자살하고 이집트가 로마 제국에 흡수된 기원전 30년까지의 시기를 일컫는다. 두 사건 사이에 낀 3백 년 동안 그리스 여성은 고전 시대의 숨 막히는 제약에서 어느 정도 벗어났으며 자유로운 결혼 계약과 교육 기회를 포함해 지위의 신장을 누렸다. 그들은 정치에도 관여하며 이전보다 두드러진 역할을 했다. 클레오파트라는 알렉산드로스 제국이 남긴 유산을 두고 벌어진 왕조 전쟁에 참여했던 헬레니즘 시대 여왕의 계보에서 마지막이자 가장 유명한 후계자였다.

클레오파트라가 율리우스 카이사르와 나눈 정사, 그리고 카이사르가 암살당한 뒤에 카이사르의 부관인 마르쿠스 안토니우스Marcus Antonius와 나눈 정사는 비극과 고상한 사랑 이야기, 저속한 할리우드 영화의 소재가 되었다. 두 남자 모두 그녀의 아름다움보다는 지성과 재치에 매료되었다. 전기 작가인 플루타르코스Plutarchos에 따르면 클레오파트라는 10개 국어를 할 수 있었고, 카이사르와 새벽녘까지 대화하거나 안토니우스의 외설스러운 농담을 받아칠 수 있었다. 그리고 프톨레마이오스 왕조의 긴 계보를 통틀어 이집트 토착 언어를 구사하는 유일한 인물이었다. 지적 호기심은 다양한 영역으로 뻗어 있었고, 심지어 머리 단장과 화장품에 관한 글을 쓰기도 했다.50

하지만 동시대에 살았던 로마인에게 클레오파트라는 교활하고 사람을 홀리며 지나치게 야심만만한 요부였고, 무슨 수를 써서든 막아야 할 인물이었다. 절대적인 황제의 권력을 두고 옥타비아누스(Augustus, 고대 로마 초대 황제)와 안토니우스 사이에 벌어진 경쟁에서 안토니우스의 적들은 그를 우둔한 군인으로 묘사했다. 클레오파트라가 로마 제국의 통치권을 얻기 위해 안토니우스를 이용하고 있다는 비난은 옥타비아누스가 벌인 선전전에서 긴요한 역할을 했다.

셈프로니아 때처럼 클레오파트라의 적들은 그녀의 지적 능력을 방종한 성생활과 연관지었다. 스스로 생각할 수 있는 똑똑한 여성은 도덕관념이 없다는 걸 증명하려는 예로부터 내려오는 술책의 전형이었다. 혹은 그런 여성이라면 설령 도덕관념이 있다손 치더라도 잃어버릴 것이 틀림없으리라는 것이다. 그래서 호라티우스Horatius를 비롯한 당대의 로마 시인들은 그녀가 문란하다는 유언비어에 독설의 초점을 맞췄다. 클레오파트라는 그리스어로 '천 명의 남자를 위해 입을 벌리는 여자'라는 뜻을 가진 '메리오카네Meriochane'라는 별명을 얻었다. 포르노 영화 〈데비 더스 댈러스Debbie Does Dallas〉에 나오는 성적 판타지를 무색하게 만들 정도로 클레오파트라를 폄하하던 이들은 그녀가 하루에 백 명의 로마 귀족에게 오럴 섹스를 해주었다고 했다.

안토니우스는 지적이고 성공한 여성들과 함께 있는 것을 편하게 생각했다. 안토니우스의 아내 풀비아Fulvia는 셈프로니아의 딸인데, 현대의 한 역사가는 그녀를 '아마존'으로 표현했다.[51] 안토니우스의 정적은 이런 점을 증거로 들어 그가 풀비아와 클레오파트라 같은 여성들 때문에 "남자다움을 잃었으며" 따라서 제국을 통치하기에 적합하지 않다고 주장했다. 기원전 31년에 안토니우스가 패배하자 클레오파트라는 옥타비아누스를 유혹하려 했으나 옥타비아누스는 거리를 두었다. 사슬에 묶여 로마로 끌려가서 옥타비아누스의 승리를 빛내주는 대신 클레오파트라는 자살을 선택했다.

그러나 클레오파트라는 여전히 살아 숨쉰다. 그녀에게 모욕을 주려던 외설스러운 말들은 이제 본색이 밝혀졌고 그런 말들을 지어낸 남성들의 품위를 떨어뜨리기만 할 뿐이다. 클레오파트라의 재치와 매력은 결국에 승리를 거두었고, 셰익스피어는 여성에 관한 가장 유명한 대사를 써서 그녀를 기렸다.

나이도 그녀를 시들게 하지 못하고 관습도 그녀의

끝없는 다양성을 낡게 만들지 못한다. 다른 여인은
욕구를 충족하면 물리지만, 그녀는 최대로 만족한 순간에도
더 갈구하게 한다. 가장 지독한 것조차 매력적으로 변화하고
성스러운 사제들도 그녀의 방종을 축복한다.52

　로마 공화정이 역사의 뒤안길로 사라지던 시기에 몇몇 여성이 연설가와 지지자로서 공개적으로 의견을 냈고, 이에 역사가 발레리우스 막시무스는 격분했다. 그는 "본성이 가하는 제약도, 정숙함이라는 가면도 포럼과 법정에서 여성을 잠자코 있게 하지 못한다. 우리는 더는 이 여성들을 향해 침묵하면 안 된다"고 적었다.53 그가 불만을 표명하기로 결심한 덕분에 우리는 이 여성들이 존재했다는 사실을 알게 되었다.

　가장 눈에 띄는 여성은 로마의 위대한 연설가인 퀸투스 호르텐시우스Quintus Hortensius의 딸 호르텐시아Hortensia다. 역사책에 단지 각주로만 기록된 사건에서 호르텐시아는 웅변술을 활용해 정치에 직접 개입했다. 기원전 42년 마르쿠스 안토니우스, 마르쿠스 레피두스Marcus Lepidus와 미래에 아우구스투스 황제가 되는 옥타비아누스는 삼두 정치를 결성하고 세 독재자로서 로마를 다스리며 무자비하게 정적들을 숙청해나갔다. 이 과정에서 2,300명가량이 체포되었고 처형당했다. 자금이 부족해지자 세 독재자는 1,400명의 상류층 여성들에게 무거운 세금을 물렸다. 여성들은 항의하며 행진했고, 동조하며 들어줄까 하는 희망에서 통치자 집안의 여성들에게 말해보려고 시도했다. 그들은 부분적인 성공밖에 거두지 못했으나 포럼의 연단까지 밀고 들어가는 데는 간신히 성공했다.

　발레리우스 막시무스에 따르면 "어떤 남자도 그들의 주장을 변호할 엄두를 내지 못했다." 그러자 호르텐시아가 앞으로 걸어나와 "삼두

정치가들 앞에서 단호하고 훌륭하게 주장을 펼쳤다." 그때 여성 혐오의 역사, 그리고 여성 혐오에 맞서 투쟁한 이야기가 많은 부분을 차지하는 여성사에 길이 남을 놀라운 일이 벌어졌다. 암시에 불과할지언정 처음으로 선거권에 관한 문제가 제기되었다. 전쟁 중에 여성이 겪는 고통에 초점을 맞춰 강력하게 연설을 하던 도중 호르텐시아는 이렇게 물었다. "우리한테는 당신들이 해로운 결과를 초래하면서까지 그토록 얻고자 경쟁하는 명예도, 지휘권도, 국정 참여의 기회도 주어지지 않는데, 왜 우리가 세금을 내야 하죠?"54

투표권을 여성에게까지 확대해야 한다는 명확한 요구는 없었지만 호르텐시아가 한 말은 수백 년 뒤에 미국 독립혁명가들이 "대표가 없다면 세금도 없다"고 외치면서 한 요구와 매우 비슷하다.55

기원전 42년에 불거진 여성들의 항의는 여성이 로마에서 벌인 집단 행동의 정점을 찍었으나, 그 시대에 있었던 마지막 여성 시위였다. 현재 알려진 바로는 19세기 이전 서양 문명사에서 정치 변화를 목표로 여성들이 벌인 마지막 대중 시위이기도 했다. 19세기에 이르러서야 여성 참정권 운동이 출현했고 투표할 권리를 여성 권리 운동의 핵심 의제로 설정했다.

공화정을 무너뜨리고 황제 일가가 통치하게 만든 대혼란을 틈타 여성을 겨냥한 보수적 반발이 일어났다. 여성의 자유에 안달복달하던 도덕주의자들은 "욕정은 줄이고 가족 수는 늘리자"라는 구호를 채택했다. 기원전 27년에 옥타비아누스가 아우구스투스 황제가 되자마자 역사가 리비우스는 승자의 관점에서 조망한 로마사를 쓰기 시작했고, 여기에서 새로운 정권의 도덕적인 목표를 분명하게 드러냈다.

저는 모두가 옛 시절의 도덕적인 삶에 주목했으면 합니다.
……그리고 잇따른 도덕규범과 규율의 쇠퇴와 오늘날까지도

74

내려오는 도덕 가치의 붕괴와 해체에 대해 제대로 인식했으면
합니다. 우리는 더는 수용할 수 없는 타락의 지점에
도달했습니다. 이 조치 역시 수용하기 힘들다 여겨질 수 있으나
이를 통해서만 개선할 수 있습니다.56

1960년대와 70년대처럼 문제는 여성이 점점 적은 수의 아이를 출산하는 데 비해 더 많은 섹스를 즐긴다는 점이었다. '가족적 가치'를 내세운 운동이 다시 등장한 이유는 이러한 추세를 뒤바꾸기 위해서였다. 하지만 로마는 국가로, 1980년대 미국의 도덕적 다수* 운동가들보다 큰 강제력을 지녔다.

아내를 남편의 절대적인 권한 아래 두었던 예전의 엄격한 결혼 형태는 시간이 흐르면서 사라졌고 비공식적인 합의로 대체되었다. 남편들이 로마의 설립자들과 같은 강단이 없고 세월과 함께 너무 물러졌다는 사실이 명약관화해졌다. 일부는 아내의 불륜을 목격하고도 이혼하기를 거부했다. 몇몇 남편은 심지어 이를 통해 이익을 챙긴다는 비난까지 일었다. 도덕주의자들은 이런 종류의 자유주의가 곳곳에 팽배한 부패의 원인이라고 생각했다. 아우구스투스는 결혼을 장려하고 전통적인 로마 가족의 모습을 복구하기 위해 율리우스 법으로 알려진 법안의 초고를 작성했다.

아우구스투스는 일정 연령에 이를 때까지 결혼하지 않은 사람에게는 벌을 내리고, 결혼하고 자식을 둔 사람에게는 포상을 주었다. 성행위 도중에 적발하게 되면 남편이 아내를, 아버지가 딸을 살해하게끔 허용하는 고대법을 부활시켰다. 남편은 불륜을 저지른 아내와 이혼해

---

* Moral Majority. 1960년대와 70년대에 흑인 민권 운동과 여권 운동, 동성애자 인권 운동과 반전 운동이 벌어지며 미국 사회가 급격하게 변화하자 기독교적 가치를 기치로 내걸고 일어난 보수주의 단체로, 제리 폴웰Jerry Falwell이 창시했다.

야 했고 그렇지 않으면 엄한 처벌을 받았다. 아우구스투스는 불륜 사건의 관할권을 가정에서 법정으로 옮겼다. 이혼은 처벌로써 충분하지 않았다. 아우구스투스는 잘못을 저지른 아내들이 법정으로 끌려 나와 처벌받기를 원했다. 부당한 취급을 받은 남편은 이혼 후 60일이 지나기 전에 전처를 고소해야 했다. 남편이 너무 무르다고 판명되는 경우에는 25세 이상의 시민이라면 누구나 대신 고발할 수 있었다. 의심의 여지없이, 여성이 공개적으로 망신당하는 광경을 즐기는 독선적이고 참견하기 좋아하는 사람들을 한껏 고무시킨 법안이었다. 비록 새로운 법은 여성도 불륜을 저지른 남편과 이혼할 수 있도록 허가했지만, 의무는 아니었다. 그리고 여성은 남편을 상대로 형사 고소를 할 수 없었다. 즉 불륜은 여성이 저지른 경우에만 공공 범죄였다.[57]

게다가 새로운 법은 상대가 매춘부인 경우를 제외하고 남성의 혼외정사를 범죄로 규정했다. 상류층 여성은 미혼일 때 어떠한 정사를 나누는 것도 허용되지 않았다. 항의하기 위해 일부 여성은 자신의 이름을 매춘부 명부에 올렸다. 명부는 도시에 있는 35군데 공식 유곽을 감독하던 정부 당국이 관리했다. 이렇게 필사적인 회피 시도는 훗날 아우구스투스 황제의 후계자인 티베리우스Tiberius 황제가 중산층에 속하거나 원로원 의원을 배출한 품위 있는 가문의 여성이 매춘부로 등록하는 행위를 금지하면서 차단되었다.

아우구스투스 황제는 유구한 역사를 지녔으며 대리석과 청동 뱃머리로 새로 장식한 포럼의 연단에서 새 법률을 공포했다. 그리고 자신을 입양한 율리우스 카이사르의 가문에 경의를 표하기 위해 율리우스법이라고 명명했다. 황제의 긴 재위 기간을 통틀어 통과된 법들 가운데 그의 가문 이름이 붙은 법은 이것이 유일했으며, 이는 아우구스투스 황제가 이 법률을 중요하게 여겼다는 사실을 나타낸다. 이 순간은 통치자로서 매우 자랑스러운 순간 중 하나였다. 아우구스투스 황제가 로마를 재건했다고 선언된 것이다. 그로부터 얼마 지나지 않은 기원전 2년에 원로원은 그를 조국의 아버지로 선포했고, 아우구스투스는 이런 영예를 안은 첫 로마인이 되었다. 하지만 율리우스 법은 도무지 인기가 없었다. 로마 남성과 여성이 그간 도덕적 제약에서 벗어나 자유를 누렸다는 점을 고려할 때 반발이 따르리라는 건 불 보듯 뻔했다. 하지만 자부심이 높았던 황제에게 저항은 상상할 수 있는 가장 치욕적인 형태로 찾아왔다.

원로원에서 선포를 하고 몇 주 또는 며칠이 지난 뒤에 '조국의 아버지'의 서른일곱 살 난 딸 율리아가 법률을 웃음거리로 만들면서 아우구스투스 황제가 시행하려고 한 새로운 도덕 질서의 기반을 뒤흔들었다. 그 시대에 선정적인 신문이 존재했다면 분명 1면에서 〈율리아, 난잡한 주연으로 충격 선사. 연단에서의 섹스〉라고 외쳐댔을 것이다.

스토아 학파 철학자이자 황제의 조언자였던 세네카Seneca는 "그녀는 떼를 지어 몰려오는 연인들을 받아들였다. 밤놀이를 하며 도시를 배회했고, 유흥을 위한 장소로 포럼, 그중에서도 자신의 아버지가 간통법을 제안한 바로 그 연단을 선택했다"고 적었다. 율리아는 가벼운 연인 관계를 맺으며 모든 종류의 희열을 추구한다고 비난받았다.58 심지어 그녀가 매춘부로 일하며 돈벌이를 한다는 이야기도 있었다(훗날 같은 주장이 클라우디우스 황제의 아내였던 메살리나에게도 제기되었다).

아우구스투스 황제의 외동딸인 율리아에 관해 전해 내려오는 일화를 보면 그녀가 재치 있고 의지가 확고한 젊은 여성이었음을 알 수 있다. 한번은 아버지가 그녀를 보고 옷차림이 품위 없다고 나무랐다. 다음 날 율리아가 적합한 복장을 하고 나타났을 때 아우구스투스 황제가 칭찬하자 율리아는 "오늘은 아버지 눈에 들려고 차려입었지만, 어제는 남자들 눈에 들려고 입었답니다"라고 응수했다.59

하지만 딸이 가진 재능과 야심은 아들을 낳는 능력에 비해 중요하지 않다고 여겨졌다. 첫 번째 결혼을 했던 열네 살 때부터 스물여덟 살 때까지 율리아는 남편을 세 번 맞았고, 모두 남자 후계자를 얻고자 필사적이었던 아버지가 골라준 짝이었다. 그녀는 가끔 황실 인큐베이터가 된 느낌을 받았을 것이다. 율리아는 의무에 충실하며 아들 셋과 딸 둘을 낳았다. 모두 두 번째 남편이자 아버지의 심복이며 결혼 당시 그녀보다 나이가 두 배 많았던 아그리파Agrippa와의 사이에서 탄생했다. 하지만 세 아들 중 누구도 직계 자손 가운데서 후계자를 찾으려던 아버지의 꿈을 이뤄줄 정도로 오래 살지 못했다. 두 딸 중 한 명인 아그리피나 대에 가서야 훗날 칼리굴라Caligula 황제가 되는 왕위 계승자가 탄생했다.

율리아의 행동은 그저 일시적인 방종이 아니었다. 연단에서 벌인 난잡한 행위는 최대 효과를 얻기 위해 시기와 장소를 신중히 고른 결과였다. 아우구스투스 황제가 조국의 아버지로 선포된 바로 그해에 황제의 딸은 황제가 자기 가정의 아버지로서는 완전히 실격이라는 사실을 입증했다. 율리아는 어떻게 하면 딸이 아버지를 예리하게 상처 입힐 수 있는지 잘 알았다. 율리아가 반항할 수 있는 유일한 길은 세네카가 언급했듯이 개인의 만족을 추구하는 것이었고, 성적으로 문란한 생활은 그녀의 복수였다.

율리아는 성을 정치 수단으로 이용했다. 그녀의 몸이 이미 정치적으로 상품화되었기 때문에 달리 방도가 없었다. 그녀는 역설적으로 몸을 내어줌으로써 몸을 되찾았다. 하지만 율리아의 행동은 사적인 항의 표시일 뿐 아니라 정치적 저항이기도 했다. 리비우스가 언급했듯이 아우구스투스가 통과시킨 법은 도무지 인기가 없었고, 다른 어느 곳보다 율리아가 활동하고 반체제 문화가 싹트던 지식인 모임에서 반감이 심했다. 이전 수십 년을 지배해온 보수적이고 가족 중심적인 도덕률에 맞서 일어난 1960년대 미국과 서구 민주주의 사회의 성 혁명 때도 비슷한 현상이 벌어졌다.

아우구스투스는 격분해서 추문을 덮으려는 시도조차 하지 않았다. 그는 율리아와 그녀의 친구들을 법원으로 끌고 왔고, 딸을 성적 문란함과 간통, 매춘으로 고소했다. 법원은 충격적인 사건의 전모를 들었다. 율리아는 유죄 선고를 받았고 로마에서 영원히 추방되었다. 그 후로 아버지도, 로마도 다시 보지 못했고 16년이 지나서 사망했다.

이제 여성 혐오의 위대한 창조물을 위한 무대가 마련되었다. 오래전 여성들이 화려한 옷을 입을 권리를 요구했을 때, 대 카토는 "여성은 난폭하고 무절제한 생물"이라서 그들에게 조금이라도 자유를 주면 완전한 방종과 도덕규범의 붕괴에 이르게 된다고 로마 시민들에게 경고했다. 이러한 우려는 클라우디우스 황제(Claudius, 기원전 10년~서기 54년)의 아내인 메살리나로 구체화되었다.

메살리나는 옥타비아의 증손녀였다. 옥타비아는 아우구스투스 황제의 누나로 풀비아가 죽은 뒤 마르쿠스 안토니우스와 결혼했다. 서기 37년에 클라우디우스와 혼인했을 때 메살리나는 비록 탄생 연도가 확실치 않지만 십 대였으리라 추정된다. 클라우디우스는 당시 47세에 가까웠다. 그로부터 4년 뒤에 칼리굴라 황제가 암살당하자 클라우디우스는 뒤를 이어 황제가 되었다. 그리고 13년간 통치했다. 가장 로마의 통치자답지 않은 인물이었던 클라우디우스 황제는 학구적인 괴짜였고 요령 없는 면이 있었으며 잘 알려지지 않은 역사를 탐구하는 데 사로잡혀 있었다. 그와 극명한 대비를 이루었던 젊은 아내는 "과도한 이성애(성적 문란함) 또는 메살리나 콤플렉스"60를 지녔다고 알려졌으며 성심리 장애의 대명사가 되었다.

20세기 유명한 성 전문가였던 헤이블록 엘리스Havelock Ellis는 "메살리나 같은 사람은 섹스에서 진정한 쾌락을 얻지 못한다. 그건 깊이 자리 잡은 불행에서 벗어나 잠시 위안을 얻으려는 시도일 뿐이다. 섹스로의 도피라고 할 수도 있을 것이다"라고 말했다.61

　현대에 와서야 '메살리나 유형'을 설명하기 위해 불감증부터 좌절된 모성 본능, 잠재된 동성애 기질까지 다양한 이론이 개진되었다. 더 최근에는 색정증이란 개념 자체에 의문이 제기되고 있다.62 하지만 역사에 등장하는 메살리나는 단순히 심리학 범주로만은 설명되지 않는다. 무엇보다 그녀는 편견이 어떻게 복잡한 것을 단순화하는지 보여주는 특출난 사례다.

　메살리나가 지닌 역사적 중요성은 그녀가 로마의 실질적인 두 번째 황후였다는 사실에서 기인한다. 메살리나가 참고할 만한 본보기는 아우구스투스 황제의 엄숙한 아내인 리비아밖에 없었고, 리비아의 사생활은 어느 정숙한 부인만큼이나 흠잡을 데 없었다. 다른 점은 몰라도 한 가지 면에서는 메살리나가 리비아를 본받았던 것으로 보인다. 그녀는 자신이나 남편에게 적의를 품었다고 의심되거나, 자기 아들 브리타니쿠스Britannicus에게서 클라우디우스 황제의 후계자 자리를 빼앗으려고 드는 자는 누구든 제거하겠다는 강한 투지를 보였다. 이 점에서 메살리나는 잔혹할 정도로 능률적이었고, 율리우스-클라우디우스 왕조의 잠재적인 경쟁자들이 미처 행동할 새도 없이 그들을 제거했다.

　하지만 시인 유베날리스(Juvenalis, 서기 50년~127년)가 «풍자 시집Saturae» 6편에서 묘사한 내용 때문에 우리에게 알려진 메살리나의 모습은 무자비한 정치가가 아니라 색정증 환자다. 유베날리스는 풍자시를 통해 클라우디우스 황제가 잠들자마자 황후가 검은 머리를 금색 가발로 가린 채 몰래 어두운 거리로 빠져나와 사창굴로 들어간다고 비난했다.

　저 신들에게 필적하는 이들을 보게. 그리고 클라우디우스가 겪은 일을 들어보게나.

남편이 잠들자마자 그의 존엄한 아내, 저 황실의 창녀는
궁전의 침대보다 저급한 매트리스를 선택하며
밤에 쓰는 두건을 두르고
혼자서 또는 한 사람만 대동하고 몰래 거리로 빠져나와
검은 머리를 금색 가발로 감춘 채 사창굴로 들어갔다네.
뤼키스카란 이름으로 따로 잡아놓은 그녀의 방은 비어 있었고,
오래된 이불은 악취를 풍겼지만 여전히 따뜻했네.
그곳에서 그녀는 옷을 벗고 황금을 바른 젖꼭지와
브리타니쿠스가 나온 부분을 보여주었으며,
유혹하는 몸짓으로 손님들을 받아들이고
가격을 부르고 받은 뒤 멋진 밤을 보냈다네.
그리고 포주가 여자들을 돌려보내자, 여전히 달아오르고
발기해서는 아쉬워하며 가장 마지막으로 떠났다네.
남자들 때문에 피곤했지만, 아직도 만족하지 못한 채,
변색된 볼에 등잔의 악취를 달고 더럽고 역겨운 모습으로
매음굴의 냄새를 풍기며 집으로, 그리고 마침내 베개 속으로
돌아왔다네.63

　유베날리스가 그렸던 여성의 걷잡을 수 없는 성욕은 판도라와 하와 신화처럼 널리 알려졌고 여성을 영원히 만족할 줄 모르는 탐욕스러운 성기 정도로 격하했다. 또한, 유베날리스는 메살리나의 예시를 활용해 여성을 일반화했다.

　그들의 욕구는 어느 계층에서 왔든지 전부 같다.
　높건 낮건 그들의 육욕은 모두 비슷하다.64

그런데 그가 그린 메살리나의 모습은 지어낸 이야기였을까? 유베날리스는 클라우디우스 황제의 통치가 끝나고 60년가량이 지난 시점에서 풍자시를 썼고, 그가 살던 시기에 로마를 다스린 새로운 왕조는 율리우스-클라우디우스 왕조에 여전히 적대적이었다. 당시에는 트라야누스 황제(Trajanus, 재위 기간 98년~117년)의 아내와 하드리아누스 황제(Hadrianus, 재위 기간 117년~138년)의 아내가 모범이 되며 정숙한 여성상이 되살아났다. 게다가 유베날리스는 인류의 악덕과 사회의 악습을 조롱거리로 삼는 풍자가였다. 악을 극단의 형태로 과장해서 도덕적 교훈을 주면서도 우스꽝스럽게 비트는 것은 풍자에 수반되는 방식이다. 서기 2세기 로마건 21세기 미국이건 어느 시대에나 도덕주의자들은 가장 깊은 곳의 두려움과 편견을 이용해 청중을 몸서리치게 만들며 즐겨왔다. 유베날리스가 여성 혐오자였는지는 논쟁의 여지가 있으나, 독자들이 지닌 여성 혐오를 노렸다는 사실은 분명하다. 이전이나 이후에 등장한 여성 혐오자들이 그랬듯이 유베날리스도 엄청난 달변으로 효과를 거두었다.

그가 쓴 이 여섯 번째 풍자시는 애초에 여성 혐오를 역설적으로 보이게 하는 또 하나의 예시다. 여성 혐오는 다른 어떤 편견보다도 위대한 작품들에 많은 영감을 주었다. 그와 달리 반유대주의나 다른 심한 편견이 훌륭한 시의 재료가 되리라고는 상상하기 힘들다. 이러한 역설은 여성 혐오의 핵심과 여성 혐오가 지닌 뿌리 깊은 모순을 드러낸다. 강한 반감을 불러일으킨 여성들의 모습을 그린 유베날리스의 기록에는 매혹과 욕망이 투영되어 있다. 분노만큼이나 욕망과 매료가 그를 달변으로 만들었다.

메살리나는 7년간 클라우디우스 황제의 곁을 지켰고, 그동안 황제는 그녀가 감행한 성적 모험에 관해서는 몰랐던 듯하다. 그녀의 몰락을 재촉한 사건을 보고 역사학자들은 어리둥절해했다. 서기 48년 황제가 로마를 비운 사이 메살리나는 당시 그녀가 가장 총애하던 애인인 가이우스 실리우스Gaius Silius라는 잘생긴 귀족과 바쿠스 축제 기간에 결혼했다. 결혼이 클라우디우스 황제를 교체하려는 음모의 일부였다는 가설은 메살리나가 자기 아들을 미래 통치자로 만들려고 고군분투했다는 기록과 모순된다. 이미 본인 자식이 있는 양아버지에게 브리타니쿠스를 믿고 맡길 이유가 있을까? 그녀 자신과 아들의 이익을 생각하면 클라우디우스 황제가 살아 있는 편이 나았다. 이에 대해 역사가 코르넬리우스 타키투스Cornelius Tacitus는 더 합리적이고 덜 복잡한 설명을 내놓았다. "간통이 너무 순탄하게 진행되는 바람에 메살리나는 지루함을 느끼고 생소한 악덕의 길로 들어섰다……. [실리우스의] 아내로 불릴 것이라는 생각이 너무도 터무니없었기에 그녀의 흥미를 끌었다. 관능주의자에게는 그야말로 궁극적인 숙원의 성취였다."65

아버지가 간통법을 공포한 연단에서 율리아가 가진 성관계와 메살리나의 결혼은 도덕적인 관점에서 보면 비슷하다. 두 경우 다 성을 이용해 극적 효과를 가미한 반항적인 행동이었다. 하지만 율리아와 달리 메살리나에게는 정치적인 의도가 없었다. 메살리나의 결혼은 곧 발각되었고, 점점 심해지는 방종을 우려하던 황제의 비서는 그녀가 저지른 성적인 비행 목록을 황제에게 전달했다. 메살리나는 자결하라는 지시를 받았다. 하지만 그녀는 그럴 배짱이 없었고, 근위대 장교가 대신 찔러 죽였다.

서기 1세기 로마에서 왕좌를 둘러싸고 벌어졌던 각축전을 그린 동시대 기록을 보려면 음울하고 빈정대기 좋아하는 타키투스의 비범한 재능에 기대야 한다. 타키투스는 율리우스-클라우디우스 왕가가 광활한 제국을 운영하는 행정 조직을 피 묻은 손으로 장악하고 있던 시절을 곰곰이 되씹는다. 그는 초기 로마 황제와 황후 들의 모습을 비범한 솜씨로 그려냈다. 그런데 타키투스의 기록 속 어느 인물도 네로Nero의 어머니이자 메살리나의 뒤를 이어 황후가 된 율리아 아그리피나만큼 강렬한 인상을 남기지 않는다. 아그리피나는 이전이나 이후에 있었던 다른 어떤 로마 여성보다도 권력에 가까이 다가갔다.

보수주의자와 여성 혐오자 들은 아그리피나가 현저히 강력해지자 대 카토가 한 말이 맞았다는 증거로 받아들였다. 2백여 년 전 대 카토는 여성 해방의 위험성을 경고했고, 여성이 정치 권력을 얻는 상황에 우려를 표하면서 "평등을 쟁취하자마자 그들은 여러분의 주인이 될 겁니다……"라고 말했다.

아그리피나의 아버지는 티베리우스 황제의 인기 많은 조카인 게르마니쿠스Germanicus였고, 어머니는 아우구스투스의 불운한 딸 율리아의 자식 중 한 명인 대大 아그리피나Vipsania Agrippina였다. 아그리피나는 그 둘이 낳은 자식 아홉 가운데 하나였다. 아홉 중 세 사내아이와 세 여자아이가 무사히 성인이 되었다. 그 가운데 오직 한 명, 아그리피나의 여동생 드루실라Drusilla만이 자연사했다. 다른 자식들은 제국 초기에 있었던 왕좌를 두고 벌어진 각축전의 희생자가 되어 끔찍한 최후를 맞았다. 아그리피나는 황제의 동생이고 아내이며 어머니가 될 때까지 살았다. 당시에 그녀가 그 세 황제 모두의 연인이었다는 악의적인 소문이 있었다.

율리우스 카이사르의 누나의 5대손으로서 아그리피나는 거만한 집안 전통을 물려받았으며, 이러한 면은 어머니인 대 아그리피나와 마찬가지로 야심 있는 성격으로 발현되었다. 대 아그리피나는 남편의 게르마니아 군사 작전에 동행했으며, 군단이 겁에 질려서 자기 위치를 벗어나려고 하자 지휘권을 사실상 장악해 탈영을 막았다. 그리고 게르마니아 내부로 위험한 원정을 떠난 게르마니쿠스와 그가 이끄는 부대가 돌아올 때까지 중요한 라인강의 건널목을 지켰다. 게르마니쿠스는 로마의 존 F. 케네디 대통령 같은 인물로, 때 이른 (그리고 수상쩍은) 죽음을 맞이해서 응당 그에게 왔어야 할 절대 권력을 빼앗겼다. 그래서 '만약에'로 시작하는 대체 역사에서도 중요하게 다뤄진다.

아그리피나의 어머니는 타키투스가 '아그리피나 파벌'이라고 부른 강력한 집단의 지지를 누렸다. 이 파벌은 대 아그리피나와 그녀의 자식들이 최고 권력을 차지해야 한다고 주장하면서 이를 위해 애썼다. 대 아그리피나는 전에는 군단을 지휘하고 이제는 파벌을 이끌어서, '남자 같은' 여자라는 평가를 받았다. 하지만 무엇보다 그녀의 '남자 같은' 야망은 두려움을 불러일으켰다. 티베리우스 황제는 대 아그리피나에게 "애야, 네가 통치하지 않으면 부당한 취급을 받은 것이라고 생각하느냐?"고 물었다. 대 아그리피나의 야망 때문에 티베리우스 황제는 결국 그녀를 추방해야만 했다. 대 아그리피나는 항의의 표시로 단식했고 서기 33년 숨을 거두었다. 그녀의 딸인 율리아 아그리피나는 당시 거의 18세였다. 딸 역시 어머니와 같은 험담을 들었고 같은 종류의 두려움을 불러일으켰다.

서기 49년에 조카와 삼촌 간 결혼을 합법으로 만드는 특별법이 통과된 뒤에 아그리피나는 삼촌이자 세 번째 남편인 클라우디우스 황제와 결혼했다. 타키투스는 "이 순간부터 나라가 바뀌었다. 완전한 복종을 받을 권리가 여성에게 부여되었다. 그것도 메살리나처럼 자신의 욕구를 충족하기 위해 국정을 가지고 장난치는 여성에게 부여된 것이 아니었다. 그건 엄격하고 남성적인 폭정이었다"고 기록했다.66

1년이 채 지나지 않았을 때 새로운 아내는 공식 주화에 클라우디우스 황제와 나란히 등장했고 아우구스타Augusta라는 명예로운 칭호도 주화에 함께 새겨졌다. 살아 있는 황제의 아내가 이러한 영예를 누린 것은 처음이었다. 한 역사가는 "아그리피나의 승격이 얼마나 중요한지 아무리 강조해도 지나치지 않다"고 적었다. "무엇보다도 아그리피나의 승격은, 황후가 단순히 법적 구속력이 있는 결정을 내리는 공식적인 권위자라는 엄밀한 의미를 넘어 황제직에 부여되는 것과 동일한 존엄을 지닌 존재라는 생각을 전달했을 것이다."67

서기 51년에 로마의 새로운 속주인 브리타니아에서 긴 전쟁이 끝났고, 켈트족 저항 세력을 이끌던 카라타쿠스Caractacus가 사슬에 묶여 로마로 끌려왔다. 아그리피나는 큰 승리를 거둔 군단과 끌려온 포로들을 맞이하기 위해 황제와 함께 등장했다. 끌려온 포로 중 몇몇은 풀려났다. 타키투스는 다음과 같이 기록했다.

사슬에서 풀려난 포로들은 황제 옆 상석에 돋보이게 앉아 있던 아그리피나에게 황제한테 바친 것과 동등한 경의와 감사를 표했다. 여성이 로마 군기 앞에 앉는 것은 전대미문의 사건이었다. 그녀는 자신의 선조들이 쟁취한 제국에 동반자로 참여할 자격이 있다고 주장했다.68

아그리피나의 특권은 매일 아침 클라우디우스 황제를 알현하고 경의를 표하던 가신과 신하의 청을 들을 권한을 포함해 점점 늘어갔다. 이 시기부터 아그리피나의 두상頭像에는 왕관이 씌워져 있다. 매우 이례적인 영예였다. 아그리피나는 자신의 권력을 공고히 하는 동시에 아들의 이익을 도모했다. 클라우디우스 황제는 아그리피나의 아들인 네로를 자기 아들로 공식 입양했고, 그에 따라 네로보다 몇 살 어렸던 클라우디우스 황제의 친아들 브리타니쿠스는 왕위 계승 서열에서 밀려났다.

그러나 아그리피나의 권력이 커지자 맹렬한 비난과 적의가 따라왔다. 결국, 클라우디우스 황제도 주의를 기울이기 시작했다. 하지만 아그리피나가 선수를 쳤다. 서기 54년에 클라우디우스 황제는 갑작스레 사망했다. 독살당했음이 틀림없어 보인다. 그리고 2개월 뒤에 17세

생일을 맞을 예정이던 네로가 황제가 되었다. 황궁 친위대장이 새로운 황제에게 새 암호를 정해 달라고 하자, 네로는 '옵티마 마테르Optima mater'라고 즉각 대답했다. 옵티마 마테르는 최고의 어머니라는 뜻으로, 모친 살해로 얼룩지게 될 암울한 재위 기간의 시작 장면치고는 모순적이었다.

처음에 아그리피나의 정치적 입지는 다른 어느 때보다 공고해보였다. 네로 황제가 재위 초반에 로마에서 발행한 동전에는 마주보는 어머니와 아들 모습이 들어가 있었고, 공동으로 통치하는 듯한 인상을 주었다. 로마법상 선례가 없는 일이었다. 아그리피나가 군사적 승리를 상징하는 월계관을 아들 머리에 씌우는 모습을 새긴 동시대 부조는 로마 관습과 상충했으며 로마인에게 더 큰 충격을 안겼다. 물론 로마인들은 네로가 자기 어머니 덕분에 황제가 된 것이 아닐까 의심하고 있었다. 그런데 이렇듯 뻔뻔스레 인정하는 모습에 모두 아연실색했다. 발을 늘어뜨린 특별한 공간을 만들고 그 뒤에서 아그리피나가 원로원 회의를 들을 수 있게 한 결정도 충격을 주었다. 그녀는 "상상할 수 없는 일"69을 이뤄냈다. 그녀에게 공개적으로 반대하는 행위는 위험했지만, '여성의 오만함'을 향한 은밀한 불평은 커져만 갔다.

아그리피나는 자신의 역할을 공적으로 찬미받는 데 성공했다. 이러한 면모는 여성에게 예정된 숙명인 '왕좌 뒤의 권력'을 받아들이지 못한 그녀의 성격을 보여준다. 그녀는 네로 황제가 사생활의 여러 측면에서 자신을 격노하게 했다는 사실도 숨기지 않았다. 분명 아그리피나는 네로 황제가 자신의 첫 남편이었으며 황제의 친아버지이자 거칠고 잔혹하기로 악명 높았던 도미티우스Domitius보다 외할아버지인 게르마니쿠스를 닮길 바랐을 것이다. 하지만 네로는 어머니에게 실망을 안겼고, 아그리피나는 그 사실을 공공연히 표현했다.

네로는 아그리피나를 두려워하기 시작했다. 그리고 그녀의 눈앞에서 브리타니쿠스를 독살해서, 클라우디우스 황제의 친아들을 왕좌에 올리겠다는 협박을 어머니가 실제로 행동에 옮기지 못하도록 미연에 방지했다. 공포에 질린 네로 황제는 어머니를 제거하기 위해 일련의 치밀한 음모를 꾸몄다. 비극적이지만 한편으론 희극적인 상황을 연출했는데, 네로 황제는 침몰할 배를 건조하게 해서 어머니를 나폴리만에 빠뜨렸다. 아그리피나는 다쳤지만 헤엄쳐서 해안으로 올라왔다. 사람들이 아그리피나를 지지하며 결집할까 봐 겁먹은 네로 황제는 가장 신뢰하던 폭력배를 보냈다. 역사상 가장 극적인 장면 중 하나를 기록하며 타키투스는 희미하게 깜빡이는 침실 등잔불 아래서 살인자와 공범들이 어떻게 아그리피나를 에워쌌는지 설명했다. 암살자가 칼을 치켜들자 아그리피나는 자신의 배를 드러내고 네로 황제를 임신했던 자궁을 가리키며 "이곳을 쳐라" 하고 외쳤다.[70]

　아그리피나가 맞이한 비극은 어떤 면에서 불가피했다. 로마 여성은 의사도 될 수 있었고 상점을 운영하거나 법정에서 변호를 하거나 심지어 원형경기장에서 싸울 수도 있었지만, 공공연히 정치적인 역할을 맡을 수는 없었다. 현재에서 과거를 되돌아보면 여성을 가정이 아닌 모든 영역에서 배제하는 관습은 탈레반이 1999년 아프가니스탄에서 시행한 정책만큼이나 어리석고 해로워 보인다. 두 경우 모두에서 여성 혐오는 많은 잠재적 재능을 썩혔다. 현대 사회에서 대체 누가 아그리피나와 그녀의 어머니가 유능한 통치자가 되었으리라는 사실을 의심할까? 하지만 오늘날에도 여전히 존재하는 여러 사회에서처럼 로마 시민들은 여성이 통치한다는 사실을 상상할 수 없었다. 결과적으로 남성 후계자가 대를 이어야 한다는 고집은 국가의 많은 인력과 자원을 소모하게 만든 파멸적인 위기들로 로마를 연달아 몰아넣었다.

　아그리피나가 죽은 뒤 제국이 지속된 4백 년 동안 강력한 여성들이 등장했다. 하지만 그들을 옭아매던 정치적 제약과 그 바탕에 깔린 여성 혐오 때문에 누구도 아그리피나처럼 정면으로 도전할 엄두는 내지 못했다.

로마 제국이 흥하다가 쇠약해지면서 로마인들의 상상력과 여성 혐오는 점점 강한 자극을 추구하는 방향으로 발산되었다. 자극 추구의 중심에는 검투사 경기의 형태로 상시 제공된 살육 광경들이 있었다. 죽은 이를 기리기 위해 장례식에서 용기와 기술을 내보이며 사적인 형태로 시작된 검투사 경기는 제정시대가 되자 비용을 많이 들인 살육과 잔혹 행위 위주의 대중적 대규모 구경거리로 변모했다. 시합이 열리던 가장 유명한 장소는 로마의 콜로세움Colosseum으로, 관중을 9만 명까지 수용할 수 있었다. 서기 80년에 개장했을 때, 백 일 동안 지속한 맹수 사냥과 검투사 경기에서 야생 동물 5천 마리가 도살되었다. 여성도 가끔 검투사 시합에 참여했다. 어떤 부조는 아마조니아Amazonia와 아킬리아Achillia라는 이름의 여성 검투사 두 명이 마주보는 장면을 보여준다. 관중이 얼굴을 보고 싶어 했기에 그들은 투구를 쓰고 있지 않다. 유베날리스의 여섯 번째 풍자시 한 부분은 평소처럼 격노와 매혹이 뒤섞인 말투로 여성들이 격투 훈련을 하는 장면을 그린다.

> 투구에 머리를 밀어넣고 타고난 성별을 거부하면서
> 어떻게 여성이 품위를 지킬 수 있겠는가? (……)
> 이 여성들은 가장 얇고 엉성한 옷을 입고도 땀을 흘린다.
> 속이 비칠 정도로 얇은 비단조차 그들의 여린 몸에 너무 덥게
> 느껴진다.
> 공격을 받아치고 거칠게 찌르는 데 몰두하면서 신음하고
> 끙끙대는 소리를 들어보아라.71

원래 표현하려던 반감 대신 경계를 넘는 여성을 향한 욕정이 전

해진다. 하지만 원형경기장에 선 여성은 주인공이기보다 희생자인 경우가 많았다. 따라서 콜로세움은 여성 혐오적 기념물로 알려지지는 않았지만, 뜻하지 않게 여성 혐오 역사에서 중요한 역할을 한 건물이 되었다.

흥미진진한 검투사 시합 막간에 유죄 선고를 받은 범죄자들이 원형경기장의 야생동물들에게 먹이로 던져졌다. 살인을 저지른 여자들 앞에는 특별히 끔찍한 일이 기다리고 있었다. 실제 사건에 바탕을 둔 듯한 허구적 이야기가 서기 2세기에 기록되어 전해 내려온다. 남편과 자식을 살해해서 유죄 판결을 받은 여성이 원형경기장 중앙에 있는 호화로운 침대에 대자로 눕혀진 채 묶여서 수탕나귀에게 강간당할 운명을 기다리고 있었다. 무대 끝에는 사자가 그녀를 죽이기 위해 대기하고 있었다. 이 구경거리는 대중의 요구에 따라 기획되었다.[72] 몇몇 여성은 원형경기장에서 신화 속 장면을 재현하며 강간당하다가 죽었다. 보통 이러한 장면은 제우스가 동물로 변신해 인간 여성을 능욕하는 장면을 보여주었다.

동물과 여성이 성관계를 가지는 성적 환상은 유사 이래로 흔했다. 대개는 수많은 사회, 심리, 도덕 체계가 특이한 환상과 평범한 환상을 모두 실현하지 못하도록 막는다. 하지만 로마에서는 가장 잔혹한 환상과 현실 사이에 놓인 경계가 자주 무너졌고, 상상할 수 있는 가장 가학적인 구경거리를 즐기는 행위가 일상이 되었다. 이러한 구경거리가 남성 심리에 즉각 미친 영향은 일화의 형태로나마 잘 기록되어 있다. 유혈이 낭자한 경기들이 끝난 뒤에 콜로세움의 아치 아래에서 매춘부들은 불티나게 거래되었다.

로마 군중이 욕구를 마음껏 충족하는 동안 말기에 이른 제국은 위기에 위기를 거치며 휘청댔다. 혼란 속에서 새로운 종교 운동이 점차 힘을 얻었다. 기독교는 먼저 로마 제국을 극적으로 바꿔놓았고, 나아가 세계와 그 속에 사는 사람들의 삶을 영원히 뒤바꿔놓았다. 현재 폐허로 남았지만 전 세계에서 관광객들을 끌어들이는 명소가 된 콜로세움 한 편에는 검은 십자가가 세워져 있으며, 매해 방문자 수백만 명이 바라본다. 이 십자가는 그곳에서 죽은 기독교 순교자들을 추도하는 기념비다. 대다수까지는 아닐지라도 그중 많은 사람이 여성이다. 역설적이게도 그들이 헌신적으로 믿은 종교는 여성 혐오의 역사에서 현재까지도 비견할 데가 없을 정도로 결정적인 역할을 했다.

제3장
기독교 시대의 도래와 배신

기독교-유대인의 여성 혐오-구약성서-신약성서-예수-기독교에 끌리는 여성들-사도 바울-여성의 꾸미기-성적 욕망에 대한 반감-플라톤 철학-성 아우구스티누스-육욕과 타락-히파티아

그다지 알려지지 않은 종파에서 세계를 지배하는 종교로 기독교가 부상한 현상은 인류 역사를 통틀어 매우 특이한 일이었다. 기독교가 지닌 여성 혐오적 관점의 강력함과 복잡성도 마찬가지로 전례가 없었다. 이러한 관점은 세 가지 원천에서 비롯했다.

　초기 기독교인들은 유대인의 신화에서 원죄와 깊은 수치심이라는 개념뿐 아니라 인류 타락의 신화도 받아들였다. 그 후에는 그리스인에게서 플라톤의 이원론 철학과 여성이 태생적으로 열등하다는 아리스토텔레스의 '과학적' 증명을 수용했다. 이 강력한 조합에다가 기독교는 여성 때문에 신의 은총을 잃고 죽음과 죄악, 고통에 빠진 인류를 구하기 위해 신이 예수 그리스도의 형태로 인간 역사에 개입했다는 독특한 중심 교리를 더했다.

　기독교인들은 역사를 신이 예정한 계획의 전개로 보는 유대인의 사고방식을 이어받았다. 마치 수백 년 뒤에 카를 마르크스Karl Marx가 선택된 계급의 어깨에 역사 결정론을 수행할 책임을 지웠듯이, 선택된 교회가 유대교의 선택된 민족을 대체했다. 하지만 이전이나 이후의 어느 종교도 신이 율리우스 카이사르나 마릴린 먼로처럼 역사적 실존 인물이며 그를 인정하는 사람만이 구원을 얻을 수 있다고 할 만큼 대담하지 않았다. 기독교의 가르침에는 신의 계시라는 힘이 부여되었고, 여기에 공격적이고 독선적이며 강력한 기관이 뒷받침되자, 이단자와 여성에게 특히 치명적인 조합이 되었다. 기독교가 초반 3백 년 동안 여성에게 고대 세계에서는 전례 없는 자유를 주었고, 따라서 종교로서 놀라운 성공을 거두게 된 열쇠가 여성이었기에 이러한 역설은 쓰라리게 다가온다.

유대인 특유의 여성 혐오는 기독교의 가르침에 흡수되기 전부터 유구한 역사를 지니고 있었다. 하지만 서기 1세기 중반의 예수라는 무명 예언가와 관련한 사건들이 아니었다면 외부 세계와는 대체로 무관하게 남았을 것이다. 당시에는 이 사건들이 언제나 논쟁을 벌이던 유대교 구성원들의 또 다른 내부 분열로 치부되었기에 별다른 이목을 끌지 못했다. 그때 신문이 있었다면 티베리우스 황제의 총애를 받던 세야누스Sejanus의 피비린내 나는 최후와 그로 인한 로마 지배 계층 내부의 혼란이 톱기사를 차지했을 것이다. 유대 땅에서 벌어진 일은 지나가는 뉴스거리도 안 되었을 테다.

하지만 기독교가 뒤이은 수백 년 동안 엄청난 승리를 거두면서, 조그맣고 정치적인 영향력도 보잘것없었던 민족의 잠언과 관행은 거의 보편적인 지위를 얻게 되었다. 〈창세기〉에 나오는 창조 신화는 현재 260개국 20억 기독교인이 지닌 신앙의 중심이다. 즉 세계 인구의 3분의 1이 인류의 불행과 고통을 여성 탓으로 돌리는 신화를 계승한다.

그리스인과는 다르게 유대인의 여성 혐오는 그들이 믿는 종교가 그런 것처럼 잠언과 비유, 관습 차원에 남아 있었다. 유대인에게는 철학 대신 《성경》에 달린 방대한 주해와 해석이 있었다. 하지만 그리스인과 유대인은 창조 신화와 인류 타락의 신화에서 분명한 공통점을 보인다. 그리스 신화처럼 유대 전통에서도 신은 첫 인간인 아담을 자주적인 존재로 창조했고, 아담은 에덴동산에서 행복하고 만족스러운 삶을 살았다. 아담의 유일한 교류 상대는 신이었다. 판도라처럼 하와는 나중에 고안되었다. 신은 아담에게 '도움'이 필요할 거라 여겼고, 아담의 갈비뼈로 하와를 만들었다. 그 후에 그리스 신화에서 판도라가 그랬듯이, 하와는 선악과 나무의 열매를 따 먹지 말라는 신의 명령을 무시했다. "뱀이 나를 구슬렸기에 먹었습니다"라고 하와는 태연히 고백했다.(〈창세기〉 3:13)

96

《구약성서》의 신은 제우스만큼이나 보복심이 강해서 하와에게 다음과 같이 말했다. "나는 네가 임신할 때 겪는 고통을 배가할 것이다. 너는 고통 속에 아이를 낳을 것이며 너는 남편을 원할 것이나 남편이 너를 지배할 것이다."(〈창세기〉 3:16)

아담에게 보내는 메시지는 명료하다. 신은 "내가 너와 여자 사이에 적의를 불어넣을 것이다"(〈창세기〉 3:15)라고 예언함으로써 훗날 실제로 그렇게 되도록 만든다.*

유대교의 도덕 가치관은 기독교를 통해 여성 혐오의 발전에 깊은 영향을 미쳤으나 여러모로 고전 세계의 일반적인 가치관과는 지극히 달랐다. 인근에 살던 그리스인이나 로마인에게는 생소한 개념인 죄의식이 유대인들의 도덕 세계를 지배했다. 제우스와 동료 신들은 개별 인간에게 불만이나 악의를 품긴 했지만, 프로메테우스의 지나친 야심을 질책하기 위해 인류를 벌한 때(1장 참고)를 제외하면 이런저런 모독 때문에 세상을 벌하겠다고 위협하는 일은 거의 없었다. 하지만 여호와는 작은 일에도 분노했고 어디서나 죄악을 보았으며, 비유적으로 말하자면 《구약성서》 시기 대부분을 천국에 앉아 핵폭탄 버튼에 손가락 하나를 올려놓은 채 보냈다.

> 그리고 하나님은 말씀하셨다. 내가 창조한 인간을 지구 표면에서 말살하리라. 인간과 짐승과 기어 다니는 생물과 공중의 새를 모두 쓸어버릴 것이다. 그것들을 만든 게 후회가 되는구나.(〈창세기〉 6:7)

신은 적어도 한 번은 자기 말을 지켰고 세상을 홍수에 잠기게 해서 온 인류를 익사시켰으며, 세상을 다시 채울 목적으로 노아와 그의 가족만을 예외로 살려두었다.

---

* 앞의 예언은 신이 뱀에게 한 말로 보이며 아담에게 한 말로 저자가 혼동한 듯하다.

죄의식과 함께 인간 육신에 대한 수치심도 유입되었다. 이 개념 역시 그리스와 로마 세계에는 이질적이었다. 수치심은 하와가 저지른 일탈이 낳은 첫 결과였다. "그러자 그 둘의 눈이 번쩍 뜨였고 자신들이 벌거벗었다는 사실을 깨달았다. 그들은 무화과 잎을 엮어서 치마를 만들었다."(〈창세기〉 3:7) 수치심이란 개념은 유대교 전통에서 기독교로 전달되면서 인간의 성을 강력하게 지배했다. 놀랍게도 그 지배력은 현재도 건재하다. 그리고 여성 혐오에 새롭고 파괴적인 차원을 더했다.

수치심과 연관해서 유대인들은 쾌락이 아니라 생식을 위해 성행위를 해야 한다고 믿었고 기독교인도 이 믿음을 계승했다. 로마인 중에 도덕의 개혁을 주장하던 사람들은 로마 남성과 여성이 제대로 처신하게끔 하려던 그들의 노력이 모두 허사였음을 곱씹으며 유대인 가정의 도덕적 엄격함에 탄복했다. 간통은 엄한 처벌 대상이어서 간통을 저지른 남성과 여성 모두 투석형을 받았다. 〈신명기〉 22장 20~21절에서 알 수 있듯이 미혼 여성은 순결을 잃으면 사형에 처해졌다.

> 그러나 이 일이 사실이고 처녀라는 증거가 발견되지 않으면
> 그녀를 아버지 집 문밖으로 데려가야 한다. 그리고 시민들이
> 그녀가 죽을 때까지 돌로 쳐야 한다. 그녀가 아버지 집에서
> 매춘부 짓을 하며 이스라엘에서 악행을 저질렀기 때문이다.
> 이처럼 악을 너희에게서 떼어놓아야 한다.

동성애뿐 아니라 남색과 자위, 구강 성교처럼 정액을 헛되이 흘리는 행위가 금지되었다. 자식을 얻기 위한 일 말고는 한 방울도 허투루 써서는 안 되었다.

솔로몬의 노래인 〈아가서〉의 훌륭한 시를 제외하면 《구약성서》는 인간의 성에 가혹하고 삭막한 태도를 견지하며, 거의 항상 여성에게 적

대적이다. «구약성서»의 신은 드높은 곳에 홀로 침울하게 앉아 생각에 잠겨 있으며, 감정의 폭은 질투와 분노에 한정되어 있다. 자신의 창조물이 지닌 아름다움은 그의 가슴을 자부심으로 채워주지 않으며, 욕망을 불러일으키지도 않는다. 올림포스산의 신들과 달리 그에게는 사랑도, 심지어 욕정도 없다. 그는 복수의 화신으로, 선택한 민족이 그네들 삶의 모든 면을 관장하던 613개 법 중 하나라도 어기면 꾸짖고 벌주는 데 언제나 열심이었다. 그렇지 않으면 선택한 민족의 적을 칠 채비를 하거나, 정의로운 유대인을 구원하고 나머지 인류를 지옥의 불꽃에 떨어뜨릴 심판의 날을 준비했다.

유대인과 주변 이교도들은 모두 민족의 건전한 도덕 상태가 상당 부분 여성의 미덕에 달려 있다는 전제를 믿었다. 유대인의 신이 여성에게 가장 극심한 분노를 표출한 것은 그들이 화려한 옷과 보석을 탐할 때였다. 신은 이를 자신에 대한 반항으로 여겼다.

> 그에 더해 하나님이 말씀하셨다. 시온의 딸들이 교만하여, 목을
> 쭉 뻗고 음탕한 눈을 하고 다니며, 발에서 짤랑거리는 소리를
> 내고 뽐내듯 걷는다.
> 따라서 하나님은 시온의 딸들 정수리에 딱지가 생기게 하고
> 은밀한 곳이 드러나게 할 것이다.
> 그날 하나님은 화려한 옷과 보석을 앗아가리라. 그들 발에 달린
> 짤랑거리는 장신구와 머리 망사와 달같이 둥근 장식,
> 목걸이와 팔찌와 면사포,
> 모자와 다리걸이, 허리띠, 머리띠, 귀걸이,
> 반지와 코걸이,
> 예복과 외투, 머리 가리개와 머리를 곱슬곱슬하게 하는 핀,
> 거울과 고운 린넨, 두건, 너울을 가져가시리라.

그리고 향긋한 내음 대신 악취가 진동하고, 허리띠 대신 끈이, 잘
다듬은 머리 대신 대머리가, 화려한 옷 대신 삼베옷이, 아름다움
대신 그을림이 자리할 것이다.(‹이사야› 3:16~24)

《구약성서》의 신은 한순간에 우주를 창조했다가 다음 순간 여자
에게 탈모를 일으키는 식으로, 장엄한 한편 놀랍도록 옹졸하다는 점에
서 신 중에 유일무이하지는 않을지 몰라도 매우 독특하다.

‹에스겔›에서 신은 여자들에게 운수 나쁜 날을 선사하겠다고 위
협하는 데서 한 발 더 나아가 아시리아인과 이집트인이랑 간통하고 그
들에게 몸을 팔아서 가슴을 애무하도록 하며 우상 숭배를 한 여인이
"슬픔과 경악의 잔을 들이켤 것"이라고 한다.

그리고 나는 내 질투심을 너에게 쏟아내겠다. 그들은 너를
포악하게 다룰 것이다. 그들은 너의 코와 귀를 잘라갈 것이다.
⋯⋯회중은 그들에게 돌을 던지고 그들을 칼로 찔러 죽여야 한다.
그들의 아들과 딸을 죽이고, 집을 태워버려야 한다. 그리하여 이
땅에서 음란함이 사라지게 하면 모든 여성이 이 일로 깨닫고 네
음탕함을 본받지 않을 것이다.(‹에스겔› 23:25, 47~48)

‹집회서›는 《구약성서》의 여성 혐오를 요약해서 다음과 같이 간
단명료하게 말한다. "옷에서 좀이 나오듯 여성에게서는 사악함이 나
온다."[73]

그리스와 로마의 여성 혐오자들은 도덕적인 결함을 지적하며 끊
임없이 여성을 질책했다. 그런데 여성 혐오의 역사에 신의 반감이라는
새롭고 강력한 요소가 추가되었다. 그와 함께 우주적 의미가 부여되었
다. 《구약성서》의 신을 보면 사랑과 용서의 종교를 만들기에 좋은 본보

기는 아니라는 생각이 들 것이다. 여기에서 기독교가 처음 뻗어 나왔다는 사실은 역사의 역설 중 하나다.

《신약성서》에 나오는 성부 여호와는 《구약성서》의 과격한 하늘 신과 비교하면 성격이 매우 유하다. 사실 마르키온Marcion 같은 몇몇 초기 기독교인들은 차이가 너무 극심하다고 여겨서 《구약성서》 내용 전체를 삭제해야 한다고 주장했다.74 복음서에서 예수가 했다고 전하는 예화와 명언을 볼 때 가장 눈에 띄는 점은 여성 혐오와 복수심의 부재다. 예수의 첫 추종자들 가운데에는 여자들이 있었다. 〈마태복음〉의 저자는 다음과 같이 적었다. "많은 여자가 멀리서 바라보았다. 그들은 갈릴리에서부터 예수를 따라와 섬겼다." 그들에게는 그럴 만한 이유가 있었다. 사도 마태는 "혈루증을 앓는" 여인이 예수의 옷자락을 만졌다고 전한다. 유대교 율법은 월경하는 여자를 '부정'하다고 여겨 엄격하게 금기시했기에, 월경 기간에는 남자와 접촉하거나 성전에 들어갈 수 없으며 그 밖에도 많은 제약과 마주했다. 그와는 대조적으로 예수는 피를 흘리는 여성을 꾸짖는 대신 "딸아, 안심하여라. 네 믿음이 너를 낫게 했노라"(〈마태복음〉 9:20~22)라고 말했다.

사도 요한의 복음서에 따르면 예수의 제자들은 "그가 여자와 대화하는 것을 보고 놀랐다"(〈요한복음〉 4:27)고 한다. 이런 면에서 예수는 독특했다. 고전 시기 스승이나 철학자, 세례자 요한같이 예수보다 앞서 등장한 유대교 선지자 중 누구도 여성 추종자를 큰 규모로 모으지 못했다.75 예수가 시몬의 집에서 열리는 식사에 초대되었을 때 값비싼 향유를 예수의 머리에 바르는 여인을 보고 사람들이 낭비한다고 비난하자 예수는 여인을 변호한다. "그러자 예수가 말했다. 그녀를 그냥 두어라. 왜 괴롭히려 하느냐? 그녀는 나에게 좋은 일을 하였다."(〈마가복음〉 14:6)

이 이야기는 〈마태복음〉과 〈누가복음〉에서 반복된다. 누가는 그 여인이 죄인이라는 사실을 포함해 가장 자세한 기록을 전달해준다. 시몬이 여인이 죄인이라고 지적하자 예수는 그의 말을 일축한다. "그러므로 내가 말하노라. 그녀의 많은 죄는 용서받았다. 그녀가 큰 사랑을 보였기 때문이다."(‹누가복음› 7:47) 예수는 여성을 판단할 때 엄격한 율법을 따르는 대신 여성이 겪은 실상을 이해하고 인정하고자 했다. 여성이 깊이 사랑한 죄로 투석형을 받을 수 있는 사회에서 예수의 가르침은 해방적 대안을 제시했기에 수많은 여성 추종자가 생겼고, 훗날 기독교가 이런 면을 이어받았다.

한편 누가는 여성의 임신 경험과 자궁 속 아기가 움직이는 경이로움을 기록했다.(‹누가복음› 1:24~80) 이러한 경험이 고대 문학에서 일말의 관심이라도 얻은 경우는 이때가 처음이었다.

예수의 급진적인 윤리는 "간통하다가 현장에서 붙들린" 여인이 그의 앞에 끌려왔을 때 분명하게 드러난다. 바리새인들은 이런 경우에 처벌은 투석형이라는 것을 뻔히 알면서도 어떻게 해야 할지 예수에게 묻는다. 예수는 처음에는 바리새인의 질문을 무시하듯 경멸하는 태도로 몸을 굽히고 모래에 무엇인가를 쓴다.

> 그들이 계속해 묻자, 예수는 몸을 일으켜 그들에게 말했다.
> 너희 가운데 죄를 지은 적이 없는 자가 먼저 돌을 던져라.
> 여인을 비난하던 이 가운데 누구도 차마 엄두를 내지 못해
> 뒤돌아 사라져버렸고 예수는 쓰기를 계속했다. 그러고서
> 올려다보더니 여인이 혼자 있는 것을 보고 말했다.
> 나도 네게 죄를 묻지 않을 테니, 가서 다시는 죄를 짓지
> 말거라.(‹요한복음› 8:4~11)

여인을 향한 예수의 동정심은 «구약성서»에 만연한 태도와는 확연한 대조를 이룬다. «구약성서»에는 버트런드 러셀의 표현을 빌리자

면 "선한 양심을 가지고 잔혹한 벌을 가하는" 경우가 너무 많다.[76]

마가는 예수가 십자가형을 받을 때 '많은 여자'가 그 자리에 있었다고 기록했다.(〈마가복음〉 15:40) 남자 제자들은 달아났으나 여자들은 기도하기 위해 머물렀다. 의미심장하게도 부활한 뒤에 예수가 앞에 처음 모습을 드러낸 사람도 여자인 막달라 출신 마리아였다.(〈마가복음〉 15:9) 마리아가 그 사건을 제자들에게 알렸으나 제자들은 믿지 않았다. 부활은 기독교의 중심 교리다. 부활을 먼저 알게 된 이도 여성이고 받아들인 이도 여성이라는 사실은 새로운 종교에서 여성이 극적인 역할을 할 수 있는 강력한 기반을 만들어주었다.

여성을 대하는 예수의 전반적인 태도는 혁명적이었다. 이는 초기 기독교가 퍼져나가는 데 결정적인 요인이 되었다. 3백 년 뒤에 기독교가 대성공을 거두었을 때 성 아우구스티누스(Aurelius Augustinus, 서기 354년~430년)는 이렇게 꾸짖었다. "아아, 너희 남자들아, 세례가 너희에게 부과한 짐을 겁내는 너희는 여자들과 비교조차 되지 않는다. 순결하고 믿음에 헌신하는 여자들이 많기에 교회는 성장한다."[77]

여성들은 초기부터 새로운 신앙에 몰려들었다. 서기 1세기 중반 사도 바울Paul은 〈로마서〉에서 36명의 신도를 언급하는데, 그 가운데 16명이 여성이다. 매우 놀랍게도 가장 초기 기독교인으로 알려진 사람 중에 폼포니아 그라이키나Pomponia Graecina가 있다. 폼포니아 그라이키나는 클라우디우스 황제(재위 기간 서기 41년~54년)가 로마 제국을 다스리던 서기 43년에 브리타니아를 침공한 로마군 지휘관 아울리우스 플라우투스Aulius Plautus의 아내다. 역사가 타키투스는 그녀를 "외래 미신"을 신봉한다는 죄목으로 기소된 "저명한 귀부인"이라고 설명한다. 외래 미신은 주로 기독교를 일컫는 표현이었다.[78]

이것뿐 아니라 다른 실마리들도 기독교가 아직 초기 단계에 있었을 때 지체 높은 여성들을 끌어모았음을 암시한다. 서기 1세기가 끝나갈 무렵에는 심지어 황실에도 침투했다.[79] 20세기 중반 이후 미국에서 나타난 현상처럼, 불만을 느끼는 중산층과 상류층 여성은 새로운 종교로 개종할 사람을 찾는 이에게 빈번히 비옥한 토양이 되어주었다. 위대한 여신 보나 데아와 이시스 숭배 종교를 포함해 여성들을 강력히 끌어들인 다른 동방 종교들도 제국 전체에 퍼졌다. 하지만 기독교 도덕률의 몇몇 측면은 여성에게 다른 종교와 비교되지 않는 이점을 제공했다.

기독교인은 신자라면 누구나 영혼 안에 신성한 불꽃이 있다고 믿었기에 영아 살해와 낙태를 금지했다.[80] 유기된 영아 대부분이 여자아이였기에 서서히 기독교를 믿는 여성 비율이 늘어났다. 낙태 금지도 새로운 신앙을 따르는 여신도 수를 늘리는 데 기여했다. 낙태 시술의 위험 때문에 많은 여성이 사망했고 살아남은 여성도 불임이 되는 경우가 흔했다.[81] 고대 그리스와 로마에서 여성에게 낙태를 지시할 법적 권한을 지닌 사람은 가장의 지위에 있는 남자였다. 아리스토텔레스는 낙태를 산아 제한의 한 방편으로 옹호했다.

게다가 남아 있는 증거들을 살펴보면 기독교도 여성이 동시대의 이교도 여성보다 늦게 결혼했다. 따라서 그들은 첫 임신 후에 생존할 가능성이 높았다. 율리우스 법(2장 참고)이 강제하던 일반화된 관습과 달리 과부는 재혼하지 않아도 되었다. 기독교인은 배우자와 한평생 결혼 생활을 유지해야 했고 간통 행위는 여자뿐 아니라 남자에게도 죄악으로 여겨졌다. 이런 측면에서 기독교는 도덕적으로 기울어진 운동장을 평평하게 만들었다.

기독교는 순결을 소중히 여겼기에 여성 기독교인은 결혼하라고 강요받는 경우가 적었다. 전통적으로 고대 그리스와 로마에서는 남성이 여성의 간계에 저항해야 한다고들 했다. 이제 처음으로 여성은 남성을 거부해도 된다는 이야기를 들었고, 결혼을 할지 말지 선택할 수 있었다. 결혼은 위험을 동반했기에 상당수가 선택권을 행사했고 독신을 택했다. 이런 선택권이 불러온 결과는 1960년대에 피임약 덕택에 여성이 임신을 통제할 수 있게 되고 성 혁명이 서구 사회를 휩쓸던 때에 벌어진 일들과 흥미로운 유사점 및 차이점을 보인다. 비록 초기 기독교 혁명이 많은 면에서 성에 적대적이었지만 한 가지 중요한 면에서 1960년대와 일치했다. 기독교 혁명은 여성에게 임신과 출산을 선택할 권리를 주었다.

여성이 독신을 선택했던 현상은 의심의 여지없이 새로운 신앙이 여성 신자를 끌어모은 주요 요인 중 하나였으며 기독교 안에서 남성 대비 여성의 비율을 높이는 데 일조했다. 이따금 기독교가 박해를 받을 때 숨진 사람들의 명단이 이를 증명한다. 서기 177년에 갈리아 속주 리옹에서 남신도 24명과 여신도 23명이 순교했다. 3년 뒤 스킬리움에서는 남신도 7명과 여신도 5명이 죽었다. 로드니 스타크Rodney Stark에 따르면 "고대 문헌과 현대 역사가들은 기독교로 1차 개종하는 사례가 남성보다 여성에게서 흔했다는 데 의견을 같이한다."[82] 그 결과, 주변을 둘러싼 훨씬 큰 이교도 문화에서는 여성이 부족해졌고 이교도 남성이 기독교도 여성과 결혼하는 경우가 많아졌다. 그런 남성 중 상당수가 2차로 개종했다.

스타크의 현대 종교 운동 연구는 유사한 개종 양상을 계속 발견했다. 이러한 양상이 기독교의 급속한 성장에 미친 영향은 수치로도 드러난다. 최선의 추측에 따르면 예수가 십자가형을 당하고 7년이 지난 서기 40년쯤에 로마 제국의 추정 인구 6천만 명 중 기독교인은 겨우 천 명가량이었다. 스타크는 활용 가능한 증거 전체를 살펴보고 새로운 신앙인 기독교가 10년마다 40퍼센트씩 성장했을 가능성이 높다고 추정한다. 2세기 초반이 되자 기독교인은 20만 명 이상으로 불어났고 서기 300년에는 629만 832명에 이르렀다. 기독교인의 수적 우위는 10년가량이 지난 뒤 콘스탄티누스Constantinus 황제가 기독교에 대한 산발적인 박해를 멈추고 기독교를 공식 종교로 인정하게 된 이유 가운데 하나다. 서기 350년에 기독교인은 로마 제국 인구의 50퍼센트를 차지했다.

마르시아 구텐탁Marcia Guttentag과 폴 세코드Paul Secord는 여성의 사회적 지위와 남녀 비율 사이에 어떤 관계가 있는지 증거를 수집했고 높은 여성 비율을 상대적으로 높은 여성의 지위와 연관 지었다. 스타크는 기독교 초기에 여성이 주변의 이교도 세계에서보다 높은 지위를 누렸다고 본다.83 이 주장을 뒷받침하기 위해 사도 바울이 여성 부제를 언급한 일을 인용했다. 사도 바울에 따르면 초기 교회에서 부제는 예배 의식을 거들고 교회의 자선 활동을 관리하는 등 중요한 역할을 했다. 따라서 사도 바울은 여성이 부제직을 맡는 데 전혀 문제가 없다고 여겼음이 분명하다.84

더 나중에 기록된 몇몇 자료들도 초기 교회에 여성 부제들이 널리 퍼져 있었다는 사실을 언급한다. 여성이 초기 교회에서 존경받았다는 가장 강력한 증거는 물론 사도 바울이 갈라디아인들에게 보낸 편지에 나온다.

> 세례를 받고 그리스도와 하나가 된 여러분은 그리스도라는 옷을 입었습니다.
> 더는 유대인도 그리스인도, 노예도 자유인도, 남성도 여성도 없습니다. 여러분이 그리스도 안에서 하나가 되었기 때문입니다.(〈갈라디아서〉 3:27~28)

이 말에 담긴 다른 암시가 무엇이든, 4백 년 전에 플라톤이 이상 국가를 그리며 여성 수호자의 존재를 옹호(1장 참조)한 뒤로 남성과 여성의 평등에 관한 그나마 가장 급진적인 발언이었다. 그러나 사실 사도 바울은 여성을 대하는 예수의 태도가 무엇을 암시했는지 명확하게 정리했을 뿐이다. 기독교에서 바울이 맡은 역할은 마르크스주의에서 레닌이 수행한 역할과 비슷했다. 그는 세속의 모든 구분이 사라지고 남녀가 그리스도 안에서 하나가 되는 하나님 나라의 도래를 맞이할 수 있게끔 기독교인들이 대비하도록 도왔고 새로운 신앙을 퍼뜨리는 일에 열중했다.

　그런데 여성이 획득한 영적 평등이 현실 사회에도 자주 반영되었을까? 신 앞에 남성과 여성이 평등하다고 주장하기는 상대적으로 쉽다. 그렇다면 초기 기독교 공동체는 남녀 신도들이 서로 동등하다고 여기도록 장려했을까? 그렇다고 여기는 사람들과 그렇지 않다고 여기는 사람들 모두 사도 바울을 종종 인용한다. 플라톤과 마찬가지로 사도 바울 역시 어떤 이들은 여성 혐오자로, 어떤 이들은 페미니스트로 떠받든다. 부인할 수 없는 점은 간통에 대한 도덕적 가르침, 낙태와 영아 살해 금지, 여성에게 몰아치는 결혼 압박의 감소가 편파적인 몇몇 관행을 근절하고 여성의 지위를 높였다는 사실이다. 하지만 현대 자유민주주의 사회에서 말하는 종류의 평등은 아니었다.

　사도 바울과 플라톤 사이에는 더 많은 유사점이 있다. 그들이 제안한 남녀 평등은 남녀 사이 성적 차이를 제거함으로써만 가능하다. 플라톤의 여성 수호자는 성적 면모를 지운 채 명예 남성이 되어야만 한다. 사도 바울에 따르면 하나님 나라에서는 성적 차이가 사라진다. 두 사상가 모두 인간 본성의 필수적인 측면을 희생해야만 남녀 평등을 이룰 수 있다고 보았다.

　하지만 그 와중에도 특정한 가부장적 전통은 이어져야만 했다. 〈고린도전서〉 11장 3절부터 16절에서 사도 바울은 남성과 여성, 교회 사이의 관계를 체계화해 정립했다. 그는 "여자의 머리는 남자"라며 남성 지배적인 《성경》의 전통을 이어받아 반복했고 남성을 우선으로 보는 창조 신화를 다시금 강조했다. "남성은 여성에게서 나오지 않았으나 여성은 남성에게서 나왔습니다. 또한, 남성은 여성을 위해 창조되지 않았지만, 여성은 남성을 위해 창조되었습니다." 게다가 여기에서 바울은 여성이 교회에서 반드시 머리를 가려야 한다고 규정한다. 그러면서도 그는 남녀의 상호 의존성을 인정한다. "그러나 주님 안에서 남자는 여자 없이 있을 수 없고, 여자도 남자 없이 있을 수 없습니다. 여자가 남자에게서 나왔지만, 남자 역시 여자를 통해 태어났기 때문입니다. 하지만 모두 하나님에게서 나왔습니다."

유대인 페미니스트인 파멜라 아이젠바움Pamela Eisenbaum처럼 이 문장을 보고 여성이 남성에게 의존하는 만큼 남성도 여성에게 의존한다고 분석할 수도 있다.85 이 해석을 받아들인다면 사도 바울은 그리스인과 《구약성서》의 유대인이 소중히 여겼던 낡고 진부한 여성 혐오적 환상인 자주적 남성 신화를 배제했다. 이것도 하나의 진전이긴 하다. 하지만 바울은 여성 혐오적 자부심 하나를 약화한 반면 여성 혐오에 가장 강력한 무기 하나를 제공했다. 그리고 한 문명이 육체를 바라보는 관점을 영원히 뒤바꿔놓았다.

언뜻 보기에 분명 사도 바울은 인상적이지 않고 매력적이지도 않은 땅딸막한 남자였다. "크고 벗어진 머리"에 휜 다리와 큰 코를 지녔고 눈썹은 짙고 두꺼우며 서로 붙어 있었다고 한다. 이 남자가 인간 심리에 대격변을 유발하리라곤 상상하기 힘들었을 것이다.86 하지만 사도 바울이 쓴 편지들은 인간 감정에 지진처럼 거대한 규모의 혁명이 시작되었음을 보여준다. <로마서> 7장 18절부터 25절에서 바울은 자신의 몸에 관해 적었다.

내 안에, 즉 내 육신 안에 선한 것이 전혀 존재하지 않는다는 사실을 알기 때문입니다. 내게 의지는 있습니다. 하지만 선한 것을 향한 그 의지를 어떻게 실천해야 하는지는 모릅니다. (……)

나는 마음속으로는 하나님의 율법을 좋아합니다.
하지만 내 몸에는 다른 법이 있어서 내 마음의 법과 싸우고
있음을 봅니다. 그 다른 법은 나를 사로잡아 내 육신 안에 있는
죄악의 법에 굴복하게 합니다.
아아, 나는 가련한 사람입니다! 누가 나를 죽음의 육신에서
구하겠습니까?
나는 우리 주 예수 그리스도를 통해 신에게 감사를 올립니다.
나는 마음으로는 하나님의 법을 섬기지만 육신으로는 죄의 법을
섬깁니다.

바울은 인간의 몸에 전쟁을 선포했다. 남자가 자신에게 전쟁을 선포할 때 첫 피해자는 여성이다. 그리고 전쟁은 여전히 진행 중이다.

고대 그리스와 로마에서 플라톤을 포함한 많은 사상가가 이원론자였으며, 세계를 이루는 근본 원리의 완벽함을 이해함으로써 세계를 더 잘 알고자 열망했다. 그 결과 그들은 몸과 몸의 필요와 욕망 같은 일상적인 현실을 형편없이 불완전하다고 생각했고 일종의 장애물로 치부하며 거부했다. 하지만 그들은 사도 바울처럼 몸이 본질적으로 악하다고 보지는 않았다. 반항하는 육신 때문에 바울처럼 번민에 차서 거의 절망스럽게 울부짖는 일은 이전에 없었다. 플라톤은 몸을 두고 철학자가 진실의 길에 이르기 위해 우회해야 하는 유감스러운 불편 사항 정도로 생각했을 것이다. 하지만 사도 바울에게 몸이란 신에 대한 거부이자, 신의 아들이 십자가에 매달려 죽은 이유인 위대한 진실에 맞서는 반역을 상징했다.

〈고린도전서〉에서 사도 바울은 독신의 길을 선택해야 하는지를 두고 논쟁을 벌이던 기독교인들에게 조언하며 다음과 같이 말한다.

남자는 여자를 가까이하지 않는 것이 좋습니다.
하지만 음행을 막기 위해 모든 남자가 아내를 두고 모든 여자가
남편을 두도록 하십시오. ……미혼자와 배우자를 잃은 이에게는
나같이 참을 수 있다면 독신을 유지하는 것이 좋다고 조언합니다.
하지만 그들이 자제하기 힘들다면 결혼하게 하십시오. 욕정에
불타는 것보다 결혼하는 것이 낫습니다.(〈고린도전서〉 7:1~9)

이처럼 결혼은 "욕정에 대항한 방어 수단"이 되었다.[87] 사도 바울은 모든 기독교인이 독신으로 살아야 한다는 조건이 새로운 신앙을 널리 퍼뜨리려고 한 자신의 야망과 상충하겠기에 독신을 옹호하지는 않았다. 하지만 인간의 성을 필요악으로 바라보는 사도 바울의 암울한 관점은 교회에 점점 만연해가는 여성 혐오적 시각에 정당성을 부여했다. 성스러움과 순결은 갈수록 동일시되었다. 반항적인 육신은 평정되어야 했다. 적의 성채를 공격하는 것처럼 단호한 심정으로 단식과 절제, 여러 고행을 실천했으며 그중 금욕을 가장 중요하게 여겼다.

고대 그리스인과 로마인은 열정을 지배해야 한다고 배웠다. 하지만 기독교 스승인 알렉산드리아의 클레멘스(Clemens, 서기 150년경~215년경)는 여기서 더 나아가 "우리가 이상으로 삼은 목표는 욕정을 전혀 느끼지 않는 상태다"라고 말한다.[88] 서기 2세기가 끝나갈 무렵에 초기 교회에서 가장 강력하고 영향력 있는 인물 중 한 사람인 퀸투스 셉티미우스 플로렌스 테르툴리아누스(Quintus Septimius Florens Tertullianus, 서기 160년~220년)는 다음과 같이 적었다. "남자가 여자를 멀리할 때 내부에 느껴지는 변화를 생각해보십시오. 그는 영적인 문제들을 생각할 겁니다. 그가 주님께 기도하면 그는 천국에 가까이 있습니다. 성서로 주의를 돌리면 온전하게 성서에 몰입하게 됩니다……."[89]

적어도 이론상으로는 여성이 정숙한 옷차림을 하면 남성이 성에

관한 생각을 자제하기가 한결 쉬웠다. 테르툴리아누스는 "여성과 남성을 모두 구원하는 길은 정숙한 모습을 보이는 데 있다"라고 적었다.[90] 이미 여성은 기독교 예배에 참석할 때 머리에 미사포를 써야 한다는 규정이 있었다. 여기에 더해 테르툴리아누스는 여성이 경건한 신자들의 정신을 흐트러뜨릴 수 있다는 이유로 사제직을 맡지 못하게 했다.

남성 기독교인이 육체와 벌이던 전쟁에서 매력적으로 차려입은 여성은 반항적인 육신의 가장 강력한 협력자였다. 그런 이유로 테르툴리아누스는 «여성 복장론De cultu feminarum»이라는 저서 전체를 이 주제에 할애하며 그 강력한 힘을 약화하려 했다. 여기에서 테르툴리아누스는 처음에 여성이 몸단장하고 화장하는 기술을 하늘에서 쫓겨나 여성과 결합한 천사들에게서 배웠다고 주장한다. 추락한 천사들은 "각별히 여성에게 겉치레를 위한 중요한 수단, 즉 목걸이를 화려하게 꾸미는 보석의 광채, 팔에 밀착된 금으로 된 고리, 모직을 염색하는 난초로 만든 약품, 눈꺼풀과 속눈썹을 돋보이게 하는 검은 가루"를 주었다. 사도 바울은 몸이 "살아 있는 하나님의 성전"[91]이라는 개념을 소개했다. 여성이 겉치레와 화장을 좋아하면 성전이 오염되고 신이 떠나버린다.

> 피부에 약품을 바르고 볼을 연지로 물들이며 안티몬으로 눈을 돋보이게 하는 자들은 그분께 죄를 짓는 것입니다. 아마 그들은 신이 빚은 기술이 불만스러웠나 봅니다. 그들은 신체를 이용해 만물을 제작하신 분을 질책하고 비난하려는 듯합니다. 그들은 그분의 작품에 첨가하고 수정을 가하면서 질책합니다. 대적하는 제작자에게서 치장 용품을 가져오면서 말입니다. 그 대적하는 제작자란 악마입니다. 사악함으로 인간의 영혼을 변모시키려는 그자가 아니면 대체 누가 몸을 바꾸는 방법을 알려주겠습니까.[92]

고대 그리스와 로마의 여성 혐오자들도 이와 비슷하게 여성들이 자신을 꾸미는 행위를 비난했다. 그런데 카토나 유베날리스는 여성이 단장하기 좋아하는 것을 허영심의 발로라고 보았을 뿐이다. 고결한 남자들이 자제력을 키우고 단련하며 덕을 함양하려 애쓰는 데에 여성들의 치장이 큰 방해가 된다고 인정되었지만, 한편으로는 아름다움같이 일시적으로 머무는 속된 가치를 소유하고자 열망하는 여성들이 얼마나 아둔한지 보여줄 기회로도 여겼던 것이다.

하지만 테르툴리아누스가 보기에 우리는 자연과 초자연의 경계가 희미하고 신과 악마가 인간의 몸이라는 전장에서 주도권을 차지하기 위해 격전을 벌이는 전혀 다른 세계에 살고 있었다. 이곳에서 성적 욕망은 어둠의 세력이 사용하는 가장 강력한 무기 중 하나였다. 신은 인간의 성, 그중 무엇보다도 여성의 성을 억누르려고 애쓰는 이들의 편을 들어 개입했다. 테르툴리아누스는 여자가 악마의 협력자가 되지 않으려면 "수수한 옷을 입고······ 초라한 행색을 하고서 참회하고 애통해하는 하와처럼 걸어야 한다. 참회의 옷을 입을 때마다 하와에게서 얻은 것들, 즉 인류의 영원한 벌을 불러들였기에 따라다니는 증오와 첫 죄악이 주는 수치에 대해 더 속죄할 수 있기 때문이다"라고 적었다.

머리에 미사포를 쓰지 않은 여성을 교회로 들여도 되냐는 제안에 테르툴리아누스가 한 대답은 도덕주의자가 어떻게 규탄하는 척하면서 음란한 공상을 즐기는지 보여주는 예시다. "그곳에서 안면부지인 사람들이 두리번거리는 시선으로 여성의 온몸을 훑고 손가락질하며 간지럽힌다. 그리고 모두의 애정 어린 대상이 된 여성은 집요한 포옹과 입맞춤에 에워싸여 차츰 관심을 즐기기 시작한다."93

시몬 드 보부아르Simone de Beauvoir가 «제2의 성Le Deuxième sexe»에서 인용한 뒤로 악명을 얻은 구절의 저자이기도 한 테르툴리아누스는 여성과 악마 사이에 연결 고리가 있다고 주장했다.

신이 네가 속한 성에 내린 선고는 이 시대에도 너와 함께한다.
마땅히 죄책감도 너와 함께해야 한다. 너는 악마에 이르는
길이요, 금지된 나무의 봉인을 해제한 이요, 신이 내린 법을
처음으로 버린 자요, 악마가 차마 용기를 내지 못해 공략하지
못한 남자를 설득한 여자다. 너는 신의 형상을 한 남자를 참 쉽게
파멸시켰다. 네가 신의 말을 저버리고 죽음을 부른 탓에 신의
아들마저 죽어야 했다. 그런데도 너 자신을 꾸미며 이미 입고
있는 살갗 위를 덮으려고 하느냐.94

《구약성서》의 신이 머리카락을 빠지게 하겠다며 여성을 협박했
듯이 테르툴리아누스도 여성에게 호통을 친다. 하지만 테르툴리아누
스가 쓴 단어와 말투는 훨씬 위협적이다. 인류의 타락을 불러온 책임을
여성에게 지웠을 뿐 아니라, 구세주 예수가 고통받고 죽은 데 대한 비
난 역시 유대인도, 로마 행정 당국도 아닌 여성에게 쏟아냈다. 그들의
육체를 통해 악마가 세상으로 왔다고도 했다. 사실, 알렉산드리아의 클
레멘스는 마치 여성을 대하는 예수의 태도는 염두에 두지 않은 듯이 예
수의 임무가 구체적으로 "여성이 한 일을 되돌리는 것"이었다고 주장
했다. 여기서 여성이 한 일이란 육욕과 탄생과 죽음을 의미했다. 클레
멘스의 주장은 ⟨전도서⟩ 3장 19절을 떠올리게 한다. "그리고 결혼이 여
성을 뒤잇고, 출산이 결혼을 뒤잇고, 죽음이 출산을 뒤잇는다."
　기독교는 세상에 구원이라는 새로운 개념을 가져왔다. 신앙이 난
항을 거치며 정립되어가는 동안 기독교인은 점점 섹스를 거부해야만
구원을 받을 수 있다고 믿기 시작했다. 이러한 감정은 서기 3세기에 전
례 없이 강해졌다. 그리고 이제껏 없었던 급진적이고 격렬한 여성 혐오
를 수반했다.
　이렇게 전개된 배경에는 예수가 죽고 2백 년이 지난 뒤에 벌어져

서 서구 문명을 거의 절멸 상태로 몰고 간 위기가 있었다. 위기는 사람들의 자아관과 세계관에 영향을 미쳤고, 이에 사람들은 기원전 5세기에 펠로폰네소스 전쟁이 아테네 시민들을 변화시켰을 때(1장 참고)보다 훨씬 더 동요했다. 황제 자리를 두고 벌어진 이 일련의 전쟁은 로마를 내부적으로 약화했다. 서기 235년과 284년 사이에 황제 20명이 정권을 잡았고, 물가가 걷잡을 수 없이 상승해서 경제적으로 붕괴할 위기에도 처했다.[95] 야만인 무리가 국경을 침범했고 내륙 깊숙이 있어 여태껏 평화로웠던 지방까지 밀고 들어왔다. 7백 년 만에 처음으로 로마는 거대한 벽으로 둘러싸였다.[96] 로마 황제는 페르시아 왕에게 무릎을 꿇었다.[97] 천연두와 홍역으로 추정되는 대규모 전염병이 처음 발병해서 두 차례 창궐했고 주요 도시와 주변 시골 지역을 강타했다. 인구의 4분의 1에서 3분의 1이 사망했으며 이미 심각하던 인구 위기를 더욱 심화했다.[98] 세상은 어느 때보다도 종잡을 수 없고 덧없어 보였다. 재앙과 절망이 수십 년간 지배한 이 기간에 기독교는 가장 급속하게 성장했다. 이 시기가 끝나갈 때 기독교 신자는 6백만 명을 넘었고 무시할 수 없는 세력이 되었다.[99]

사도 바울 이후로 기독교 내부에서는 성에 관해 강력히 상반되는 감정이 공존했다. 초기 기독교인은 예수의 도래가 멀지 않았고 그때 모든 문제가 해결되리라고 믿는 기쁨을 맛보았다. 시간이 지나면서 풍조가 바뀌었다. 초기 교회의 진정한 첫 철학자였던 오리게네스(Origenes, 서기 185년~254년)는 하나님의 나라가 도래하기만을 기다리는 대신 자신을 거세해서 육신과 영혼 사이의 갈등을 해결했다.[100]

3세기와 4세기에 육욕에서 비롯한 유혹을 뿌리치려는 열망은 극단의 형태를 띠었고, 이로써 육신을 완전히 부정하게 되었다. 《로마 제국 쇠망사 The History of the Decline and Fall of the Roman Empire》에 에드워드 기번Edward Gibbon은 기독교인들이 스쳐 지나가며 견뎌내야 하는 단계

114

일 뿐인 "현재의 삶에 경멸"을 느꼈다고 적었다.

일부는 '자궁 보이콧'을 선언했다. 기독교인이 된 어떤 젊은 아내는 남편이 침대로 오면 거부하며 다음과 같이 말했다고 한다. "내 옆에 당신을 위한 자리는 없답니다. 나와 하나가 된 주 예수가 당신보다 나으니까요."101 다른 젊은 여성은 씻기를 거부하겠다고 부모에게 통보하고 결혼과 출산에 반기를 들었다. 성 히에로니무스(Hieronymus, 서기 342년~420년)는 "흙먼지로 덮여 지저분한" 바울라Paula를 이상적인 기독교 여성상으로 여기며 찬미했다.102 피터 브라운Peter Brown에 따르면 "침실의 마법을 깨뜨리는 일이 곧 세상의 마법을 깨뜨리는 것이었다."103 이와 같거나 비슷한 감정의 영향으로 초기 기독교는 섹스에 대한 반감, 결혼 상태 폄하, 순결에 대한 집착으로 가득했고 여태까지 존재하던 가장 극심한 가정 반대 운동 중 하나를 주도하게 되었다.

로마 제국 동쪽에서 가정에 반대하는 정서가 일면서 극단의 금욕주의가 발흥하게 되었다. 여성 혐오의 요람인 지중해 동쪽에서 금욕주의가 가장 극심하고 우려스러운 모습으로 발현했다는 사실은 당연한 귀결로 보인다. 세례자 요한은 사막에 살며 메뚜기와 야생 꿀로 연명해서 성경에 등장하는 선례를 만들었다. 예수 자신도 광야에서 40일 밤낮을 보냈다. 3세기와 4세기에 '사막 교부'라고 통칭하는 수도사 수천 명이 세상을 피해 시리아와 이집트 사막으로 건너가 동굴 속이나 원시적인 오두막, 심지어 기둥 위에 기거하며 혼자 살거나 작은 공동체를 이루고 살았다. 사회에서 달아나는 일은 육신에서 달아나는 것보다 훨씬 쉬웠다. 육신은 욕망과 욕구라는 꾸러미를 들고 어디든 따라다니는 습성이 있으며, 여성과 관련한 욕망은 특히 떼어놓기 힘들었다.

한 나이 든 수도사는 입문자에게 "감각을 고문하라. 고문 없이는 순교도 없느니라"라고 조언했다.104 침실의 마법은 자기 혐오라는 악몽으로 변모했고, 여성 혐오 경향은 정신병과 같은 수준으로 심해져서 B급 호러 영화에 나올 법한 광경을 연출했다. 한 고행 수도사는 욕정으로 정신이 나가서 썩어가는 여성 시신을 파헤쳤고 부패하는 살에 자기 옷을 닿게 한 뒤 꺼내서 냄새를 맡고 거기에 자기 얼굴을 묻었다. 이 수도사는 이렇게 함으로써 평생 여성에 대한 흥미를 잃게 되기를 바랐다.105

한편 서방 세계에서 기독교는 여성 혐오 역사에 영향을 미치게 될 다른 중대한 변화를 겪고 있었다. 기독교가 종교, 문화 세력으로 지나치게 강대해지자 로마 당국은 결국 기독교를 인정했다. 서기 313년에 콘스탄티누스 황제(재위 기간 서기 306년~337년)는 밀라노 칙령을 반포하고 종교적 관용을 선언했다. 기독교는 가톨릭 교회, 즉 보편 교회의 형태를 띠고 로마 주교를 수장으로 삼으며 국교로서 중요한 역할을 맡게 되었다. 그리고 다른 어느 때보다 여성의 역할을 제한하기로 단단히 결심한 성직자층이 기독교를 운영했다.

이보다 몇 해 전에 열린 엘비라Elvira 공의회에서는 일련의 결정을 통해 여성에게 성적으로, 사회적으로 엄격한 제약을 가했다. 성직자는 혼인 상태를 유지할 수 있었지만 아내와 성관계를 가지는 것이 금지되었다. 기독교인은 유대인과 성관계를 하지 못하도록 금지되었다. 공의회에서 제정한 81가지 교회법 중 34가지가 결혼과 여성의 처신에 큰 제약을 가하는 법이었다. 특히 교회 내에서 여성이 맡은 역할에 많은 제약을 부여했다. 마치 공의회 성직자들이 자신에게 성관계를 금지하고 나서 그 화풀이를 여성에게 하는 것 같았다.106

밀라노 칙령이 반포되고 7년이 지난 뒤에 콘스탄티누스는 첫 기독교 황제로서 점점 절대적이 되어가던 새로운 도덕률을 아주 엄격히 강제했다. 그는 사랑의 도피 행각을 벌인 처녀와 구혼자 모두에게 사형을 내리는 법안을 통과시켰다. 도피 계획을 도운 여자 노예는 녹인 납을 목구멍으로 들이붓는 형벌을 받았다(그리고 그들은 항상 협력했다는 의심을 받았다). 젊은 여성이 도피하기로 동의한 사실은 "여성의 변덕스러움과 비논리적인 성향 때문에 효력이 없기에" 무관하다고 판결되었다.107 여기서 옛날 솔론과 카토가 내보인 여성 혐오가 되풀이되는 현상을 본다. 하지만 이번에는 끔찍한 잔인성을 띠며 강제되었다.

　점점 심각해지던 종교적 편협성은 다른 방식으로도 표출되었다. 경건한 가톨릭 황제인 테오도시우스 1세(Theodosius I, 재위 기간 서기 379년 ~395년)가 다스리던 시기에 기독교 군중은 미친 듯이 날뛰더니 로마 포럼에 있는 베스타 여사제 조각상의 머리를 날려버렸고(파손의 흔적은 오늘날까지도 남아 있다) 이교도 신전을 공격했으며 유대교 회당을 불태웠다.108 육신에 대항한 혁명으로 인해 서기 393년에 올림픽 경기가 폐지되었다. 선수들이 벌거벗고 경기에 참여했기 때문이다. 몸은 예술의 주제에서 천 년 가까이 자취를 감추었다.

　서기 390년에 벌어진 일은 교회가 성적 행동을 장악해나가면 대체 미래에 어떤 일들이 벌어질지 보여주는 실마리가 되었다. 이때 로마에서 수백 년간 번영해오던 동성애 사창굴이 급습을 당했다. 그곳에서 잡힌 매춘부들은 공개된 장소에서 산 채로 불태워졌다. 그들은 성행위에서 여성 역할을 연기했다고 규탄받았다. 새로운 정통 신앙은 성별에 따른 차이는 신의 명령에 의한 것이어서 변경될 수 없으며 영원히 지속한다고 결론지었기에 이러한 행위를 죄악이라 여겼다. 이보다 이른 시기의 기독교는 남성과 여성이라는 개념의 유동성을 어느 정도 용인했다. 하지만 생각이나 행동에서 유동성이나 유연성이 인정되는 시기는 종말을 향해가고 있었다. 가톨릭 정통 교리는 사회, 도덕, 종교, 지적 및 성적으로 고정된 영역들을 규정했고 남성과 여성은 하늘에 고정된 별처럼 영원히 변치 않을 운명이었다.

　그러나 영혼과 육체, 인간과 신, 남자와 여자, 영적 세계와 감각 세계를 구분해서 심오한 이분법으로 정리하려면 철학적 설명이 필요했고, 지적 작업이 여전히 더 진행되어야 했다.

초기 기독교에는 현대 미국 개신교에서만큼이나 철학적 요소가 빠져 있었다. 신앙에 기초한 계시 위주로 포교를 했고 합리적인 사고는 건너뛰었다. 테르툴리아누스는 '그리스인들', 즉 철학자들이 기독교인에게 어떤 쓸모가 있지 않겠냐는 제안을 코웃음 치며 물리치기도 했다. 하지만 성 요한의 네 번째 복음서는 예외적인 중요한 사례다. 거기에는 플라톤의 생각과 확연히 비슷한 부분이 있다. "처음에 말씀이 있었다. 말씀이 하나님과 함께 있었다. 말씀은 하나님이었다."(<요한복음> 1:1) 말씀은 플라톤이 주장한 이데아와 동일시되었다. 이데아는 감각 세계 너머에서 세월을 초월해 완벽한 상태로 존재했고, 기독교인들이 참된 자신들의 유일신과 같다고 여긴 궁극의 실재였다. "말씀은 육신이 되었고 우리 가운데 사셨다. 우리는 그분의 영광을 보았다. 은혜와 진리로 가득한 하나님의 독생자인 그분의 영광을 보았다."(<요한복음> 1:14)

요한은 이런 방식으로 영원한 신의 실재가 예수라는 구체적 형태를 띠고 역사 무대에 등장했다고 선언했다. 플라톤의 이데아는 인간이 되었고 이상은 현실과 합쳐졌으며 이원론에는 종말이 고해졌다. 그렇기에 기독교가 가톨릭교로 되는 과정에서 플라톤 철학을 체계적으로 흡수하기 시작한 이유가 기독교 세계관이 기반한 이분법 요소들에 철학적 정당성을 주기 위해서였다는 사실은 심오한 역설이다.

가톨릭교가 플라톤 철학을 기꺼이 받아들인 데는 두 가지 이유가 있다. 플라톤 철학은 지적, 사회적인 이유로 매력적으로 다가왔다. 이데아론은 내세의 중요성을 강조하고 현세에 경멸을 표하던 종교와 매우 잘 들어맞았다. «국가»에 나오는 플라톤의 사회 이론은 점점 정교한 위계 구조를 만들어나가던 교회의 관심을 끌었다. 교회의 위계 구조에서 지배 계급을 차지한 성직자는 플라톤의 수호자처럼 절대적 진실을 이해했고, 이를 신자들에게 해석해주며 이단에 맞서 수호했다. 버트런드 러셀에 따르면 플라톤의 생각과 유대교 성서를 통합하려고 처음 시도한 사람은 오리게네스다. 하지만 여성 혐오의 시각을 포함해서 기독교 세계관을 떠받치는 철학 체계를 세우는 일은 플라톤 이후로 가장 위대한 사상가인 성 아우구스티누스에게 남겨졌다.

아우렐리우스 아우구스티누스는 현재 알제리 동부에 해당하는 곳의 한 보잘것없는 가문에서 태어났다. 그의 가족은 기독교가 발흥하던 시기의 전형적인 가족 양상을 띠었다. 어머니인 모니카Monica는 기독교도였고 아버지인 파트리키우스Patricius는 원래 이교도였으나 죽기 전에 개종했다. 지적으로, 정서적으로 복잡할 뿐 아니라 성욕도 왕성했던 청년 아우구스티누스는 17세 때부터 카르타고 출신 첩과 함께 살기 시작했다. 어머니인 모니카는 이런 아들의 모습에 무척 속상해했고, 훗날 아일랜드 어머니들이 아들이 성직자가 되기를 바라며 열렬히 기도했듯이 아우구스티누스가 가톨릭 신자가 되어 더 높은 뜻에 자신을 바치기를 간절히 기원했다.

학생이었다가 문법과 문학을 가르치는 선생이 되는 동안 아우구스티누스는 카르타고에서 로마로, 그다음에는 밀라노로 옮겨 다녔다. 몇 해 동안은 마니교에 관심을 두기도 했으나 우주관이 모순되었다며 결국 거부했다.109 아우구스티누스가 가톨릭교로 개종한 건 서기 386년으로, 밀라노에서 성 암브로시우스Ambrosius의 설교를 듣고 감화된 뒤의 일이다. 하지만 아우구스티누스는 하나님을 발견하기 전에 먼저 플라톤을 발견했다.

아우구스티누스는 역사의 분수령이 된 인물 가운데 한 명이다. 그는 천 년가량 지속한 고대 그리스, 로마 문명이 기독교 문명으로 전환되던 시점에 살았다. 뛰어난 저작인 «고백록Confessions»을 써서 고대 사람 중 처음으로 내면 세계의 혼란을 드러낸 인물이기도 하다. 고백록을 읽다 보면 마치 토크쇼로 텔레비전 채널을 돌려서 초대 손님이 자신의 가장 깊은 수치심과 열렬했던 사랑, 끔찍한 죄악과 드높은 지향점에 대해 털어놓는 이야기를 듣는 듯하다. 방송 시점은 1,700년 전이지만 오프라 윈프리 쇼의 인터뷰처럼 친숙하게 느껴진다.

신을 찾는 길에서 아우구스티누스가 겪은 혼란의 중심에는 육욕과 그에 맞선 의지 사이에 벌어진 투쟁이 있다. 아우구스티누스는 플라톤의 철학을 이용해서 심오한 이원론을 가톨릭 교리의 중심부로 통합했다. 아우구스티누스의 괴로움에 찬 외침은 사도 바울을 떠올리게 하지만, 그보다 훨씬 강렬하고 복잡하다.

> 나는 카르타고에 왔습니다. 나를 둘러싸고 치정으로 끓는
> 가마솥이 쉭쉭 대며 김을 내뿜었습니다. 그리하여 나는 우정의
> 샘물을 더러운 욕정으로 오염시키고 말았습니다. 나는 깨끗한
> 시냇물을 육욕이란 지옥으로 탁하게 만들었습니다. 그러나
> 겉멋에 취해 추악하고 타락했으면서도 나는 마치 고상한 한량인
> 양 행세했습니다.110

육욕은 그를 포로로 만들었다. 그는 "육신의 병적인 충동과 치명적인 달콤함에 사로잡혀 쇠사슬을 끌고 다니나 풀려나기는 두려워한다"고 적었다. 그는 "쾌락의 풀로 꼼짝 못 하게 들러붙어 있었다." 그는 인간이 처한 조건의 물질적인 속성에 역겨움을 느끼고서 인간을 돼지와 비교한다. "우리는 살과 피로 된 진흙탕에서 구른다"고 주장했다.

더 나중에 쓰인 작품인 «신국론 *The City of God*»에서 아우구스티누스는 강박적으로 다시 이 주제로 돌아온다. 인류의 타락에 관해 이야기하며 그는 다음과 같이 적었다.

> 이 순간부터 육신은 성령을 거역하고 욕정을 품기 시작했습니다.

우리는 이러한 육신의 반역으로 태어났고, 우리가 죽도록
운명지어진 것처럼 처음 저지른 죄 때문에 우리의 육신과 타락한
본성은 육욕과 싸우거나 혹은 육욕에 패배하는 시련을 견뎌내야
합니다.[111]

이후로 육욕이라는 지옥은 우리와 쭉 함께했다. 아우구스티누스
가 생각하기에 투쟁은 드높은 차원에서만 해결될 수 있었다. 그는 라틴
어로 번역된 플라톤주의자들의 책을 읽었고 플라톤주의에 관한 책 전
부에 신과 신의 말씀을 언급하는 구절이 언뜻언뜻 끼어 있다는 사실을
발견했다. 그는 완전한 형태로 영원하며 변하지 않는 이데아를 신과 동
일시했다. 높은 차원의 지적 실재를 다루는 플라톤의 이론은 육욕이라
는 "족쇄"에서 벗어나려는 아우구스티누스의 필사적인 노력과 어느
정도 부합하는 면이 있었다. 하지만 플라톤의 지적인 "천국"은 너무 추
상적이고 와닿지 않았다. 결정적으로 플라톤의 천국은 구원과 영원한
삶을 약속하지 않았다. 이 점이 오늘날 수많은 기독교인이 있는 반면
플라톤주의자는 거의 없는 이유다. 그리고 서기 386년에 아우구스티누
스가 받아들인 종교도 기독교였다.
　아우구스티누스가 여성 혐오와 어떤 관련이 있는지는 «고백록»
둘째 권에 나오는 문장으로 요약된다.

나는 사악함 그 자체를 위해 사악한 일을 저질렀습니다.
역겨웠기에 나는 그것이 좋았습니다. 나는 자기 파괴가 좋았고
타락을 즐겼으며, 어떤 목적 때문에 타락하게 된 것이 아니라
타락을 위해 타락했습니다. 내 저열한 영혼은 파멸하기 위해
당신의 하늘에서 뛰어내렸습니다. 나는 수치스러운 수단으로
무언가를 얻으려 한 게 아니라 수치 자체를 원했습니다.

타락이라는 관념은 인간이 에덴동산에서 쫓겨났다는 유대인의 신화에서 물려받았다. 아우구스티누스는 인류의 타락에다 한층 더 끔찍한 다른 차원을 더했다. 바로 플라톤식 타락으로, 완전한 형태인 이데아에서 멀어지는 일이었다. 이는 기독교인에게는 시간을 초월해 완전한 신과 합일하는 데서 멀어져 생명, 욕정, 고통과 죽음이 있는 변화무쌍한 세계로 떨어지는 것을 의미했다.

타락은 임신을 통해 이뤄졌다. 그 순간부터 우리는 원죄를 안게되었다. 〈시편〉을 인용하며 아우구스티누스는 우리가 어머니의 자궁에서 "죄악과 사악함 속에 잉태되었습니다"라고 말했다. 하나님의 은총에서 멀어지게 된 계기는 여성이었다. 하와가 불복종해 낙원에서 추방되었을뿐더러 플라톤 철학의 관점에서 봤을 때 여성은 번식하려는 육신의 고집스러움을 상징했다. 그래서 우리는 신에게서 멀어져 현세에 살며 육신 때문에 신을 거역하는 상태에 머물게 된다. 우리는 자신의 타락을 바라고, 이러한 반항은 색욕을 통해 가장 직접적으로 발산된다. 원죄 때문에 "육신도 영적일 수 있었던 인간은 마음조차 육욕으로 물들었다."[112]

다른 기독교인처럼 아우구스티누스도 반항의 순환 고리를 끝내려면 육신을 억누르는 수밖에 없다고 보았다. 그러기가 힘들었기에 아우구스티누스는 개종을 한동안 미루었다.

내가 오랫동안 사랑해온, 머리를 비우고서 즐기는 헛되고 사소한 것들, 하찮은 것들이 나를 놓아주지 않았습니다. 그들은 내 육신이라는 옷을 당기며 속삭였습니다. "우리를 버리려는 건가요?"라고 묻기도 하고 "이 순간부터 우리는 더는 당신과 있지 않을 거예요. 영원토록 말이죠"라고 하거나 "이 순간부터 영원히 이런저런 것들이 모두 당신에게 금지되었어요"라고

을러댔습니다.[113]

　아우구스티누스의 교리가 여성 혐오의 관점에서 해석되었고 원죄 교리라는 신전에 안치되었지만, 여성을 대하는 그의 태도는 좀 더 복잡했다. 아우구스티누스는 여성이 근본적으로 사악하다고 보지는 않았다. «신국론»에서 아우구스티누스는 "여자가 여성인 것은 악이 아니라 본연의 상태"라고 했다. 격렬한 감정을 담아 남긴 기록에서 볼 수 있듯이 그는 욕정과 싸우며 끔찍한 번뇌를 겪었고, 이 번뇌는 남성이 자신과 벌이는 투쟁에서 여성 혐오가 비롯한다는 사실을 명확히 드러낸다.

　그러나 아우구스티누스에게 악의 원천은 인간의 의지였다. 인간이 하나님을 거역하게 된 원인은 애초에 성욕이 아니라 자아였다. 그에 대한 벌로 하나님은 인간에게 통제할 수 없는 성욕을 주었다. 인간이 신에게 반항했듯이 욕망은 인간에게 반항한다. 서양 문화에서 섹스는 처음으로 쾌락과 징벌이 뒤섞인 전장이 되었다. 여성은 욕망을 불러일으키는 대상을 비난하는 인간의 고약한 습성 탓에 고통받게 되었다.

　기독교가 지배하게 될 도래하는 세기에 무엇이 여성을 기다리고 있을지는 마지막 이교도 여성 철학자인 히파티아Hypatia의 운명을 통해 짐작할 수 있다. 이름이 알려진 고대 여성 철학자는 몇 되지 않는다.[114] 기독교의 광신주의와 편협성으로 인해 히파티아는 소수의 여성 철학자 가운데서도 가장 유명해졌다.

　히파티아는 4세기 말에 알렉산드리아에서 수학자 테온Theon의 딸로 태어났으며, "재능과 지성에서 동시대 모든 철학자를 능가했다"는 평을 들었다.[115] 아폴로니오스Apollonios와 디오판토스Diophantos의 기하학에 주석을 달았고, 악기를 연주했으며, 아테네와 알렉산드리아에 대학을 열어 플라톤과 아리스토텔레스 철학을 가르쳤고 천문학 관련 저서를 펴내기도 했다.

히파티아는 "아름답고 맵시 있다"고 알려졌는데 금욕적인 면이 있었고 순결하고 독신인 상태를 유지했다. 일설에는 한 학생이 그녀에게 미친 듯이 빠져든 나머지 눈앞에서 음부를 노출했다고 한다. 그가 열병에서 벗어날 수 있게끔 히파티아는 월경혈이 묻은 속옷을 건넸다.116 구혼자를 물리치는 새로운 방법이긴 하나, 당시 육신에 혐오를 느끼던 풍조가 기독교인에게만 한정된 건 아니었다는 사실을 보여준다. 하지만 히파티아의 미덕이 아무리 기독교인의 이상에 들어맞았다 하더라도 그 지역 기독교인들의 적대심을 누그러뜨리지는 못했다.

알렉산드리아는 고대 대도시였고 학문의 중심지로 명성을 날렸지만 정치적, 이념적 적수를 살해하곤 했던 파벌 간 폭력으로도 유명했다. 고대에 유대인을 대상으로 한 초기 폭동 하나도 서기 38년에 알렉산드리아에서 일어났다. 서기 412년에는 기독교 광신도인 키릴로스Ky-rillos가 알렉산드리아의 주교가 되었다. 키릴로스는 자신을 벌하기 위해 수년간 사막 교부로 지냈으나, 으레 그렇듯이 육체의 시련은 광신주의를 강화하고 편협성에 불을 지폈을 뿐이다. 오늘날 이슬람 근본주의 율법학자와 비슷한 모습으로 상상하면 될 것이다.

사막에서 보낸 기간이 그의 야망을 꺾지 못했던 게 분명하다. 키릴로스는 주교의 지위를 이용해 로마 제국의 이집트 총독이었던 오레스테스Orestes의 통치에 반기를 들었다. 고대가 저물어가던 시기에 점차 강성해지던 교회는 행정 당국의 힘을 흡수하며 중세의 신정 체제를 예고했다. 키릴로스는 이단 사냥꾼이자 유대인 혐오자였다. 서기 415년 부활절쯤 키릴로스는 지역 유대인들을 공격하게끔 기독교 폭도를 선동했고, 유대인의 집을 약탈하고 유대교 회당을 빼앗아서 정화한 뒤 교회로 바꿔놓고자 했다. 키릴로스는 오랜 기간 자리 잡은 공동체를 알렉산드리아에서 몰아냈다. 오레스테스가 반대하자 기독교 폭도가 그를 공격했다.

　기독교인들은 히파티아가 제국 총독을 현혹했으며 총독과 주교 사이 불화에 책임이 있다고 수군대기 시작했다. 앞으로 벌어질 일을 예고하는 불길한 징조였는지, 한 기독교인 저자는 히파티아가 "언제나 마법과 아스트롤라베*, 악기에 몰두해 있으며 사탄의 간계로 사람들을 속인다"고 비난했다.117 여성이 박식하고 다재다능하면 신기하다고만 생각하지 않고 악마와 결탁한 마녀라는 징표로 여겼다. 키릴로스는 세속 권력과 겪는 갈등을 풀기 위한 희생양으로 기꺼이 히파티아를 이용했다. 격정적인 설교가 끝난 뒤에 키릴로스의 추종자였던 (니키우의 주교였던 요한에 따르면 "모든 점에서 예수 그리스도의 완전한 신도"인) 베드로는 흥분한 폭도를 이끌고 히파티아의 대학으로 향했다.

　폭도는 "높은 의자에 앉아 있는 그녀를 발견했다. 그녀를 그곳에서 내려오게 한 다음 카이사리온이라 불리는 큰 교회로 질질 끌고 갔다."118 그곳에서 그녀의 옷을 벗겼고 붙잡고서 굴 껍데기를 이용해 산 채로 살을 벗겨냈다.119 에드워드 기번의 말에 따르면 폭도는 그러고 나서 "떨고 있는 사지를 불에 던져 넣었다."120

　히파티아를 살인한 자들을 기소하려는 시도는 뇌물로 가로막혔다. 가톨릭 교회 안에서 키릴로스는 승승장구했다. 훗날 성인으로도 추대되었다. 성인의 이력에선 살인이 아니라 기적이 중요한 것 같다.

　순교자였던 기독교인들은 금세 심문관으로 변모했다. 다가오는 세기에 교회에서 피우는 향 내음은 불에 타는 여성들의 살 냄새와 지독히도 자주 섞이곤 했다.

---

*　고대부터 쓰인 정교한 도구로 태양, 달, 행성, 별의 위치를 예측하는 데 사용했으며 그 밖에도 다양한 기능이 있었다.

제4장
하늘의 여왕, 또는 악마와
결탁한 마녀

고대의 끝과 근대의 시작을 나누는 천 년가량의 기간에 여성의 미화와 악마화라는 겉보기에 모순된 두 가지 과정이 동시에 진행되었다. 중세는 여성을 천국으로 승천시키면서 시작했고 수많은 여성을 지옥으로 보내면서 끝났다. 지옥으로 보내는 과정은 단지 신비롭거나 은유적인 것만은 아니었다. 그렇기에는 불꽃이 너무 현실적이었다. 이 일이 벌어진 때는 천국 바닥을 긁을 듯이 높이 솟은 프랑스 고딕 성당의 대첨탑처럼 인간의 상상력이 도약하던 놀라운 시기였다. 하지만 집단 히스테리나 집단 학살, 마녀사냥이 발발해서 인간의 영혼을 가장 지옥 같은 곳에 빠뜨리며 요동치게 한 시절이기도 했다.

　서기 431년에 가톨릭 교회의 공의회는 팔레스타인 출신 유대인 시골 여성인 마리아를 신의 어머니라고 선언했다. 역사에 이름 말고는 알려진 사실이 거의 없지만, 마리아는 고대 세계에 현대의 유명인만큼이나 하고많던 신 중 하나가 아니라 온 우주를 창조한 유일한 신의 어머니가 되었다. 다른 신들은 내쫓기거나 성 아우구스티누스에 의해 악마로 변했고, 기독교 신만이 장엄하게 우주에 홀로 우뚝 서 있었다. 이 독특한 선언으로 인해 마리아는 종교 역사에서 전례 없는 역할을 맡았을 뿐 아니라 여성 혐오의 역사에서도 중요하고 결정적인 몫을 담당했다.

　주교들은 모여서 선언을 하기 전에 열띤 토론을 벌였다. 그들은 마리아를 테오토코스(Theotokos, 신의 어머니)로 격상할지 여부를 놓고 찬반 세력으로 나뉘어서 공의회가 열리던 에페소스 거리에서 시위를 하기도 했다. 에페소스는 터키 동부 해안에 자리 잡은 고대 도시로, 처녀신 아르테미스 숭배의 중심지로 유명했다. 고트족 군대가 서기 3세기

격변 속에 파괴하기 전까지 이곳 아르테미스 신전은 고대 세계의 7대 불가사의 중 하나였다.

　논란에 가장 적극적으로 참여한 사람 가운데 알렉산드리아의 성 키릴로스가 있었다. 군중을 흥분시키는 데 일가견이 있는 인물로, 16년 전에 그가 한 격정적인 설교를 듣고 기독교 폭도가 이교도 철학자인 히파티아의 피부를 산 채로 벗겨 죽인 일이 있었다. 하지만 이번에 성 키릴로스는 마리아의 형상을 한 여성을 상상할 수 있는 가장 높은 위치로 격상하는 데 열렬히 찬성했다. 그리고 콘스탄티노플의 주교 네스토리우스Nestorius가 신은 항상 존재해왔기에 마리아나 다른 어떤 여성이 제 아무리 고결하고 기적적이라 해도 하나님의 어머니가 될 수 없다고 지적하자, 그를 파문해버렸다.

　네스토리우스는 마리아를 테오토코스라고 선언하는 일이 결국 마리아를 여신으로 만들고 이교도 신앙의 색채를 띠게 되는 결과를 가져오지 않을까 염려했다. 어쩌면 그는 성모 마리아 교회에서 열리는 공의회에 참석하러 가던 길에 아르테미스 신전 유적지를 힐끔 올려다보면서 가톨릭 교회가 한 처녀신을 다른 처녀신으로 대체하려 한다고 격정했을지도 모른다. 이미 그보다 50년쯤 전에 성직자들이 모여 마리아를 영원한 동정녀라고 선언한 일이 있었던 것이다.

　어쨌거나 키릴로스의 승리는 대중의 지지를 얻었고 사람들은 하나님의 어머니 마리아를 찬양하기 위해 고대 거리에서 촛불 행진을 벌였다. 마리아에게 바치는 헌신은 가톨릭 교회가 계속 유지해온 주목할 만한 특징이다. 에페소스에서 공의회가 열리고 1,519년이 지난 1950년에 교황 비오 12세Pius XII가 성모 승천 교리를 선포하는 광경을 찬양과 눈물, 기쁨에 찬 기도로 맞이하려고 거의 백만 명에 달하는 어마어마한 수의 신도가 로마의 성 베드로 광장에 모였다. 그동안 팔레스타인 출신 유대인 시골 여성의 이름을 본뜬 성당이 로마에만 28개나 세워졌고 다른 곳에도 수천 개의 성당이 생겨났다. 아울러 마리아는 세계에서 가장 위대한 시와 노래를 포함해 예술 전반과 건축에 영감을 주었다.

마리아의 지위에 관한 토론은 원래 그녀가 낳은 아들 예수의 지위를 둘러싸고 벌어진 적개심 가득한 논쟁의 부산물이었다. 주교들은 예수가 본질적으로 인간인지, 신인지, 아니면 그 둘의 혼합체인지 정의하고자 했다. 정통 교회는 예수가 전적으로 인간이거나 전적으로 신이라는 양극단의 주장을 거부하고 동일 본질이라는 용어까지 써가면서 복잡한 형태의 타협을 옹호했다. 즉 하나님의 아들인 예수는 성부와 '동일 본질'로 성부의 신성을 공유하고, 동시에 "육신과 동일 본질"이어서 완전한 인성도 지녔다는 것이다. 다른 어머니들과 마찬가지로 마리아의 지위도 아들의 지위와 함께 상승했다. 복음서들은 이미 마리아를 처녀로 묘사했다. 5세기에 들어서 교회는 마리아가 예수의 탄생 이전에도 동정이었고 도중과 이후에도 평생 동정으로 남았다는 교리를 채택했다. 예수가 신과 '동일 본질'을 지녔다는 교리가 확립되던 순간 마리아가 하나님의 어머니로 선포되리라는 사실은 자명했다.

그 후로 마리아의 신화적 지위는 적어도 16세기에 종교 개혁이 일어나기 전까지 멈추지 않고 상승했다. 종교 개혁이 일어날 무렵에는 복잡한 형태로 발현된 마리아 숭배가 가톨릭교도 대부분에게 신앙의 초점이 되었다. 그런 면에서는 하나님이 예수의 모습으로 이 땅에 오셨다는 성육신 교리나 그리스도의 부활 교리조차 따라올 수 없었다.

마리아 숭배가 절정에 달한 시점은 고대 교부들이 믿던 기독교 이후로 천 년이 흐른 때였다. 초기 신도들에게 활기를 불어넣었던 그리스도 재림에 대한 기대와 즉각적인 구원을 바라는 희망은 점차 사라져갔다. 종말론의 일종인 천년왕국주의*가 중세를 뒤흔들었고 중세 말기에

---

* 〈요한계시록〉에 근거를 둔 믿음으로, 예수 그리스도가 재림한 뒤 지상에 신의 왕국을 세워서 천 년 동안 낙원 같은 새로운 시대가 도래할 거라고 주장했다.

이르렀을 때 특히 극심했지만, 신도 대다수는 현세에서 구원을 기다리기보다 내세로 가는 힘들고 고통스러운 통로에서 마리아가 위안해주기를 기대했다.

하나님의 어머니가 임종할 때 여느 인간들과 같은 운명을 맞이했다는 생각은 합당하지 않다고 여겨졌다. 서기 600년부터 교회는 마리아의 몸이 천국으로 올려졌다고 하는 8월 15일을 성모승천대축일로 기념해왔다. 마리아는 여느 인간에게 예정된 운명과는 달리 천국에서 육신을 가진 채 예수와 함께하는 거의 유일무이한 특권을 누렸다.121 천사들에게 둘러싸이며 아들 옆에 자리를 잡은 지 얼마 지나지 않아 마리아는 이번에는 하늘의 여왕 자리에 앉게 되었다.

나중에 마리아의 잉태를 두고 의문이 제기되었다. 교회의 몇몇 신학자는 영원한 동정녀이자 하나님의 어머니인 하늘의 여왕이 원죄로 더럽혀졌으며 일반 인간들처럼 성욕에 따른 직접적인 결과로 신의 은총에서 멀어졌으리라고는 상상도 할 수 없었다. 이러한 인간적인 조건으로 인해 신의 어머니의 순결에 오점이 남을 거라는 염려는 14세기 스콜라 철학자인 둔스 스코투스Duns Scotus를 괴롭히기도 했다.

이 문제를 종결한 확고한 결정은 약 5백 년 뒤에 내려지게 된다. 1854년에 교황 비오 9세Pius IX는 마리아의 원죄 없는 잉태를 교리로 선포해서 마리아를 예수를 제외하고 원죄로 더럽혀지지 않은 유일한 인간으로 만들었다. 즉 마리아는 예수를 제외하고 죄를 지으려는 타고난 성향 없이 완벽한 존재로서 잉태된 유일한 인간이었다. 따라서 마리아는 삶을 살면서 유혹에 빠지는 일이 없었고, 그런 이유로 인류의 타락 이전에 아담과 하와가 에덴동산에서 누렸던 완전한 상태조차 뛰어넘었다.

팔레스타인 출신 유대인 시골 여성으로서는 엄청난 신분 상승이었고, «성경»에 그녀를 언급한 내용이 얼마나 드문지를 생각하면 특히 더욱 그랬다. 예수의 삶에 대한 지식의 초기 출처를 제공한 사도 바울은 심지어 마리아를 언급할 때 이름으로 부르지도 않았으며 단순히 예수가 "여자에게서 태어났다"고만 적었다.(‹갈라디아서› 4:4) 마가는 복음서에서 단 한 번만 마리아를 이름으로 언급했고 다른 한 번은 예수가 그의 "어머니와 형제"를 다소 냉랭하게 대하는 맥락에서 언급했다. 가족이므로 관심을 기울여 달라는 그들의 요청은 묵살되었다.

예수는 "누가 내 어머니고, 누가 내 형제입니까?"(‹마가복음› 3:33) 라고 되물었다. 그리고 그를 따르는 모두가 그의 진정한 가족이라고 선언하며 질문에 스스로 답했다.

요한은 복음서에서 예수의 어머니를 두 번 언급한다. 마태와 누가의 복음서에는 풍부한 기독교 크리스마스 전통의 바탕이 된 그리스도의 탄생과 어린 시절 일화가 기술되어 있는데, 여기에는 마리아가 더 많이 등장한다. 하지만 이들 복음서에서도 마리아는 무대 중앙을 차지하지 않는다. 이렇게 상세한 서술이 부족함에도, 이후 수 세기간 기독교, 그 가운데서도 특히 가톨릭 교회는 마리아의 어깨에 가장 중요한 교리들로 이루어진 크나큰 짐을 지웠다. 사실 «성경»에 마리아가 거의 언급되지 않았기에 마리아와 관련한 신화와 전설이 급격히 불어나게 되었고, 그녀를 인류 역사에서 가장 숭앙받는 여성으로 만들었다.

기독교의 핵심 교리로 하나님이 예수의 몸으로 세상에 왔다고 하는 성육신은 마리아가 잉태할 때 처녀였다는 주장에 기초한다. 물론 고대 세계에서 신의 개입으로 처녀가 잉태했다는 주장은 드물지 않았으며 어떤 인물이 특출난 본성을 지녔다는 점을 확고히 하는 데 이용되었다. 알렉산드로스 대왕이 한 예시고 플라톤을 둘러싸고도 같은 주장이 제기되기도 했다. 기독교인은 육신을 악마가 세상에 들어오는 관문으로 보고 마음속 깊이 거부했기에, 성육신이라는 기적적인 사건으로 이어지는 경험에 육체적, 쾌락적 요소가 있었다는 어떠한 암시도 없게끔 해서 하나님의 어머니를 보호해야 했다. 따라서 성관계는 있을 수 없었다. 구세주는 더러운 욕정의 결과로 세상에 올 수 없기 때문이다. 17세기 신학자인 프란시스코 수아레스Francisco Suarez는 이와 관련해 다음과 같이 적었다. "축복받으신 동정녀는 아들을 잉태하며 동정을 잃지도 성적인 쾌락을 경험하지도 않았습니다. ……그러한 영향을 만들어내거나 부적절한 욕정을 불러일으키는 행위는…… 성령에 걸맞지 않습니다. ……그와 반대로 성령이 뒤덮으면 원죄의 불길을 끄는 효과를 불러옵니다."122

세계에서 가장 숭앙받는 여성은 섹스를 경험하는 것처럼 인간 본성의 자연스러운 면을 다른 여성과 공유하지 않을 때에만 존경받을 수 있었다. 여성은 자신의 성을 경멸하는 대가를 치러야만 고귀해질 수 있었다. 신의 어머니인 마리아는 어머니가 되는 데 수반되는 쾌락뿐 아니라 고통도 면제받았다. 초기 교회의 박식한 신학자들은 마리아가 처녀막을 손상하지 않고 어떻게 예수를 낳았는지 토론했다. 처녀막이 파열되었으나 기적적으로 다시 온전해졌다는 대안적인 의견은 거부되었다.

남성 지배적인 기독교 신전에서 얼마간의 위안을 얻으려고 여성들은 마리아를 우러러보았지만, 마리아는 기나긴 과정을 거쳐 점점 일반 여성의 경험에서 멀어졌으며 추상적이 되었다. 말씀은 아들 예수의 형태로 육신이 되었지만 그를 출산한 여성의 육신은 반대로 추상적 개념이 되었다. 어떤 면에서 인간 본성을 뛰어넘어 지나치게 낭만화된 무성의 여신 같은 존재로 마리아가 격상된 것은 성육신과 대조를 이루는 역할을 했다. 성육신 신앙으로 위협받던 정신과 육체의 이원론은 동정녀 마리아 숭배로 다시 힘을 얻었다. "말씀이 육신이 되었다"는 구절이 이원론에 종말을 고했지만 동정녀 마리아 숭배는 물질을 경멸하는 오랜 관념이 영속됨을 의미했다.

심지어 오늘날에도, 대리석의 시원함을 느끼며 어둡게 밝혀진 성모 마리아 대성당 내부로 들어서는 방문객은 하늘의 여왕으로 변모한 성모가 띠는, 마치 이 세상에 속하지 않은 듯한 성스러움에 압도된다. 전설에 따르면 산타 마리아 마조레 대성당은 352년에서 366년 사이에 교황 리베리오 1세Liberius I에 의해 건축되었다고 한다. 금과 진주로 장식한 화려한 옷을 입은 하늘의 여왕은 쿠션이 들어간 호화로운 의자에 앉아서 손을 약간 들어 올린 채 거의 무표정한 얼굴로 예수에게 왕관을 수여받고 있다.

티베레강 너머에 있는 더 이른 시기에 지어진 산타 마리아 인 트라스테베레 성당에는 하늘의 여왕이 160센티미터가 넘는 성화에 그려져 있다. 화려한 방석 위에 앉아 있는 마리아 옆에는 아들 예수가 있고 천사들의 팔이 마리아를 보호하려는 듯 어깨 주변을 에워싼다. 마리아는 커다란 왕관을 머리에 쓰고 있으며 후광이 희미하게 주변을 비춘다. 살과 피로 된 인간은 닿을 수 없는 저 높은 차원에서 내려다보는 마리아의 좁고 긴 얼굴은 무표정하며 마치 동떨어진 다른 세상에서 온 듯한 인상을 풍긴다.

성화는 복잡하고 한편으론 모순되기도 한 메시지를 보낸다. 물론 성화는 여성과 관련되지 않은 메시지들도 전달할 의도로 제작되었다. 로마 교황이 자신의 지위가 다른 주교들보다 높다는 교황수위권을 주장하던 시기에 이런 성화들은, 로마가 가톨릭 교회의 중심이라는 지위는 신이 인가한 것이라는 분명한 메시지를 내보냈다. 그러나 여성의 지위와 관련해 성화들이 알려주는 점들을 살펴보면 여성이 교황 위에 군림하면서 하늘의 왕에게 왕관을 받는 등 다른 어떤 인간도 올라서지 못한 지위로 격상되었지만, 다른 한편으론 그 지위를 주체적으로 얻은 게 아니라는 사실도 깨닫게 된다. 마리아가 가장 높은 지위로 올라갈 수 있었던 건 그녀가 수동적이었고("보십시오. 저는 주님의 여종입니다.

당신이 말씀하신 대로 제게 이루어질 것입니다."[〈누가복음〉1:38]) 성적 면모를 결여했기 때문이다.

여성의 본보기로서 마리아는 모순되고 사실상 완전히 달성 불가능한 기준을 세웠다. 그녀는 수동성과 순종, 모성과 동정의 가장 이상적인 모습이 무엇인지 보여주었다. 마리아는 여성들이 스스로의 매우 인간적인 본성 탓에 부족한 존재일 수밖에 없다는 사실을 끊임없이 상기시켰다. 성적 면모가 결여된 마리아의 모습은 여성의 성적 면모를 나무랐고, 마리아가 순종하는 모습은 사회관계를 설정하는 규범을 신이 승인했다고 믿도록 장려했다. 동정이면서 어머니가 된 사건은 한낱 인간 여성은 이룰 수 없는 기적이었다. 즉 예수가 남성을 특별히 질책하지 않았던 것과는 달리 마리아는 여성을 책망하는 역할을 했다. 마리아의 승격이 다른 여성들을 폄하하는 데 이용된 것과 달리 예수의 고난과 죽음은 모든 인류를 질책했지만 그 비난이 특별히 남성을 향하지는 않았다. 오늘날까지도 가톨릭교의 마음속에서 여전히 여성의 발은 뱀의 머리 위에 고정되어 있으며, 가톨릭교를 믿는 여성들은 자신의 욕망을 억누르고 남자들이 욕구를 충족하지 못하도록 하라고 요구받는다.

여성이 마리아의 본을 따를 수 있는 유일한 방법은 성적 면모를 버리겠다고 맹세하는 것뿐이었다.

기독교 초기에 수천 명의 여성들이 주로 개인 집이나 시골 별장을 은둔 장소로 삼고 금욕적인 생활을 하며 마리아를 따랐다. 마리아가 하나님의 어머니라고 선포된 지 4백 년이 지난 서기 800년경에 이러한 운동은 제도가 되었고, 수녀원과 수도원, 소수도원은 유럽 전역에서 공통적으로 볼 수 있는 특징이 되었다. 여성의 활력과 헌신은 기독교가 성장하는 데 크게 기여했지만 교회 권력 구조에서 자리를 얻는 식으로 보상을 받지는 못했다.

그들은 활력과 헌신을 대신 수도원 제도로 돌렸다. 수도원 제도는 역사상 처음으로 많은 수의 여성에게 결혼과 육아에서 벗어날 수 있는 대안을 제공했다. 비록 평생 순결을 유지해야 했고 엄격한 삶에 따라오는 여러 제약을 받아들여야 했지만 수천 명이 기꺼이 희생을 감수하려 했다. 11세기 무렵에 수녀원은 여성에게 읽기와 쓰기를 가르치고 고전과 지식을 접할 수 있게 돕는 주요한 교육 제공자가 되었다. 1250년에 독일에만 수녀원이 500군데 있었고 이곳에 2만 5천 명에서 3만 명의 여성이 있었다.123 그들은 기도하고 명상하고 양모와 아마를 가지고 작업을 하면서 시간을 보냈다. 1066년에 잉글랜드에서 벌어진 헤이스팅스 전투에서 노르만족이 앵글로색슨족의 왕인 해럴드Harold에게 거둔 승리를 기념하기 위해 아름다운 바이외 태피스트리를 짠 것도 노르망디의 수녀들이었다. 또한 수녀들은 신부와 주교가 입는 옷에 자수를 놓았다(오늘날에도 여전히 수녀들이 이 일을 맡고 있다).

　　이 시기에 여성들은 수녀원장이 되어 시설을 감독할 수 있었고 그 가운데 일부는 힘 있는 지위까지 올라갔다. 프랑스 북부 브리 지방에 성녀 부르군도파라Burgundofara가 세운 곳을 포함해 합동 수도 공동체에서는 수녀원장이 남자 수도사들을 통솔하기도 했다. 수녀원장이나 다른 수녀들은 심지어 고해성사까지 집전했다. 스페인에 있는 라스 우엘가스 수도원의 수녀들은 고해성사를 들어줄 사람을 직접 정했다.124

　　하지만 13세기 초에 이러한 독립성과 자유는 줄어갔다. 많은 수도원이 영지를 잃었고 점차 중앙집권적 통제가 강화되었다. 랑그도크 지방의 카타리파派를 숙청하려고 십자군을 파견한 교황 인노첸시오 3세(Innocentius Ⅲ, 재임 기간 1198년~1216년)는 교회에서 여성이 역할을 맡지 못하도록 했다. 합동 수도 공동체는 폐지되었다. 한 수도원장은 이러한 움직임을 환영하며 다음과 같이 적었다.

　　　나와 규율을 따르는 공동체 전원은 여성의 사악함이 세상 모든

사악함보다 크며 여성의 분노만 한 것이 없고 여성과의 친밀함이
독사와 용의 독보다 위험하고 치명적이라는 사실을 압니다.
따라서 우리 영혼과 육신과 재산을 안전하게 지키기 위해 우리의
고통을 늘리기만 할 여성을 무슨 일이 있어도 더 받지 않고 독을
품은 동물처럼 피하기로 만장일치로 결정했습니다.125

　　여성이 사제 서품을 받는 일은 없었지만 13세기 이전에는 사제직
이 여성에게 공식적으로 막혀 있지 않았다. 성 토머스 아퀴나스(Thomas
Aquinas, 1225년~1274년)는 여성이 남성보다 높은 권위를 지닐 수 없으며 사
제가 되기 위해서는 "우월한 남성적 요소"가 필요하다는 의견을 냈다.
"하와가 아담에게 속은 것이 아니라 아담이 하와에게 속은 것"이므로
남자가 사제가 되어 "여성의 경솔함이 두 번째 타락을 부르지 않도록
해야 한다"는 이유에서였다.126 사제만이 고해성사를 집전할 수 있었고
남성만 사제가 될 수 있었기에 이후 여성은 여색을 밝히지만 욕구불만
이며 종종 제 권력을 남용하던 남성에게 자신의 성적 일탈을 고백해와
야 했다.
　　다음 세기 초가 되자 위대한 수녀원장이 활약하던 세계는 이미 옛
일이 되었다. 하지만 중세 초기에 활기와 재능, 지위를 가진 여성에게
는 여전히 다른 분출구가 있었다. 아키텐의 엘레오노르(Aliénor d'Aquita-
ine, 1122년~1204년)는 프랑스 왕 루이 7세의 아내였고 그 후에는 미래에 잉
글랜드 왕이 되는 플랜태저넷 가문의 헨리 2세Henry II와 결혼했으며
"서방 기독교 세계에서 가장 부유한 상속녀"였고 "궁정 문화를 주재하
는 데……특별한 재능을 지녔다"고 전해진다.127 프랑스 남서부에 살던
여성은 로마 제국의 속주였던 아퀴타니아 지역에 남아 있던 로마법의
혜택을 일부 누렸고 여기에는 재산을 상속받을 권리가 포함되어 있었
다. 엘레오노르가 상속한 영지는 루아르 계곡에서 지중해까지 뻗어 있

었고 서쪽으로는 대서양 연안의 보르도에 이르러서 프랑스 남부 대부분을 차지했다.

엘레오노르의 통치 아래서 궁정 연애 문화가 절정에 달했으며 음유시인은 이를 작품 속에서 노래했다. 1150년에서 1250년 사이에 오늘날까지 이름이 알려진 음유시인 2백 명가량이 활약했고 그 가운데 20명은 여성이었다. 이 시인들은 귀족 가문 출신이었고 자신의 귀족 후원자에게 우아한 운문과 재치가 특징인 세련된 문화를 소개했다. 무엇보다도 음유시인은 높은 계급의 남성과 여성의 관계를 새로이 규정하는 기사도라는 행동 규범을 찬미했다.

궁정 연애 문화는 성직자들의 여성 혐오에 대한 반격이었다. 성직자층은 여성을 '더러운 물질'이라고 쉴 새 없이 강박적으로 헐뜯으며 여성에 대한 교회의 태도를 지배해왔다. 반격은 남자와 여자 사이의 사랑을 찬양하며 이루어졌다. 여성은 남성의 구원자로 여겨졌다. 서양 문명에서 완전히 새로운 현상이었다. 고대 그리스와 로마의 시인들도 애인을 찬미하긴 했지만 여성을 보편적인 사랑의 대상으로 승격하는 전통은 없었다. 하늘의 여왕으로서 마리아를 숭배하는 행위가 하나의 선례를 만들었다. 하지만 궁정 연애시인은 금지된 사랑을 노래하며 결혼 제도를 조롱했고 지배적인 기독교 도덕률에 저항했다. 이들의 시는 이단에 가까워졌다. 음유시인 르노 드 보죄Renaut de Beaujeu는 «무명의 미남Le Bel Inconnu»에서 남자가 여자에게 봉사하기 위해 창조되었고 여자에게서 모든 좋은 것이 나왔다고 주장하며 성경을 반박했다.

엘레오노르의 궁전에 관해 역사학자 프리드리히 헤어Friedrich Heer는 다음과 같이 적었다.

> 푸아티에에서 가르치는 바에 따르면 사랑의 본질은 통제
> 불가능한 정열을 탐닉하는 행위가 아니라 남자의 귀부인, 즉 그의

'애인'이 열정을 빚어내는 과정에 있었다.128

헤어는 낭만적인 관계가 획기적으로 변한 것 말고도 프랑스 남부에서 여러 가지 진전이 있었다고 말한다. 그리고 당시 여성이 투표권을 행사했고 지역 정부를 선출하는 데 참여했다는 사실을 일부 증거가 암시한다고 생각한다.129

남녀의 사랑이 성스러운 일로 격상되자 단테 알리기에리(Dante Alighieri, 1265년~1321년)의 작품이 등장할 토양이 마련되었다. 베아트리체 포르티나리와의 만남은 단테의 삶을 송두리째 바꿔놓았다. 베아트리체에게서 단테는 지고한 아름다움과 선함을 보았다. 그 만남은 단테의 첫 작품인 «새로운 인생La vita nuova»에 영감을 주었다. 단테가 남긴 걸작 «신곡La Divina Commedia»은 베아트리체가 피렌체 상인과 결혼한 뒤 24세라는 젊은 나이에 죽고 나서 쓰였는데, 시인이 지옥과 연옥, 천국을 여행한 이야기를 담고 있다. 베아트리체는 단테를 연옥에서 천국으로 바래다준다. 베아트리체가 초록색 웃옷을 걸치고 올리브 관을 쓰고 다가오자 단테는 그녀에게 느꼈던 사랑을 기억해낸다. "d'antio amor senti la gran potenza(나는 옛사랑의 강력한 힘을 느꼈다)."

단테의 감정은 음유시인들이 노래한 불륜 관계의 사랑과는 달랐다. 베아트리체를 향한 단테의 사랑은 순결했고 단테의 구원이 거기에 달려 있었다. 그의 세계관에서 주목할 만한 부분은 인간적인 면을 경멸하거나 경시하는 기색이 없고 정신이 물질에 대항해 승리를 거두지도 않는다는 점이다. 베아트리체는 두 가지 면을 다 가지고 있다. 고귀하지만 매우 인간적인 인물로 남는다. 마리나 워너Marina Warner에 따르면 단테는 "……이원론에 빠져서 인류나 나머지 여성들을 폄하하려고 베아트리체의 완벽함을 이용하기에는 너무 심오하고 고매한 사상가였다."130

　인간이지만 아름다움을 발현해서 다른 이들을 변화시킬 힘을 지닌 여성상은 기독교 내부에 흐르는 여성 혐오의 물살을 막을 수는 없었다. 단테가 작품을 마무리했을 무렵 여성 혐오의 물살은 더욱 거세지기 시작했다. 그리고 결국 무서운 기세로 흐르는 급류가 되었다.

　궁정 연애 문화를 줄곧 눈엣가시로 여겨오던 교회는 음유시인들의 땅이 선동적이고 불온한 여성관의 발상지일 뿐 아니라 주요 이단인 카타리파의 고향이기도 하다는 사실을 발견했다. 인구 가운데 많은 수가 가톨릭 교회를 완전히 떠났으며, 세상을 악하다고 보고 거부하면서 교황과 주교들이 예수의 가르침을 저버렸다고 설교하는 운동을 따랐다.131 카타리파 박해는 이단과 여성에 대한 견해를 엮으며 훗날 마녀사냥이 일어날 수 있는 기반을 마련했다.

　카타리파 운동은 기독교가 발흥하기 전부터 이원론에 기반한 여러 신앙의 요람이었던 동쪽에서 유래했다. 이전에 있었던 이단 종파에서 그러했듯이, 그리고 사실 초기 기독교에서도 그러했듯이, 카타리파 운동에서 여성은 두드러진 역할을 맡으며 정통 교회를 충격에 빠뜨렸다. 카타리파는 여성도 설교하고 운동의 영적 지도자 무리인 '완전한 자'에 속할 수 있도록 허용했다. 랑그도크 지방의 부유한 여성들은 음유시인뿐 아니라 카타리파 설교자들의 중요한 후원자였다.

　교황 인노첸시오 3세는 1208년 카타리파에 대항해 십자군 전쟁을 선포했다. 토벌은 잔혹했다. 30년 동안 수십만 명이 학살되고 불에 타고 목매달려 죽었으며 카타리파 여성은 그중에서도 추려져서 특별히 더 가혹한 굴욕과 학대를 당했다. 카타리파 여성 가운데 특히 명망 높던 제랄다 부인이 맞이한 암울한 운명은 이를 잘 보여준다. 제랄다 부인은 포로로 잡힌 뒤에 우물 안으로 던져졌고 그 안에서 돌에 맞아 죽었다. 이단을 연구하는 한 역사학자는 "그 시대 기준으로도 충격적인 일이었다"고 논평했다.132

카타리파에 맞선 십자군 전쟁은 궁정 연애 문화를 지탱하던 근간을 말살했다. 음유시인은 계속해서 사랑을 노래하는 시를 썼다. 하지만 그들의 시는 따끔한 질책을 통해 교정되었고 철저히 기독교화되었다. 이단 숙청은 남녀 관계를 규정하는 특정 생각을 표출하지 못하도록 제거하는 방향으로 나아갔다. 이제 시인은 사랑의 순수함이란 사랑하는 이를 소유하는 목표를 부인하는 것이라고 노래했다. 마리나 워너는 이러한 개념을 초기 음유시인들은 "허튼소리로 여겼을 것"이라고 말한다.133 하나님의 어머니이자 하늘의 여신은 이제 이념 투쟁의 일환으로 등장해서 노트르담Notre Dame, 즉 우리의 귀부인이라는 칭호를 획득했다. 시인은 궁정 귀부인들을 향한 사랑을 한 귀부인(성모 마리아)을 향한 사랑으로 대체했다. 프랑스 북부 출신인 아라스의 고티에Gautier d'Arras는 엘레오노르의 궁정에 만연했던 정신을 부정적으로 기록하고 "성모 마리아와 결혼합시다. 누구도 그녀와 결혼해서 불행해지지 않습니다"라며 현실의 여성을 사랑하는 감정에 경멸을 표했다.134

여성의 신격화는 그 정반대인 악마화만큼이나 여성을 비인간화한다. 신격화와 악마화 모두 여성의 평범한 인간성을 부인한다. 하지만 중세가 저물어가면서 점점 더 어둠 속으로 빠져들던 1387년경에 빛을 밝히며, 인간성을 주제로 해서 여성을 매우 생생하게 그린 작품이 등장한다. 1,700년 전 아리스토파네스의 희극이 나온 이래 아마도 처음으로 여성은 여신이나 요부가 아니라 다른 모든 인간처럼 미덕과 악덕이라는 양면성을 지닌 사람으로서 목소리를 얻었다.

제프리 초서(Geoffrey Chaucer, 1342년~1400년)가 쓴 «캔터베리 이야기 The Canterbury Tales»에 등장하는 바스에서 온 여인 앨리슨은 분명 베아트리체와는 다르다. 그녀를 사랑함으로써 구원을 얻는 남자는 없을 것이다. 그렇다고 마리아의 미덕을 체현한 인물도 아니다. 그러고자 노력하지도 않는다. 그녀의 미덕과 마찬가지로 악덕도 일상생활의 필요가 요구하는 바에 뿌리내리고 있다.

　앨리슨은 남자를 다루기 어려운 골칫거리라고 여기지만, 재치 있는 여성은 해결할 수 있는 문제라고 자신한다. 나아가 앨리슨은 여성 혐오와 거기에서 비롯된 부당함의 역사에 저항한다. 그러면서 앨리슨은 "옛 로마"와 «성경»의 모든 여성 혐오자를 맹렬히 비난한다. 거기에는 아내가 포도주를 마셨다고 때려서 죽음에 이르게 한 "그 더러운 망나니" 메텔루스와 아내가 바깥에서 머리카락을 드러냈다고 이혼한 가이우스 술피키우스 갈루스가 포함된다(2장 참조). 앨리슨은 특히 여성을 헐뜯는 교회의 전통적인 관점을 가차 없이 비난한다. ‹바스에서 온 여인의 서시›에서 앨리슨은 이렇게 말한다.

> 내 말을 믿으세요. 여성을 중상모략하는 일이라면
> 성직자는 무엇 하나도 빼놓는 법이 없죠.
> 성녀에 관해 쓸 때 말고는요.
> 하지만 절대 다른 여성에 관해 좋게 적지는 않죠.
> 누가 그 사자를 흉포하다고 했나요? 알고 있나요?
> 신께 맹세하건대 만약 사제들이 예배당에 보관하는
> 이야기 같은 것을 여자들이 대신 썼다면
> 아담의 모든 아들이 도무지 바로잡을 수 없을 만큼
> 남자의 악행에 관한 많은 이야기가 쓰였을 거예요.135

　앨리슨의 다섯 번째 남편은 여성 혐오적인 훈계가 적힌 책을 끊임없이 읽어주며 그녀를 격분하게 한다. 격렬한 말다툼 끝에 앨리슨은 남편을 설득해서 책을 불에 던져 넣고 그녀의 지배를 따르도록 한다.

　뒤이어 오는 ‹바스에서 온 여인의 이야기›는 수 세기가 흐른 뒤에 지그문트 프로이트 때문에 유명해진 "여자는 무엇을 원하는가?"라는 질문에 답하려고 시도한다. 이야기 속 불운한 기사는 답을 찾는 임무를 맡았으나 실패를 거듭하다가 어떤 나이 든 여성에게서 해결책을 얻는다.

여성은 남편과 연인 위에
군림하고 주인이 되기를 원합니다.
그들이 여성보다 위에 있어서는 안 되지요.136

앨리슨에게 복잡한 수수께끼는 없었다. 지배권은 여성의 본질을 지닌 채 그녀 자신일 수 있는 자유를 의미했다.

바스에서 온 여인이 교회의 여성 혐오에 분개하고 나서 수십 년이 흐른 뒤에 여성 혐오는 가장 치명적이고 악몽 같은 형태를 띠고 나타났다. 카타리파와 궁정 연애 문화를 말살한 교황 인노첸시오 3세는 인간의 성에 여성 혐오적인 경멸을 표현하며 이미 이 사태를 예고했다. 그는 "인간은 격정에서 온 열기와 색욕의 악취로 들끓는 육신이 갈망을 참지 못한 결과로 잉태되었고 더욱 끔찍하게도 죄악의 얼룩을 지닌다"고 주장했다.137 교황은 세계가 악에 시달린다고 보았다.

1215년에 열린 제4차 라테란Lateran 공의회에서 고해성사를 모든 성인 가톨릭교도의 의무로 지정했다. 이런 방식을 통해 교회는 신도들의 영혼을 더욱 효율적으로 감시할 수 있었다. 교황은 신앙 생활에서 여성의 역할이 대폭 줄어야 한다고 결정 내렸다. 여성은 고해성사를 듣거나 설교하는 업무에서 영구히 차단되었다. 예배 중 찬송가를 부르는 일에도 제한이 가해졌다. 일상에서도 여성은 (토머스 아퀴나스가 한 말을 인용하면) "남자의 조력자"로 역할이 한정되었다. 그는 남성이 "종을 보존하거나 먹을 것과 마실 것을 마련하는 데 필요한 수단인 여성"을 활용해야 한다고 주장했다.

전제주의적인 교회는 최후의 억제 수단으로 폭력을 휘두르기도 했다. 20세기에 전체주의 국가들이 들어서기 전까지는 그렇게 강력한 힘을 휘두를 수 있는 조직이 없었다. 하지만 기저에는 끔찍한 불안감이 도사리고 있었다. 카타리파만이 위협이 아니었다. 교회는 유대인이 그리스도의 살해자라는 걸 나타내도록 노란 표식을 달고 뾰족한 모자를 쓰는 독특한 복장을 하라고 강요했다. 이 시기에 종교적 히스테리는 과거보다 흔하게 일어났고 폭도는 유대인 공동체를 공격해서 증오에 찬 집단 학살을 저질렀다. 프리드리히 헤어에 따르면 "동물과 인간을 포함한 모든 태아의 유산, 아이에게 벌어진 모든 치명적인 사고, 모든 기근과 전염병은 악당의 짓이라고 여겨졌다. 유대인이 제거되기 전까지는 그들이 명백한 범인이었다. 그다음 차례는 여성, 곧 마녀였다."

마녀사냥 열풍은 14세기 후반부터 17세기 후반까지 계속되었고 알려지지 않은 수많은 여성에게 죽음을 불러왔으며 여전히 우리에게 충격을 준다. 단지 여성이라서 거대한 음모의 주요 용의자가 되었고, 여성이라는 점은 투옥과 고문과 처형을 당할 구실이 되었는데 이는 현재까지 알려진 박해의 역사에서 유일한 사례이기 때문이다. 여성 혐오의 역사에서 가장 많은 생명을 앗아간 사건이었으며 그로부터 수백 년이 경과한 지금까지도 충격과 혼란을 안긴다.

현재에 이르기까지 인류 역사 대부분에 해당하는 기간에 사람들은 마법사와 마녀의 존재를 믿었고 그들의 마법이 좋은 목적으로도, 나쁜 목적으로도 쓰일 수 있다고 보았다. 주기적으로 마녀는 처벌을 받았다.138 하지만 초기 교회는 성육신이 사실상 사탄을 무찔렀다고 보았기 때문에 사탄이 마녀에게나 다른 누구에게 강력한 힘을 행사한다고 보지 않았다. 기독교 역사 초기 천여 년간 교회는 마녀에 대한 믿음을 무지한 자들이나 신봉하는 미신이라고 여겼고 그 위험성을 경고했다. 보통 마녀는 두려움에 차거나 격분한 시골 농부들의 손에 살해당했다. 교회는 마법이 존재하고 몇몇 여성과 남성이 마법을 쓰며, 특히 유산이나 발기부전을 일으킨다고 공식 입장을 내는 것으로 일관했다. 하지만 마녀가 밤에 날아다니며 사랑의 감정을 증오로 바꾸고 자신이나 다른 사람을 동물로 변신시키고 악마와 성관계를 갖는다는 믿음은 죄악으로 규정했다.139

그런데 13세기 말에 분위기가 바뀌었다. 어둡고 비관적인 태도가 건전하고 신중한 접근법을 대체했고, 신학자들은 악마와 악령, 그리고 그들의 인간 하수인이 차지하는 위치를 재고했다. 왜일까?

이단이 한때 견고했던 가톨릭교 체계를 한 차례 뒤흔들어놓았다. 뒤이어 가장 큰 재앙 중 하나인 흑사병(1347년~1350년)이 유럽을 강타했다. 그로 인해 약 2천만 명이 사망했다. 흑사병 이후의 세계는 두려움과 불확실성으로 가득 차 있었다. "중세가 끝날 무렵에는 음침하고 우울한 기운이 사람들의 영혼을 짓눌렀다."140

중세 후기를 지배하던 의심과 두려움 섞인 비관적인 분위기는 여성들의 운명에 직접적인 영향을 미치는 형태로 표출되었다. 악령에 관한 관심이 높아졌고, 악령이 실제로 존재하며 악마와 악령들이 세상에 널리 퍼져 있다는 믿음을 증명할 필요가 생겼다. 역사학자 월터 스티븐스Walter Stephens는 이 현상을 다음과 같이 요약했다. "악마가 존재한다는 증거가 없으면 신이 존재한다는 증거도 있을 수 없다."141

악령이 실제로 존재한다는 가장 설득력 있는 증거는 인간과 교류할 수 있는 그들의 능력이었다. 그 가운데 가장 강력한 육체적인 형태의 교류는 섹스였다. 하지만 섹스를 하려면 악령에게 몸이 필요했다. 여러 박식한 수도사들이 단출한 방에서 고대 문서를 탐독하느라 밤늦게까지 불을 밝히고 악령의 육체에 관해 곰곰이 생각했다. 악마에게 육신이 있다고 믿는 이들은 성 아우구스티누스와 성 토머스 아퀴나스를 들먹였다.

아우구스티누스는 이교도 신들을 악령이라 믿었고 그들이 여자를 겁탈하고 임신시키기를 좋아했다는 점을 들어 악령이 인간과 교류할 수 있는 증거로 삼았다. 성 토머스 아퀴나스는 악령이 강력한 초자연적 존재여서 남녀를 오간다고 믿었다. 악령은 수쿠부스라는 여자 악령으로 나타나 남자에게서 정액을 뽑아내며 돌아다닌다.142 그러고서는 인쿠부스라는 남자 악령으로 변해서 여성을 임신시킨다. 회의론자들은 악령은 망상일 뿐이라고 주장했다.

오늘날 독자들은 악령에게 육체가 있는지, 악령이 육체로 무엇을 할 수 있고 할 수 없는지를 놓고 벌어진 토론은 여성의 지위에 관한 문제와 동떨어져 있다고 생각할 것이다. 하지만 여성 수천 명의 목숨이 그 토론의 결과에 달려 있었다. 추상적인 논쟁은 이따금 구체적인 결과를 불러왔고, 그 결과는 때때로 매우 끔찍했다.

14세기가 되자 악령이 실제로 존재한다는 주장은 교회 최고위층에서 결정적인 지지를 받았다. 교황 요한 22세(Johannes XXII, 재임 기간 1316년~1334년)는 마법과 이단이란 주제에 집착했다. 그는 악령이 존재한다고 확신했다. 요한 22세의 긴 재임 기간에 역사상 처음으로 여성이 악마와 섹스를 했다는 혐의가 제기되었다. 1324년에 아일랜드 킬케니 지방의 앨리스 키틀러Alice Kyteler 부인이 바로 누구도 원치 않을 명예를 얻은 주인공이었다. 교황은 리처드 레드리드Richard Ledrede를 아일랜드 남부 오소리의 주교로 임명했다.143

레드리드는 교황과 같은 집착을 보였다. 키틀러 부인에 관한 이야기가 주교 귀에 들어갔을 때 키틀러 부인은 네 번째 남편과 살고 있었다. 레드리드 주교는 키틀러 부인의 사망한 전 남편 셋의 자식들이 제기한 혐의에 귀를 기울였다. 그들은 키틀러 부인이 마법을 이용해 자신들의 아버지들을 죽였다고 주장했다. 키틀러 부인은 기독교를 저버린 한 종파를 운영하며 선한 기독교인들을 해치기 위해 세례받지 못하고 죽은 아기를 감쌌던 포대기로 사악한 물약이나 독을 조제한다고 비난 받았다.

가장 세상을 떠들썩하게 한 혐의는 키틀러 부인의 하녀인 페트로 닐라Petronilla의 진술이었다. 그녀는 고문을 받자 자신이 악마와 마님 사이에서 매개자 역할을 했다고 주교에게 털어놓았다. 역사상 처음으로 연인으로 나타난 악마는 세 명의 크고 잘생긴 까만 남자의 형상을 하고 있었다. 페트로닐라는 키틀러 부인이 그들과 사랑을 나누는 장면을 자신의 두 눈으로 직접 보았고(자주 엿보았음이 분명하다), 때로는 그들이 훤한 대낮에 정사를 벌이기도 했다고 말했다. "이런 남부끄러운 일이 벌어진 뒤에 [페트로닐라는] 자기 침대에서 가져온 시트로 직접 그 역겨운 장소를 깨끗이 닦아냈다."144

키틀러 부인에게는 반反기독교 종파의 지도자라는 혐의가 제기되었다. 이렇게 해서 마법과 악마와의 섹스, 이단 사이에 연결 고리가 생겼다. 마녀는 더는 마을 오두막집에서 물약을 제조하는 외로운 여성으로 간주되지 않았다. 마녀는 거대한 음모의 일부였다.

키틀러 부인은 잉글랜드로 도망쳤고 처벌을 피했다. 하지만 불운한 페트로닐라는 산 채로 불태워졌다. 그녀는 아일랜드에서 마녀 혐의를 받고 화형당한 두 명 중 한 명이자 유일한 여성이었다.145

15세기가 되자 마법을 부렸다거나 악마와 섹스를 했다고 고발하는 사례가 점차 빈번해졌다. 1428년에 프랑스 남부 론 계곡에서 처음 벌어진 광범위한 마녀사냥도 같은 특색을 띠었다. 이 마녀사냥으로 백 명에서 2백 명 사이의 마녀가 화형당했다.146 그로부터 60년이 채 지나지 않아서 여성 혐오의 역사에서 획기적인 역할을 한 서적이 발간되었다. 이 책은 왜 점점 더 많은 여성이 교회를 떠나 사탄과 악령의 품으로 뛰어드는지 설명하고자 했다.

«마녀를 심판하는 망치Malleus Maleficarum»(1487)는 여성 혐오에 관

해 독창적인 내용을 첨가하지 않았다. 이미 《성경》과 고대 저자들이 퍼부은 비방을 단순히 반복할 뿐이었다. 하지만 이 책은 처음으로 소위 여성의 본성에서 비롯되었다는 나약함을 악마에 빠져서 마녀가 되기 쉬운 경향과 명백하게 연관 지었다. 책의 영향력은 새로운 발명품인 인쇄기 덕분에 빠르게 확대되었다. 사람들이 정보에 쉽게 접근하게끔 혁명을 일으킨 발명품이 가장 치명적인 형태로 발현된 무지와 공포, 편견을 퍼뜨리는 데 중요한 역할을 했다는 사실은 상당히 역설적이다.

　《마녀를 심판하는 망치》는 도미니코회 소속 이단 심문관인 야콥 슈프랭거Jacob Sprenger와 하인리히 크라머Heinrich Kramer가 쓴 책이다(크라머가 대부분을 저술했다고 여겨지기는 한다). 슈프랭거는 독일에서 이단 심문관으로 재직했다. 하지만 슈프랭거가 유명해진 건 여자들을 불태우는 일에 전념하기 전인 1475년에 성모 마리아에게 바치는 헌신의 일종으로 로사리오회를 설립했기 때문이다. 오늘날에도 가톨릭교를 믿는 착한 학생이라면 응당 이 단체에 가입해야 한다고 생각한다. 성모 마리아에게 헌신하는 한편, 무고한 여성들을 악마와 섹스를 했다고 추정하고 고문한 뒤 불태워 죽인 슈프랭거는 다른 어떤 사례보다 기독교가 지닌 여성 혐오의 끔찍한 양극성을 선명하게 보여준다.

　크라머에 관해서는 알려진 바가 많지 않다. 크라머는 1460년 로마에 있을 때 우연히 악마에 들린 사제를 만나고 나서 악령에 관심을 가지기 시작한 것으로 보인다.147 크라머는 악령이 실제로 존재한다는 물적 증거를 찾으면 그들의 존재를 한 치의 의심도 없이 증명해낼 수 있다고 확신했다.

　여성이 사탄과 섹스한다는 사실을 증명하기 위해 크라머와 슈프랭거가 벌인 활동에는 강력한 지원군이 있었다. 교황 인노첸시오 8세(재임 기간 1484년~1492년)는 교황명이 의미하는 바와는 달리 그다지 순결하지 않다는 평판을 얻었다. 태어날 때 이름은 조반니 바티스타 치보

Giovanni Battista Cybo였으며 동시대 연대기 작가들은 그를 "고삐 풀린 음탕함"에 빠져서 사생아를 여럿 둔 인물로 그렸다. 삶에 남은 마지막 몇 주 동안 그는 모유를 제외하고 아무런 음식도 소화할 수 없었는데, 알려지지 않은 무고한 여성 수천 명을 불구덩이 속으로 보낸 인물의 최후 치고는 역설적이다. 크라머와 슈프랭거는 악마와 성관계를 가지고 아이를 먹고 남자들을 발기부전으로 만들고 태아를 유산하게 하며 가축을 죽이는 여성들의 이야기를 들려주면서 마법이 문명과 교회에 심각한 위협이 되고 있다고 교황을 설득했다.

　1484년에 교황은 교황 칙서를 반포해서 마녀가 악령과 섹스를 한다는 주장에 교리상으로 힘을 실어주었다. 교황 칙서는 다음과 같이 선언했다.

　최근에 우리 귀에 들어온 소식은 우리를 크나큰 슬픔에 잠기게
　했습니다. 마인츠와 쾰른, 트리어, 잘츠부르크, 브레멘에 속한
　주, 군, 읍, 영지와 교구를 포함해 독일 북부의 일부 지방에서
　남녀 구분 없이 많은 사람이 자신의 구원을 염려하지 않고
　가톨릭교의 신앙에서 벗어나 악령과 인쿠부스, 수쿠부스에게
　자신을 내맡기고 주문과 노래, 주술과 다른 여러 부적과 기술과
　극악무도한 행위와 끔찍한 범죄를 통해 아직 어머니의 자궁 안에
　있는 영아를 살해하고 가축의 새끼를 죽이며 덩굴에 달린 포도와
　농작물들을 망쳤습니다. ……이 몹쓸 자들은 더 나아가 남녀를
　괴롭게 하고 고통을 안깁니다. ……그들은 남자가 성행위를 하지
　못하게 방해하고 여자가 임신을 하지 못하게 막는데, 그런 이유로
　남편은 자신의 아내를 알지 못하고 아내는 남편을 맞지 못하게
　됩니다. ……인류의 적의 부추김을 받아 그들은 가장 악독하고
　혐오스러운 행위와 도를 넘는 추잡한 짓을 저지르며 자신의

영혼을 치명적인 위험에 빠뜨립니다. (……)
그래서 우리는…… 앞서 언급한 이단 심문관들[크라머와
슈프랭거]이 아무런 방해도 받지 않고 누구든 교정하고 감금하고
처벌하는 권한을 갖도록 결정했고 이렇게 명합니다.148

칙서는 선전포고와 같았고 «마녀를 심판하는 망치»는 일종의 정당화를 제공했다. 여성은 주요 희생자가 되었다. 이후 수백 년간 마녀사냥 때문에 처형당한 사람 중 80퍼센트가 여성이었다.

이단 심문관들은 왜 마녀 대부분이 여자인지에 대한 간단명료한 답을 가지고 있었다. 그들은 «성경»의 ‹잠언› 30장을 인용하며 적었다. "모든 마법은 육욕에서 오며 여성의 육욕은 만족을 모른다. (……) '결코 만족할 줄 모르며 언제나 ‹충분하지 않다›고 말하는 것이 서너 가지 있다.'* 그것은 자궁의 입구다. 그런 까닭으로 그들은 색욕을 채우기 위해 심지어 악마와도 어울린다."

그들은 물론 허영심과 어리석음, 수다스러움과 쉽게 맹신하는 성향 등 유혹에 쉽게 빠져들게 하는 여성의 다른 결점들도 이유로 들었다. 하지만 이단 심문관들의 마음속에서는 여성의 육욕이 마법에 빠지는 주요 원인이었다. 이런 결점이 여성과 특히 동일시된 일이 처음은 아니었을 것이기에, 왜 교회가 악령과 관계를 나누는 것을 중죄라고 규정한 1400년 이전에는 악마와 성관계를 가진 여성에 대한 보고가 거의 없었는지 물어봄 직하다. «마녀를 심판하는 망치»는 이 물음에 대해 좋았던 옛 시절에는 "인쿠부스 악마가 여성을 본인 의사에 반하여 범하였다"는 것 말고는 별다른 설명을 제공하지 않는다.

그들에 따르면 동시대 마녀들은 그와 달리 "가장 역겹고 파렴치

---

* ‹잠언›에 따르면 이 서너 가지는 무덤과 임신하지 못하는 자궁, 물로 흡족하지 못하는 메마른 땅과 만족을 모르고 타오르는 불길이라고 한다.

151

한 예속 상태를 기꺼이 받아들였다." 여성도, 마녀도 과거의 좋았던 시절과는 다르다는 주장은 대 카토부터 최근의 텔레비전 복음 전도사에 이르기까지 모든 여성 혐오자들이 동시대를 사는 여성의 낮은 도덕성을 한탄하며 반복해온 해묵은 생각을 괴기하게 변형한 형태였다. 만약 이 주장으로 인한 결과가 그토록 끔찍하지 않았다면 우스꽝스럽게 보였을 것이다.

《마녀를 심판하는 망치》에 희극적인 면모는 없다. 책은 냉혹한 광신주의가 동원할 수 있는 극도의 진지함으로 쓰였다. 히틀러Adolf Hitler의 저서 《나의 투쟁 Mein Kampf》을 혐오스러운 읽을거리로 만드는 것과 같은 종류의 진지함이다. 어떤 것도, 심지어 잃어버린 남근에 관한 이야기도 두 저자를 웃게 만들지 못한다. 슈프랭거와 크라머가 여성은 쉽게 속는 종족이라고 흠을 잡았다는 사실에 유념하면서 마녀들이 남근을 훔쳤다는 비난을 그들이 어떻게 다루었는지 살펴보자.[149] 몇몇 마녀가 모은 남근이 "수가 많아서 모두 합쳐 무려 스무 개 또는 서른 개가 되었으며 새 둥지 위에 놓이거나 상자 안에 갇혔다. 거기에서 그것들은 마치 살아 있는 듯이 움직이며 귀리와 곡물을 먹었다"는 이야기가 있다. 그들은 다음 주장을 증거로 내놓았다.

어떤 남자가 말하기를, 자신의 물건이 사라졌기에 어떤 마녀에게 접근해서 원래대로 돌려 달라고 요청했다. 마녀는 괴로워하는 남자에게 어떤 나무에 올라가보라면서 둥지에 여러 개의 물건이 있으니 원하는 것으로 골라 가라고 알려주었다. 그가 큰 것을 가져가려고 하자 마녀는 "그건 가져가면 안 되네"라고 하더니 "그건 교구 사제 것이거든" 하고 덧붙였다.

저자들은 분명 알아채지 못한 듯 보이지만 사실 《마녀를 심판하는 망치»가 옮긴 내용은 일반적으로 퍼져 있던 성직자를 소재로 한 농담이었다. 역사학자 월터 스티븐스에 따르면 "크라머가 농담을 마치 법정 기록에서 베낀 내용인 듯이 다룬 다른 사례들도 있다. «마녀를 심판하는 망치»가 광기 어린 인상을 발산하는 이유는 크라머가 마법과 악령이 실존한다는 증거라면 무엇이든 거의 상관하지 않고 믿으려고 했기 때문이다."150

마녀와 섹스를 하는 인쿠부스를 다른 사람들도 볼 수 있는지를 두고 갖은 추측이 돌았다. 이단 심문관들은 여성이 악령과의 섹스를 남편과의 섹스보다 더 즐기는지 궁금해했다. «마녀를 심판하는 망치»는 악마와의 섹스가 남자와의 섹스만큼이나, 또는 그보다 더 좋다는 증거를 제시한다. 그러나 이 부분은 시간이 흐르면서 변화한다. 16세기 이후 마녀들은 악마의 물건이 점점 커져서 "노새의 것과 같았고…… 팔뚝만큼 길고 두꺼웠으며" 심지어 갈래들이 나와 구강, 항문, 질로 동시에 성교했지만 악마와의 섹스는 점차 덜 쾌락적이고 심지어 고통스럽기까지 했다고 자백했다.151

악령과의 섹스를 추측하는 이단 심문관들의 관심은 여성과 인쿠부스의 관계에 쏠려 있었다. 남성과 수쿠부스의 관계는 거의 언급하지 않았다. 크라머와 슈프랭거는 남자가 여자 악령과 섹스하면서 얼마나 즐기는지는 궁금해하지 않았다. 그들은 남성이 악령에게 그다지 욕정을 느끼지 않기 때문이라고 주장한다. 그리고 "지금까지 남성이 그와 같은 커다란 죄를 짓지 않게끔 보호한 가장 높으신 분은 찬양받으소서"라고 엄숙하게 외친다.

«마녀를 심판하는 망치»에서 인간의 성, 그 가운데 특히 여성의 성을 다룰 때 쓰는 용어에는 차가운 반감이 배어 있다. 저자는 이런 용어를 사용하며 주제로부터 거리감을 유지하고, 마치 고발한 사람은 "악마 같은 추잡한" 행위를 저질렀다고 비난받는 이와 동일한 종에 속

하지 않는다는 듯한 태도를 보인다. 그보다 더 소름 끼치는 점은 이단 심문관들이 "신의 위엄에 대항한 대역죄"를 다스릴 방안을 내놓으며 보인 냉담성이다. 이는 강제수용소의 일자별 사망률을 합산하던 나치 관료가 보인 냉담성에 비견할 만하다.

　고발당한 사람들이 넘겨진 종교재판소는 사실 20세기 전체주의 국가들이 만든 공포 정치 기관과 닮았다. 종교재판소의 임무는 이단을 찾아내서 처벌하는 것이었다. 고발당한 사람은 누가 고발했는지 알 수 없었다. 변호사 선임도 현실적으로 불가능했다. 변호하려고 나서는 무모한 사람들은 그들 또한 이단으로 선고받을 수 있다고 주의를 들었다. 마녀사냥의 가장 큰 피해를 입은 트리어 지방의 부주교였던 피터 빈스 펠트Peter Binsfeld는 "마녀를 보호하려고 애쓰는 자는 마녀의 가장 잔인한 적이다. 그들은 마녀가 화형대에서 일시적으로 고통받는 대신에 영원한 불구덩이에 들어가게 한다"고 경고했다.152

　고발당한 사람은 재판에 끌려오기 전에 감금되었고 판결을 기다리는 동안 빵과 물만으로 연명했다. 판결이 나오기까지는 보통 많은 시간이 소요되었다. 자백을 받아내기 위해 고문이 동원되었고 판결에 항소할 방법이 없었다. 이단 심문관이 검사고 판사며 배심원이었다. 엄밀히 말하자면 교회는 사형 선고를 집행하지 않았다. 교회는 목숨을 빼앗지 못하게 되어 있었기에 고발당한 사람이 유죄 판결을 받으면 단순히 보호를 풀었을 뿐이다. 희생자는 세속 권력에 넘겨졌고, 그곳에서 형이 집행되었다. 물론 세속 권력은 이단 심문관의 판결에 동의할 것이 확실했다.153 하인리히 크라머와 야콥 슈프랭거는 "우리가 화형당하도록 만든 사람들"을 언급하면서 교회의 역할을 오싹한 말로 요약한다.154

　이단 심문관들은 "조사 날짜를 계속 미뤄서" 고발당한 사람이 계속 마음을 졸이는 상태에 놓이게 하라고 조언한다. 그래도 자백하지 않으면 혹시나 "세례받지 않은 어린아이의 사지"로 만든 마법 도구를 숨기고 있을지 모르므로 "먼저 감방으로 데려가서 훌륭한 성품을 지닌 정직한 여인이 옷을 벗기도록 하라"고 설명한다. 그 후에는 신체의 모든 털을 밀거나 태우는 게 좋지만 독일에서는 예외다. 이곳에서는 "특히나 비밀스러운 곳을" 미는 것이 "일반적으로 세심하지 못한 처사라고 여겨지며…… 따라서 우리 이단 심문관들은 그 방법을 사용하지 않는다……"고 덧붙인다. 다른 국가들은 그다지 비위가 약하지 않았고 이곳에서 "이단 심문관들은 마녀의 온몸에 있는 털을 밀게 한다." «마녀를 심판하는 망치»는 이탈리아 북부에서 일어난 일을 보고한다. "코모의 이단 심문관이 작년, 즉 1485년에 우리에게 알려주기를 마녀 41명의 털을 모두 밀고 난 뒤에 화형에 처하라고 지시했다고 한다." 크라머와 슈프랭거는 세부 사항을 강조하면서 틀림없이 음미하고 있으며 무심코 기저에 깔린 가학증을 드러낸다.

　앞으로 겪게 될 고문을 기다리며 커져만 가는 공포감은 차치하더라도 감방의 불결함도, 옷이 벗겨지고 털이 밀리는 치욕도 마녀의 기세를 꺾지 못한다면 심문관은 "관리들에게 마녀를 끈으로 묶으라고 지시하고 고문 기구를 써야 한다. 관리들이 단번에 복종하게 하되 기꺼이 임무를 수행하는 듯한 인상은 주지 말게 하라. 그보다는 자신들의 임무 때문에 심란한 것처럼 보이게 해야 한다."

　보통 첫 고문 방법은 '스트라파도Strappado'다. 손을 등 아래에서 묶고 도르래에 밧줄로 연결해서 몸을 공중으로 거칠게 들어 올린다. 공중에서 위아래로 홱홱 오르내리는 사이 어깨뼈가 탈골되고 힘줄이 끊어진다. 이단 심문관들은 공무원처럼 냉담하게 이어서 적는다. "그리고 만약 그 방법을 이용해서 고문을 하고 있다면, 마녀가 땅에서 들어 올려져 있을 때 심문관은 목격자들의 증언과 그들의 이름을 직접 읽거나 다른 사람이 읽도록 하고 마녀에게 말한다. '보아라! 증인들은 너에게 죄가 있다고 말했다.'"

마녀가 고집을 부리면 다른 고문 방법이 사용되기도 했다. 고문관들은 마녀를 양초나 뜨거운 기름으로 지지거나 불타는 역청 덩이를 생식기에 대거나 배가 팽창할 때까지 물 몇 리터를 강제로 들이켜게 한 뒤 막대로 배를 때렸다. 못이 박힌 의자와 죔틀이 있는 좁은 구조물인 마녀 의자에 강제로 앉힐 수도 있었다. 엄지손가락을 죄는 기구나 다리와 발을 으스러뜨리는 여러 기구를 사용하기도 했다. 희생자 일부는 불결한 환경에서 쇠사슬에 너무 오래 묶여 있어서 재판받기 전에 괴저로 죽었다.155 이단 심문관들도 동정심이 전혀 없지는 않았다. 그들은 임신한 여성을 고문하지 못하도록 했다. 고문은 출산 후에 진행됐다.

심문관에게는 속임수나 거짓말이 허용되었다. 여성에게 목숨을 살려주겠다고 약속한 뒤에 일단 자백을 받아내고, 형벌을 선고하는 일은 다른 심문관에게 넘겨도 되었다. 또는 "들어와서 자비를 베풀겠다고 약속하면서 속으로는 그 대상이 희생자가 아닌 자기 자신이나 국가라고 생각해도 되었다. 국가의 안전을 위해 한 일은 무엇이든 자비롭기 때문이다." 20세기 전체주의 국가처럼 체제의 요구에 따라 개념들이 뒤바뀌었다.

이런 경향은 조지 오웰George Orwell이 쓴 《1984》를 떠올리게 한다. 작품 속에는 지배적인 구호가 등장한다. "전쟁은 평화다. 자유는 속박이다. 무지함은 힘이다." 《마녀를 심판하는 망치》의 저자들은 여기에 "잔혹함은 자비로움이다"라는 구호를 첨가할 수 있을 것이다. 게다가 나치 체제 독일이나 스탈린 체제 러시아에서처럼 자식과 부모가 서로를 고발하는 일도 허용되었다. 피터 빈스펠트는 '효심에서' 자기 어머니를 고발한 여덟 살 난 소년에 관해 이야기한다. 소년의 어머니는 1588년 11월에 슬하의 자식 중 세 명과 함께 화형대로 향했다.156

고발당한 사람이 유죄 판결을 받으면 교회는 죄인을 세속의 품에 인계해서 세속 권력이 처벌하게 했다. 이 경우 처벌이란 고통스러운 죽음을 의미했다. 세속 권력이 교회의 의지에 반대할 가능성은 거의 없었다. 프랑스 출신 악마 연구자는 다음과 같이 경고했다. "판사가 유죄 판결을 받은 마녀를 사형에 처하려고 하지 않는다면 판사도 사형에 처해야 한다."157 화형대로 가는 길에 여성은 마녀의 굴레를 써야 했으며, 뾰족한 철로 된 재갈이 입을 틀어막고 고정해서 결백하다는 항변과 비명이 새어나가지 못했다.

　　이런 방식으로 2백여 년간 알려지지 않은 많은 수의 여성들이 처형되었고, 그 가운데 대부분은 산 채로 불태워졌다. 마녀로 몰려 죽은 희생자의 수를 가늠하기는 불가능하다. 추정치는 6만 명에서 수백만 명 사이다.158 사망자 수와 추정 방법은 나라별로 다르다. 마녀사냥은 독일, 스위스, 프랑스, 스코틀랜드에서 가장 극심하게 맹위를 떨쳤다. 그러나 이 국가들에서 처형당한 사람 수는 지역별로 큰 차이를 보인다.

　　마녀사냥은 프랑스에서는 예전에 카타리파 같은 이단이 번성했던 남서부 지역에서 집중적으로 실시된 경향을 보였다. 독일도 마찬가지였다. 1600년대에 종교 개혁의 격변을 겪고 종교 전쟁에 휘말리며 생긴 종교 분열선을 따라서 마녀사냥이 주로 벌어졌다. 1561년과 1670년 사이에 독일 남서부 지방에서 마녀 3천 229명이 화형을 당했다. 비젠타이크 마을에서는 1662년 한 해에만 여성 63명이 화형을 당했다. 즉 한 주에 한 명 넘게 처형되었다.159 1585년에 가톨릭교도가 개신교도에게서 땅을 되찾은 뒤 트리어 근방의 두 마을에는 여성이 한 명씩만 남았다. 나머지는 모두 불태워졌다.

　　학자이자 라틴어 시인이며 《악마 숭배The Daemonolatreia》의 저자이고 이단 심문관이었던 니콜라스 레미Nicholas Rémy는 1616년 사망하기 전에 2천 명에서 3천 명을 화형시켰다. 필리프 아돌프 폰 에렌베르크 Philip Adolf von Ehrenberg는 1628년에서 1631년 사이에 어린아이 여러 명을 포함해 여성 9백 명을 불태워 죽였다. 이 무렵에 독일에서 서너 살밖에 안 된 어린아이들이 악마와 섹스를 했다며 고발당했다. 부모와 함께 마녀의 집회에 참석했다고 유죄 판결을 받은 아이는 부모가 불에 타는 동안 화형대 앞에서 채찍질을 당했다.160 1580년에 출간된 «마녀의 빙의 망상에 관하여De la Démonomanie des sorciers»의 저자인 장 보댕Jean Bodin은 "마법이란 죄를 저질렀고 유죄 판결을 받았으면 아이라도 살려두면 안 된다. 하지만 아직 어린아이에 불과하다는 사실을 참작해서, 아이가 죄를 뉘우치면 화형대에 보내기 전에 목 졸라 죽여도 된다"고 적었다.161 여자아이는 12살 이상, 남자아이는 14살 이상이면 어른 취급을 받았다.

잉글랜드에서는 2백 년 동안 대략 천 명의 마녀가 처형되었다. 광기에 사로잡힌 유럽 대부분 지방에 비하면 훨씬 적은 수다. 악마와 맺은 성관계는 일반적인 고발 사유가 아니었고 유럽 대륙에서 허가된 고문 방식도 금지되었다. 대신 고발당한 사람을 자백할 때까지 며칠간 줄곧 잠을 못 자게 했다.162

영국 여성이 악마와 성적으로 접촉하기 시작한 때는 청교도 매튜 홉킨스Matthew Hopkins가 잉글랜드 내전(1642년~1649년) 중에 마녀 수색 대장으로 등장한 시기와 일치한다. 영국 여성들은 그때까지는 악마 두꺼비나 고양이에게 젖을 먹이는 정도로 만족했음이 분명하다. 홉킨스는 14개월 동안 여성 2백 명가량을 마녀로 몰아 목매달았고, 에식스주 첼름스퍼드에서는 하루 만에 19명을 처형했다. 희생자 중 한 명인 콜체스터의 레베카 웨스트Rebecca West는 마법을 부려서 아이를 죽였다고 고발되었고 악마와 혼인했다고 자백했다. 홉킨스는 마녀를 목매달 때마다 포상금을 받았고 전설에 따르면 부자가 되어 은퇴했다고 한다.

잉글랜드 북쪽 경계 바로 너머에 있는 스코틀랜드에는 유럽 대륙식 고문이 널리 퍼져 있었고 악마와의 성관계도 프랑스와 스위스, 이탈리아 북부와 독일에서처럼 일반적인 고발 사유였다. 스코틀랜드 마녀들은 자기 자식을 먹었다고도 주기적으로 자백했다. 마녀사냥이 일어난 시기에 4천 명이 화형을 당했다. 스코틀랜드의 인구 밀도가 높지 않은 점을 고려할 때 무시무시한 수준이었다.

　잉글랜드 청교도들은 신대륙으로 건너가면서 마법에 대한 공포도 가져갔다. 그리고 마녀사냥을 고무시킨 구대륙의 여성 혐오도 함께 가져갔다. 하지만 아메리카 식민지에서는 마녀사냥의 광기가 유럽처럼 맹렬하게 번지지 않았다. 마녀사냥이 격렬하게 발발한 것은 딱 두 번뿐이다. 첫 번째 사례는 코네티컷주 하트퍼드에서 발생했고(1662년~1663년), 두 번째이자 더 악명 높은 사례는 메사추세츠주 세일럼에서 1691년 12월에 일어나 몇 달간 지속했다. 하트퍼드에서는 13명이 고발되었고 4명이 교수형을 당했으며, 세일럼에서는 2백 명이 고발되었고 19명이 교수형을 당했다. 유럽처럼 희생자 가운데 5분의 4가 여성이었다. 고발당한 남자 중 절반은 마녀로 몰린 여자의 남편이나 아들이었다.

　유죄 선고 비율은 유럽의 마녀사냥 경우와 비교하면 훨씬 낮다. 더 민주적인 사법 제도가 있었기 때문에 유죄 판결을 받으면 상급 법원에 항소할 수 있었고 마녀사냥이 지속한 기간도 더 짧았다. 사건 대부분은 악마에 홀린 현상과 관련 있었다. 여성이 악마와 함께 침대에 들었다는 고발은 1651년에 있었던 한 사례에서만 발견되었는데, 그 경우에도 악마가 여성의 잃어버린 자식의 형상을 하고 나타났기 때문에 여성이 그렇게 행동한 것이었다고 한다. 공식 차원에서는 회의주의가 빠르게 우위를 차지했다. 세일럼 재판이 있은 지 한 세대가 채 지나지 않아서 세라 스펜서Sarah Spenser라는 사람을 마법 사용 혐의로 고발한 남성과 여성은 정신이 온전한지 진찰을 받아보게끔 의사에게 보내졌다.163

　북아메리카에서 마녀 박해가 짧은 기간에만 지속했던 분명한 이유 중 하나는 구대륙의 여성 혐오가 신대륙에 성공적으로 완전히 이식

되지 않았기 때문이다. 청교도들은 하나님 앞에 모두 평등하다는 초기 기독교인들의 믿음을 어느 정도 공유했다. 여성들은 북아메리카 식민지에서 더 높은 지위를 누렸다. 마녀사냥의 광기가 지나고 2백 년이 흐른 뒤에 알렉시 드 토크빌(Alexis de Tocqueville, 1805년~1859년)은 미국을 관찰하고서 "여성의 사회적 지위는 낮게 유지되었지만 여성을 도덕적으로나 지적으로나 남성과 동등한 수준으로 올리려고 최선을 다한다. 그런 면에서 미국인들은 민주적 진보의 참된 원리를 훌륭하게 이해한 것으로 보인다"고 적었다(6장 참고).164 17세기의 종교적, 사회적 급진주의에 뿌리를 둔 민주주의를 향한 위대한 실험 덕택에 여성들은 마녀사냥이 불러온 광포의 소용돌이에서 안전할 수 있었다.

마녀라는 판결을 받고 마지막으로 합법적으로 처형된 여성은 1787년에 스위스에서 화형당했다. 1793년에 폴란드에서 어떤 여성이 화형당했지만 불법적인 처형이었다. 그때쯤에는 광기가 이미 오래전에 생명력을 다하고 식은 뒤였다. 악마와 그에게 헌신하는 여성 추종자 군단이 가하던 위협은 사그라들었다. 오늘날 크라머와 슈프랭거 및 다른 악마 연구자와 이단 심문관 들이 남긴 글은 전혀 신뢰를 얻지 못하고 공포와 역겨움만 불러일으킬 뿐이다.

하지만 여전히 의문점은 남는다. 학문과 예술이 꽃피던 시대에 막 들어서고 있었고 과학, 철학, 사회 혁명이 일어나서 사람들이 자신과 세계를 바라보는 방식을 영원히 바꿔놓으려던 그 사회에서 어떻게 여성은 3백 년 가까이 악마화되었을까? 이 의문점을 바라보는 다른 방식은 여성 혐오가 오랫동안 기독교 사상의 핵심 요소였는데 왜 하필 인류가 위대한 진보를 이루던 시기에 가장 치명적인 형태로 발현되었을까를 묻는 것이다.

역사학자 월터 스티븐스는 여성 혐오가 아니라 의구심이 마녀사냥 광기의 근원이었다고 주장한다. 엄청난 지적, 사회적, 도덕적 변화가 사회를 뒤흔들며 사람들의 신앙을 시험대에 올렸고 당시 사람들은 오랜 신의 질서를 추종하는 전통적인 믿음을 지켜낼 방법을 모색했다. 스티븐스는 «마녀를 심판하는 망치»를 자세히 분석하고서 당시 사람들이 여성과 악령의 섹스에 집착하며 주로 관심을 둔 부분은 악령이 존재한다는 증거를 찾는 일이었다고 주장한다. 여성이 겪었다고들 하는 경험에서 더 많은 세부 사항을 끌어낼수록 더 좋았다.

이단 심문관들의 성적 집착은 현대 감수성으로 보면 성적 판타지를 닮았지만 실은 불확실성을 떨쳐낼 증거를 찾으려는 필사적인 탐색이었다. «마녀를 심판하는 망치»에서 저자들은 "마녀들 스스로가 전문가로서 증언함으로써 모든 것이 확실해졌다"고 주장한다. 즉 이단 심문관들은 악마가 실제로 존재한다는 증거를 찾으려고 여성들을 고문했다. 그들은 형이상학적 관념을 물리적 실체로 변화시키고자 했다. 마녀사냥은 관찰 불가능한 존재를 실제로 존재하게 만들려는 추악한 실험이었다. 그들의 존재를 탐색하는 건 곧 영혼 세계 전부가 환상이 아니라 실제로 존재한다고 확인하는 일이었다. 스티븐스는 마녀사냥에 여성 혐오의 측면도 있었으며, 여성에게 오랜 경멸과 적대감을 품어온 기독교 역사가 남자보다 월등히 많은 수의 여성이 체포되고 고문받은 데 영향을 미쳤다고 동의한다. 하지만 이 기간에 참혹한 일들을 벌인 주요 동기는 증거를 찾으려는 탐색이었다.

여성 혐오가 마녀사냥의 부차적인 동기였다는 주장을 받아들인다고 하더라도 마녀사냥이 몰고 온 처참한 상황은 나아지지 않는다. 결국 남자들의 의구심을 가라앉히기 위해 수많은 여성이 불 속이나 밧줄 끝에서 생을 마감했다는 사실을 의미할 뿐이다. 화형대의 불꽃은 플라톤을 계승해서 일상 세계를 경멸하고 영혼 세계를 진정한 실재라고 본 기독교의 이원론을 확인해주었다. 하지만 여성에게 화형대의 불꽃은 이원론이 불러온 가장 무시무시한 결과였다.

적어도 세 가지 조건이 마녀사냥을 유발하는 정서적, 도덕적, 사회적 맥락이 조성되도록 상호 작용했다. 우선, 마녀사냥이 시작된 14세기는 기원전 5세기 그리스나 서기 3세기 로마 제국처럼 끔찍한 재앙의 시기였다. 전염병과 전쟁이 사회를 어지럽혔다. 공포와 의구심 때문에 세상은 어둠과 사악함에 물든 곳으로 여겨졌다. 둘째로, 현실과 상상 속에 존재하는 이단은 한때 전능해 보이던 기관인 교회와 절대 진리를 구현한다는 그들의 주장을 위협했다. 마지막으로, 기독교 사회의 뿌리 깊은 여성 혐오는 여성이라는 형태로 희생양을 제공했다. 기독교의 반유대주의가 나치가 벌인 홀로코스트에 이념적 바탕을 제공했듯이, 여성을 경멸하고 비인간화해온 긴 전통 때문에 마녀사냥이 가능했다.

14세기를 특징 짓던 위기는 지나갔지만, 가톨릭 교회에 불어닥친 위기는 끝나지 않았다. 종교 개혁이 일어나면서 천 년이 넘는 세월을 견뎌온 거대한 체계에 균열이 갔다. 새로운 개신교 교회는 그들이 매도하던 가톨릭 교회만큼이나 마녀사냥에 광적으로 몰두했다. 하지만 훗날 기독교 세계관 전체를 위협할 더 심층적인 위기가 축적되고 있었다.

첫 번째 진동은 1543년에 니콜라우스 코페르니쿠스Nicolaus Copernicus가 집필한 《천체의 회전에 관하여De revolutionibus orbium coelestium》가 발간되면서 도래했다. 코페르니쿠스는 조용하고 신중한 성직자로, 자신이 쓴 책이 지닌 중요성을 알았기에 반드시 자신이 죽어서 이단 심문의 영향권을 벗어났을 때 책이 출간되도록 조처했다. 코페르니쿠스는 지구가 태양 주위를 돈다고 했다. 이제 인간은 신과 아리스토텔레스가 정해놓은 고정되고 바뀌지 않는 우주의 중심이 아니었다. 기독교는 그 후로 이때의 불안감에서 회복하지 못했다.

마법은 현대에 와서도 사람들을 매료하는 힘을 잃지 않았다. 마녀와 마법을 다룬 수많은 영화와 책이 거둔 성공과 최근에 소설 해리포터 시리즈가 얻은 인기는 이 주제가 여전히 강력하게 사람들을 매혹한다는 사실을 보여준다. 하지만 놀라운 점은 마법이 현대에도 매력을 지녔다는 것이 아니라 여성 혐오가 여전히 사람들의 마음을 끈다는 사실이다. 《마녀를 심판하는 망치》를 유일하게 영어로 번역한 몬터규 서머스 Montague Summers에게서 그 전형적인 모습을 찾아볼 수 있다.

　그는 슈프랭거와 크라머가 지닌 여성 혐오를 환영한 것으로 보인다. 페미니스트나 학자 들이 그의 번역문을 자주 인용했으나 그가 쓴 서문에는 관심을 두지 않았다. 거기에서 서머스는 슈프랭거와 크라머가 착수한 일에 찬성하며 그들이 여전히 살아 있어서 사회주의의 부상에 대응해주었으면 하고 바란다. 그는 마녀와 마법이 사회주의가 등장할 전조였다고 본다. "다양한 단락에서 보이는 여성 혐오의 경향"에 주목하지만, 그런 점이 "성별이 혼동되고 많은 여성이 남성 흉내 내기를 주된 목표로 삼는 오늘날 페미니즘의 시대에 필요한 유익한 해독제"라고 적었다. 여성의 악마화와 대량 학살을 놀랍게도 용납하는 이 문장은 미국과 영국에서 여성들이 투표권을 얻고 9년에서 10년이 지난 1928년에 쓰였다.

　최근에 국가나 다른 단체가 여성을 대상으로 한 범죄를 포함해 과거에 저질렀던 여러 범죄를 인정하고 책임자가 희생자의 자손에게 사과한 실례도 일부 있다. 예를 들면 1431년에 열아홉 살 난 잔이란 이름의 프랑스 시골 소녀는 잉글랜드 군대에 맞서 프랑스군을 이끌라고 지시하는 신의 음성을 들었고 그대로 실행해서 놀랄 만한 성공을 거두었으나, 이단 선고를 받고 화형당했다. 잔을 붙잡은 잉글랜드인이 보기에 그녀가 들었던 음성은 신이 아니라 악마의 것이었다. 잔은 마녀라고 비난을 받았다. 잔 다르크Jeanne d'Arc는 마녀로 판정되었다가 교회가 훗날 명예를 회복시키고 성인으로 추대한 유일한 인물이다.[165]

　그 후로 교회는 교황을 통해 유대인에게 과거의 반유대주의를 사과했다. 몇 년 전에는 천문학자 갈릴레오 갈릴레이(Galileo Galilei, 1564년~

1642년)가 지구가 아니라 태양이 태양계의 중심이라고 말한 코페르니쿠스가 옳았다고 주장했다는 이유로 박해한 일을 사과했다.

중세 사학자 요한 하위징아Johan Huizinga는 "크나큰 불행은 역사의 토대를 이룬다"고 적었다.166 이제는 교황이 다른 기독교인들에게 모범을 보여서 마녀사냥이 부른 크나큰 불행과 수많은 죄 없는 여성에게 저지른 끔찍한 잘못을 인정하고 그들이 무고했음을 시인하며 참혹한 죽음에 대해 사과해야 할 때가 아닐까?

제5장
문학 속 여성 혐오

갈릴레이-종교 개혁-
여성 교육-로크-아스텔-
자유주의-콘돔-현미경의
발명-세익스피어-
말괄량이 길들이기-햄릿-
거트루드-오필리어-
리어 왕-난봉꾼-
애프러 벤-소설의 탄생-
디포-록사나-중산층
여성-파멜라-루소-
포르노그래피-사드-
쥘리에트

마녀사냥의 맹렬한 불길이 짙은 먹구름처럼 일으킨 연기가 여전히 유럽 상공을 뒤덮던 16세기와 17세기에 새로운 세계가 모습을 드러내기 시작했다. 처음에는 희미하게만 감지되었다. 새로운 세계라고 여성 혐오가 없는 건 아니었다. 사실 여성 혐오라는 용어는 1656년에 처음 사용되었다.[167] 하지만 이 세계에서 사람들은 여성 혐오를 뒷받침하는 신조와 교리를 설파하던 권위에 대항했다.

1500년과 1800년 사이에 일련의 사회, 경제, 정치, 지적 혁명이 일어나서 유럽을 뒤바꿔놓았고, 결국에 가서는 전 세계를 변화시켰다. 이전에는 권위가 그토록 철저히 검토된 적이 없었다. 과거에 신성시하던 것들에 이의가 제기되었다. 오랫동안 틀림없는 사실이라고 여겼던 것들이 무너졌다. 무너져내린 잔해 사이에서 근대 세계가 탄생했다.

과정은 수월하지도 일관되지도 않았다. 어떤 때는 이 과정이 여성의 지위와 아무런 관련이 없는 듯도 보였다. 갈릴레오 갈릴레이가 1609년에 베네치아 산마르코 광장에 있는 종탑의 가파른 돌계단을 올라가서 망원경이라 부르는 조잡한 광학 기구를 들어 밤하늘로 향하게 했을 때 거기서 그가 보았던 것이 어떻게 문명의 여성관을 뒤흔들 수 있었을까? 지난 2천여 년간 지구가 우주의 중심이며 천체는 고정되어 있어 바뀌지 않는다고 가르쳐왔으나, 그는 망원경을 통해 움직이는 우주를 보았다. 그는 자신이 관찰한 내용이 코페르니쿠스의 지동설을 뒷받침한다고 믿었다. 그의 주장은 중세의 세계관과 여성관을 지탱하는 주요 권위였던 교회와 «성경», 아리스토텔레스의 가르침에 도전장을 내밀었다. 갈릴레오의 발견이 보여준 대로 «성경»을 포함한 고대의 권위 있는 서적들이 우주의 본질에 관해 틀릴 수 있다면 여성의 본성과 지위를 비롯한 다른 문제에 관해 그들이 말해온 내용은 얼마나 믿을 만할까? 하지만 지구가 태양 주위를 돈다는 주장이 신빙성을 얻기가 여성 혐오의 전통적인 편견과 관습을 바꾸기보다 쉽다는 사실이 드러났다.

사회적으로도 지적으로도 유럽에서 가장 진보한 나라 중 하나였던 잉글랜드에서 1600년경에 여성은 지역 관습으로 인정된 권리 말고는 법적으로 아무런 권리도 없었다. 결혼할 때까지는 아버지가 책임졌고 결혼한 뒤에는 남편의 권한 아래 있었으며, 남편한테는 아내의 재산을 통제할 절대적인 권리가 있었다. 당시 법은 "남자가 가진 것은 본인 소유다. 아내가 가진 것은 남편 소유다"라고 명시했다.168 16세기에는 여성이 여왕이 될 수 있었고 엘리자베스 1세Elizabeth I처럼 두려움과 존경심을 동시에 불러일으킬 수 있었다.

하지만 17세기 초에 여성의 지위는 오히려 하락했다. 당시 플라톤 학파는 여성에게 영혼이 있는지를 놓고 토론했다.169 언제나 여성의 지위를 암시해온 복식을 살펴보면 여성의 고통은 당연한 듯이 받아들여졌다는 걸 알 수 있다. 17세기 후반 복식인 코르셋은 여성의 몸을 단단히 조여서 감쌌다. 스무 살에 죽은 한 젊은 여성을 부검한 결과, "갈비뼈가 간을 향해 자랐으며 다른 장기도 코르셋 심 때문에 서로 압착되어 손상을 입었다. 그녀의 어머니가 코르셋을 단단히 잡아당기게 해서 하녀가 옷을 입히는 동안 그녀 눈에는 눈물이 맺히곤 했다"는 사실을 알아냈다.170 젊은 여성들은 "유행을 따라 창백한 안색을 유지하려고" 하제와 관장제를 빈번하게 복용해야 했다.171 아내를 살해한 남자는 교수형을 당했지만 남편을 죽인 여자는 화형대에서 불에 타 죽으며 반역자와 같은 끔찍한 최후를 맞이했다.

18세기 후반에 교육을 받은 사람이라면 대부분 해가 태양계의 중심이라는 이론을 받아들였지만, 결혼 제도를 법적 차원에서 여성을 위하는 방향으로 개혁하려는 투쟁은 아직 초창기에 불과했다. 여전히 결혼은 여성이 법적으로 독립된 존재로 인정받는 일을 유예했으며 법률상 여성은 남편에게 속해 있었고 "남편의 날개와 보호 아래서 모든 일을 수행"해야 했다.172

하지만 종교 개혁으로 시작된 종교, 사회, 정치 혁명의 결과로 여성 혐오는 전례 없는 도전을 받았다. 결혼한 여성이 법적으로 마주한 상황은 여전히 억압적이었으나 종교 개혁은 결혼의 지위에 극적인 변화를 불러왔고 남편과 아내의 관계에 영향을 미쳤다. 여성의 교육 문제도 새롭게 조명되었다.

성직자가 독신으로 사는 것에 반대하는 종교 개혁가들의 움직임은 가톨릭 교회에 대항한 반발의 핵심이었다. 결혼을 더 열등한 상태로 본 가톨릭 교회와는 달리 종교 개혁가들은 성직자가 결혼하도록 허가함으로써 결혼의 지위를 높였다. 그 결과, 남편과 아내를 과거보다 동등한 지위에 올려놓았다.

마틴 루터Martin Luther는 95개조 반박문을 선포하고 나서 1517년에 가톨릭 교회와 돌이킬 수 없는 결별을 겪었다. 95개조 반박문에 뒤이은 종교적 격변 속에서 여성은 두드러진 역할을 맡았다. 하지만 격변 중에 여성이 공적 역할을 활동적으로 수행하고 그중 몇몇이 심지어 설교단에까지 오르자 언제나 그렇듯 불안감이 조성되었다. 새롭게 등장한 개신교 신앙이 안정을 찾고 혁명의 열기가 사그라들자 여성에게 동등함을 부여하려던 종교 개혁가들의 마음도 식었다. 스코틀랜드에서 개신교를 설립한 존 녹스John Knox는 1558년에 «여자의 괴물 같은 통치에 대항하는 첫 번째 나팔소리The First Blast Against the Monstrous Regiment of Women»라는 제목의 소책자를 발행하고 새로운 신앙에서 여성이 중요한 역할을 맡는 상황을 비판했다.

가부장적 가족 형태는 강화되었다. 이제 아버지는 단지 가장 잘 아는 정도가 아니라 성직자보다도 잘 안다고 여겨졌고, 매일 기도를 올리는 자리에서 가족을 이끌고 성경을 읽어주며 성직자의 역할을 대신했다. 여성의 종속적인 역할은 재차 확인되었다. 영국의 위대한 청교도 시인 존 밀턴(John Milton, 1608년~1674년)은 이 원칙을 "남자는 하나님만을 섬기고 여자는 남자 안의 하나님을 섬기도록 만들어졌다"고 요약했다. 로렌스 스톤Lawrence Stone은 이에 대해 다음과 같이 적었다.

16세기와 17세기에는 약하고 고분고분하고 너그럽고 정숙하며 얌전한 여성을 이상적이라고 여겼다. 예를 들면, 1630년대에 한 메사추세츠주 목사는 자신의 아내가 "비할 데 없이 온순한 영혼"을 지녔으며 특히 자신을 대할 때 그러하다고 공개적으로 칭찬했다.173

하지만 그렇게 단순하지는 않았다. 결혼한 부부의 관계는 더 큰 친밀함을 지향하는 방향으로 나아갔고 핵가족이 탄생할 때까지 방향성을 유지했다.

코페르니쿠스가 시작한 천문학 혁명과 함께 과학의 파괴력이 《성경》의 권위에 처음으로 중대한 타격을 입힌 그 시기에 종교 개혁은 《성경》의 권위가 신앙에 필수라고 주장했다. 역설적으로 그 주장은 여성에게 좋은 결과를 가져왔다. 《성경》에 기대려면 남녀를 불문하고 모든 개신교 신자가 읽을 줄 알아야 했고, 따라서 여성의 교육이라는 중요한 문제가 거론되었다. 그보다 일찍부터 여성의 교육을 옹호한 이들이 있었다. 15세기 시인이자 학자인 크리스틴 드 피장Christine de Pizan은 다음과 같이 적었다. "만약 소녀들을 학교로 보내서 소년들이 배우는 학문을 가르치는 일이 일반화되면 여자들도 남자만큼이나 온갖 기술과 학문의 복잡하고 섬세한 측면을 이해하고 익히게 될 것이다."[174]

　　1552년에 잉글랜드에서 발행된 소책자는 여성의 결함이 본성에서 기인한 것이 아니고 "여성이 살면서 받은 양육과 훈련"의 결과라고 주장했다.[175] 여성의 교육을 옹호하는 일종의 운동이 일어났는데, 주창자 가운데에는 철학자이며 «유토피아*Utopia*»를 저술한 성 토머스 모어 Thomas More가 있었다. «유토피아»에 나오는 이상 사회의 모습은 플라톤의 «국가» 이래 가장 큰 영향력을 지녔다고 평가된다. 토머스 모어는 "나는 왜 배움이…… 남녀 모두에게 적합하다고 보지 않는지 이해하지 못하겠다"고 적었다.[176] 하지만 17세기에도 이러한 생각은 여전히 극심한 반대에 부딪혔다. 최고위층에서도 반대가 흔했으며 잉글랜드 왕 제임스 1세James I는 맹렬한 비난까지 퍼부었다. 그는 "여성을 가르치거나 여우를 길들이는 일은 동일한 효과를 낸다. 둘 다 더 교활해진다"고 말하며 당시에 만연하던 여성 혐오적 편견을 표출했다. 여성의 지능이 아니라 품성을 모욕한 발언이었다는 사실에는 주목할 가치가 있겠지만 말이다.[177]

　　제임스 왕의 의견이 얼마간은 우세했다. 셰익스피어가 활약하던 1600년대에 런던에 살던 여성 가운데 고작 10퍼센트만이 글을 읽을 수 있었던 것으로 추정된다. 그로부터 40년이 채 지나지 않아 비율은 20퍼센트로 올라갔다.[178] 런던 바깥의 상황은 더 심각했다. 1754년에 잉글랜드 남성은 거의 세 명 가운데 두 명이 혼인신고를 하며 자기 이름을 써서 서명할 줄 알았던 반면, 여성은 세 명 가운데 한 명만이 자기 이름을 쓸 줄 알았다.[179] 그때쯤 잉글랜드의 전체 인구는 6백만 명가량이었다.

　　제임스 왕은 여성의 교육에 반대했으나, 그의 통치 아래서 처음으로 성경을 영어로 번역하는 중요한 작업에 착수했다. 이는 역설적이게도 잉글랜드 개신교도들이 자신의 딸들에게 읽는 법을 가르치도록 장려하는 결과를 가져왔다. 그들은 딸에게 신의 말씀을 직접 읽고 익히도록 해서 여전히 강력한 가톨릭 교회의 감언이설에 넘어가지 않는 데 필요한 방어 수단을 주었다.

뉴캐슬 공작부인 마거릿Margaret은 "지성을 성숙시키기 위해 학교에서 교육을 받기만 한다면. 우리한테도 남자만큼이나 타고난 명료한 이해력이 있다"고 적었다.[180] 하지만 뉴캐슬 공작부인처럼 상류층에 속하며 좋은 교육을 받은 여성들은 그리스어와 라틴어를 읽을 줄 안다는 이유로 무대에서 가차 없이 조롱을 받았고 풍자의 대상이 되었다. 남성이 정해놓은 여성의 지적 한계에 감히 저항한 여성은 일반적으로 "치마 입은 플라톤"이라며 조롱거리가 되었다. 그러나 여성을 교육해서 얻는 유익함이 더 크다는 생각이 점차 널리 받아들여졌다.

17세기 중반부터 중산층이 부상하면서 여성을 교육해야 할 다른 중요한 동기가 생겼다. 결혼은 동반자 관계가 되는 것이란 생각이 발전했고, 이에 따라 아내는 남편에게 걸맞은 배우자이자 지적인 대화를 주고받을 수 있는 상대가 될 필요가 생겼다. 동시대에 가장 영향력 있는 작가였던 대니얼 디포(Daniel Defoe, 1660년~1731년)는 1697년에 여성의 교육을 강력히 옹호했다. 디포는 여성의 교육을 위해 싸울 이유가 있었다. 소설가 첫 세대에 속하는 디포는 그의 독자층 가운데 여성이 늘어나고 있다는 사실을 알았다. 이러한 새로운 국면은 더 심층에서 진행되던 사회 변화를 드러내며, 훗날 여성의 사회적 지위에 중대한 영향을 끼치게 된다.

버트런드 러셀은 "근대 세계는 정신적 관점에서 보면 17세기에 시작되었다"고 말했다.[181] 변화된 관점의 본질적 요소들은 네덜란드, 영국과 북아메리카 식민지에 뿌리내렸다. 새로운 관점은 개인의 중요성과 함께 평등과 행복을 추구할 권리를 강조하는 혁명적인 생각들로 정의할 수 있다. 근대 초기에 등장한 개인의 자율성이라는 개념은 인간과 정부, 사회가 맺는 관계와 서로 간에 가지는 책임을 재정의했다.[182] 신

이 아닌 인간을 설계의 중심에 놓자 주안점이 바뀌었고 여성의 지위에
도 급격한 변화가 일었다.

　　이러한 생각들은 잉글랜드 철학자로 자유주의 철학에 토대를 놓
은 존 로크(John Locke, 1632년~1704년)의 사상에 핵심이 되었다. 로크는 국
가의 수장인 왕을 모범으로 삼아 아버지가 가정을 통치해야 하며 가부
장적 사회 구조가 가족 구조에도 반영되어야 한다는 생각을 비난했다.
그는 가족과 국가, 개인과 국가의 관계에 관해 더 유연한 이론을 제안
했다. 로크가 생각하는 자율성 개념은 평등, 그리고 개인이 행복을 추
구할 권리와 연결되었다. 로크는 "모든 인간은 본래 동등하게 태어났
다"면서 "진정한 행복을 추구할 필요성은 모든 자유의 토대가 된다"고
선언했다.[183]

　　로크는 경험주의자로서 모든 인간은 백지 상태로 태어나며 양육
과 교육을 포함한 주변 환경의 영향을 받아서 '인간 본성'이라 부르는
내용이 그 위에 새겨진다고 보았다. 백지 상태 가설은 인간 행동의 원
인을 머릿속이 아니라 바깥세상에서 주로 찾았다. 결국에 가서는 인간
태초의 상태를 설명하는 데에 백지 상태 가설이 원죄를 대체했다. 이러
한 변화는 여성에게 엄청난 영향을 미쳤다. 남자처럼 여자도 태어날 때
백지 상태라면 여성의 '열등함'은 본성에 내재한 요소로 인해 미리 정
해진 상태가 아니라 양육과 교육의 산물이었다.[184]

　　이 가설은 여성 혐오의 초석이 된 사상에 의문을 제기했다. <창세
기>는 여성이 남편에게 종속된 이유도, 출산할 때 겪는 고통도 하와가
인류의 타락을 불러왔기에 받은 징벌이라고 설명했다. 존 로크는 «통
치론Two Treatises of Government»에서 상식적인 접근 방법을 활용하며 다
음과 같이 선언했다. "조건이 허락하거나 남편과 합의하여 구속에서
해방된다면 이제 여자를 종속 상태에 묶어둘 법은 없다. 고통과 고난
속에서 아이를 출산해야 한다는 것도 여자에게 내려진 저주의 일부였

지만 해결책을 찾는다면 그렇게 출산해야 한다는 법은 없다." 로크는 선함을 쾌락과, 악을 고통과 동일시했으므로 피할 수 있는 고통을 견디는 행위는 어불성설이었다. 로크는 처음으로 여성의 몸을 코르셋으로 꽉 조여 감싸는 유행에 반대한 인물이기도 하다.

여성의 종속이 신이 마련한 계획의 일부이며 이에 기반해 우주 구조가 만들어졌다고 여기던 당시의 지배적인 사회 체제에 이러한 생각이 얼마나 큰 충격을 안겼을지 상상하기는 쉽지 않다. 여성이 생물학적으로 정해진 운명을 피할 수 있다는 생각은 일부에선 하나님이나 알라의 위대한 설계를 모욕한 처사로 받아들였고, 이후 수 세기간 맹렬한 반대에 부딪혔다. 19세기에 교회는 출산의 고통을 덜기 위해 클로로포름을 사용하는 데에 반대했다(6장 참조). 20세기에 들어서자 보수적인 가톨릭교도와 근본주의를 신봉하는 개신교도들은 때로는 폭력까지 동원하며 피임과 임신 중단 반대 운동을 벌였다.

자유주의를 탄생시킬 기본 원칙들이 짜였으므로 이제 그에 따른 결과를 피하는 것은 불가능했다. 잉글랜드 여성은 존 로크가 모든 세부 사항을 고려해서 새로운 철학을 만들 때까지 기다리지 않았다. 1642년에 로마 공화정 후기 이후 처음으로 여성들이 정치적으로 항의하기 위해 거리 시위를 벌였다. 4백 명가량이 잉글랜드 의회 밖에 모여서 그들의 재정적 어려움을 호소했다. 잉글랜드 내전 기간(1642년~1649년)에 더 급진적인 분파에 속했던 여성들은 구호를 외쳤다.

우리는 아내라는
악랄한 노예 제도에
인생을 저당잡히지 않을 것이다.185

로크가 죽고 2년이 채 지나지 않았을 때 잉글랜드 최초의 페미니스트 작가이자 «여성에게 드리는 진지한 제안A Serious Proposal to the La-dies»(1694~1697)과 «결혼에 관한 고찰Some Reflections Upon Marraige»(1700)을 저술한 메리 아스텔(Mary Astell, 1668년~1731년)은 예견된 질문을 던졌다. "만약 모든 남자가 자유인으로 태어난다면 어째서 여자는 노예로 태어난다는 것일까?"

북아메리카 식민지에서는 개인의 권리를 옹호하는 자유주의 개념이 적용되면서 여성의 지위가 신장되었다. 1647년에 매사추세츠주는 남편이 아내를 때리는 행위를 금지하는 법안을 통과시켰다. 하지만 자유주의의 파급력은 거기에서 그치지 않았다. 자유주의는 가족을 권위뿐 아니라 애정에도 바탕을 둔 하나의 단위로 보는 완전히 새로운 개념을 창조하는 데 일조했다. 로크는 가족이 힘을 나눠 가지는 단위이며 "어머니한테도 아버지와 마찬가지로 본인 몫이 있다"고 보았다.186 이러한 관점은 남편과 아내 사이의 성 역할을 결정하던 규칙에 변혁을 불러왔다. 여기에 더해 자녀가 결혼 상대를 결정할 때 부모가 행사하던 입김도 약해졌다. 로렌스 스톤은 다음과 같이 지적했다. "부부가 이제부터는 사랑과 애정으로 결합한다면 결혼 상대를 선택할 때 아버지가 어떻게 여전히 영향력을 행사할 수 있을까?"187

남편과 아내가 자손을 낳기 위해서뿐 아니라 '상호 위안'을 위해 성관계를 가질 수도 있다고 생각하게 되자, 교회와 다른 권위 집단이 성행위와 관련해 행사해오던 통제가 느슨해졌다. 전통적으로 여성 혐오의 관점을 견지해온 기독교는 남녀의 성관계가 유감스럽게도 인간이 생식할 수 있는 유일한 방식이었기에 이를 용인했다. 가톨릭 교회는 오늘날까지도 근본적으로 이 태도를 견지한다. 사도 바울 이래 기독교는 섹스가 수치스러운 행위이며 섹스를 즐기는 행태는 그보다 더 수치스럽다는 기본 입장으로 일관해왔다.

그러나 사회는 점차 세속화되었고 섹스도 마찬가지였다. 이 과정

이 절대 끊임없이 진전하기만 한 건 아니었다. 성적으로 해방된 시기에
는 언제나 보수들이 역습하는 시기가 잇따랐다. 하지만 잉글랜드 청교
도 혁명(1647년~1660년)이 실패로 끝난 뒤에 섹스에 대한 태도가 빠르게
진보적으로 변했다. 청교도 혁명 기간에 올리버 크롬웰Oliver Cromwell의
통치 아래서 광신자들은 극장을 폐쇄하고 닭싸움을 금지하며 술집 문
을 닫게 해서 사람들의 반발을 불러일으켰다. 청교도는 잉글랜드 내전
에서 승리했을지 모르나 쾌락에 선포한 전쟁에서는 참패했다.

신의 계획에서 섹스를 분리해내자 당연하게도 생식 기능보다 오
락 기능에 점차 초점이 맞춰졌다. 콘돔이 발명되면서 전환은 더욱 수월
해졌다. 콘돔은 런던과 파리에서 17세기에 처음으로 구매할 수 있게 되
었다. 초기에는 성병 예방 차원에서 활용되었으나 곧 피임 기구로 사용
되기 시작했다. 콘돔은 성행위의 주목적을 오락으로 바꾸는 데에 주요
한 첫 진전을 상징했다.[188] 여성이 자신을 보호하고 임신을 피하는 능력
을 지닐 수 있다는 사실은 여성 혐오 뒤에 숨은 생물학적 결정론을 뒤
흔들었다. 17세기와 마찬가지로 오늘날에도 여성 혐오자들은 그로 인
한 불안감을 숨기기 위해 여성이 이렇게 자신을 보호하는 행위가 오히
려 여성을 남성의 욕정에 더 취약하게 만든다고 대뜸 훈계하고는 한다.
하지만 아무리 가장하려 해도 여성이 자신의 생식 능력을 제어하고 그
에 따른 자율성을 획득하는 데에서 모든 여성 혐오자들이 근본적인 공
포를 느낀다는 사실을 감출 수는 없다.

희미하게 한 가지 형태의 자율성이 가능해지려는 듯이 보이던 시
기에 과학은 다른 형태의 환상에 종말을 고했다. 그리스인들은 창조 신
화에서 자주적인 남성을 그렸고, 아리스토텔레스는 여성이 생식에서
덜 중요하고 심지어 불필요하기도 한 역할만을 한다는 '과학적' 설명을
제공했다(1장 참조). 천여 년간 두 가지 생각은 모두 여성의 역할을 생명
의 씨앗을 키우는 주머니 정도로만 축소했다. 그런데 현미경이 발명되

면서 망원경이 드러낸 세계만큼이나 흥미로운 아주 작은 세계가 열렸다. 1672년에 난소가 발견되었다. 아리스토텔레스 이래로 남성의 정액이 영혼을 포함해 생명에 필요한 모든 것을 운반한다는 생각이 제기되었으나, 점차 임신에서 맡은 여성의 역할이 수동적인 인큐베이터가 아니라는 사실이 밝혀졌다. 난자는 생명을 창조하고 유지하는 데 필수적이었다. 아테나는 어느 날 배양 접시에서 튀어나올지도 모르지만, 이제 아버지 제우스의 머리에서 나올 일은 없다.

그러나 과학이 발달하고 이성이 진보하고 민주적인 생각이 탄생하고 개인을 중심에 둔 철학이 발전했지만, 여성 혐오는 사라지지 않았다. 2천 년 전 그리스인들이 지성의 승리를 거두었을 때도 마찬가지였다. 다른 모든 편견처럼 여성 혐오도 변화가 사회의 근본 전제를 위협할 때 그에 대한 반응으로 가장 강력하게 드러난다. 역사상 가장 치명적인 형태의 여성 혐오인 마녀사냥이 바로 존 로크가 개인의 권리를 설명하고 여성의 몸을 꽉 조이는 코르셋에 반대하던 17세기에 정점에 달했다는 사실을 기억해야 한다. 시인 T. S. 엘리엇Thomas Stearns Eliot이 말했듯이 모든 시대는 전환의 시대다.189 하지만 17세기는 인간 역사상 가장 격동하는 시기에 속했고 이 시대의 도덕, 지성, 사회, 정치적 충돌로 생긴 분열은 다음 세기에도 흔적을 남겼다.

문학 측면에서 보면 근대가 탄생했다고 알려진 시기에도 여전히 여성 혐오는 인기를 끌었다. 16세기와 17세기 초반에 여성 혐오적인 글이 대거 출간되었다. 그 가운데에는 조지프 스웻남Joseph Swetnam이 썼고 1616년과 1634년 사이에 10쇄를 찍어낸 «음탕하고 게으르며 주제넘고 변덕스러운 여성에 대한 규탄The Arraignment of Lewd, Idle, Forward and Unconstant Woman»같이 악의적이고 천박한 내용의 팸플릿들도 있었지만, 엘리자베스 1세와 제임스 1세 시대의 가장 훌륭한 시인과 극작가 들이 작품에 써넣은 음울하고 신랄한 비난들도 있었다. 여성 혐오를 대변하는 사람은 절대 부족하지 않았다.

여성의 아름다움을 찬양하는 서정시와 나란히 여성 혐오가 분출했고, 두 가지가 같은 시인의 펜에서 나오는 경우도 종종 있었다. 프랑스 시인 클레망 마로Clément Marot는 여성의 가슴을 찬양하는 시를 써서 문학의 유행을 만들어냈다.

> 작은 상아로 만든 공
> 그 가운데에 얹어놓은
> 딸기 또는 앵두
> 당신을 볼 때 자기 손으로
> 당신을 만지고 당신을 쥐고 싶은
> 욕망을 많은 남자들이 느낀다오.

나중에 마로는 그와 반대되는 시를 지었다.

> 가슴은 단지 거죽일 뿐
> 축 처진 가슴, 깃발같이 납작한 가슴
> 깔때기를 닮았고
> 크고 못난 까만 테두리를 단 가슴
> 지옥에서 루시퍼의 자식들에게
> 젖 먹이는 데나 좋은 가슴.190

이렇게 여성을 향한 많은 공격이 수사적 관행의 일부였다. 그 대부분이 그리스와 로마의 여성 혐오 전통에서 비롯된 낡고 상투적인 문구들로 이루어져 있으며 18세기까지 영문학에서 주요한 문학 전통으로 살아남았다. 벤 존슨(Ben Johnson, 1573년~1638년)의 희곡 «에피신 혹은 조용한 여자*Epicoene: or, The Silent Woman*»에 등장하는 남편 오터 선장은 그 시대에만 해당되는 언급을 제외하면, 로마 시인 유베날리스가 이해했을 법하게 자기 아내에 관해 설명한다.

> 아, 정말이지 보기 흉한 얼굴이지요! 그런데도 수은과 돼지
> 뼈로 한 해에 40파운드나 쓰게 만든답니다. 그 여편네 치아는
> 블랙프라이어스에서 만들었고 눈썹은 스트랜드에서, 머리카락은
> 실버스트리트에서 만들었습니다. 도시 곳곳이 그녀의 일부를
> 소유하고 있지요. ……잠자러 갈 때는 자신을 뿔뿔이 흩어서 스무
> 개가량의 상자에 넣습니다. 그리고 다음 날 정오쯤에는 다시 모든
> 게 조립되어 있답니다. 마치 굉장한 독일 시계처럼 말이지요.191

여성 혐오자들은 어느 시대에나 화장에 반대하는 선전을 벌인다. 그들이 한탄하는 내용은 거의 비슷하고 따분하다. 하지만 더 큰 심리적 불안감은 여성의 자립에 초점이 맞춰져 있다. «에피신 혹은 조용한 여자»에는 시, 정치, 철학을 논하며 시간을 보내는 독립적인 여성들이 나오는데, 이들을 콜리지엇이라고 부른다. 이들의 독립성은 런던 시내를 개인 소유 마차를 타고 돌아다닐 만큼 금전적 여유를 누린다는 사실로 강조된다. 이 여성들의 남성적인 특성은 자기 아내를 통제하는 데 실패하고 여성화된 오터 선장과 같은 다른 남성 등장인물들과 대비된다. 성 역할이 뒤바뀌어서 독립적인 여성은 남성화되고 약한 남자는 여성화된다. 콜리지엇이라 불리는 여성들은 남자들처럼 순전히 쾌락을 위해 섹스를 하고 서로 잠자리를 같이한다는 비난을 듣는다. 그 결과는 도덕, 사회의 혼돈과 무질서다.

벤 존슨과 동시대인들은 이러한 여성들을 통렬한 풍자의 대상으로 삼았다. 엘리자베스 1세 시대에 콜리지엇처럼 여자가 자기 마차를

타고 돌아다니는 행위는 오늘날로 치자면 모터사이클을 타고 굉음을 내며 질주하는 것과 같았다. 모릴라Morilla라는 이름의 여성이 대담하게 그런 행동을 했고, 풍자가 윌리엄 고다드William Goddard는 그녀에 대해 다음과 같이 적었다.

> 말해보게. 그녀가 몇몇 남자보다 못하다고 판단할 수 있겠는가?
> 만약에 못하다면 적어도 이렇게 판단하리라고 확신하네.
> 그녀는 일부는 남자, 일부는 여자, 일부는 짐승이라고 말이네.192

«말괄량이 길들이기The Taming of the Shrew»를 쓸 당시 아직 전도유망한 젊은 극작가였던 윌리엄 셰익스피어(1564년~1616년)는 작품에서 가정 내 여성의 반항에 대해 당시 만연해 있던 불안감을 다루었다. «말괄량이 길들이기»는 시대를 막론하고 인기 있는 희극으로, 시끌벅적하고 성적이다. 섹스와 권력의 문제를 다루고, 결말은 표면상 남성의 완전한 승리를 대변하는 듯 보이지만 여러 가지로 해석할 수 있도록 짜여 있다.

작품 속에서 아무도 여주인공인 파도바의 카테리나 미놀라와 결혼하려고 하지 않는다. 카테리나가 남편에게 복종해야 하는 상황을 맞이하기 싫어 자꾸만 반항하기 때문이다. 한편 페트루치오는 경제적인 이유로 절박하게 결혼하기를 원하고 자신이 카테리나에게 어울리는 상대임을 보여준다. 카테리나는 5막 2장에서 패배했음을 인정하고, 주도권을 잡기 위해 남성과 싸움 벌이기를 그만두고 항복하라고 여성들에게 호소한다.

> 저런, 저런, 위협적이고 불친절하게 찌푸린 이맛살은 펴세요.
> 그리고 당신의 영주, 당신의 왕, 당신의 지배자에게

상처 입히려고 경멸하는 눈빛을 던지지 마세요.

그건 서리가 풀밭을 손상하듯 당신의 아름다움에 흠집을 남기고

회오리바람이 아름다운 꽃봉오리를 흔들 듯이 당신의 명성을

망친답니다…….

당신의 남편은 당신의 영주, 당신의 삶, 당신의 보호자,

당신의 머리, 당신의 군주며 그이는 당신을 위하고

당신을 부양하기 위해 자신의 몸을 바쳐

바다와 땅에서 고되게 노동한답니다…….

당신이 집에서 안심하고 아늑하게 누워 있는 동안…….193

　　남자 관객은 아마도 여자가 완전히 백기를 든 모습을 보고 흐뭇했을 것이다. 《말괄량이 길들이기》는 남자가 주인이고 여자가 종속된 상태로 돌아가는 것을 찬양하는 듯이 보인다.

　　그러나 극 속에서 외양과 실재는 혼동된다. 종종 이 작품이 극중극 형태를 띤다는 사실이 잊히곤 한다. 《말괄량이 길들이기》는 두 귀족이 공처가에 술고래이자 가난뱅이인 슬라이를 속여서 자기가 영주라고 믿도록 하게끔 무대에 올린 극이다. 극이 끝난 뒤에 두 귀족은 슬라이를 길가에 버려두고 슬라이는 술기운에 인사불성이 된다. 슬라이는 영주가 된 꿈에서 깨어나고, 남편이 술을 마시러 밤새도록 나가서 없었기에 화가 난 아내와 마주해야 한다. 슬라이는 "이제 나는 어떻게 하면 바가지 긁는 여자를 길들일 수 있는지 알지"라고 말하고 "나는 지금까지 밤새도록 그에 관한 꿈을 꿨어"라고 재빨리 덧붙인다. 말괄량이를 길들이는 것은 술 취한 남자의 꿈이며 현실의 진짜 같은 모습을 띤 외양일 뿐이어서, 슬라이가 잠에서 깨자 사라진다. 셰익스피어는 관객들이 애매한 상황에서 찝찝한 감정을 느끼도록 남겨둔다. 반항하는 여성을 억압하고 길들인 결론은 실재일까, 외양일까?

윌리엄 셰익스피어의 작품은 여성이나 남녀 관계를 다룰 때 찝찝한 감정을 남기거나 모호한 결론을 내는 경우가 많다. 셰익스피어 작품의 어느 특정한 면을 일반화하기가 쉽지 않다. 그가 종잡을 수 없을 정도로 다양한 감정을 보기 드물게 복잡하고 깊이 있게 탐구했기 때문이다. 그 과정에서 기원전 5세기 아테네 극작가들 이후로 가장 위대한 극문학을 탄생시켰고, 작품 속 시로는 호메로스와 베르길리우스, 단테와 어깨를 나란히 한다. 따라서 그가 다루는 감정 중에 여성 혐오가 섞여 있다는 사실은 놀랍지 않다. 그가 쓴 위대한 비극 두 편은 비할 데 없는 시적인 강렬함을 담아서 여성 혐오를 표현했고, 그래서 세계에서 가장 위대한 시인이 마음속 깊이 여성을 경멸한 건 아닐는지 의문을 불러일으켰다.

여성들은 그의 작품 대부분에서 핵심 역할을 한다. 희극에서 연애 사건은 이야기의 중심축이다. 셰익스피어는 이런 작품을 통해 상사병에 걸리고 모순적이고 낭만적이고 반항적이며 영리하고 기만적이고 활발하고 자립적인 매우 다양한 여성 등장인물들을 관객에게 소개한다. 이 점에서는 어떤 작가도 그와 견줄 수 없다.

하지만 아테네 비극 작가와 달리 셰익스피어의 위대한 비극(모두 1599년부터 1609년까지 불과 10년이라는 놀랍도록 짧은 시적 성취 기간에 쓰였다)에는 여성이 중심인물로 등장하지 않는다. 여성은 모든 비극의 주요 사건에서 결정적인 역할을 하지만, 주된 초점은 남자 주인공과 그를 실패하게 만드는 약점에 맞춰져 있다. 즉 비극에서 셰익스피어의 주요 관심사는 힘과 권위를 휘두르는 데 필요한 자질이다. 셰익스피어 작품 속 여성은 아테네 비극과는 달리 남자의 권위에 대항하지 않는다. 하지만 그들이 남자 주인공과 맺는 관계는 비극을 이끄는 원동력인 경우가 많다. 가장 유명한 예를 들면, 남편을 왕으로 만들려는 맥베스 부인의 야심은 주인공 맥베스가 살인을 저지르고 심지어는 왕을 시해하

도록 내몰고, 클레오파트라에게 빠진 안토니우스의 열병은 그가 로마
의 유일한 통치자가 되고 그녀가 여왕이 되리라고 믿게 만든다.

　　두 비극의 주인공 중 아무도 여성이 몰락을 부르는 데 일정한 역
할을 했다고 여성을 비난하거나 매도하지 않는다. 여성 혐오자라면 이
상적인 기회로 여겼을 상황이지만, 셰익스피어는 맥베스 부인과 클레
오파트라에게 하와와 판도라의 식상한 역할을 주며 인류 타락이라는
주제를 반복하게 하지 않았다. 맥베스와 안토니우스는 자기 운명에 전
적인 책임을 지고 죽음을 맞이한다.

　　그러나 «햄릿*Hamlet*»과 «리어왕*King Lear*»에서는 여성이 주인공에
게 고통과 몰락을 불러왔다는 이유로 단지 개인으로서가 아니라 전체
로 묶여서 책망을 받는다. 이 두 작품이 셰익스피어의 가장 위대한 작
품으로 평가되기 때문에 셰익스피어는 여성 혐오자라거나 "우호적으
로 본다 해도 여성의 가치와 성에 대해 다소 양면적인 태도를 지녔다"
고 비난받기도 한다.194

　　셰익스피어가 여성과 성에 관해 어떤 태도를 지녔는지 «햄릿»을
보고 결론을 끌어내기는 쉽지 않다. 작품은 수수께끼 같으며 "문학계
의 모나리자"라고 불리기도 한다.195 지금껏 쓰인 작품 중에 가장 위대
한 희곡이라고 찬사를 받기도 하지만, 한편으론 "확연한 예술적 실패"
라고 비난을 듣기도 한다.196 문제는 «햄릿»이 실제로 무엇에 관한 작품
인지 알아내기가 어렵다는 점이다. «맥베스*Macbeth*»는 야심을 소재로
하고 «안토니우스와 클레오파트라*Antony and Cleopatra*»는 정열, «코리
올라누스*Coriolanus*»는 자존심, «오셀로*Othello*»는 질투, «리어왕»은 배은
망덕함을 다룬다.

　　반면 «햄릿»은 적어도 표면상 복수극이므로 분류하기가 가장 쉬
워야 할 것처럼 보이지만 간단히 요약하기가 어렵다. 작품의 내용이 무
엇이냐는 질문을 받으면 삼촌 클로디어스가 왕이었던 햄릿의 아버지

를 죽인 뒤 그의 어머니와 결혼해서 햄릿이 왕위를 물려받지 못하게 막았고 햄릿은 아버지의 죽음에 복수를 해야만 한다고 답할 수 있다. 하지만 이런 접근 방식으로는 강렬하고 복잡하고 요동치는 감정이 분출되면서 탄생한 위대한 시를 제대로 다룰 수 없다.

그럼에도 이 작품에서 가장 강력하다고 볼 수 있는 감정은 어머니인 거트루드가 삼촌 클로디어스와 결혼했다는 이유로 햄릿이 느끼는 분노와 혐오감이다. 바로 이 점에서 «햄릿»을 여성 혐오와 연관 지을 수 있다. 유령으로 나타난 아버지에게서 삼촌의 사악한 행동에 대해 듣기 전부터 햄릿은 어머니가 서둘러 재혼했다는 이유로 거의 절망에 가까운 깊은 우울감에 빠져 있다. 어머니를 향한 분노는 세계와 인간 육신에 대한 엄청난 혐오감으로 일반화되며, 극 첫 부분에 나오는 위대한 독백의 주제를 장식한다(1막 2장).

아, 너무도 더러운 이 육신이 녹고 녹아
이슬이 되어 버렸으면……

육신이 '더럽혀진' 이유는 어머니의 욕정 때문이며, 대사가 계속되면서 분명해지듯이 욕정은 세계마저도 변화시킨다.

……잡초가 무성한 정원.
그곳에는 모든 것이 마구 자라 열매 맺고 지저분하게 우거진
잡초만이 가득하다. 이 지경이 되다니!
돌아가신 지 고작 두 달밖에 되지 않았는데, 아니, 두 달도 채
되지 않았지.
너무나도 훌륭한 왕이어서 그자와 두면
태양신 히페리온과 야수 사티로스를 비교하는 격이지. 아버지는

어머니를 매우 사랑해서
하늘의 바람이 어머니 얼굴에
거칠게 닿을세라 염려했지. 아, 하늘과 땅이시여
제가 이런 것까지 기억해야만 하나요? 어머니는 아버지에게
매달렸지요.
마치 함께할수록 더 부족하다는 듯이
그랬으면서 고작 한 달도 안 되어.
더는 생각하지 말자. 약한 자여, 그대 이름은 여자로다!

　햄릿의 첫 번째 독백은 어머니가 급히 재혼하기 전부터 그가 어머니에게 화가 나 있었다는 사실을 드러낸다. 햄릿의 설명에 따르면 아버지는 모든 왕의 귀감이었으므로 매력적이라고 해서 이상할 게 없지만, 햄릿은 어머니가 아버지에게 보인 성적 애착을 극도로 불쾌하게 여긴다. 남편을 잃은 뒤 거트루드는 끝없는 욕구를 채우기 위해 아들이 사티로스에 빗댄 인물의 품에 안긴 듯이 보인다. 사티로스는 그리스 신화에 나오는 반은 인간, 반은 염소인 종족으로 동물적인 욕정을 상징하며 과장된 성기를 지닌 모습으로 표현된다. 어머니를 향한 햄릿의 맹렬한 비난은 여성 전체에 대한 너무나도 유명해진 공격으로 변질된다. 혐오감 뒤에는 한번 각성한 여성의 성적 욕망은 통제할 수 없다는 생각이 깔려 있다.[197]
　극 뒷부분에서 햄릿은 어머니에게 아버지의 모습을 상기시켜서 현 남편과 비교하게 하며 어머니의 성적 욕구라는 주제로 다시 돌아온다(3막 4장).

어머니는 그것을 사랑이라 할 수 없습니다. 그 나이 때는
혈기왕성하던 피가 길들어 잠잠해지고

사리분별을 따릅니다. 그런데 대체 어떤 판단을 했기에
이이에게서 저이로 옮겨간 겁니까?

햄릿의 분노는 거트루드와 클로디어스가 함께 침대에 있는 모습
을 떠올리며 역겨움을 느낄 때까지 계속 분출된다.

아니, 그런데도
땀에 절어 악취 나는 더러운 침대에서
타락에 젖은 채 달콤한 말을 하고 사랑을 나누며
역겨운 돼지우리 같은 곳에 누워 있다니.

여기에서 햄릿은 기독교의 여성 혐오 전통을 확고히 따르며 성 아
우구스티누스가 썼을 법한 말투로 인간의 성에 대해 질색하는 감정을
나타낸다. 그런데 어머니를 향한 햄릿의 분노는 그녀의 결점 때문에 촉
발된 것이기도 하다. 거트루드는 셰익스피어가 창조한 가장 소극적인
등장인물이다. 특별히 사악하지 않고 교활하거나 뒤에서 사람을 조종
하지도 않는다. 무모함과도 거리가 멀다. 그녀가 죽은 남편의 동생과
서둘러 결혼한 이유도 대담하게 관습에 저항하기 위해서가 아니라 나
약하기 때문이었다. 그리고 햄릿의 묘사에도 불구하고 거트루드는 그
다지 욕정에 타오르는 인물로 보이지 않는다. 사실 그녀의 가장 큰 특
징은 수동성이다. 햄릿이 거트루드의 육욕을 과장해서 말할 때 사실 거
트루드의 성향보다는 자신의 성적 강박을 드러내는 게 아닐까 하는 의
혹마저 든다.[198]
　극 중 유일한 다른 여성 등장인물인 오필리어는 햄릿이 여성의 성
에 드러내는 혐오감 때문에 고통받는다. 더는 그녀를 사랑하지 않는다
면서 햄릿은 오필리어에게 말한다(3막 1장). "수녀원으로 가거라. 왜 죄

인들을 낳으려 하느냐?"

뒤이어 문학사상 가장 유명한 여성 혐오 분출 대사 중 하나가 시작된다. "나는 너희의 화장에 대해 익히 들었다. 신은 너희에게 한 가지 얼굴을 주었다. 그러나 너희는 또 다른 얼굴을 만드는구나. 너희는 춤추고 뽐내듯이 걷고 혀짧은 소리를 내며 신의 창조물에 애칭을 붙이고 성적 매력을 흘리면서 모르는 척 내숭을 떨지."

대사에는 여러 가지 강렬한 감정이 깃들어 있지만 오필리어가 "죄인을 낳으려" 하는 소망에 관해서는 진심을 담은 신랄함과 잔인함이 엿보인다. 그러면서 기독교 신학에 기초하여 여성이 원죄의 저주를 영속시킨다며 다시금 뿌리 깊은 분노를 드러낸다. 하지만 햄릿은 이런 말을 하면서 클로디어스와 폴로니어스를 속여서 그가 불행한 이유가 삼촌의 왕위 찬탈 때문이 아니라 오필리어와의 관계 때문이라고 믿게 한다. 즉 여성 혐오를 분출하는 문학사상 가장 유명한 대사는 햄릿에게 수사적 표현의 연습이었고, 오필리어나 여성 전체에게 진실한 감정을 표현했다기보다는 적들을 속이려는 시도에 가깝다.

«햄릿»은 모자 관계에 초점을 맞춘다. 반면 여성 혐오가 주요 주제인 다른 희곡 «리어왕»은 부녀 관계가 중심이다. 그리고 중점을 두는 감정에 눈에 띄는 변화가 나타난다. 최근 셰익스피어의 전기를 쓴 작가에 따르면 "대략 1606년 이후로 부녀 사이의 유대는 셰익스피어 작품에서 거의 강박적인 주제가 된다."[199]

심리학은 여성 혐오를 이론으로 설명할 때 모자 사이의 최초 관계에서 근원을 찾는다. 그리고 남자가 딸을 가질 나이가 되면 성격이 이미 형성되어 있다. 리어왕의 딸인 고너릴과 리건이 아무리 사악하다고 해도 딸의 행동은 아버지의 여성관을 형성하지 않으며 단순히 기존에 가진 여성관을 확인해줄 뿐이다. 때문에 «리어왕»에서 여성 혐오가 아무리 강렬하게 표출된다고 해도 «햄릿»의 역학 관계에서보다는 덜 중요한 역할을 한다. 사건 전개는 리어왕에게 단순히 여성 혐오를 발산할 기회를 줄 뿐이다. 나이 든 리어왕은 어리석게도 자기 왕국을 딸인 고너릴과 리건에게 넘기지만 그 후 내쫓겨서 비바람 속에 버려지고 문학 사상 가장 강렬한 장면 중 하나에서 자신의 감정을 쏟아낸다(4막 6장).

> 저기 히죽거리는 여인을 봐.
> 가랑이 사이의 얼굴을 보면 눈처럼 순결한 듯하지.
> 정숙한 양 점잔 빼고 쾌락이란 말을 듣기라도 하면
> 고개를 설레설레 흔들지.
> 하지만 족제비도 살찐 말도
> 그들보다 과격한 욕정을 가지고 덤벼들지 않아.
> 허리 아래로 그들은 켄타우로스고
> 그 위로는 여인이라네.
> 허리까지는 신에게서 받았지만
> 그 아래로는 악마의 것이야.
> 그곳에는 지옥, 어둠, 유황 구덩이가 있지.
> 이글거리고 뜨겁고 악취 나고 모든 것을 파괴해버린다네.
> 퉤, 퉤, 퉤, 내게 사향 한 온스를 주게, 선량한 약제사여.
> 기분 좋은 생각들로 채우도록.

《햄릿》처럼 《리어왕》도 특정 여성(혹은 특정한 종류의 여성으로, 이 경우에는 거짓으로 정숙한 척하는 여인을 말한다)을 공격하며 시작했으나, 이는 여성의 성을 맹렬히 비난하는 것으로 변질된다. 《햄릿》의 거트루드나 《오셀로》의 데스데모나가 보여주듯이, 남자 주인공이 혐오감을 느끼고 불쾌한 생각을 하게 되는 원인은 여성이 느끼는 섹스 '욕구'다.

하지만 햄릿과 달리 리어왕은 여성으로 인해 구원받는다. 구원자는 왕의 셋째 딸인 코딜리아로, 극의 초반에 리어왕에게 맞서 정직함을 보여주며 극이 지닌 여성 혐오 측면을 약화한다. 코딜리아는 거짓 찬사로 아버지에게 아첨하기를 거부하고 진실과 사랑 사이의 연관 관계를 보여준다. 그녀의 아버지인 리어왕은 이 점을 막바지에 이를 때까지 이해하지 못하다가 코딜리아의 생명을 대가로 깨닫게 된다. 리어왕을 구하려던 코딜리아는 결국 죽음을 맞이한다.

인간에게 불행을 불러오는 다른 어리석은 면과 마찬가지로 여성 혐오도 셰익스피어의 비극에서 살아남지 못한다. 남녀가 모두 겪는 인간의 조건에 깊이 공감한 데서 비롯한 연민이 모든 것을 대체하며 셰익스피어의 비극을 지배하는 가장 강렬한 감정이 된다. 셰익스피어 비극의 위대한 점은 연민의 감정을 통해 모두가 공유하는 공통된 인간성을 드러낸다는 것이다. 그 앞에서는 성별을 비롯해 모든 구분이 사소해진다.

그 후에 나온 «템페스트 *The Tempest*»와 «겨울이야기 *The Winter's Tale*»처럼 셰익스피어가 희곡 작가로서 보낸 마지막 시기를 장식한 작품들에서는 수사적 표현이든, 가슴 깊이 느낀 감정이든 여성에 대한 통렬한 비판이 사라진다. 지배적인 분위기는 화해이고, 그중에서도 아버지와 딸의 화해를 다룰 때가 많다. 부녀 관계가 대변하는 남녀 갈등은 만족스럽게 해소된다.

17세기와 18세기 내내 사회, 도덕, 경제, 정치적 진전이 여성의 지위를 크게 변화시킨 와중에도 여성 혐오는 끈질기게 살아남았다. 잉글랜드에서는 두 가지 과정이 함께 포착된다. 한편에서는 부상하는 중산층을 중심으로 부부 상호의 애정을 강조하는 새로운 가족 모델이 만들어지고 있었다. 반면에 1660년 이후 궁정 사회의 재담가 사이에서는 전통적인 성도덕의 해체가 진행되고 있었으며 종종 허무주의도 엿보인

다. 그와 함께 유베날리스 이래로 여성을 가장 악의적으로 비난하는 시
들이 등장했다(2장 참고).

로체스터 백작인 존 윌멋(John Wilmot, 1647년~1680년)은 시인으로,
"그녀와의 포옹 속에 한 시절이 지나고 나자/ 마치 겨울날이 온 듯하
네"로 시작하는 시를 포함해 사랑을 노래하는 영어로 된 가장 아름다
운 서정시들을 썼다. 그러나 한편으론 여성을 "어리석은 자나 시간을
보낼 고분고분한 요강"이라고 표현하며 여성의 생식기를 하수구에 비
유하기도 했다.200

로체스터 백작은 새롭게 나타난 현상을 대변했다. 그는 첫 세대
난봉꾼 무리에 속했는데, 이들은 젊은 상류층 남성으로 방탕한 생활을
했고 음란하고 개방적이었으며 반항적이고 신앙심이 없었고 정치에서
는 진보적이었다. 그와 동시에 가차 없는 풍자가였고 염세적인 절망을
분출하거나 여성 혐오적인 시를 쏟아내곤 했다. 그들은 이전 세대에 팽
배했던 청교도주의를 맹렬히 거부했고, 서양에서 일련의 도덕적 순환
을 유발했다. 성에 대한 보수주의는 쾌락주의의 분출을 불러왔고 그에
따른 반발로 다시 보수주의가 도래했으며 이러한 순환은 오늘날에도
계속된다.

난봉꾼들은 왕정복고 기간(1660년~1688년)에 궁정 주변에서 하위 문
화를 형성했으며, 이곳에서 섹스는 쾌락만을 위해 추구되었다. 유럽 대
륙에서는 비슷한 종류의 쾌락주의가 루이 14세(Louis XIV, 재위 기간 1643년
~1715년)의 궁정에 만연했다. 쾌락주의는 유대-기독교의 성도덕에 대한
반란이었으며 이탈리아 르네상스의 인본주의에 고무되었다. 로마 공
화정 후기와 로마 제국 초기처럼 과거에도 지배 계층 내부의 몇몇 집단
에서 종래의 도덕률이 무너져내린 비슷한 사례가 있었다. 하지만 일반
적으로 반발하던 이들은 엄중하게 처벌되었다. 그런데 17세기 후반에
는 교회의 권위가 약화하고 있었고, 부상하는 중산층의 세계관에서 파

생된 도덕률은 아직 논리 정연하지 않았다. 어떠한 기관도 새로운 쾌락주의를 억제할 힘이 없었다.

난봉꾼 집단에 속하는 여성들은 낮은 계층의 매춘부나 여배우(당시 사회 상황에서 새로운 부류였다), 귀족 여인들까지, 다양한 계급 출신들로 이루어져 있었다. 사실 여부는 알 수 없지만 이들 가운데 일부는 남자만큼이나 성적으로 문란하다는 악명을 얻었다. 잉글랜드 역사상 처음으로 이 여성들 일부가 당대에 가장 재치 있는 이들과 시로 겨루었고 관능적인 말장난에 열정적으로 참여하며 자신의 의견을 남겼다.

그 가운데 가장 유명한 여성인 애프러 벤(Aphra Behn, 1640년~1689년)은 평판도 얻고 비방도 들으며 성공한 극작가이자 시인이 되었고 문학적 명성을 얻은 최초의 잉글랜드 여성이 되었다. 그녀는 젊은 아내가 어떻게 섹스로 남편을 기진맥진해서 후들거리는 만신창이로 만들 수 있는지 대담하게 묘사해서 "음탕한 매춘부"라고 맹렬한 비난을 받았다. 그리고 여성 관점에서 조루증을 다루어 문학사에 이름을 남겼다. 그간 남자 시인들은 그 문제를 너무 자주 '아름다운 요정' 탓으로 돌리곤 했다. 애프러 벤의 시 ‹실망The Disappointment›에서 "사랑에 빠진 불운한 청년"은 "지나친 사랑이 망쳐버린" 즐거움을 연장하려 한다고 비난받고 "그의 크나큰 즐거움이 고통으로 변한 것"을 알아차린다.[201]

다시 난봉꾼 이야기로 돌아가자면, 그들이 여성을 대하는 태도는 점잖기도 하고 상스럽기도 했으며 실망과 거부에서 비롯된 경멸과 흠모 사이를 오갔다. 성 기능에 대한 강한 불안감이 존재했는데, 이러한 감정은 발기부전과 궁정 여인들이 점차 빈번하게 사용하던 딜도를 다룬 여러 시에서 엿보인다. 딜도가 1660년대부터 주로 이탈리아에서 만들어져 들어왔다는 사실은 잉글랜드 상류층 남성의 성적 불안을 가중했다. 이탈리아는 남색과 여성화된 남성을 연상시켰기 때문이다. 이탈리아산 딜도에 의해 폐기되는 것보다 잉글랜드 남성에게 더 치욕적인 일이 있을까?202

난봉꾼들은 여성 혐오 연대기에서 새로운 길을 개척하지는 않았다. 단지 노골적이고 거친 언어를 사용해서 첫 세대 포르노 작가의 등장을 예고했을 뿐이다. 사실 윌멋도 비교적 최근까지 포르노 작가로 취급되었다. 1926년 뉴욕에서 그의 시집은 경찰에게 압수당했고 파괴되었다.203 그러나 여러 측면에서 난봉꾼들은 포르노 작가들과 달랐다. 그들은 섹스의 기쁨만큼이나 그로 인한 좌절도 다루었고, 발기부전 일화를 이야기할 때는 정복을 이야기할 때만큼이나 솔직했다. 그들 사이에는 성적 즐거움을 추구하는 일이 삶의 일시적인 어리석은 짓 가운데 하나에 불과하다는 태도가 우세했고, 특히 로체스터 백작의 경우에 두드러졌다.

17세기 후반이 되자 상당수가 섹스를 생식과 사랑하고는 별개인 행위로 보기 시작했다. 물론 콘돔과 딜도가 출현했지만 그러한 생각을 실현하기에는 생물적 요소가 여전히 남성을 제약했고, 여성에게는 더 큰 제약이 되었다. 그러나 여러 번에 걸쳐 보수주의자들의 도덕적 반발에 부딪히면서도, 억압하거나 억누르려는 시도를 헤치고 서양 사회에서 이 관점은 계속 퍼져나갔다.

하지만 여전히 지배적인 도덕률과는 거리가 멀었고, 이후 수백 년간 있을 여성 혐오의 양상에 결정적인 영향을 미치지도 못했다. 18세기 초반에 해외 무역에 힘입어 잉글랜드와 네덜란드에서는 상업에 종사하는 중산층이 무시할 수 없는 정치 세력이 되었다. 중산층은 자신들의 우선순위를 반영한 도덕률을 만들었다. 중산층 도덕률은 어떤 면에서 보수적이었고 근검절약과 성적 자제력 같은 덕목을 강조했다. 새로 등장한 지배적 도덕률에 맞춰 여성 혐오의 양상도 바뀌었다. 그렇긴 해도 개인의 욕구와 중요성을 강조하는 획기적인 개념들 덕택에 여성도 온전한 인간성을 지녔다는 사실을 부인하기가 점차 어려워졌다.

　18세기 초반에 소설이라는 새로운 형태로 개인주의를 구현한 문학이 출현했다. 소설은 여성의 역사에서 독특한 역할을 했다. 처음으로 문학 속 인물들은 실제 시공간에서 본인의 삶을 꾸리는 개인의 형태로 등장했다. 소설은 이전 문학 양식들과는 달리 여성의 경험을 사실적으로 그렸다. 과거의 위대한 시인과 희곡 작가는 신화와 역사에서 보편적인 유형을 빌려와 인물과 줄거리를 창조했으며, 작품을 통해 특정 개인을 보여주기보다는 인생을 관통하는 보편적인 진실을 그 안에 담고자 했다. 이들이 추구한 보편적인 진실은 금방 사라지는 개인의 경험과 달리 플라톤의 이데아처럼 시간을 초월하고 불변하며 절대적이었다.

　이와 대조적으로 소설은 대니얼 디포의 작품이 보여주듯이 태동할 때부터 실제적인 세부 사항에 기반해 작품 속 인물들의 삶을 이야기했다. 우리는 디포의 작품에 나오는 몰 플랜더스와 록사나를 마치 친한 친구처럼 잘 알고 있으나 리어왕이나 메데이아는 그렇게 잘 알지 못한다. 소설은 살아 숨 쉬는 개인의 삶을 탐구하는 도구가 되었고, 작품 속 여성 인물들과 그들이 맺는 인간관계를 완전히 새로운 방식으로 보여주었다. 여성의 취향과 관심사가 반영된 첫 문학 양식이 소설이라는 사실은 우연이 아니다. 첫 소설가들이 비록 남성이긴 했지만 금세 여성 작가들은 다른 어떤 장르보다 소설에서 두각을 드러냈다. 18세기가 끝나갈 무렵 잉글랜드에는 남성 소설가보다 여성 소설가가 많았다.[204]

　잉글랜드에서는 중산층이 번영하면서 독자층이 늘어났고, 런던 전역에 팸플릿과 초기 형태의 신문, 잡지를 출간하는 인쇄소가 나타나자 정보가 폭발적으로 증가했다. 여기에 더해 여가를 즐기는 여성의 수가 점차 늘어났다. 개신교 신자들은 극장을 평판이 안 좋은 곳이라 여겨 못 미더워했다. 따라서 여성 대다수는 오락거리를 찾기 위해 소설로 눈을 돌렸다. 소설이 중산층과 여성의 눈길을 끈 이유는 분명했다. «몰

플랜더스*Moll Flanders*» 같은 소설을 읽고 즐기는 데에는 고전 교육이나 그리스, 로마 역사에 대한 지식이 필요 없었다. «몰 플랜더스»의 작가 역시 직업 학교에서 교육을 받았고 면직물 상인을 거쳐 팸플릿 작가, 언론인이 된 인물이다.

여성이 소설에 주요 인물로 자주 등장했다는 사실 또한 여성 독자를 끌어모으는 데 중요한 역할을 했다. 디포가 쓴 가장 위대한 소설 네 권 중 «몰 플랜더스»(1722)와 «록사나*Roxana*»(1724)는 여성에 관한 이야기다.205 디포는 여성의 교육을 강력히 옹호했다. 무엇보다도 그는 여성 독자의 중요성을 깨달은 성공한 작가였다.

디포는 또한 부모가 딸의 의사를 무시하고 강제로 결혼시키는 것을 반대하는 흐름에 일조했으며, 강제 결혼을 강간에 비유했다. 디포는 중산층의 대변자로서 결혼에는 사랑이 중요하다고 주장했다. 그는 "사랑이 결혼이란 형식에 필수가 아니란 말은 사실이다. 하지만 사랑이 행복한 결혼 생활에 필수가 아니란 말은 사실이 아니다"라고 했다.206 그러나 경건한 개신교 신자인 디포는 '음탕함' 또는 성욕이 결혼의 이유가 되어서는 안 된다고 경고했으며, 그렇게 잘못된 판단은 "광기와 자포자기, 가정 파탄, 자살, 사생아 살해 등등"을 불러온다고 팸플릿에 적었다.207

하지만 그런 그의 소설이 전하는 도덕적 교훈은 다소 모호하다. 디포의 소설 속 인물들은 기본적으로 그가 처음 창조했으며 가장 유명한 등장인물인 로빈슨 크루소를 닮았다. 그들은 모두 난파선 선원이다. 로빈슨 크루소는 바다에서 폭풍을 만나 난파되었고, 록사나는 그녀와 다섯 아이를 굶어 죽도록 내팽개친 멍청하고 이기적인 남편 때문에 인생의 바다에서 난파되었다.

그의 소설들은 어려운 환경에서 살아남은 인물들의 이야기를 담고 있다. 록사나는 부유한 남성을 상대하는 화류계 여인이 되어 살아남고 성공한다. 록사나는 아름다운 여성이 선택하리라 예측할 수 있되 훌륭하다고 할 수는 없는 길을 갔다. 디포는 여성들에게 록사나의 예를 따르라고 권장하는 게 아니라고 반복해 강조하면서 독자들을 안심시키려 했다. 하지만 록사나는 당시 만연했던 정형화된 여성상에 부합하는 인물이 아니었다. 디포도 그녀에 대해 못마땅함을 드러내려고 최선을 다한다. 하지만 소설을 읽다 보면 소설가인 디포 자신도 그녀가 돈을 버는 방식을 훈계하기보다 경제적으로 성공을 거둔 그녀의 이야기에 감탄하는 데 더 집중하고 있음이 분명해진다.

　무엇보다 중요한 건 그녀를 움직이는 동기가 사랑이 아니라, 경제적 성공으로 얻은 주체성을 지키고자 하는 열망이라는 점이다. 소설 내용 중 상당 부분이 록사나가 돈을 관리하는 방법을 다룬다. 그러면서 록사나는 남녀 관계를 재정의한다. 그녀는 사랑에 빠진 남자의 청혼을 거절하면서 "나는 미덕을 포기하고 내 몸을 드러내 보일지언정 돈을 포기할 수는 없답니다"라고 말한다. 그녀는 이렇게도 설명한다. "나는 내 재산을 온전히 내 것으로 지키는 쪽으로 마음이 기울었어요. 그리고 그에게 말했죠. 내가 아는 한 결혼 생활이란 건 없다고, 속박 상태나 아니면 잘 봐줘도 열등한 상태가 있을 뿐이라고요. 나는 현재 온전한 자유를 누리며 살고 있고 태어날 때처럼 어디에도 구속되지 않은 상태이며 넉넉한 재산도 있으니 명예이니 순종이니 하는 단어가 자유를 누리는 여성에게 대체 어떤 의미가 있다는 건지 모르겠다고도 했죠."208

　임신했을 때도 록사나는 청혼을 거절한다. 디포는 일반적으로 마주치는 상황을 뒤집었다. 태어날 아기를 위해 결혼하자고 애원하는 쪽은 아기 어머니가 아니라 아버지다. 록사나가 퇴짜를 놓자 남자는 당황한다. 그리고 "여자가 처음으로 함께 잔 남자와 결혼하기를 거부했다는 말도 들은 적이 없지만, 임신시킨 남자를 거부했다는 말은 더더욱 들어본 적이 없습니다. 당신은 세상 사람 모두와는 다른 생각을 가지고 행동하는군요. 당신의 말이 논리적으로 타당하니 남자로서 뭐라고 말해야 할지 모르겠습니다. 그러나 자연을 거스르며 충격을 준다고밖에는 생각할 수 없군요"209라고 대답한다.

재산을 안전하게 지키고 싶어 하는 록사나의 걱정은 18세기 기혼 여성의 법적 지위를 정확히 반영한다. 법은 여전히 로마 시대부터 내려오는 가부장적 생각에 기반했다. 결혼을 하면 여성의 재산은 남편의 재산이 되었다. 19세기에 들어서고 한참이 지날 때까지도 이 상황은 유지되었다.

결국 록사나는 결혼한다. 하지만 귀족 칭호를 얻기 위해서였고, 자신의 재산을 지킬 수 있도록 미리 꼼꼼하게 조처한다. 그녀의 이야기에 나오는 강인한 인물들은 모두 여성이고 가장 깊은 관계도 여성 사이에서 맺어진다. 남자 등장인물들은 수동적이고 존재감이 희미하다. 이름도 등장하지 않고 록사나가 계층 상승의 사다리를 타고 꼭대기로 올라가는 데 디딜 곳을 제공할 뿐이다.210 로빈슨 크루소가 온갖 역경을 딛고 독립적인 삶을 일궈낸 남성이라면 록사나는 여성으로서 그에 대응하는 존재이며, 처음으로 등장한 자주적인 여성상이다. 소설 전반에 걸쳐 록사나는 남자 없이 사는 전설의 여성 전사 부족 이름을 본떠서 "아마존"이라 불린다. 이 호칭은 자주적인 여성상이 불러일으켜온 뿌리 깊은 불안감을 보여준다.

중산층의 가치관이 개인에 중점을 둔 시각을 퍼뜨리긴 했지만 여성의 관점에서는 모호함으로 가득한 결과를 불러왔다. 중산층의 새로운 도덕률은 여성의 가치를 순결과 동일시한다는 점에서 옛 도덕률과 비슷했다. 중산층이 내세운 새로운 가족상에서 아내이자 어머니는 남편을 성적으로 '위안'해주리라는 기대에 부응해야 했지만, 그와 동시에 점점 성적 즐거움을 중요하게 여기지 않는 존재로 그려졌다. 중산층 여성의 미덕은 귀족층의 낭비벽과 퇴폐에 대항해 중산층이 벌인 도덕 전쟁에서 선전 도구로 활용되었다. 18세기의 모범적인 중산층 아내상은 19세기에 연약하고 순결한 빅토리아 시대 처녀상이 등장하도록 길을 열어주었다.

여성 혐오가 상황에 적응하며 끈질기게 계속되는 이유 가운데 하나는 여성 혐오가 항상 두 가지 노선을 취해왔기 때문이다. 나치가 선전 상황에 따라 유대인을 공산주의자로도, 은행가로도 표현했듯이 여성 혐오자는 여성의 성욕을 끝이 없다고 비난하면서, 한편으론 여성이 성욕을 지녔다는 사실 자체를 부인했다. 이중적인 입장의 모순 속에서 여성은 어떤 때는 만족을 모르는 성적 포식자로, 어떤 때는 순결하고 정숙한 성적 희생자로 여겨진다.

이러한 이중성은 1740년대에 명백히 나타났다. 그 시대의 가장 위대한 시인인 알렉산더 포프(Alexander Pope, 1688년~1744년)는 «숙녀에게 부치는 서한시*To A Lady*»에서 여성 혐오 전통의 사고 한 측면을 드러내며 이렇게 요약했다.

> 어떤 남자는 일을, 어떤 남자는 즐거움을 좇지만
> 모든 여자는 내심 바람둥이라네.211

반면 동시대에 새뮤얼 리처드슨Samuel Richardson이 쓴 첫 소설 «파멜라*Pamela*»가 출간되면서 여성에 관해 정반대되는 시각이 등장했다. 출판사는 목수의 아들이자 인쇄업자였던 리처드슨에게 중산층의 순결한 젊은 여성들이 귀족 저택에서 하녀로 일하게 되었을 때 어떻게 처신해야 하는지 가르치는 내용을 편지 형식으로 써 달라고 의뢰한다. «파멜라»는 고결한 젊은 여성이 난봉꾼인 고용인 B씨의 거듭되는 다양한 유혹에 저항하는 내용을 담고 있다. 파멜라는 자신의 신조가 "순결을 잃는 그 파멸의 순간을 겪은 채로 살아남지 않게 하소서!"212라고 말한

다. 그녀의 순결함이 철벽 같음을 깨닫고서 B씨는 결국 포기하고 청혼
한다. 파멜라는 B씨에 대해 과거에 가졌던 도덕적인 반감들을 재고한
뒤에 그가 나쁜 사람은 아니라고 결론 내리고 청혼을 받아들인다. 소설
말미에 아내의 본보기에 감화되어 난봉꾼이었던 B씨는 청교도로 변신
한다. 고결한 여성이 욕정에 찬 남성을 뿌리치는 이야기는 이전에도 있
었으나 하녀가 고결한 역할을 맡은 건 처음이었다. 이 이야기는 귀족의
사회적 위치가 새롭게 등장한 중산층보다 더 높을지언정 도덕 측면에
서는 중산층이 더 우월하다는 증거로 받아들여졌다.

«파멜라»는 영국에서 출간된 지 얼마 지나지 않아 4쇄를 내고 프
랑스에서도 출간될 정도로 엄청난 성공을 거두었다. 중산층 여성이 가
장 열렬한 독자였다. 그래서 «파멜라»는 문학사뿐 아니라 여성의 역사
에서도 획기적인 사건으로 기록된다. «파멜라»를 베스트셀러로 만듦
으로써 여성들(적어도 중산층 여성)은 작가에게 본인이 원하는 것을 알
리는 발언권을 행사했다. 그리고 그들이 선택한 책은 탐욕스러운 상류
층 남성의 욕망에 대항한 중산층 여성의 순결을 상징하는 우화인 «파
멜라»였다. 소설 주인공은 상인과 인쇄업자의 딸이 따라야 할 본보기
를 제시했다. 하지만 이 우화는 도덕적 모호함을 담고 있다. 파멜라는
단지 순결을 지키기 위해 순결했던 걸까, 아니면 B씨를 유혹하기 위해
순결한 척했던 걸까?213

파멜라의 순결함은 분명 B씨의 욕정을 자극하는 매력적인 요소
였다. 정숙한 여성이 지닌 강력한 성적 매력을 처음 발견한 이들은 잉
글랜드 중산층이 아니었다. '착한 여자'의 원조 격인 루크레티아는 그
녀의 정숙함이 풍기는 성적 매력 때문에 겁탈당했다. 셰익스피어의 희
극 «자에는 자로Measure for Measure»에 나오는 지극히 청교도다운 인물
앤젤로는 이를 두고 다음과 같이 표현한다(2막 2장).

어찌하여
정숙한 여성이 경박한 여성보다 더
욕정을 불러일으키는가……. 앤젤로,
그대는 그녀를 빛내는 것들을 얻고자 그녀를
더럽힐 셈인가?

B씨에 공감하는 남자들은 모두 우렁차게 "그렇다"고 대답할 것이다.

«파멜라»가 여성들 사이에서 거둔 성공은 더 흥미로운 다른 의문점을 제기한다. 소설의 성공은 좋게 보면 믿기 힘들 정도로 순수하고 안 좋게 보면 대단히 영악한 인물과 상당수 여성이 동질감을 느꼈다는 점을 분명하게 드러낸다. 여성들이 사회에 만연한 여성 혐오적인 고정관념을 흡수했다는 사실은 놀랍지 않다. 하지만 여성들이 중요한 독자층을 형성하고 처음으로 그 힘을 행사하면서 이러한 고정관념이 담긴 책을 베스트셀러로 만들었다는 사실은 다소 역설적이다.

중산층의 힘과 영향력이 커지면서 성적 면모가 결여된 여성상은 사회의 이상적인 기준이 되었다. 이러한 생각은 잉글랜드만이 아니라 북아메리카로도 뻗어 나갔으며, 18세기 말 프랑스 철학자인 장 자크 루소(Jean-Jacques Rousseau, 1712년-1778년)가 철학과 사회에 관해 쓴 글에서도 나타난다. 새로 정립된 기준은 남녀의 지위가 다른 이유를 둘 사이의 차이점으로 충분히 설명할 수 있다고 강조하면서, 한쪽은 성욕이 강한 반면 다른 쪽은 상대적으로 약하다는 점이 이 둘의 가장 큰 차이라고 보았다. 여성은 이번에는 순결의 이름으로 비인간화되었다.

장 자크 루소는 지금껏 존재하는 가장 영향력 있는 여성 혐오자 가운데 한 명으로 여겨진다. 그는 정숙함을 성적 매력으로 이용하는 순결한 여성상을 피할 수 없는 자연의 섭리로 바꿔놓았다. 진의를 숨기고 뒤에서 조종하려는 경향은 여성의 본질적인 특징이 되었다. 세계적인 베스트셀러가 된 책에서 이상적인 여성과 여성의 교육에 관해 루소는 다음과 같이 적었다. "여성이 남성과 같이 정욕을 지녔는지, 남성의 정욕을 만족시켜주기를 바라는지 여부와는 관계없이 여성은 언제나 남성을 밀어내며 자신을 방어하려 한다. 하지만 언제나 같은 강도의 열의를 가지고 밀쳐내지 않기에 항상 성공하지는 않는다."214 결국 여성은 '네'라고 하고 싶을 때도 '아니오'라고 한다는 점을 에둘러 표현한 데 지나지 않는다. 같은 논리가 강간 재판에서 가해자를 변호하는 데에도 빈번하게 활용되어 왔다.

루소는 프랑스 혁명이 일어나기 직전에 살았다. 그는 계몽주의 시대의 소산이었으나 계몽주의를 대체할 예술, 도덕, 지적 혁명인 낭만주의의 등장을 예고하기도 했다. 오래된 철학과 종교의 권위는 전복되었다. 인간은 이제 이성을 활용해 우주를 지배하는 법칙을 발견하고 이를 이해할 수 있다고 여겼다. 하지만 루소는 시대에 뒤떨어진 편견을 없애는 데 활용해야 할 이성을 들먹이며 여성이 "복종해야 하는 성"이라는 믿음을 정당화했다.215 루소는 "남자가 만든 법이 불공평하다는 여성의 불평은 옳지 않다. 불공평한 상황은 남자가 만들지 않았으며, 어쨌든 편견이 아닌 이성에서 비롯된 결과다"라고 주장했다.216

루소는 주장을 뒷받침하기 위해 이른바 자연의 섭리에서 근거를 이끌어냈다. 루소는 자연이 여성에게 아이를 돌보는 역할을 맡겼으므로, 여성은 "아이의 아버지에게 신의를 지킬 책임이 있다"고 보았다.217 루소 사상의 핵심은 자연에서 멀어져감에 따라 인간이 타락한다는 것이다. 그는 이기심과 불평등, 탐욕을 비롯해 문명이 지닌 죄악의 원인이 '자연 상태의 인간'이 원상태에서 벗어난 데에 있다고 보았고, 자연 상태를 순수함과 동일시했다. 그러나 루소에 따르면 자연 상태에서 한 가지는 변하지 않았고 변해서도 안 되었다. 그것은 바로 여성이 남성에게 예속된 '자연스러운' 상태였다. 자연의 의지는 이제 신의 의지를 대체해서 여성의 지위와 운명을 결정했다.

루소의 상상 속에서 원시적인 상태의 남녀는 각자의 삶을 살았고 만나서 성교한 뒤에 다시 제 갈 길을 갔다. 그리고 아이 아버지의 관심이나 도움 없이 여성이 혼자서 자녀를 길렀다. 이것이 자주적인 남성을 그린 옛날 신화의 18세기식 해석이었다.

그는 여성을 어떻게 대해야 하는지 알려줄 본보기를 그리스인에게서 찾았고, 아테네에서 가장 극단적으로 실행한 성별 분리 정책을 높이 평가했다. 그는 여성을 향한 경멸을 설파했을 뿐 아니라 실천했고, 정부였던 테레즈 르 바쇠르Thérèse Levasseur와의 사이에서 낳은 자식 다섯을 모두 보육원에 맡겼다. 테레즈 르 바쇠르는 읽거나 쓸 줄 몰랐다. 루소는 그녀와의 관계에서 지적으로 우월하다는 느낌을 받으며 즐겼던 것으로 보인다. 루소가 쓰는 법을 가르치긴 했으나, 테레즈 르 바쇠르는 읽는 법을 결코 익히지 못했고, 셈을 하거나 일 년 열두 달의 이름을 기억하지도 못했다.218 루소 역시 순결함이 남성의 욕망에 불을 지피며 자기 분수를 알고 내숭 떠는 처녀만큼 도발적인 것은 없다고 믿었으므로 그가 리처드슨의 소설을 칭찬했다는 사실은 놀랍지 않다.

그러나 디포의 소설 《록사나》에서 언뜻 보였던 다른 여성관이 등장하며 루소와 리처드슨식 여성 혐오에 이의를 제기한다. 이 정반대되는 여성관은 여성을 성적 존재이자 자립을 이루고 지위를 얻을 수 있는 존재로 보았고, 18세기 포르노그래피에서 가장 인상적이고 단호하게 표현되었다. 이 점이 역설적으로 느껴질지도 모르나 당시에 여성 혐오, 포르노그래피와 여성의 지위 간 관계는 가장 큰 논쟁거리 중 하나였다.

철학자와 성직자가 포르노 제작자보다 여성에게 더 큰 해를 입혔다고 큰 무리 없이 일반화할 수도 있지만, 이런 주장을 오늘날 대중은 선뜻 받아들이지 않는다. 그런데 대중이 포르노그래피의 정확한 의미를 포함해 포르노그래피에 관해 받아들이지 않는 사실은 한둘이 아니다. 무언가를 외설스럽다고 표현하는 것은 이러이러한 단체가 테러범이라고 주장하는 행위와 같다. 이는 기본적으로 가치 판단이며 어떠한 행동이나 목표나 물건을 탐탁잖게 여기고 있다고 표현하는 방식이다. 문제는 가치가 변화하면서 빅토리아 시대 숙녀 눈에 외설스럽게 보였던 것이 랩 음악을 듣는 미국 십 대 소녀에게는 그렇지 않을 수 있다는 사실이다.

하지만 한 가지는 분명하다. 포르노그래피는 근대의 등장과 불가분하게 엮여 있다. 영어에서 포르노그래피라는 단어가 19세기 중반에 이르러서야 현재 의미로 사용되기 시작했기에 등장 당시에는 딱히 이 명칭으로 불리지 않았으나, 오늘날까지 이어지는 여러 전형적인 특징은 근대 태동기에 확립되었다. 언어나 그림을 통해 노골적으로 성행위를 묘사하는 것은 여전히 포르노그래피의 전형적인 특징이다. 하지만 1790년대 말까지만 해도 포르노그래피에는 풍자와 정치적인 면이 있었다. 이런 측면 때문에 특히 혁명 이전의 프랑스에서는 성직자와 정부를 공격하는 데 중요한 수단으로 활용되었다. 프랑스 혁명으로 이어지는 일련의 사건에서 포르노그래피는 중요한 선전 도구였고, 훗날 잉글랜드에서 금지한 이유 가운데 하나도 사회 혼란과 정치적 급진주의하고의 연관성 때문이었다.

16세기와 17세기 대부분에는 포르노그래피가 상류층에 한정되어 퍼졌다. 하지만 소설이 발명되었다. 초기 포르노 제작자에게는 소설이 20세기의 비디오 녹화 장치만큼이나 획기적인 발명품이었다. 18세기 초에 프랑스에는 일반 대중을 대상으로 한 포르노 산업이 존재했고, 18세기 중반부터는 잉글랜드에도 생겨났다. 역대 가장 많이 팔린 포르노 서적으로 추정되는 책이 이곳에서 1748년에 발간되었다. 바로 존 클레랜드John Cleland가 쓴 «패니 힐, 한 매춘부의 회상Fanny Hill: or, The Memoirs *of A Woman of Pleasure*»이다.[219]

　　이렇게 18세기에 가장 인기 있었던 포르노 서적 가운데 하나는 자서전처럼 쓰인 소설로 매춘부나 음탕한 여인의 '고백'을 담고 있었다. 당시 성에 무심하고 순결하며 남성이 지닌 색욕의 영원한 희생자인 여성상이 잉글랜드의 중산층을 사로잡았고 프랑스 사상가 루소의 작품에서 찬양되었으나, 포르노그래피는 여기에 정면으로 도전했다. "방탕한 창녀"라 불린 여인의 회고록에 나오는 여성들은 성적으로 적극적이고 자신감 있고 거의 무제한으로 성적 쾌락을 즐기고 재정적으로 성공을 거두었으며 결혼 생활이나 양육처럼 전통적으로 여성을 정의해 온 개념에 무심하거나 적대적이었다.[220] 쾌락과 성취와 지배를 추구하는 과정에서 남녀의 성적 차이는 사실상 지워졌다. 방탕한 창녀의 세계에서 여자는 남자만큼이나 정열적이었고 자신의 욕구를 충족하는 데 거리낌이 없었다. 이 분야의 가장 극단적인 예시는 사드 후작이 쓴 «쥘리에트 이야기, 혹은 악덕의 번영 *Histoire de Juliette, ou les Prospérités du vice*»이다.

　　사드(Marquis de Sade, 1740년~1814년)는 역사상 가장 악명 높은 작가로 여겨지며, 그의 이름에서 가학증을 뜻하는 '사디즘'이라는 단어가 파생했다. 오늘날 기준에서 보면 대수롭지 않거나 범죄로 여겨지지 않을지도 모르는 죄목으로 감옥에서 인생의 거의 절반을 보냈으며, 이곳에서 작품 대부분을 썼다. 그 가운데 4분의 3이 소실되거나 파괴되었고, 남은 글은 엄격한 검열에 시달렸다.[221] 사드는 도가 지나친 성적 행위를 묘사했다는 점에서 문학사상 타의 추종을 불허한다. 작품 안에는 가학적인 탐닉이 마치 브로드웨이 뮤지컬의 안무처럼 정교하게 짜여 있다.

　　당연하게도 사드는 인간이 무엇인지 정의하는 개념을 공격한다고 비난받았다. 그러나 사드가 활동한 시기는 마녀로 몰려서 고문을 받고 산 채로 화형당한 마지막 여성이 죽은 지 한 세기가 채 지나지 않았을 때였다. 20세기가 남긴 참상을 멀찍이서 목도한 우리로서는 인간 마음속에 힘을 향한 욕망이 도사린다는 사드의 폭로가 그다지 경악스럽지 않다.

쥘리에트는 티라노사우루스같이 새로운 종이다. 자율성을 쟁취하는 일에 심취해 있는 방탕한 창녀를 그리는 문학 전통을 따르긴 하지만, 쥘리에트는 다른 사람이 치러야 하는 대가에는 상관하지 않는다. 남녀가 모두 그녀의 희생자며, 성적 욕구를 충족하기 위해 쥘리에트는 그들을 고문하고 살해한다. 쥘리에트의 세계에서는 남녀로 나뉘지 않고 그저 강한 자와 약한 자, 주인과 노예, 자신의 힘을 이용해 목적을 달성하려 하고 그렇게 할 수 있는 자와 그렇지 못하고 희생자로 전락하는 자가 있을 뿐이다. 그녀는 왕에게 말한다. "열렬한 평등주의자로서 저는 한 생명체가 다른 생명체보다 조금이라도 낮다고 생각해본 일이 없답니다. 미덕에 대한 신념이 없기에 도덕 가치로 사람들을 구분할 수 있다고 생각하지도 않지요."[222] 사드는 그가 믿듯이, 그리고 역사가 증명했듯이, 권력욕이 인간 본성의 일부라면 여자도 남자만큼 권력을 소유할 수 있고 권력을 행사하는 데서 남자 못지않게 잔인하리라는 사실을 보여주면서 루소의 이상적인 여성상을 조롱한다. 쥘리에트는 자신이 남자들만큼이나 무자비해질 수 있음을 보여준다. 잔혹함과 폭력을 통해 쥘리에트는 문학과 생각의 역사에서 일종의 동등성을 쟁취한다. 하지만 이는 여성을 향한 완전한 경멸이 약자를 향한 완전한 경멸로 대체된 세계에서만 가능하다.

쥘리에트식 평등은 실제 세계에서 여성들이 얻고자 한 평등과는 종류가 달랐다. 실제 여성들이 추구한 평등은 다음 세기가 되어 계몽주의가 남긴 유산이 제 나름의 모순과 함께 펼쳐지면서 등장한다. 그리고 유럽과 신대륙, 아직 잘 알려지지 않은 세계에서 새로운 형태의 여성 혐오를 마주하게 된다.

제6장
빅토리아 시대 사람들의
비밀 생활

월경-인도의 성 문화-
동양 종교-도교-
탄트라 불교-유교-전족-
마하바라타-사티 관습-
페인-울스턴크래프트-
여성의 권리 옹호-셸리-
산업 혁명-'노예 중의
노예' 여성 노동자-매춘부-
자위-여자아이 숭배와
매춘-찰스 디킨스-심슨과
출산 마취제-나폴레옹
법전-여성을 위한 이혼법-
투표권-매더-미국식
민주주의-노예-밀-칸트-
쇼펜하우어-니체-잭 더
리퍼-살인 사건

여성 혐오는 서양 문명에 국한되지 않는다. 이 사실은 유럽인들이 16세기 초부터 과거에 전혀 접해보지 않았거나 거의 알지 못했던 지역으로 팽창해나가기 시작하면서 분명해졌다. 유럽인들은 그들만큼이나, 또는 그들보다 더 오래되고 발달한 복잡한 문명을 만났다. 그러나 한편으론 그와 동일한 시기에 그들이 만나본 것 중에 가장 단순한 기술적, 사회적 단계에 머물러 있는 문화를 발견하기도 했다. 하지만 여기에는 공통점이 한 가지 있었다. 원시 사회이건 발달한 사회이건 여성에 대한 편견은 모두 존재했다.

이러한 편견은 월경과 관련한 금기처럼 거의 보편적인 특징을 띠기도 했다. 사춘기 소녀들을 가장 높은 그물 침대에 올려놓고 막대로 때리는 남아메리카의 마쿠시 부족부터[223] 월경 중인 여성을 방문하는 일이 행복하고 긴 삶을 살 기회를 상실하게 만드는 일곱 가지 행동 중 하나라고 믿는 인도의 힌두교 브라만 계급까지[224] 포함해 세계 곳곳에서 남자들은 월경하는 여자에게 공포를 느꼈고 그들에게 해를 끼칠 수 있는 강력한 힘을 스스로에게 부여했다.

하지만 근대 초기를 살던 유럽인에게 가장 큰 인상을 남긴 건 아직 석기 시대 수준에 머물러 있던 부족의 조잡한 미신이 아니었다. 인도와 중국처럼 강력한 동양 문명과 무역 관계를 맺어나가며 접하게 된 복잡하고 종종 완전히 모순되는 여성관이었다. 힌두교와 불교는 인도에서 기원전 1500년부터 기원전 500년까지 천 년에 걸쳐서 발달했고, 도교와 유교는 중국에서 기원전 7세기부터 기원전 5세기 사이에 등장했다. 두 문명이 모두 더 이른 시기의 문화에 존재했던 모계 사회의 흔적이라고도 해석되는 요소를 여전히 지니고 있었다.

가장 오래된 중국 창조 신화에서는 여신 여와가 흙으로 인간을 빚었다고 한다. 인더스 계곡에서 가장 초기에 나타난 문명을 탐구하던 고고학 발굴 조사에서 테라코타로 만든 벌거벗은 여자 모양의 작은 조각상이 대량으로 발견되었다. 그보다 나중에 등장한 힌두교 신들 가운데에는 파르바티, 두르가, 샤크티, 칼리를 포함해 강력한 여신들이 여럿 있다.225 이런 사실을 바탕으로 초기 사회에서 여성이 가진 지위에 관해 어떠한 결론을 이끌어내든 한 가지 사실만은 의심의 여지없이 확실하다. 두 문명에서 발견되는 종교와 성과 관련된 의례는 여성의 역할을 인정하고 때로는 칭송한다. 이와 동시에 강한 경멸도 존재하는데, 특히 유교와 힌두교, 불교에서 두드러지게 나타난다.

18세기 중반에 영국은 인도 아대륙을 정치적으로나 경제적으로 지배했으며, 인도가 독립한 1947년까지 계속 통치했다. 영국인과 다른 유럽인들은 성과 관련한 인도인들의 태도와 행동에 충격을 받고 혼란스러워했지만, 동시에 흥미를 느꼈다. 18세기 기독교 선교사인 아베 뒤부아Abbé Dubois는 인도에 있는 수많은 사원 매춘부에 관해 적으면서 "문명화된 인간들 사이에 이보다 더 수치스럽고 외설적인 종교는 존재한 적이 없다"고 주장했다.226

유럽인들은 인도 여성의 지위가 낮다는 증거를 쉽게 찾아냈다. 그 증거는 유럽인들이 가진 서양 문명에 기반한 편견과 짝을 이루었다. 그러나 인도에 새로 발을 들인 이들은 인도의 활기 넘치는 성 문화를 보여주는, 주변에 산재한 증거를 못 본 체할 수 없었다. 그들은 코나락에 있는 거대한 힌두교 사원에서 두 명이나 세 명이 느긋하고 편안한 자세로 사랑을 나누는 모습을 묘사한 석제 조각을 보았다. 유럽에서는 상상하기 힘든 일이었다. 잘 익은 과일 대신 큰 가슴을 지닌 여성들이 포함된 여러 몸이 뒤얽히며 마치 관능적인 포도 덩굴인 양 성소를 장식했다.

유럽인들은 서기 3세기에서 5세기 사이에 쓰인 «카마수트라*Ka-masutra*»도 읽었다. «카마수트라»는 성적 쾌락을 위한 솔직하고 꼼꼼한 안내서이며, 남성 쾌락만을 염두에 두었던 로마 시인 오비디우스의 «사랑의 기술*Ars Amatoria*»과 달리 여성의 성적 욕구도 충족해주어야 한다는 점을 온전히 인정했다. 이를 포함한 다른 여러 방식을 통해 인도에서는 남녀의 성관계를 서양에는 전례 없던 차원으로 격상했다. 사실 몇몇 힌두교와 불교 종파에서는 난교 의식을 깨우침에 이르기 위한 주요 방식이자, 멕시코 시인 옥타비오 파스Octavio Paz가 "이원론적 덫"이라고 명명한 상태에서 벗어나는 길이라고 보기도 한다.227

동양 문명이 만들어낸 거대 종교는 근본적으로 철학이나 신학을 지향하지 않는다는 점에서 기독교와 매우 다르다. 동양 종교의 신자는 자신이 온 인류를 구원하게 될 절대적인 진실을 알고 있으며 진실을 퍼뜨려야 할 역사적인 의무가 있다고 확신하지 않는다. 대신 세상과 그에 속한 인간의 위치에 대한 믿음을 바탕으로 복잡한 윤리 체계를 탄생시켰고, 그 속에 녹아든 생각을 의례화했다.

게다가 동양 종교에는 역사적인 면모가 없었다. 즉 신앙은 개인에게 영향을 줄 뿐, 역사적인 중요성을 지니지 않았다. 종교의 목적은 힌두교, 도교, 유교처럼 개인이 이 세상에서 행복을 얻거나 불교처럼 고통에서 벗어나 궁극에는 무아에 이르는 것이었다. 기독교도나 이슬람교도처럼 불신자를 개종시키거나 없애야 한다는 선교의 사명을 띠지 않았다.

따라서 기독교나 이슬람교와 달리 동양 종교의 여성 혐오는 대체로 내부적이었다. 그와 동시에 도교, 유교, 힌두교, 불교는 기독교와 이슬람교처럼 뿌리 깊은 이원론의 사고를 품고 있었다. 그래서 세계가 육신과 정신, 자아와 자연, 하나와 다수, 삶과 죽음, 남자와 여자, 존재와 비존재 등으로 나뉘어 때로는 서로 충돌하기도 하면서 영원한 긴장 상태를 유지한다고 보았다.

종교라기보다는 윤리와 예의범절에 가까운 유교를 제외하면, 동양 종교들도 감각으로 이루어진 세계가 본질적으로 환영이며 더 높은 상태에 다가가지 못하도록 방해한다고 믿는 점에서 기독교하고 플라톤주의자와 같았다. 하지만 기독교와 달리 동양 종교는 특정한 의식을 치름으로써 이 세계의 이원성을 종식할 수 있다고 믿었다. 육신은 목표를 이루는 데 장애물이 된다고 여겼지만 사악하다고 보지 않았으며 기독교처럼 신에게서 멀어졌다는 상징도 아니었다.

동양 종교에는 원죄에 해당하는 개념이 없었기 때문에 17세기에 인도와 중국으로 건너간 첫 선교사들은 기독교 전파에 극심한 어려움을 겪었다. 불교와 힌두교에는 성자와 수도승이 속세를 떠나 명상과 육체적 고행으로 이루어진 삶을 선택하는 전통이 있었지만, 가장 극단의 금욕주의 형태를 띨 때도 서양의 청교도주의 같은 성향은 없었다. 학자들이 동양의 금욕주의를 인도와 중국 사회에서 발견되는 여성 혐오와 연관 짓기는 했지만, 금욕주의가 여성의 지위에 미친 영향은 모순으로 가득하다. 사실 도교와 탄트라 불교, 탄트라 힌두교에서는 육신, 그중에서도 특히 성적 쾌락을 불멸로 가는 길로 보았다. 탄트라 수련법을 따르는 수행자에게 성적 쾌락은 생사윤회의 고리에서 해방되는 방법이자 자아가 사라지는 열반에 이르는 길이었다. 그리고 종교 의례에서 여성은 필수적인 역할을 맡았다.

도교는 음과 양이라는 두 가지 힘이 상호 작용하면서 세계가 균형을 이룬다고 보았다. 《역경譯經》 또는 《주역周易》에 따르면 둘의 상호 작용이 변화를 불러온다. 도교에는 장수하는 두 가지 비결이 있는데, 첫 번째가 사정을 자제하는 것이다. 다른 여러 문화에서도 같은 믿음을 발견할 수 있다. 두 번째 비결도 첫 번째만큼 중요하다고 여겨졌는데 바로 애액을 마시는 것이었다. 도교 신자는 남자의 귀중한 체액은 생산될 수 있는 양이 한정되어 있는 반면, 여자의 체액은 무한히 공급된다고 보았다. 중국에서는 이러한 믿음 때문에 성행위가 정교한 의식으로 발전하게 되었고, 남자가 아닌 여성만 흥분시켜서 오르가슴에 도달하게 하는 데 의식의 목적을 두었다. 당연하게도 오럴 섹스가 중국인들 사이에서 인기를 누렸으며, 어떤 권위자는 "소중한 체액을 마실 수 있는 훌륭한 실천 방법"이라고 했다.[228]

　　수나라와 명나라 시대 사이(서기 581년~1644년)에 적힌 일련의 방중술 문헌은 사정을 삼가면서 애액을 최대한 많이 흡수하는 방법을 아주 세세하게 설명한다. 궁극의 목적은 남성과 여성의 체액을 결합해 성적 이분법을 사라지게 하고 일종의 불멸을 얻는 것이었다.[229] 그러나 보수적인 청나라 시대(1644년~1912년)에 접어들자 이러한 책들은 명나라 시대(1368년~1644년)에 쓰인 외설스러운 소설과 함께 금지되는 처지에 놓였다. 그 와중에도 일부는 중국 암시장에서 계속 살아남았다.

　　인도의 탄트라 불교는 경직된 힌두교 카스트 제도와 이번 생의 업이 다음 생의 지위를 결정한다고 믿는 윤회 사상에 기반한 종교 의례에 반발해서 탄생했다. 탄트라교(좌도左道 밀교)의 성 의식은 난교를 포함했다. 위를 보고 누워 있는 나신의 여자 몸에 음식을 놓고 먹는 만찬 의식으로 시작했으며, 그 후에 신도들은 모두가 있는 장소에서 성교를 했다. 그들은 성적 황홀경을 통해 윤회의 사슬을 끊고 열반 상태에 들 수 있다고 믿었다. 한 역사학자는 탄트라교를 1960년대에 벌어진 성 혁명에 비견했다.[230] 성에 대한 방임주의는 도덕, 사회, 정치적 권위에 타격을 주었다. 18세기에 인도를 방문한 아베 뒤부아는 경악했다. 그는 "악명 높은 향연"이라고 부르며 이 의식을 설명한 첫 유럽인이 되었다.

　　그러나 서양과 달리 인도에서는 여성도 성적 존재로 인정한다는 사실을 깨닫기 위해 굳이 극단적으로 탄트라 불교까지 살필 필요는 없다. 《카마수트라》부터 탄트라 의식까지 인도에서는 성과 관련해 여성을 적극적인 참여자로 보았고 남녀가 모두 상대방에게 즐거움을 주는 데 목적을 두었다. 마찬가지로 중국에서도 남녀의 성관계를 죄의식과 수치심을 가지고 바라보기보다는 욕구와 정욕을 다스릴 필요성이라는 측면에서 바라보는 관점이 우세했다. 유교 경전인 《예기禮記》는 남편에게 "첩이 나이가 들더라도 아직 50세에 이르지 않았다면 5일마다 한 번씩 주기적으로 성관계를 가져야 한다"고 가르친다.231 이런 면에서 비교적 일종의 성적 평형 상태를 달성했으며, 여성의 성적 측면을 부인하려 했던 서양에서 전개된 여성 혐오와는 정반대에 있는 듯 보인다. 하지만 인도와 중국 문명에서 여성의 성적 측면이 얼마나 인정되었든 간에 그것이 다른 측면에서 여성들이 받던 경멸을 막아주지는 못했다.

적어도 2천 년 이상 중국인들의 사고를 지배해온 공자(孔子, 기원전 551년~기원전 479년)의 가르침은 복잡한 도덕 체계를 구축했고 사회관계를 지배하는 예법을 세세하게 규정했다. 그 체계는 가부장적이었고, 가족 내 관계는 우주 질서와 국가 구조를 반영한다고 여겨졌다. 중국은 역사 대부분에 걸쳐 일부다처제 사회였다. 일부다처제는 황제 통치가 무너진 1912년에 가서야 법적으로 금지되었다. 중국 사회는 중산층이 두꺼웠고, 남자 대부분이 아내와 첩을 셋에서 12명가량 거느렸다. 부유한 남성이 방문할 수 있도록 기녀들을 보유한 호화로운 시설도 있었다. 언제나 균형과 질서를 추구했던 유교 교리에 따라 남자들은 아내와 첩을 경제적으로 보살피고 성적 욕구를 채워주어야 했지만, 다른 측면에서 여자들은 업신여김을 당했다. 중국 시인 부현傅玄은 다음과 같이 표현했다.

여자로 태어나는 건 얼마나 비통한 일인가.
그보다 멸시받는 건 세상에 없다네! (……)

출가해도 눈물 흘리는 이 없고……
남편의 사랑은 은하수만큼 멀리 있으나
여자는 해바라기가 해를 바라보듯 남편을 따라야 하네.
그들의 마음은 곧 물과 불처럼 멀어진다네.
어떤 일이든 잘못되면 여자 탓으로 돌린다네.232

　여자는 어릴 적부터 남자와 완전히 분리되었다. 남녀 사이 가벼운 신체 접촉은 욕정을 불러일으킬 수 있기에 피해야 했다. 공자는 육체가 악하다고 가르치지는 않았지만 위험하다고 경고했다.233 «예기»에 따르면 "남자와 여자는 손에서 손으로 직접 물건을 주고받으면 안 된다. 남자가 무언가를 여자에게 건네야 할 때 여자는 광주리로 받아야 한다."234 여자가 축제에 참여할 때는 다른 사람에게 모습을 보이지 않도록 휴대할 수 있는 병풍을 가져가서 자기 앞에 쳐놓아야 했다.235 전통적으로 여성은 공적 업무를 맡을 수 없었다. 서기 2세기의 정치가 양진楊震은 "그들은 제국에 무질서와 혼란을 불러오고 황실에 수치를 안길 것입니다……. 여자를 국정에 참여하게 하면 안 됩니다"라고 적었다.236

　여성 대부분은 상류층에 속하더라도 그다지 교육을 받지 못하고 문맹으로 살았던 것으로 보인다. 고대 아테네에서처럼 읽고 쓰는 능력은 기녀에게만 요구되었다. 여성의 교육은 바느질과 자수, 악기 연주에 한정되었다. 여성 학자이자 역사가인 반소(班昭, 서기 40년~120년)는 아버지가 조정 관리였고 여자아이 역시 적어도 기초 교육은 받아야 한다고 주장했다. 그러나 여자아이가 교육을 받는 이런 드문 경우조차 대개 아이가 자라면서 종속적인 위치를 더욱 자각하게끔 하기 위해서였다. 그들의 숙명은 순종적인 아내이자 어머니가 되는 것이었다. 아들을 낳지 못한 아내는 아들을 낳은 첩에 의해 쫓겨날 수 있었다.

　여자아이에 대한 편견은 현대까지도 끈질기게 살아남았다. 임신한 여성은 태아가 여자아이이면 낙태하는 경우가 흔했고, 이는 몇몇 지역에서 남녀 성비의 불균형을 불러왔다. 연구자들에 따르면 현재 중국은 여자 백 명당 남자가 111명이라고 한다.237 성비가 불균형해지자 여아를 불법적으로 거래하는 일이 생겨났다. 이미 아이가 한둘 있는 가난한 시골 여성은 여자아이를 팔아서 아이를 원하는 대도시 가족에 공급한다.

중국은 여성의 아름다움을 판단하는 기준에서 항상 얌전함, 연약함, 자그마함을 강조했고, 작은 발을 특히 중요시했다. 10세기부터 이러한 선호는 전족이 등장하면서 끔찍한 방향으로 급변했다. 소위 '연꽃발'을 만들기 위해 여자아이는 아직 어릴 때부터 바깥쪽 발가락 세 개를 단단히 감싸서 안으로 구부렸다. 19세기 후반에 중국과 일본을 여행한 고고학자 하인리히 슐리만Heinrich Schliemann은 다음과 같이 적었다.

> 얽은 자국이 있고 이 사이가 벌어지거나 머리숱이 줄어가지만
> 3촌 반이 채 안 되는 작은 발을 가진 여자가, 유럽인의 기준에서
> 특출한 미인이지만 4촌 반인 발을 가진 여자보다 백 배는 더
> 아름답다고 여겨진다.

하인리히 슐리만은 전족이 여성을 사실상 불구로 만들어서 발등을 변형시키고 "거위처럼" 뒤뚱거리며 걷게 만든다고 기록했다.238 전족은 주로 상류층 여성과 기녀에게 영향을 미쳤다. 신해 혁명이 일어나고 1949년에 중화인민공화국이 수립되고 나서야 신체를 훼손하는 여성 혐오적인 풍습이 금지되었다. 유교는 1950년대에 반혁명적이라고 탄압되었으나 도교(혹은 특정한 형태의 도교)는 종교 집단으로 살아남았다.

인도에도 여성의 성을 찬미한 관능적인 성 문화와 여성의 사회적 지위를 낮춘 수많은 차별 관행이 공존했다. 기원전 5세기의 인도 서

사시 《마하바라타*The Mahabharata*》에서는 딸의 탄생을 불행이라 말하며 "여성은 악의 근원이고 경솔하다고들 한다"고 주장한다.[239] 그로부터 2천 년이 넘게 지난 뒤에도 상황은 달라지지 않았다. 유일한 차이는 기술이 발전하자 딸을 낳지 않기가 수월해졌다는 사실이다. 비록 불법이긴 하지만 출산 전에 태아의 성을 감별한다. 여아인 경우에는 흔히 낙태를 해서, 중국처럼 인도도 남녀 성비의 불균형이 심각해지고 있다. 2001년 인구 조사에 따르면 6세 이하 남자아이 천 명당 여자아이가 927명이라고 한다.[240]

　　중국 여성처럼 인도 여성도 일반적으로 교육을 받지 못했다. 예외가 있는데 힌두교 사원에서 일하는 성스러운 매춘부였다. 아베 뒤부아는 다음과 같이 기록했다.

　　매춘부들은 인도에서 노래하고 읽고 춤추는 법을 배워도 되는
　　유일한 여자들이다. 이러한 소양은 매춘부에게만 해당한다고
　　여겨지기에 나머지 여자들은 질색한다. 모든 정숙한 여자는 이에
　　대한 언급을 모욕이라고 여긴다.[241]

　　탄자부르에 있는 라자라제슈바라 사원은 성스러운 매춘부를 4백 명가량 수용했다.[242] 19세기 후반에 이를 때까지 매춘과 교육을 연관 짓는 풍조는 여성 교육에 진전을 불러오는 데 방해물이 되었다. 영국인들이 매춘부의 호객 행위와 사원을 매춘 목적으로 활용하는 것을 금지하는 법을 도입했지만, 풍습은 인도가 영국에서 독립하고 지방 정부가 엄중 단속에 나설 때까지 존속했다.[243]

　　《마하바라타》를 보면 전통적으로 힌두교가 월경 중인 여성을 강력하게 금기시했다는 사실이 분명하게 드러난다. 월경 중인 여성이 남자를 만졌다가 채찍질을 당한 사례도 있다. 브라만 계급은 월경 중인

여성이 쳐다본 음식을 먹어서는 안 되었다.244 인도에서는 중세 시대부터 어린 신부를 선호하는 경향이 짙었고, 따라서 어린 아내가 아이를 낳다가 사망하는 일도 많아졌다.

과부의 운명 역시 결코 부러움의 대상이 아니었다. «마하바라타»에서 예외인 경우를 언급하기는 했지만 일반적으로 재혼은 허락되지 않았다. 또한, 과부는 바닥에서 자고 하루에 한 끼만 먹고 평생 애도하며 검소하게 생활해야 했다. 한 역사가는 "과부는 불운한 일을 주변에 상기시키는 존재"였다고 표현했다.245 «마하바라타»에는 남편이 없는 삶을 사느니 차라리 죽겠다고 결심하고 죽은 남편이 있는 화장용 장작더미에 뛰어드는 영웅적인 여성들의 이야기가 등장한다. 이 관습은 '정숙한 여성'이라는 뜻을 가진 사티 혹은 수티로 알려져 있다. 관습을 따르기를 원하지 않는 과부는 간혹 강제로 불태워졌다. 1780년에는 마르와르 지방 통치자의 시신과 함께 그의 아내 64명이 화장용 장작더미에서 불태워졌다고 한다.

여성을 경멸하는 기저에는 여성을 자연으로, 남성을 정신이나 영혼으로 보던 서양과 이슬람 문명에도 익히 알려진 이원론이 깔려 있다.

남자에게 여자들이 삼사라[감각 세계]의 그물을 지속하는 존재임을 알게 하여라. 그들은 자연과 물질계에 속한 쟁기질한 들판이다……. 남자는 영혼으로 나타난다. 따라서 남자가 다른 무엇보다 여자를 모두 뒤로하고 떠나게 하라.246

이러한 생각은 세상을 이데아의 세계와 변화하는 감각 세계로 나눈 플라톤 사상과 닮아 있어 익숙하게 느껴지지만, 물질을 대표한다고 해서 여성이 꼭 경멸 대상이 되는 건 아니었다. 탄트라 불교의 육체적인 면과 관능적인 면은 남녀 안에서 온전히 실현되었고 모두를 더 높은 상태에 이르도록 변화시켰다. 육신은 거부되지 않았고 성을 통해 깨달음에 이를 수 있는 한 가지 길로 여겨졌다.

　인도의 역설은 유럽인들, 그 가운데서도 인도 문화를 가까이서 가장 오래 접한 영국인들을 당혹스럽게 만들었다. 그들은 여성의 관능성을 노골적으로 찬미하는 점에도 경악했지만, 그와 동시에 사회 차원에서 여성이 받던 경멸과 멸시를 가장 극단적으로 보여주는 사례에도 충격을 받았다. 영국인들은 19세기에 여아 살해를 법으로 금지했고 사티 관습을 폐지하기 위한 절차에 돌입했다. 과부가 남편을 따라 불에 들어가 죽기를 원하더라도 그건 불법이었다.

　이슬람교도는 인도를 침략하고 나서 12세기에 이슬람 율법에 저촉된다는 이유를 들어 관행을 법으로 금지했으나 소용없었다. 영국의 통치 아래서도 법은 완전한 성공을 거두지 못했고 관습은 사라지지 않았다. 가장 최근에 보고된 사티 사건은 2002년 8월에 일어났고 마디아 프라데시 지역의 65세 과부가 불에 타서 죽었다. 1856년에 통과된 과부 재혼법도 재혼을 금지해온 오랜 전통을 뿌리 뽑지 못했다. 영국의 통치 아래서 여성 교육도 큰 진전이 없었다. 1939년에 인도 여성 가운데 고작 2퍼센트만이 학교에 다녔다.247

　인도의 전통적 여성관은 외견상 온갖 모순이 있긴 했지만 빅토리아 시대 잉글랜드나 미국의 여성관과는 완전히 대조를 이루었다. 인도에서는 여성이 성적으로 추켜올려지고 사회적으로 폄하된 반면, 서양에서는 여성의 사회, 정치적 지위가 꾸준히 개선되면서 여성의 성적 면모가 점차 부정되었다. 이러한 관점은 빅토리아 시대 중반에 의학 전문가들이 여자들에게는 성적 욕망이 전혀 없다고 확신에 차서 주장했을 때 절정에 달했다. 의심의 여지없이 힌두교도들은 이러한 생각이 터무니없다고 여겼을 것이다. 마찬가지로 빅토리아 시대 신사들은 성교를 통해 구원을 받을 수 있다는 생각을 부적절함의 극치라고 여겼다.

유럽과 북아메리카에서 계몽주의가 출현하고 18세기에 혁명들이 일어나면서 정치, 사회적 관계는 변화를 맞았다. 하지만 미국에 새로 세워진 공화정도, 프랑스 혁명이 수립한 의회도 인권을 여성에게까지 확장하지 않았다. 19세기에 남성에게는 경제적 지위를 막론하고 참정권이 확대되어갔지만 여성에게는 여전히 투표권이 없었다. 하지만 정치, 사회적 권리가 부여되는 추세에서 언제까지나 여성을 예외로 간주할 수만은 없었다. 토머스 페인(Thomas Paine, 1737년~1809년)이 쓴 «상식 Common sense»이라는 소책자는 영국에 대항한 북아메리카 식민지 주민들의 투쟁에 활기를 불어넣는 데 큰 역할을 했다. 그는 여성의 권리를 옹호하기도 했다. «상식»을 쓰기 1년 전인 1775년에 토머스 페인은 한탄하며 다음과 같이 적었다.

> 여성이 가장 행복하다고 여겨지는 나라에서조차 그들은 자신의 소유물을 처리하는 데 제약을 받는다. 법에 의해 자유와 의지도 강탈당한다. 여론이 그들을 노예처럼 완전히 좌우하고 경미한 상황도 죄로 몰아간다. 압제자이자 유혹자인 재판관에 사면으로 둘러싸여 있고…… 법과 태도에 변화가 생겼지만 여성은 여전히 남아 있는, 깊이 뿌리내린 억압적인 사회 편견을 매일, 매분 마주해야 한다.248

토머스 페인은 1792년 파리에서 열린 의회에 의원으로 참석해 여성의 참정권을 주장했지만, 성과를 거두지 못했다. 같은 해에 메리 울스턴크래프트(Mary Wollstonecraft, 1759년~1797년)는 «여성의 권리 옹호A Vindication of the Rights of Woman»를 출간했다. 일부는 이 책이 "페미니스트 독립 선언"이며 "설득력 있는 윤리 체계에 기반해 일관된 태도로 여성 해방을 주장한 최초의 작품"이라며 환영했다.249 «여성의 권리 옹호»가 출판되었을 때 책 저자는 '치마 입은 하이에나'로 그려졌고, 프랑스 혁명을 옹호하는 태도(메리 울스턴크래프트는 1792년에 잠시 파리로 이주했다)로 인해 잉글랜드에서는 의심의 눈초리를 받거나 노골적인 적대감에 부딪혔다. 그녀는 "프랑스 공화 정부의 불경한 아마존" 가운데 한 명이라고 불렸다.250

　메리 울스턴크래프트의 기본 주장은 단순했다. 인권은 여권을 내포한다. 백 년 전에 살았던 메리 아스텔을 비롯해 잉글랜드의 다른 여성들도 계몽주의 철학에서 영감을 받아 여성 해방을 주장했다(5장 참고). 하지만 프랑스 혁명이 자유라는 추상 원칙에 구체적인 정치적 형태를 주었고, 메리 울스턴크래프트 세대의 수많은 이들에게 평등과 보편적 형제애라는 개념이 이제 실현될 거라고 희망을 불어넣었다.

　메리 울스턴크래프트는 육 남매를 둔 가정에서 태어났으며, 아버지는 농부로 때로는 폭군 같았고 그녀가 "흐리멍덩하고 나약하다"고 표현한 어머니는 장남만 맹목적으로 편애했다. 가정교사로 불행하게 일하다가 «딸들의 교육에 관한 성찰Thoughts on the Education of Daughters»(1787)과 «메리, 한 편의 소설Mary, A Fiction»(1788)을 출간하고 작가의 삶을 추구하기 위해 런던으로 거처를 옮겼다. 그곳에서 급진적인 집단과 어울리며 토머스 페인, 시인 윌리엄 블레이크William Blake, 정치 철학자 윌리엄 고드윈William Godwin, 화학자 조지프 프리스틀리Joseph Priestley와 만나 교류했다.

　가정교사로서 일했던 경험 때문에 메리 울스턴크래프트는 몸치장과 그녀가 그야말로 하찮다고 여긴 소일거리로 매일매일을 보내는 상류층 여성의 생활 방식에 매우 적대적이었다. 그녀는 정반대의 길을 선택했고 실제로 지극히 자유분방한 페미니스트가 되었다. 자신의 외모에 신경 쓰지 않았으며 머리는 헝클어져 있었고 검은 울 스타킹을 신었다. 한 친구는 그녀의 매무새를 질색하며 "철학적인 털털이"라고 불

렀다.251

거울 앞에서 유독 많은 시간을 보내는 여성에게 갖는 반감은 «여성의 권리 옹호»의 주요한 주제다. 메리 울스턴크래프트의 저작은 이후에 등장하는 페미니즘 문헌 상당수가 취할 어조를 결정했다. 사실 그녀가 여성의 경박함이라고 본 것들, 그 가운데 특히 치장에 열중하는 경향에 보인 태도는 여느 남자 여성 혐오자가 쓴 글만큼이나 철저하게 경멸을 담고 있다. 그녀는 "현재 상태의 사회에서 여성이 삶에서 갖는 관심사는 즐거움뿐이다. 현재 상황이 바뀌지 않는 한 그렇게 나약한 존재에게 기대할 것은 별로 없다"고 적었다. 그리고 햄릿이 통렬하게 여성을 비판한 내용을 긍정하며 자신만의 표현으로 바꿔 말한다. 메리 울스턴크래프트가 여성에게 가진 불만은 전통적인 여성 혐오자의 글을 상기시키며 독설로 가득 차 있어, 최근에 그녀의 작품을 연구하는 권위자는 그녀가 '여성에게 매정하다'는 오해를 불식하기 위해 그녀를 변호해야만 했다.252

메리 울스턴크래프트는 육신에 대한 애착이 정신적으로나 도덕적으로 열등한 상태라는 이원론의 사고방식을 받아들인다. 그리고 여성이 이렇게 어리석게 행동하는 한 열등하다고 여겨질 것이며 그러한 취급을 받아 마땅하다고 주장했다. 그녀는 "여성이 아름다움이라는 변덕스러운 힘을 계속 좇는다면 남성보다 지성이 떨어진다고 증명하는 꼴이 될 것이다"라고 경고했다.253

세상을 정신과 육신으로 나누는 오랜 이원론은 르네 데카르트(René Descartes, 1596년~1650년)의 등장으로 새롭게 철학적 영향력을 얻었다. 그에 따르면 존재를 증명하는 것 자체가 생각한다는 사실에 달려 있었다. 그는 이 주장을 "나는 생각한다. 고로 나는 존재한다"라는 명언으로 설득력 있게 표현했다. 메리 울스턴크래프트는 이에 기반해 육신이 비이성적이며 따라서 정신보다 열등하다고 해석했다. 이는 플라톤 이래로 친숙한 이분법이며, 여성을 육신과 동일시한 여성 혐오자들이 즐겨 내세운 개념이었다. 여기에서 화장과 옷차림에 지나치게 신경 쓰는 여성은 철학 작품을 읽으며 시간을 보내는 여성보다 분명히 열등하다는 결론이 나왔다.

《여성의 권리 옹호》는 처음부터 끝까지 이성의 중요성을 강조한다. 메리 울스턴크래프트에 따르면 인간을 인간답게 만들고 "인간이 짐승보다 우월함"을 확고히 하는 자질은 이성이다. 따라서 여성이 미천한 지위에서 벗어나 높이 올라가려면 그들을 단순히 남자의 노리개나 유행의 노예가 아닌 이성적인 존재로 양성할 교육이 필수적이다. 이성이 허영심과 다른 죄악에서 그들을 구원할 것이며, 이성을 지닌 여성은 악덕이나 어리석음, 외설스러운 재담조차 꺼릴 것이다. 그러한 여성은 순결하고 겸손하며 다른 여성과의 친밀한 교제도 피할 것이다. 메리 울스턴크래프트는 여성 사이의 교제를 두고 '지나치다'고 표현했다. 그녀의 융통성 없고 깐깐한 기준에서 이성적인 여성상은 더 좋은 교육을 받았다는 점을 제외하면 빅토리아 시대에 정형화된 순결한 여성상을 닮아가고 있었다.

그렇다면 '본격적인 최초의 페미니스트' 역시 여성 혐오자였을까? 비록 여성을 향한 비판에서는 전통적인 여성 혐오자들을 상기시켰지만 메리 울스턴크래프트의 논리는 달랐다. 《여성의 권리 옹호》를 결론지으며 "여성은 어느 정도 특유의 어리석은 행동들을 한다. 이들은 이성에게 해가 되는 행동을 하거나 유익한 행동을 등한시하는 잘못을 저지르곤 한다. 하지만 모두 무지와 편견의 소치일 뿐이다"라고 말한다. 남자는 이러한 여성의 어리석음을 "다양한 동기에서 영속시키려고 노력했다." 하지만 여성 혐오자들과 달리 메리 울스턴크래프트는 여성의 어리석음이 그들에게 내재한 본성 때문이 아니고 교육 또는 교육의 부재가 낳은 결과라고 보았다. 그리고 로크의 철학을 따라서 인간은 사회 작용의 산물이라고 보았다. 무지와 편견을 심는 힘을 제거하면 여성은 "이성적인 생물이자 자유 시민"이 될 것이다. 버트런드 러셀은 "사람은 모르는 채로 태어날 뿐 어리석게 태어나지는 않는다. 그들은 교육으로 인해 어리석어진다"고 말한 적이 있다.254 같은 말이 여성에게도 적용된다고 여겼다.

하지만 울스턴크래프트가 믿어왔던 이상은 그녀의 기대를 무너뜨렸다. 혹은 그녀가 이상에 부응하지 못했다고 할 수도 있다. 프랑스 혁명은 유혈 사태로 변질해가며 메리 울스턴크래프트를 경악하게 만들었다. 그 후에는 정확히 그녀가 여자들에게 조심하라고 경고해왔던 종류의 남성인 길버트 임레이Gilbert Imlay라는 미국인을 만나 열렬한 사랑에 빠졌다. «여성의 권리 옹호»에서 여성의 나약함을 보여주는 증거라고 경멸했던 정열이 그녀를 사로잡았고, 애인이 그녀와 딸을 버리려고 하자 자살을 시도했다. 나중에 울스턴크래프트는 오랜 친구인 윌리엄 고드윈과 결혼해서 행복하고 생산적인 관계를 이어갔다. 하지만 비극적이고 역설적이게도 그녀와 이름이 같은 둘째 딸 메리 울스턴크래프트(1797년~1851년)를 낳고 고통에 시달리다가 패혈증으로 사망했다. 한 성직자는 그녀의 죽음이 "여성의 숙명과 그들한테 유독 치명적인 질병을 보여주며 남녀의 차이를 확연하게 알려주었기에" 여성에게 유익한 교훈이 될 거라고 냉담하게 평했다.255

메리 울스턴크래프트의 딸은 훗날 시인이자 급진주의자인 퍼시 비시 셸리Percy Bysshe Shelley와 결혼하고 «프랑켄슈타인Frankenstein»을 저술한다.256 또한, 1848년 뉴욕주의 세네카 폴스에서 열린 첫 여성 권리 대회를 생전에 목격했다. 이 대회에서 여성의 참정권을 비롯해 메리 셸리의 어머니가 50년도 더 전에 제안한 여러 개혁안을 실현하기 위한 운동이 시작되었다. 메리 셸리가 죽고 한 세기가 채 되지 않아서 여성들은 미국의 여러 대학과 의대, 영국의 케임브리지 대학에도 입학했다.

하지만 메리 울스턴크래프트가 여성 혐오의 역사에 등장한다는 사실 자체는 그녀의 유산에 역설적인 면모가 있음을 알려준다. 그녀는 여성이 해방되어야 한다고 강력하게 선언했지만, 동시에 전통적으로 여성과 연관 짓던 격렬한 감정이나 아름다움 같은 것들은 해방과 양립할 수 없다고 주장했다. 그녀의 주장은 정신과 육신으로 세상을 양분하며 여성에게 큰 해를 끼쳐온 이원론이 영속하는 결과를 불러왔다.

불행히도 메리 울스턴크래프트 사상의 이원론적 부분을 영국과 미국의 다음 세대 페미니스트들이 이어받았다. 이들은 여성의 본성에서 성적 색채를 강하게 띤 부분은 남자들이 자신들의 즐거움을 위해 여성을 조종하려고 발명해낸 것이며, 따라서 여성의 정치, 사회적 권리를 옹호하기 위해서는 성적 면모를 전적으로 부인하거나 멸시해야 한다고 생각했다. 1970년대 초반에 브래지어를 태우던 페미니스트들도 이러한 관점에서 메리 울스턴크래프트의 직계 후손이다. 불행히도 이런 견해 때문에 많은 여성이 여성 운동에서 멀어지게 되었다.

18세기에 서유럽과 북아메리카에서 세상을 바라보는 지적, 정치적 관점이 바뀌었다. 19세기가 되자 두 지역의 물질 환경이 변화했다. 여성의 삶에 미친 영향도 과거에 인류가 경험한 어떤 일들보다 컸다. 과학, 특히 생물학과 화학의 정복과 산업 혁명은 엄청난 지성과 기술의 진보를 의미했다. 하지만 여성 혐오의 역사가 분명하게 보여주었듯이 인류가 노력을 쏟은 다른 영역에서 진전이 있었다 하더라도 이것이 여성을 위한 진전으로 곧장 연결되지는 않았다.

산업 혁명은 시골 지역의 인구를 빨아들여 팽창하던 도시의 공장에 저렴한 노동력으로 제공했다. 이 현상은 실을 잣고, 천을 짜고, 술을 양조하고, 빵을 굽고, 버터를 만드는 등 전통 기술을 활용하는 일에 여성들을 고용해서 가족을 입히고 먹일 수 있게끔 해준 오랜 가내 공업을 몰락시켰다. 사람들로 바글바글한 빈민가에 새로운 계급이 만들어졌다. 바로 노동 계급이었다. 그들은 저임금을 받았고 영양 상태도 좋지 않았다.

1861년에 산업 혁명이 가장 역동적으로 진행되던 잉글랜드와 웨일스에서는 15세가 넘은 여성 중 3백만 명, 즉 전체 여성 인구의 26퍼센트가 일을 했다. 그 가운데 279명만이 사무직이었다. 나머지 여성은 대부분 공장에서 일하거나 하녀로 고용되었다.257 남성처럼 여성도 임금 노예가 되었으나 여성은 동일한 노동을 하더라도 임금을 평균적으로 남성의 절반 정도밖에 지급받지 못했기에 더욱 종속적인 처지에 놓였다. 19세기 중반에 잉글랜드에서 남자 방적공은 한 주에 14-22실링을 받았지만 여자 방적공은 5실링을 받았다. 미국에서 목화 산업에 고용된 남자 인부는 한 주에 1.67달러를 벌었지만 여자는 1.05달러를 벌었다. 프랑스에서 남자 인쇄공의 임금은 하루에 2프랑이었으나 여자 인쇄공의 임금은 1프랑이었다.258

노동 환경의 비참함에 더해 여성 노동자는 생물학적 역할이 안긴 짐도 져야 했으며 참혹한 조건에서 여러 차례 임신을 견뎌내야 했다. 아일랜드의 혁명적 사회주의자인 제임스 코널리James Connolly의 말을 빌리자면 노동 계급 여성은 "노예 중의 노예"였다. 콘돔 생산이 진전을 이뤘지만 노동 계급 여성 대부분은 접근할 수 없었다. 피임은 여전히 남자 손에 달려 있었기에 피임 기구를 구할 수 있더라도 사용하지 않는 경우가 많았다.

역사를 살펴보더라도 19세기 잉글랜드의 산업 도시에 형성된 대규모 빈민가만큼 사람들이 처참한 상황에 놓인 적은 드물었다. 가난한 사람들은 다른 인종으로 취급되었고, 위험을 무릅쓰고 빈민 구역에 들어가는 행위는 '아프리카 대륙의 가장 오지'를 탐험하는 격으로 여겨졌다. 소설가 찰스 디킨스(Charles Dickens, 1812년~1870년)는 1851년에 대영박물관에서 수백 미터 안에 자리 잡은 빈민가에 들어가서 목도한 광경을 기록했다. "열 명, 스무 명, 서른 명. 누가 그 수를 셀 수 있을까! 남자, 여자, 아이가 거의 헐벗은 상태로 치즈 안의 구더기처럼 바닥에 쌓여 있구나!"[259] 20년 뒤에 런던을 방문한 한 프랑스인은 다음과 같이 전했다.

> 싸움들, 특히 여성 간의 싸움을 구경하려고 군중이 문간을
> 에워싸고 몰려 있는 장면을 10분 동안 세 번 보았다. 그중 한
> 여성은 얼굴이 피범벅이고 눈에는 눈물이 맺힌 채로 취해서는
> 어떤 남자에게 덤벼들려 했고 군중은 그 장면을 지켜보며 웃었다.
> 그리고 마치 소란이 신호인 듯이 누더기를 입은 아이와 거지와
> 매춘부를 포함해 인근 거리의 주민들이 싸움이 난 거리로 쏟아져
> 들어왔다. 마치 인간들로 가득한 하수구가 갑작스레 청소된
> 듯했다.[260]

아마 가난이 여성 혐오를 만들지는 않았을 것이다. 하지만 과거 사례는 가난이 여성 혐오를 강화하는 경향이 있다는 사실을 암시한다. '노예 중의 노예'인 여자들은 남자들이 직장을 잃거나 대가족을 부양하는 데 실패하거나 매일 계속되는 다른 굴욕을 견디며 쌓인 화와 좌절감을 주로 쏟아내는 대상이었다. «런던의 노동자 계급과 빈민London Labour and the London Poor»(1851~1862)의 저자인 헨리 메이휴Henry Mayhew같이 빈민가에 가서 실상을 직접 목격한 중산층 관찰자들은 아내 구타나 강간이 비일비재해서 사람들이 신경조차 쓰지 않는다고 전했다. 이러한 상황은 20세기까지도 만연했다. 1902년에 미국 작가 잭 런던(Jack London, 1876년~1916년)은 백만 명가량이 살고 있던 런던 이스트엔드 구역의 빈민가에 노동자로 변장하고 들어가서 목격한 장면들을 기록으로 남겼다.

아내 구타는 결혼에 따라붙는 남자의 특권이다. 그들은 황동과 쇠로 된 시선을 끄는 부츠를 신고 자기 자식의 어머니에게 멍든 눈을 하나 정도 선사한 다음 때려눕히고서 마치 서부의 종마가 방울뱀을 밟아 뭉개듯 그녀를 짓밟는다……. 남자는 주인에게 경제적으로 의존하고 여자는 남자에게 경제적으로 의존한다. 그 결과 여자는 남자가 주인에게 했어야 하는 매질을 대신 당하는데, 그녀가 그것에 대해 할 수 있는 일이라곤 없다.261

살인 사건이 일어나지 않는 이상 관계 당국은 이러한 범죄에 거의 신경 쓰지 않았다. 과다 밀집된 환경에서 성별이나 나이, 어떤 사이인지 상관하지 않고 한 침대에서 네댓 명이나 여섯 명까지도 함께 잤다.

빈민가 여성은 입에 풀칠하기 위해 빈번하게 몸을 팔아야 했다. 1841년에 런던 인구 2백만 명 중 5만 명이 매춘부였다. 대부분 성병으로 인해 끔찍하게 흉측한 몰골로 변했다. 1866년에 시행한 조사를 통해 조사 대상의 76퍼센트 이상이 감염되었고 모두가 신체를 쇠약하게 만드는 어떤 질병을 안고 있으며, 그 가운데 천연두가 가장 흔하다는 사실을 발견했다.262

그보다 조금 운 좋은 여자들은 매춘 업소에 고용되었다. 적어도 그곳에서는 음식과 옷이 제공되리라는 기대가 있었다. 런던에서 매춘 업소를 운영하던 마더 윌릿Mother Willit이라고 알려진 한 포주는 언제나 "애들에게 좋은 옷을 입히고 깨끗한 엉덩이로 내보낸다네. 내보내면서 누가 걔들한테 나타나건 상관하지 않지. 물고기처럼 깨끗하고 데이지처럼 신선하거든"이라고 자랑했다. 법은 매춘부를 극도로 경멸하며 다루었다. 뉴게이트 감옥을 방문했던 사람은 경악하며 전했다. "거의 3백 명에 달하는 여성들이 다양한 죄목으로 갇혀 있었고 한 감방에 120명씩 수용되어 있었다. 바닥에 깔개도 없고 대부분 헐벗었으며 모두 취해 있었고…… 가장 끔찍한 저주들로 귀가 따가울 지경이었다."263

　　중산층 전도사들은 '타락한 여성'을 구제하려고 노력했다. 종교
소책자 협회Religious Tract Society는 빅토리아 여왕Queen Victoria이 즉위한
1837년까지 매춘부에게 현재 삶의 방식을 버리라고 설득하기 위해 팸
플릿을 5억 부 발행했다. 다음 수십 년간 그런 내용을 담은 팸플릿이 범
람했지만 눈에 띄는 효과는 없었다.264 가난이 대다수 매춘부에게 동기
가 되었다. 또한, 빅토리아 시대에 성과 관련한 도덕적 이분법으로 인
해 '훌륭한 여성', 즉 가정의 아내들은 사실상 중성화된 존재였기에 사
창가에는 꾸준히 남성 손님이 있었다. 섹스는 '타락한 여성'이나 인간
이하로 치부되던 난잡한 빈민층 출신 여성에게나 해당하는 것이었다.
성욕은 불행한 충동으로서 주로 남성을 괴롭히며 아내가 가끔 풀어줄
의무가 있다고 여겨졌다. 중산층 여성이 등을 대고 누워서 영국이나 미
국 등 자기 조국을 떠올리던 시절이었다.

　　여성 혐오는 언제나처럼 이중적이고 모순되는 관점을 취했다. 빈
민가 여성은 성적 문란함을 이유로 인간 이하로 격하되었지만, 중산층
여성은 성적 면모가 결여된 모습으로 타고났기에 인간 이상의 존재인
'가정의 천사'로 격상되었다. 당시에 가장 저명한 의학 전문가 중 한 명
인 윌리엄 액턴William Acton 박사는 좋은 아내는 "남편의 포옹을 받아
들이지만 그건 주로 남편을 기쁘게 하기 위함이고, 어머니가 되기 위해
서가 아니라면 남편의 관심이 줄어들기를 훨씬 선호할 것이다"라고 했
다. 액턴에 따르면 "사회로서는 다행스럽게도 대다수 여성은 어떤 종
류의 성욕으로든 문제를 겪는 일이 거의 없기" 때문이다. 섹스를 즐기
면 자궁암이나 정신이상을 얻게 된다고도 경고했다.265

　　의학 권위자 다수가 여성도 성관계 중에 어느 정도 성적 쾌감을
경험한다고 인정했다. 그러나 흥분이나 통제력 상실을 도덕적 퇴보나
정신적 불균형을 나타내는 걱정스러운 징조로 보았고, 나아가 이것이

광기와 질병으로도 이어질 수 있다고 여겼다. 이 시기에 영국과 미국에서는 성적 행동을 '과학적'으로 연구하고 허용되는 유형과 허용되지 않는 유형으로 분류했다. 과학은 인간의 몸과 행동을 비롯해 세계를 바라보는 객관적인 방법을 제공했다.

하지만 새롭고 소위 과학적이라는 '질병' 범주 뒤에는 익숙한 도덕률이 도사리고 있었다. 같은 성별인 사람과 사랑을 나누려는 경향은 동성애라는 질병이 되었다. 성과 관련해서, 특히 여성의 성과 관련해서는 '질병'이라는 개념이 강한 도덕적 반감을 표출했다. 예를 들어, 섹스를 지나치게 즐기는 여성은 색정증 환자로 분류되기 십상이었고 "위험하고 비정상적이며 성적으로 통제 불가능"하다고 여겨졌다.266

고전 시대 그리스와 고대 로마 사람들은 여성이 남성보다 강한 성욕을 느끼며 여성의 육욕은 통제를 벗어나기 쉽기에 감시해야 할 대상이라고 대대로 믿어왔다. 적대감을 품은 고대 문헌들은 클라우디우스 황제의 어린 아내 메살리나가 색욕이 지나친 나머지 매음굴에서 매춘부인 척 일했다고 전하며 그녀가 맞이한 운명을 기록했다(2장 참고). 그러나 18세기 후반부터 여성의 '과도한' 성욕은 주로 도덕이 아니라 신체 문제로 여겨지기 시작했다. 빅토리아 시대가 되자 이는 완전한 질병으로 인정되었고, 그로 인해 나타나는 증상을 설명하는 내용은 다양하지만 자주 상반되었다.

자위를 여자아이가 나중에 문제를 일으킬 확실한 조짐으로 본 빅토리아 시대 사람들의 강박 관념은 미국에서 1950년대가 시작되고도 한참 동안 끈질기게 살아남았다. 남자들의 자위도 비난받을 만한 일이었지만 여자들의 자위는 그냥 두면 사회의 근간을 흔들게 되리라고 여겨졌다. 음핵에 집중하면서 여성이 질을 무시하게 되고, 그 결과 아이를 출산하는 생물학적이고 미리 정해진 역할에 사실상 반기를 드는 셈이라는 이유에서였다. 자위는 여자가 '남성스러운' 성향을 지녔다는 격정스러운 징후이며, 다른 해로운 결과와 함께 동성애, 색정증을 유발할 수 있고, 자궁출혈, 자궁탈출증, 척추과민증, 경련, 초췌한 용모와 수척함, 심장 기능 장애 등 다수의 끔찍한 질병을 일으킨다고 보았다. 1894년에 «뉴올리언스 의학과 외과학 저널*New Orleans Medical and Surgical Journal*»은 "전염병도, 전쟁도, 천연두도, 다른 비슷한 해악도 자위 습관만큼 인류에게 재앙과도 같은 결과를 불러오지 않았다. 자위는 문명의 기반을 파괴한다"고 결론 내렸다.267 자위에는 종종 극단의 조치를 처방했으며, 처방은 이를수록 좋다고 여겨졌다.

　어떤 조치를 처방할 수 있는지에 대한 예시로 «뉴올리언스 의학과 외과학 저널»은 아홉 살 난 여자아이의 사례를 전했다. 어머니는 아이가 자위를 한다고 의심했고, A. J. 블록A. J. Block이라는 부인과 전문의가 검진했다. 의사가 아이의 질과 소음순을 만졌으나 반응이 없었다. 블록은 다음과 같이 보고했다. "음핵에 손을 대자마자 다리가 활짝 벌어졌고 얼굴은 창백해졌으며 숨이 가빠지고 몸이 흥분으로 경련을 일으키며 작은 신음 소리를 냈다." 처방은 음핵 절제였다.268

　1867년에 «영국 의학 저널*british Medical Journal*»은 빅토리아 시대 부인과 의사인 아이작 베이커 브라운Isaac Baker Brown이 어떻게 시술했는지 설명했다.

　　두 가지 기구가 쓰였다. 브라운 씨가 음핵 절제술을 집도할
　　때마다 사용하는 갈고리 모양의 겸자와 난소 절제술에서 경을
　　분리하는 데 쓰는 쇠로 된 소작기였다……. 일반적인 방식대로
　　음핵을 겸자로 잡았다. 음핵이 제거될 때까지 아랫부분에
　　달아오른 쇠의 좁은 끝부분을 돌아가며 댄다. 비슷한 방식으로
　　양쪽의 소음순도 달궈진 쇠로 톱질하듯이 동작하며 절제한다.
　　음핵과 소음순을 제거한 뒤에 소작기의 뒷면으로 소작되지 않은

음순 표면과 음문의 다른 부분들을 절제하고 기구를 앞뒤로
문지르면 시술이 끝난다. 브라운 씨가 동일한 결과를 얻기 위해
가위를 사용할 때보다 훨씬 효과적으로 부위를 제거할 수 있다.

　브라운은 음핵 절제의 열렬한 지지자였다. 그는 이 시술로 우울
증, 히스테리, 색정증과 같이 자위로 인한 여성 질병을 치료했다고 주
장했다. 1866년 12월에 브라운의 업적은 «더 타임스 *The Times*»의 공개적
인 극찬을 받았다.269 «더 타임스»의 보도는 의료계에 논란을 촉발했
다. 의료계에 종사하는 다수는 언론이 그런 불쾌한 주제를 보도했다는
사실에 우선 불편해했다. 다른 의사들은 왕립 외과 의사회 회원이던 브
라운을 돌팔이 의사라고 비난했다. 하지만 교회가 즉각 브라운을 옹호
했다. 영국 성공회의 최고위 성직자인 캔터베리 대주교와 요크 대주교
가 브라운의 업적에 찬사를 보냈다.

　서양에서 결국 음핵 절제는 반감을 사게 되었지만 여성의 자위는
의료계 종사자들에게 여전히 두려움을 안기는 주제다. 아홉 살 난 여자
아이의 음핵을 절제한 블록 박사는 자위를 두고 "도덕적 타락"이라고
했다. 다행스럽게도 그는 음핵 절제술을 진행한 마지막 미국 의사 세대
에 속했다.270 그러나 오늘날까지도 여자아이와 성인 여성을 대상으로
한 할례는 아프리카 이슬람 국가들에서 허다하고 심지어 통상적인 일
로 여겨지며, 아라비아 반도와 아시아 일부 지역에서도 자행되고 있다
(8장 참고).

　그다지 놀랍지 않게도 여성을 중성적인 '천사'로 숭배한 문화는
여성의 본성을 앗아간 한편, 어린 여자아이 숭배도 탄생시켰다. 빅토리
아 시대 신사에게 풀밭의 꽃들 사이에서 즐겁게 뛰노는 예쁜 여자아이
의 지극히 순수한 모습처럼 성적으로 위협적인 것은 없었다. 그 시대에
가장 성공한 화가인 케이트 그린어웨이Kate Greenaway는 "검은색 옷을

입고 안경을 낀 온화한 중년 여성"으로 알려졌으며, 꽃향기를 맡거나 놀이방 창문 밖을 간절히 바라보는 수줍어하는 어린 여자아이들을 물릴 정도로 감미로운 수채화로 그리는 데 인생을 바쳤다.271 여성 혐오가 그토록 음흉한 모습으로 드러난 적은 드물었으며, 이러한 상황은 남성이 성인 여성과 전혀 교감할 수 없었음을 보여주었다.

이렇게 거대한 성적 괴리는 필연적으로 다른 발산 수단을 찾았다. 여성의 순수함을 숭배하는 이면에는 항상 여성의 굴욕과 수모가 있었다. 런던에 있었던 소녀 매춘 업소의 수는 빅토리아 시대 신사들이 어린 소녀를 감상적으로 담아낸 그림을 보고 황홀해하는 것으로 만족하지 않았다는 사실을 드러낸다. 프랑스 신문 «르 피가로Le Figaro»의 기자는 런던의 부유층이 이용하는 웨스트엔드 지역의 피카딜리 서커스부터 워털루 플레이스까지 가는 동안 다섯 살에서 열다섯 살 사이의 매춘부를 하룻밤에 5백 명 보았다. 한 포주는 자신이 운영하는 업소에서 "여자아이들의 비명을 들으며 흡족해할 수 있고 당신 외에는 아무도 듣지 못한다고 확신해도 좋다"고 광고했다.272

빅토리아 시대 남자들이 성인 여자와 성적 공감대를 형성할 수 없었다는 점은 그 시대 문학에서 가장 명백히 드러난다. 빅토리아 시대 문학에서 가장 유명한 장면이 찰스 디킨스의 소설 «오래된 골동품 상점The Old Curiosity Shop»에 나오는 소녀 넬의 죽음이라는 건 우연이 아니다. 여성의 성적 본성을 부인했기에 영국 문학사상 처음으로 이 시대 문학에는 남녀의 성적 관계가 거의 표현되지 않는다. 이 영역은 포르노 제작자와 공연단에 넘겨졌다.

이러한 경향은 사실 빅토리아 시대 이전부터 시작되었으며, 18세기 중반에 소설 «파멜라»가 성공을 거두면서 중산층 사이에서 야수 같은 남성을 상대로 승리를 거두는 정숙한 여성이 이상향으로 부상했음을 보여준 시기로 거슬러 올라간다. 1801년에 악덕 근절 협회Society for the Suppression of Vice가 잉글랜드에서 설립되어, 작가들이 고상한 취향에 부응하고 선을 넘지 않는지 예의 주시했다. 고상한 취향은 점차 신체 기능, 그 가운데서도 성적 기능을 언급하지 않는 상태로 정의되었다. 그로부터 17년 뒤에 토머스 바우들러(Thomas Bowdler, 1754년~1825년)는 저속하거나 상스러운 부분, 명백하게 성적인 부분을 잘라낸 «가족을 위한 셰익스피어*Family Shakespeare*»를 처음 펴냈다. 빅토리아 시대 사람들은 여성의 몸뿐 아니라 문학 훼손도 애호했다는 사실을 알 수 있다.

빅토리아 시대의 가장 위대한 소설가이자 영문학상 가장 위대한 소설가로도 꼽히는 찰스 디킨스는 열다섯 권의 장편소설과 여러 단편소설을 쓰는 동안 성적으로 성숙한 여성의 모습을 창조해내는 데 실패했다. 가장 자전적인 소설이자 아마 디킨스의 가장 위대한 작품일 «데이비드 코퍼필드*David Copperfield*»에 나오는 주인공의 첫 번째 아내 도라의 모습에 빅토리아인들이 찾던 아이 같은 여성상이 가장 온전히 담겨 있다. 코퍼필드는 도라가 자신의 어머니 클라라를 매우 닮았다는 이유로 결혼하는 실수를 저지른다. 어머니인 클라라 역시 나약하고 무능하고 미성숙했다. 소설은 아이 같은 순수함이란 이상 뒤에 숨겨진 잔혹한 현실을 드러낸다. 그릇된 이상은 여성에 대한 경멸과 부부 모두의 불행만을 가져온다.273

빅토리아 시대의 여성 혐오는 아이 같은 여성만 창조하지 않았다. 순전히 이타적인 동기로만 행동하는 고귀한 여성은 존경의 대상이 되었다. 샬럿 브론테Charlotte Brontë의 «제인 에어*Jane Eyre*»나 조지 엘리엇 George Eliot의 «미들마치*Middlemarch*»같이 고전적인 빅토리아 시대 작품을 보면 여주인공에게 열려 있는 유일한 길은 자기희생뿐이다. 대개 자기희생은 남편의 행복을 돌보고 남편의 성공을 위해 내조하는 형태를 띠었다. 여자의 역할은 남편에게 일종의 정신적 조력자가 되는 것이었다. 여성은 자신의 순결함을 본보기로 내세워서 남성의 거칠고 육체적인 본성을 개선하며 더 고상한 감정을 알게 한다. 인간 본성의 필수 요소인 성을 부인하면서까지 짊어져야 할 백인 여성의 짐이었다. 에밀리 브론테Emily Brontë가 남긴 걸작 «폭풍의 언덕 *Wuthering Heights*»에서 히스클리프와 캐서린의 관계가 보여주듯이 강렬한 욕망은 악마 같은 모습을 띠고 그로 인한 결과는 처참하다.

점잖은 계열의 문학에서 쫓겨난 뒤 성관계나 성욕을 그리는 묘사는 음지로 들어가서 외설스러운 소설이나 노골적인 삽화가 든 남성 잡지 등 번창하던 시장에 공급되었다. 1857년에 이러한 유형을 가리키는 용어인 '포르노그래피'가 만들어졌다. 문자 그대로 해석하면 매춘부나 매춘에 대해 기록한다는 뜻이다. 섹스는 노동 계급이 이용하던 공연장 무대에도 활기를 불어넣었다. 이곳에서 절대 끝나지 않을 남녀 갈등을 감상적이고 우스꽝스럽고 외설적인 노래와 촌극, 낭독을 통해 끊임없이 기념했다.

빅토리아 시대 여성은 자연의 특정 측면은 초월해야 했지만, 여성에게 주어진 운명의 핵심적인 측면과 관련해서는 자연에 복종하도록 요구되었다. 출산의 고통이 그 가운데 하나였다. 기독교는 오랜 세월 동안 출산의 고통이 하와가 저지른 죄 때문에 모든 여성에게 내려진 벌이라고 가르쳤다. 약 250년 전에 제임스 6세(1566년~1625년)가 스코틀랜드의 왕이었을 때 유파니 맥컬리언Euphanie McCalyane이라는 여성이 분만통을 견디지 못하고 산파인 아그네스 심슨Agnes Simpson에게 고통을 완화할 무언가를 달라고 부탁했다. 왕은 분노했고 그녀를 산 채로 화형에 처했다. 여성을 포함해 누구나 하나님의 말씀을 이해하게끔 그가 성경을 영어로 번역하도록 인가하지 않았던가.* ‹창세기›에서 하나님은 하

---

*　스코틀랜드 왕 제임스 6세는 잉글랜드 엘리자베스 여왕의 뒤를 이어 잉글랜드 왕 제임스 1세로 즉위해서 잉글랜드와 스코틀랜드의 왕을 겸했다. 4장에 나오듯이 «성경»을 영어로 번역하도록 지시해 «킹 제임스 성경»을 탄생시켰다.

와에게 명확히 설명했다. "여자에게 이렇게 말씀하셨다. 나는 네가 임신하며 겪는 고통을 배가할 것이다. 너는 고통 속에 아이를 낳을 것이다."(〈창세기〉 3:16) 행여 분명히 전달되지 않았을세라 신의 명령은 〈이사야〉에서 반복된다.(〈이사야〉 26:17) "임신한 여성이 출산할 시기가 다가와 고통 속에 소리 지르듯이……."

신이 말씀하셨다. 따라서 제임스 영 심슨(James Young Simpson, 1811년~1870년)이라는 스코틀랜드 의사가 나타나 신이 명령한 일을 끝내겠다고 약속하자 논란이 벌어졌다. 아이였을 때 심슨은 어머니가 어떻게 그를 낳다가 거의 죽을 뻔했는지 생생하게 설명하는 이야기를 들었다. 이후에는 산과 전문의로 일하며 분만 중인 여성의 고통을 직접 목격했고, 고통을 완화하는 방안을 찾아 헤맸다. 1847년에 골반이 협착된 여성의 분만을 도우려고 에테르를 투여했다. 그리고 의식이 없는 상태에서도 여성의 자궁이 계속 수축한다는 사실을 증명했다. 나중에는 클로로포름의 마취제 특성을 발견하고 분만하는 여성에게 사용하기 시작했다.

심슨은 종교계에서 맹렬한 비난을 받았다. 이들은 클로로포름이 "사탄의 미끼이며, 여성을 축복하는 듯 보이지만 결국에 가서는 사회를 무감각하게 만들고 어려운 순간 도움을 호소하는 진심 어린 신도의 외침을 신에게서 앗아가버릴 것"이라고 주장했다. 스코틀랜드의 칼뱅주의 교회는 심슨이 하는 일이 신에 대한 외경심을 없애고 사회 붕괴를 불러올 거라고 경고하는 팸플릿을 에든버러 병원들에 유포했다.274

의학계 종사자 중에도 비난하는 사람들이 있었다. 그 가운데 다수가 신의 섭리로 정한 정상적인 분만 과정에 개입하면 안 된다고 주장했지만, 심슨의 유명세에 장기적인 영향은 거의 미치지 못했다.275 심슨이 사망했을 때 3만 명을 넘는 사람들이 장례식에 참석했고, 그중 많은 수가 여성이었다. 심슨 생전에 빅토리아 여왕도 마지막 두 번의 출산에서는 마취제를 썼고, 이로써 비난을 잠재웠다. 빅토리아 여왕은 현상

유지의 강력한 옹호자였지만, 이 일로 인해 여성의 숙명을 개선하기 위한 투쟁에 일조하게 되었다.

19세기가 흘러가면서 서유럽과 북아메리카에서 여성의 지위가 법적, 정치적, 과학적 논쟁거리가 되었고, 여성 혐오적인 주장은 점점 빈번하게 자연의 법칙과 신의 바람에 근거를 두었다. 19세기는 프랑스에서 여성의 권리를 제한하는 법안이 일괄적으로 통과되면서 시작했다. 이 법안들은 여권을 철저하게 탄압했다는 점에서 1990년대 후반에 아프가니스탄을 장악한 탈레반 정권 말고는 비견할 만한 예시를 찾기 힘들다. 1804년에 나폴레옹 법전은 이혼할 권리를 포함해 혁명 기간에 진전을 이뤄낸 여성의 권리를 다시 과거 상태로 돌려놓았다. 나폴레옹에 따르면 "남편은 아내에게 다음과 같이 말할 완전한 권리와 힘을 가져야만 한다. '당신은 극장에 가서는 안 되오. 당신은 이런저런 사람을 맞이해서는 안 되오. 당신이 낳은 아이는 내 아이오.'"[276] 법안으로 인해 "여성은 뜨개질이나 해야 한다"는 그의 견해가 법적 효력을 얻었고, 그는 자유롭게 유럽의 전장을 피로 물들이고 다닐 수 있었다. 하지만 위대한 장군은 여성의 권리를 놓고 싸운 전장에선 완전한 패배를 맞이하게 된다.

나폴레옹 법전이 통과되고 50년이 약간 지난 1857년에 영국 여성들은 마침내 남편에게 이혼 소송을 제기할 권리를 쟁취했다. 제한된 승리이기는 했다. 남편은 단순히 아내가 간통을 저질렀다는 사실을 증명하면 되었지만, 억울한 상황에 놓인 아내는 남편이 "근친상간에 해당하는 간통을 저질렀거나 간통에 더해 이중 결혼을 했거나 강간이나 남색, 수간을 범했거나 간통과 함께 잔학한 일도 저질러서, 간통이 아니더라도 별거를 허용할 수밖에 없는 상황"이라는 사실을 증명해야 했다.

하지만 그 후 30년간 추가적인 법안이 제정되어서 판사는 남편이 폭행을 하면 아내에게 별거를 승인할 권한이 있었고, 아내를 버린 남편에게 생활비를 보내라고 강제할 수 있었다. 1870년에 기혼 여성 재산법은 섀프츠베리 경Lord Shaftesbury이 "결혼의 시적인 개념을 뒤흔든다"고 한탄하며 반대했지만 통과되었고, 여성의 재정적 독립을 강화했다.277 그러나 가난한 여성 사이에서는 상황이 훨씬 느리게 개선되었다. 소설가 잭 런던이 이스트엔드의 빈민가에서 관찰했듯이 학대당한 아내들은 남편을 경찰에 신고하지 않았다. 재정적으로 남편에게 의지했기에 남편이 감옥에 갇혀서 소득이 사라지면 살아갈 수 없었기 때문이다.

여성을 위한 이혼법 개정이 여성의 자위만큼이나 문명을 위협한다고 보는 사람들이 많이 있었다. 이혼법은 남녀 간에 '자연스러운' 불평등이 존재한다는 여성 혐오적 관념에 도전장을 내밀었다. 당시 영향력 있는 주간지였던 《새터데이 리뷰Saturday Review》는 "아내의 간통은 남편의 불륜보다 더 심각한 문제이며 미래에도 그럴 것이다"라는 글을 실었다.278 이제 남녀 사이에 자연스레 존재하는 차이가 그들이 각자 받는 대우와 맡은 책임이 다른 이유를 설명했고 정당화했다. 기독교가 과학의 진전에 밀려 지성의 영역에서 물러나면서, 여성의 위치를 정당화하는 데에도 자연에 기반한 주장이 신의 권위를 빌린 주장을 대체해 나갔다. 한두 가지 변형이 있을 뿐 기본적으로 같은 주장이 여성의 교육이나 참정권을 요구하는 운동을 논박하기 위해 천편일률적으로 반복되었다.

이러한 시각에 따르면 여성은 '타고난 나약함' 때문에 고된 지성 교육을 받기에 적합하지 않았다. 당시 한 철학자는 여자아이들이 뇌를 혹사하면 가슴이 납작해지고 "제대로 발달한 아이"를 낳지 못하게 될 거라고 경고했다.279 하와도 너무 많이 알아서 벌을 받지 않았던가? 교육은 "세상에 산적한 비열함과 사악함, 비참함"에 대해 지나친 양의 지식을 전달할 것이다. "여자가 삶에서 맡은 임무는 생기와 풋풋함을 보존하는 것인데 배우는 과정에서 이 둘을 잃어버릴 수밖에 없다."280 이 글을 쓴 사람은 이스트엔드를 방문해서 여성이 한때 지녔던 생기와 풋풋함이 남편의 징 박힌 부츠 아래서 어떻게 변했는지를 본 적이 없는 게 분명하다. 셰익스피어나 플라톤을 읽는 편이 그보다 나으리라는 점만은 확실하다.

자연이나 신이 여성을 남성과 다르게 만들었다고 주장하는 사람 가운데에는 전통적인 여성 혐오자만 있는 게 아니었다. 여성의 권리를 옹호하는 사람들도 남녀가 다르다고 보았다. 물론 그들은 여성의 본성이 여성을 남성보다 우월하게 만든다는 전제에서 출발했다. 여성에게 투표권을 확장하자는 데에 반대하는 사람이나 지지하는 사람이나 자신들의 목표를 관철하기 위해 여성의 본성이 남성과 다르다는 믿음을 활용했다. 윌리엄 글래드스턴(William Ewart Gladstone, 1809년~1898년) 영국 총리는 여성 참정권에 반대하면서 여성을 정치에 참여시키려는 결정은 "그들의 본성에서 비롯된 섬세함과 순결함, 우아함과 고상함을 침해한다"는 이유를 들었다. 같은 시기에 개혁가들은 정부가 더 많은 남자들에게 투표권을 줌으로써 "범죄를 저지르고 무절제하고 부도덕하며 정직하지 않은 부류의 대다수에게 선거권을 주고 있다"고 주장하고 이는 "최악의 요소[남자]는 투표함 안에 들어갔지만, 최고의 요소[여자]는 투표함 밖에 남겨졌기 때문"이라고 말했다.281

투표권을 쟁취하려는 투쟁은 복잡했다. 이 과정에서 일부 페미니스트들이 남성에게 느끼는 반감과 여성 혐오자들이 여성에게 보이는 경멸 사이에 흡사한 면이 있다는 사실만이 아니라 일부 여성은 남성과 유사하게 여성을 경멸하는 감정을 지녔다는 사실이 극명하게 드러났다. 여성의 권리를 위해 싸우는 단체에 맞서 반격을 이끈 사람은 같은 여성인 빅토리아 여왕이었다. 남편인 앨버트 공의 전기 작가에게 보낸 편지에 빅토리아 여왕은 다음과 같이 적었다.

가련하고 연약한 여성들이 여자다운 태도와 예절에 대한 지각을 잃고 '여성의 권리'를 얻고자 열중한다. 이런 정신 나가고 사악하며 어리석은 짓과 그에 수반되는 끔찍한 일들을 저지르기 위해 짐은 말하거나 쓰거나 합류할 수 있는 모든 이의 협조를 얻기를 열망한다.282

그리고 앰벌리Amberley 자작 부인이 스트라우드에 있는 직공 학교에서 감히 여성의 투표권을 옹호하는 발표를 하자 자작 부인은 호되게 채찍질을 당해봐야 한다고 말했다. 여왕부터 시작해 그 아래에 포진한 많은 여성 역시 변화에 반대했으며, 일부 여성은 당시 상황을 억압적으로 여기지 않았다는 사실을 드러냈다. 여성의 권리를 위한 운동이 그 후로도 계속 마주한 어려움은 권리 확대에 가장 소리 높여 반대하는 사람들이 여성이라는 점이었다.

그러나 혁명의 시대에 북아메리카는 새로운 국가를 창조했고, 여기에서 진보는 경제, 사회, 문화적으로 긴급한 과제였기에 전통적으로 여성 혐오가 기반해온 전제들은 위기에 처했다. 유럽에서 아메리카 대륙 북동쪽으로 향한 첫 정착민들은 여성을 죄악과 유혹의 근원으로 보는 기독교 전통을 함께 가져갔다. 하지만 그와 동시에 종교 개혁은 여성을 소중하고 훌륭한 조력자로 보는 견해에 힘을 실어주었다.

초기 식민지들이 마주한 환경이 얼마나 혹독했는지는 메이플라워호를 타고 정착하러 온 순례자들의 아내 18명 중 다섯 명만이 첫 겨울을 넘기고 살아남았다는 사실로도 알 수 있다. 여성들은 남편과 함께 일했고 변경 지대에서 필수 자원이 되었다. 성적 일탈은 강력하게 처벌되었고 종종 태형이나 낙형으로 다스렸다. 여자뿐 아니라 남자도 형벌에 처해졌다. 이미 언급했듯이 마녀사냥 열풍은 17세기 후반에 뉴잉글랜드를 휩쓸었지만 금방 가라앉았고 마법에 대한 믿음도 곧 신빙성을 잃었다. 그 결과 인구가 적다는 사실을 고려하더라도 뉴잉글랜드에서 마녀로 고발당하고 처벌된 여성의 수는 같은 시기 유럽과 비교해 훨씬 적었다(4장 참조).

　육신에 대한 청교도들의 반감은 전통적으로 그래왔듯이 여성의 치장을 대상으로 한 여성 혐오적 공격으로 나타났다. 이 오래되고 친숙한 주제를 다룬 일련의 소책자 가운데 가장 영향력이 있었던 저술은 코튼 매더 목사(Cotton Mather, 1663년~1728년)의 손에서 나왔다. 코튼 매더 목사는 보스턴 제2교회에서 40년 이상 목회자로 일했으며, 마녀가 존재한다는 믿음을 열렬히 지지한 사람이기도 하다. 《정숙한 여성의 특징 *The Chara&er of a Virtuous Woman*》이라는 제목의 책자는 꾸미기를 좋아하는 성향을 죄악이나 도덕적 해이와 동일시하는 상투적인 생각을 그대로 반복한다. "정숙한 여성은 인위적으로 분칠한 아름다움을 매우 싫어한다." 정숙한 여성은 얼굴과 손을 제외한 전신을 옷으로 감싸야 한다. 그렇지 않으면 "보고 있는 남자의 가슴에 부정한 불을 지피게 될 것이며 가톨릭 작가조차 이런 행동을 격렬히 비난한다."283

　그러나 매더는 책망과 경고에다 여성에 대한 찬양을 섞어서 내용을 한결 누그러뜨리려고 신경 썼다. 그는 여성에게 여러 종류의 '모욕'을 안기는 이들을 '비뚤어지고 둔한 남자들'이라고 비난하기도 했다. 그에 따르면 못된 남자만이 'femina nulla bona(세상에 좋은 여자란 없다)'라고 주장한다. "당신이 이성적인 생물이라는 사실을 부인할 정도로…… 남자들이 사악하다면 그들의 주장을 반박하는 가장 좋은 방법은 당신이 신앙심이 깊다는 점을 증명하는 것이다"라고도 했다.284 때때로 매더는 자신이 화장을 하는 여성들을 비난했을 때처럼 여성을 비난하는 남자를 보면 창피해하는 듯이 보인다. 그가 여성의 교육을 강력히 지지했다는 점도 여성이 유럽에서 전통적으로 받아온 대우와 비교해볼 때 여성은 신대륙에서 훨씬 존중을 받았다는 사실을 보여준다.

미국 독립 혁명 중에 토머스 페인은 여성의 권리를 옹호했다. 이
러한 전통은 미국 두 번째 대통령 존 애덤스(John Adams, 1735년~1826년, 대
통령 재임 기간 1797년~1801년)의 아내였던 애비게일 애덤스(Abigail Adams,
1744년~1818년)가 이어받았다. 애비게일 애덤스는 1777년에 여성은 "자
신들의 목소리를 반영하지 않는 법에 얽매이지 않을 것이다"라고 적
었다.

18세기에 퍼진 신조인 평등과 행복을 추구할 권리는 미국 헌법에
고이 보존되었으며, 여성이 여전히 겪는 정치적, 사회적 차별에 반대
하는 투쟁을 벌일 때 중요한 기준점이 되었다. 그래서 자연스럽게 여성
차별의 근원인 전통적인 여성 혐오의 신념들에 의문이 제기되었다. 여
성 혐오는 지적, 정치적, 사회적으로 스스로를 방어해야 하는 처지에
놓였다.

여성의 권리가 쟁취되기 전이긴 했지만, 그래도 미국식 민주주의
가 여성의 지위에 유익한 영향을 미쳤다는 사실은 방문객이었던 알렉
시 드 토크빌 눈에도 분명해 보였다. 토크빌은 자유주의 성향의 프랑
스 귀족으로, 1831년부터 1832년까지 8개월간 미국을 방문했다. 그리고
1835년에 《미국의 민주주의De la démocratie en Amérique》라는 걸작을 출간
했다. 토크빌은 미국 여성이 프랑스나 잉글랜드 여성보다 훌륭한 교육
을 받고 자립심이 강한데 때로는 그 차이가 놀라울 정도라고 기록했다.
그는 "나는 미국의 젊은 여성들이 자유로운 대화에 수반되는 어려움
속에서도 자기 생각과 말을 정리해내던 비범한 태도와 대담함에 자주
놀랐고 어떤 면에서는 거의 두렵기까지 했다"고 적었다.[285]

그는 유럽에서는 남성이 여성을 추켜세우지만 기저에 깔린 경멸
을 무심코 드러내는 반면, 미국에서는 "남성이 여성에게 찬사를 보내
는 경우는 거의 없지만 자신들이 얼마나 여성을 존중하는지 일상적으
로 보여준다"고 했다. 그가 관찰한 바에 따르면 미국에서 강간은 사형

에 처할 중죄이고 "젊은 미혼 여성은 두려움 없이 혼자서 먼 여행을 떠날 수 있다."

미국에서 경험을 쌓으며 토크빌은 남녀 관계에 가장 중요한 질문을 던지게 되었다. "남녀 간 거대한 불평등은 여태까지 인간 본성에 영원히 기반한다고 여겨졌는데, 결국에 가서는 민주주의가 이 상황을 바꾸게 될까?" 이 질문은 서양이 정치, 사회 모델을 남녀 평등이라는 개념에 적대적인 문화에 전파하면서 새로운 천 년에 진입한 오늘날에도 여전히 개발도상국에서 파문을 일으키고 있다. 1835년에 토크빌은 그 대답이 무엇일지 자신 있게 예상했다. 그는 민주주의가 "여성을 일으켜 세우고 남자와 점점 더 동등하게 만들 것이다"라고 믿었다.286

토크빌은 여행하던 시간 대부분을 미국 북부에서 보냈고 노예 제도가 시행된 남부에서는 비교적 짧게 머물렀다. 이곳에서 남녀 평등을 달성할 가망은 흑인 노예와 백인 주인이 평등해질 가능성만큼이나 희박해 보였다. 가난처럼 노예 제도도 여성 혐오 자체를 만들어내지는 않지만 번영할 수 있는 토양을 조성한다. 결정적으로 노예 제도는 여성을 성적으로 착취하는 행위를 막는 법적 차단막을 제거한다. 법학자인 레온 히긴보텀Leon Higginbotham은 "첫 아프리카계 미국인이 미국인 주인에게 강간당한 때부터 메시지는 훨씬 명확해졌다. 법률적 관점에서 아프리카계 미국인 노예 여성은 인간으로 여겨지지 않았고 따라서 자신의 몸을 제어할 권한이 없었다"고 적었다.287 노예 제도 아래서 노예는 소유물이었으므로 아프리카계 여성은 더 많은 소유물을 생산하기 위한 수단으로 종종 이용되었다.

역사학자 베벌리 가이 쉐프톨Beverly Guy-Sheftall에 따르면 "노예 제도 아래서 흑인 여성에게 자행된 성적 착취는 흑인 남성 노예의 거세만큼이나 파괴적인 영향을 미쳤다."288 과거에 노예였다가 초기 여권 운동에 적극 가담한 소저너 트루스Sojourner Truth는 자신에게 13명의 아이

가 있었으나 대부분 노예로 팔려나갔다고 밝혔다.[289]

초기 페미니스트들은 여성도 노예처럼 소유물로 간주된다는 점에서 노예 제도와 여성 혐오 사이의 유사점을 보았다. 실제로 퀘이커 교도이자 노예제 폐지론자인 루크레티아 모트(Lucretia Mott, 1793년~1880년)는 1840년에 런던에서 열린 노예제 폐지론자들의 모임에서 여자라는 이유로 발언권을 얻지 못했다. 이 사건이 계기가 되어 여성의 권리를 쟁취하기 위한 단체를 조직하기에 이른다. 그로부터 8년 뒤에 뉴욕주 북부에 있는 세네카 폴스에서 루크레티아 모트와 엘리자베스 캐디 스탠턴(Elizabeth Cady Stanton, 1815년~1902년)이 조직한 첫 여성 권리 대회가 열렸다. 그들은 "우리는 남녀가 평등하게 창조되었다는 사실이 자명한 진리라고 믿는다"고 선언했다. 다음 해인 1849년에 처음으로 미국에서 여성이 의사 면허를 취득했다. 20년 뒤에 와이오밍주는 여성에게 투표권을 준 첫 현대 정부가 되면서 정치, 사회, 성 역사에 발자국을 남겼다.[290] 미국 수정헌법 제19조가 통과되고 모든 주에 사는 여성에게 투표권이 확대될 때까지는 그로부터 50년이 더 걸렸다.

영국의 경험주의 철학자 존 스튜어트 밀(John Stuart Mill, 1806년~1873년)은 열렬한 여권 지지자였고 《여성의 종속The Subjection of Woman》을 저술했으며 1867년에는 하원에서 논의되던 법안에 (비록 교육을 자격 요건으로 두어 제한하긴 했지만) 여성에게 투표권을 주는 조항을 포함하려고 시도했다. 시도는 실패로 돌아갔다. 1879년에 프랑스에서 여성을 위해 정치적 권리를 쟁취하려던 사회주의 정당의 시도도 마찬가지였다.

밀은 '인간 본성'이란 존재하지 않으며 인종 간이나 개인 간 다른 점은 환경 차이로 설명할 수 있다는 이른바 백지 상태 가설을 정책과 사회 방침에 처음 적용했다. 그는 남녀를 비롯해 사람 간에 선천적인 차이가 존재한다는 믿음이 사회가 진보하는 데 주요 장애물이 된다고 주장했다.

　밀의 반대자들은 밀이 옳다는 사실을 증명했다. 경험주의자들의 주장이 힘을 얻자 남녀가 동등하다는 기괴한 생각을 논박하기 위해 반발하던 세력은 점차 자연에서 추론을 끌어왔던 것이다. 자연이 여자를 남자보다 약하게 만들지 않았던가? 여자의 머리가 남자의 머리보다 작고 찰스 다윈도 이를 두고 "덜 고도로 발달했다"고 하지 않았던가?291 그들이 월경을 하지 않던가? 당시 과학적 분석의 수준은 1878년 «영국 의학 저널»에서 월경을 하는 여성이 햄을 만지면 상하는지를 놓고 벌어진 토론을 6개월간 특집으로 내보냈다는 사실로 미루어 판단할 수 있을 것이다.292

　반발은 철학 분야에서도 나타났다. 플라톤 이래 여성 혐오를 지지하는 철학자가 부족한 적은 없었다. 19세기에 주로 독일 사상가들 사이에서 이러한 경향은 경험주의에 대항한 반발의 형태를 띠었고, 루소(5장 참고)와 임마누엘 칸트(Immanuel Kant, 1724년~1804년)의 영향을 받아서 낭만주의 운동을 일으키는 데 일조했다. '낭만'이라는 말이 적어도 대중에게 여성 친화적인 분위기를 풍기기 때문에 낭만주의가 실제로는 여성 혐오를 영속하고자 하는 편에 섰다는 사실은 다소 역설적으로 느껴진다. 하지만 낭만주의자가 시와 철학을 통해 여성 해방에 미친 영향은 민스트럴 쇼*가 시민 평등권 운동에 준 영향과 유사했다.

　가장 심오한 지식은 경험에 근거하지 않고 본질상 직관적이라는 칸트의 개념은 세계를 신비적이고 범신론적으로 해석하기에 적합했다. 이 세계관은 반이성주의적이었으며, 지성을 거부하고 대신에 의지를 격상해서 세계의 의미를 구성하는 본질을 실현하는 수단으로 삼았다. 여성과 남성에게는 각자 다른 특질이 부여되었다. 칸트가 보기에

---

*　백인이 얼굴을 검게 칠하고 무대에 등장해서 흑인에 대한 고정관념을 이용해 흑인을 희화하던 엔터테인먼트 쇼.

여성의 본질은 아름다움이었다. 그들이 삶에서 맡은 역할은 추앙받으며 꽃꽂이하는 것 정도고 사색가의 고뇌에 영향받지 않게 내버려두는 게 최선이며 사색과는 멀어질수록 좋았다.

칸트를 추종했던 아르투어 쇼펜하우어(Arthur Schopenhauer, 1788년~1860년)의 철학에서 그려낸 여성은 성인 모습을 한 아이이며 발달이 멈춘 생물이고 남성을 돌보는 데에만 적합하다. «의지와 표상으로서의 세계Die Welt als Wille und Vorstellung»의 저자인 쇼펜하우어는 불교에 심취했고 마법과 신비주의를 믿었으며 동물 애호가로서 독신으로 살았고 민주주의에 전적으로 반대했다. 그는 "여성은 종의 번식을 위해서만 존재한다"고 믿었다. 의심의 여지없이 쇼펜하우어가 사상의 역사에 남긴 가장 큰 자취는 그가 프리드리히 니체(Friedrich Nietzsche, 1844년~1900년)에게 미친 영향이다.293

쇼펜하우어처럼 니체에게도 실제로 존재하는 것은 의지뿐이었다. 니체는 나폴레옹과 영국 시인 바이런 경(Lord Byron, 1788년~1824년)을 존경했다. 현대적 의미에서 첫 문학계 유명 인사인 바이런보다는 나폴레옹이 더 분명한 선택지로 보인다. 하지만 니체가 '위버멘쉬Ubermen-sch('초인'이라고도 하고, 영어로는 '슈퍼맨'으로 옮기기도 한다)'의 역할로 여긴 일들을 바이런은 현실에서 구현해냈다. 바이런은 관습을 짓밟았고 널리 받아들여지는 도덕률에 저항했으며 권력 의지의 화신이었다. 바이런의 권력 의지는 여성을 대상으로 한 것이었다. 그는 살아 있는 '돈 주앙'이라는 명성을 얻었다.294

니체는 «차라투스트라는 이렇게 말했다Also sprach Zarathustra»에서 "남자의 행복은 '내가 원한다'는 데에 있지만, 여자의 행복은 '그가 원한다'는 데에 있다"고 주장한다. 이런 말도 했다. "여성의 모든 면이 수수께끼다. 그리고 여성에게는 모든 것에 대한 해결책이 한 가지 있으니, 바로 임신이다." 초인의 아이를 배고 있지 않을 때 여성은 "전사가 안정을 취하도록" 헌신한다. 니체는 "다른 모든 일은 어리석은 짓이다"라고 선언한다. «권력에의 의지 *Wille Zur Macht*»에서는 여성에 관해 "춤과 허튼소리, 화려한 옷과 보석에만 관심 있는 생명체를 만나는 것은 얼마나 즐거운 일인가!"라고 적었다.

힘과 폭력에 대한 니체의 공상은 병약한 은둔자라는 정체성에서 비롯했고 여성에 대한 경멸은 여성을 두려워하는 마음에서 나왔다.295 그가 이상적인 여성상으로 그린 경박하고 어리숙한 여성의 모습은 순진함과 무지함이 결합된 형태인데 루소와 쇼펜하우어가 남긴 소산이었고, 빅토리아 시대 영국이 지향한 '가정의 천사'와도 연관성이 있었다. 그러나 니체가 그린 여성의 직계 후손은 그보다 나중에 히틀러의 머릿속에서 탄생했다. 20세기에 그녀는 순수 혈통을 지닌 독일 처녀이자 성적 면모가 배제된 지배 민족의 어머니란 형태로 등장한다.

히틀러에게 미친 영향이 컸기에 19세기의 가장 파급력 있는 여성 혐오자로 니체를 지목할 수도 있겠지만, 니체가 가장 유명한 여성 혐오자는 아니었다. 그 악랄한 명성을 떨친 주인공의 정체는 백여 년이 지난 지금도 수수께끼에 싸여 있으며 당시 얻은 별명으로만 알려졌다. 바로 첫 현대적 연쇄살인마인 잭 더 리퍼Jack the Ripper다. 살인은 시만큼이나 한 사회의 내밀한 공포와 욕망, 집착을 드러낸다. 이런 점에서 잭 더 리퍼가 1888년 8월부터 11월까지 저지른 다섯 건의 살인보다 빅토리아 시대의 여성 혐오를 오싹한 조명 아래 속속들이 비춘 사건은 없었다. 그해는 빅토리아 여왕의 재위 50주년을 기념하고 나서 고작 1년이 지난 때였다. 대영 제국의 위상은 최고조에 달했고 영국은 지구에서 가장 강력하고 자신만만한 국가였다. 그러나 가난한 매춘부 다섯 명에게 저지른 추악하고 악랄한 살인 사건은 사회의 뿌리 깊은 여성 혐오가 만들어낸 소름 끼치는 광경을 피 묻은 거울을 통해 들여다보게 했고 제국의 수도를 뒤흔들어놓았다.

여성을 향한 폭력은 분명 빅토리아 시대 사람들에게 낯선 일이 아니었다. 그저 피해자가 하위 계층에 속하면 무시해왔고, 또 희생자 대부분이 하위 계층 출신이었을 뿐이다. 현실에서 폭력이 부족하면 포르노그래피가 대신 듬뿍 채워주며 중산층 신사의 환상을 자극했다. 잭 더 리퍼 살인 사건이 일어난 해에 익명으로 《은밀한 사생활*My Secret Life*》이 발간되었다. 총 11권으로 되어 있으며 매춘부와 하위 계층 여성에게 중독된 기혼 신사의 성적 편력을 담은 자서전으로 알려졌다. 매독이 옮았다고 의심되는 일탈 행위를 한 뒤에 그는 집으로 돌아와 아내를 찾고, 아내는 그와 섹스하기를 거부한다.

> 하지만 나는 침대로 뛰어들었고 강제로 그녀를 눕히고는 음경을
> 밀어 넣었다. 단단했던 게 분명하고 나도 거칠게 굴었던 것
> 같다. 그녀가 아프다고 비명을 질렀기 때문이다. "너무 세게
> 하지 말아요. 뭐 하는 거예요?" 그렇지만 나는 그 순간 음경으로
> 그녀를 살해할 수도 있다고 느꼈고 계속 박아 넣으면서 욕을
> 퍼부었다. 그녀를 덮치는 동안 나는 그녀를 증오했다. 그녀는 내
> 정액받이였다.296

이 단락에서 강렬하게 나타난 여성에 대한 경멸은 음경이 치명적인 무기로 휘둘러지면서 일종의 정신적인 살인으로 끝난다. 잭 더 리퍼는 살인이란 말을 문자 그대로 이행하며 칼을 썼다. 하지만 그의 살해 방식은 여성 혐오에 어떠한 변화가 있었는지 드러낸다. 새로운 과학 체계가 승리하면서 성적 행동의 옳고 그름을 판단하는 심판자로서 점점 종교를 대체해갔고, 그에 맞춰 여성 혐오도 바뀌었다. 공공연히 도덕 범주를 들이대기보다 의학 용어를 선호했다. 잭 더 리퍼는 과학 체계를 가장 직접적이고 잔혹한 방식으로 적용하며 여성을 해부학에나 적합

한 표본으로 격하했다.

잭 더 리퍼의 다섯 희생자는 8월 31일에 살해된 메리 앤 니콜스 Mary Ann Nichols, 9월 8일에 살해된 애니 채프먼Annie Chapman, 9월 30일에 살해된 엘리자베스 스트라이드Elizabeth Stride와 캐서린 에도우즈 Catherine Eddowes, 11월 9일에 살해된 메리 제인 켈리Mary Jane Kelly다.297 모두 이스트엔드 지역의 화이트채플 거리와 싸구려 하숙집, 술집에서 일하던 매춘부였다. 모두 알코올 중독자였고 남편과 함께 살지 않았다. 모두 살기 위해 필사적이었다.

살인자는 상투적인 수법을 따랐으며 먼저 피해자가 섹스를 위해 치마를 걷어 올릴 때 목을 졸랐다. 그다음 희생자를 땅에 눕히고 목을 두 차례 긋고 나서 진짜 작업을 시작했다. 보통 그가 희생자의 시신을 훼손했다고들 하지만, 실제로는 여성의 음부를 위주로 한 해부에 가까웠다. 살인자는 시신에서 자궁을 제거했고 질의 일부를 찌르거나 제거했다(스트라이드 살인 사건 때는 중간에 방해를 받은 듯하고 이 단계에는 이르지 못했다). 그는 희생자의 내장도 꺼냈다. 해부 목적은 안에서 바깥으로 여성을 노출하는 것이었다.

가장 끔찍하게 희생된 사람은 메리 켈리로, 그녀가 세 들었던 좁고 지저분한 방에서 살해되었다. «폴 몰 가제트The Pall Mall Gazette»의 기자는 그녀의 시신이 "밀랍으로 된 끔찍한 해부학 표본"을 닮았다고 기록했다.298 거리에 있을 때보다 방해받을 위험이 적었기에 살인자는 그녀의 시신을 완전히 해부했다. 경찰 외과의였던 토머스 본드Thomas Bond의 보고에 따르면 그녀의 가슴이 제거되어 있었고 그중 하나는 머리 아래, 다른 하나는 오른발 옆에 놓여 있었다. 자궁과 신장도 머리 아래에서 발견되었다. 음부와 오른쪽 허벅지 피부가 벗겨져 있었고 얼굴은 알아볼 수 없을 정도로 훼손되었다.299 복부에서 도려낸 살점은 침대 옆 탁자에 놓여 있었다. 한 손이 휑하게 빈 배 속으로 밀어 넣어져 있었다. 그녀는 임신 3개월째였으나 보고서에 태아에 대한 언급은 없었다. 잭 더 리퍼는 희생자의 허벅지를 벌려서 누가 봐도 추파를 던지는 듯한 자세로 남겨두었다. 다른 희생자는 모두 치마가 걷어 올려진 채 음부를 노출한 상태로 발견되었다. 빅토리아 시대 사람들은 탁자 다리가 성적으로 도발적이라며 천으로 가린 것으로 유명하지만, 잭 더 리퍼의 살인을 성범죄로 분류하지는 않았다.

중세 후기와 근대 초기를 휩쓴 마녀사냥 광기처럼 잭 더 리퍼가 저지른 살인 사건들도 사회가 여성을 바라보는 시선 속에 무엇이 도사리는지 많은 이야기를 해준다. 한 46세 과부는 런던의 신문사 한 곳에 잭 더 리퍼가 "점잖은 여성들을 존경하고 보호하기에" 자신과 같은 '점잖은 여성'은 그를 두려워할 필요가 없다고 써서 보냈다.300 실제로 상류층이 살던 웨스트엔드 지역에서 존중되던 의견 가운데 일부는 '나쁜' 여자들이 대가를 치렀을 뿐이라는 내용이었다.

빅토리아 시대 사람들이 착한 여성은 성욕에서 배제된 존재며 여성의 성욕은 '질병'의 징후라고 보았기에 성기 절제는 자위, 히스테리, 색정증과 여러 '여성' 질환의 치료 수단이 되었다. 빅토리아 시대의 여성 혐오 관점에서 매춘은 경제적인 절박함 때문이 아니라 억제할 수 없는 성욕 때문에 발생하는 일이었고, 따라서 매춘부는 흔히 '타락한 여인'이나 '쾌락의 딸'이라고 불렸다. 잭 더 리퍼는 비록 정신병 측면을 지녔을지언정 빅토리아 시대의 관점을 논리적 극단으로 몰고 간 것일 뿐이다. '타락한 여성'들이 성적 질병을 앓고 있기에 그는 수술을 집도했고, 질병에 걸린 다른 장기 표본처럼 세상이 모두 보도록 전시했다.301

마녀사냥 시기에 여성 혐오는 강력한 기관이었던 교회를 통해 드러났다. 잭 더 리퍼 사례에서는 여성 혐오가 정신병을 앓는 개인 차원에서 발산되었다. 불행히도 20세기에는 여성 혐오가 두 가지 형태를 모두 띨 기회가 지나치게 많았다.

제7장
20세기가 펼친 악몽 속 여성 혐오

여성 참정권-프로이트-
음핵 절제-바이닝거-여성
해방과 매춘과 유대인-
히틀러-나치-독일 여성의
순결-교배-유대인 여성
박해-마르크스주의-레닌-
문화 혁명-전체주의-
탈북자-전시 강간-
세르비아

역사의 한 시절을 살아낼 때 한 시대에서 다른 시대로 넘어가는 명확한 구분선이 있는 경우는 드물다. 우리는 현대 세계와 빅토리아 시대를 확연히 구분하고, 두 시대가 특히 성 관련 문제에서 매우 다르다고 여긴다. 그러나 20세기를 여는 데 기여했고 새로운 시대에 여성을 어느 관점에서 바라보고 어떻게 대해야 하는지에 대한 여론을 형성한 사람들이 빅토리아 시대에 뿌리를 둔 남자들이었다는 사실은 잊곤 한다. 지그문트 프로이트(1856년~1939년)와 찰스 다윈(1809년~1882년), 카를 마르크스(1818년~1883년)는 모두 19세기 사람으로, 그들이 남긴 생각들은 20세기가 되어서야 온전히 실현되었다. 세 명 모두의 생각은 여성 혐오의 역사에 영향을 미쳤고 때로는 그 영향력이 중대했다. 마르크스와 다윈이 남긴 파급력은 처음에는 분명하지 않았다. 하지만 프로이트가 기여한 바는 처음부터 확실했다.

　　20세기 초반에 개개인의 평등과 자율성을 중시하던 계몽주의 이상은 서유럽 전체와 미국 그리고 두 지역에서 파생된 국가들에 단단히 뿌리내린 듯했다. 계몽주의 이상은 진보라는 개념과도 연결되었는데, 이 역시 서양에 굳건히 자리 잡았다. 하지만 진보는 단순히 개념이 아니었다. 당시 진보는 현실을 반영한 듯 보였다. 유례없이 산업이 성장하고 경제가 팽창하던 시기는 모두의 번영을 약속했다.

　　민주주의 형태의 정부가 우세하던 유럽과 북아메리카에서는 투표권을 포함한 여성의 권리가 정치적 의제에 올라 있었다. 1893년에 뉴질랜드는 여성에게 참정권을 부여한 첫 국가가 되었다. 덴마크, 핀란드, 아이슬란드, 노르웨이가 그 뒤를 따랐다. 러시아에서는 볼셰비키 혁명이 일어나면서 1917년에 여성에게 참정권이 부여되었다. 다음 해인 1918년에 거의 한 세기 가깝게 지속된 길고 격렬한 운동 끝에 영국 여성들은 30세가 넘으면 투표할 수 있는 권리를 쟁취했다. 그로부터 10년이 지난 뒤에는 여성의 투표 연령이 21세로 하향된다. 1920년 8월에 미국에서 여성에게 투표권을 주는 수정헌법 제19조가 비준되었다. 그사이 노동 인구에서 여성이 차지하는 비중이 점점 늘었다. 공공 영역은 더는 남성만의 전유물이 아니었다. 중산층 여성은 고등 교육을 받을 수 있었고 남성만 해당한다고 여겨진 직업군에 진출했다.

과거에도 그랬듯이 여성의 권리 신장은 반발을 불러왔다. 반발은 과학, 철학, 정치 등 다양한 영역에서 나타났다. 하지만 모두 여성에 대한 남성의 경멸을 정당화하려는 한 가지 목적을 지니고 있었다. 평등이나 여성의 권리 신장과 상관없이 특정 영역에서는 남녀 관계가 절대 변하지 않는다고 남성을 안심시키기 위해 오래된 편견을 강화하지는 않더라도 적어도 재차 확인해야 했다.

이러한 면은 프로이트의 작품에 극명하게 드러난다. 프로이트의 영향력은 이례적일 정도로 막강해서 영국 시인 W. H. 오든Wystan Hugh Auden은 그를 두고 "여론을 형성하는 풍토였고/ 그의 영향 아래서 우리는 각자의 삶을 살고 있다"고 표현했다.302 프로이트의 작품은 처음으로 남녀의 심리 차이를 폭넓고 자세하며 '과학적'인 방법으로 검토했다. 프로이트는 남녀의 본성에서 다르다고 인지되는 부분의 정신분석학적 뿌리가 무엇인지 찾으려고 시도했다. 초기에 프로이트는 남자아이와 여자아이의 발달 과정을 다룰 때 차이점보다는 유사점을 강조하는 편이었다. 한때는 남자아이가 '자궁을 선망한다'고 생각했다.303 그러나 나이가 들면서 그는 더 이원론적인 시각을 발전시켰다. 그리고 그 시기에 해당하는 1920년대에 남성과 여성에 대해 정리한 더 유명한 이론을 발표했다.

　자세히 살펴보면 프로이트가 발견한 일부 내용에는 아프리카 주술사의 믿음과 유사한 면이 있다는 사실을 알게 된다. 주술사가 과학자가 입는 흰 가운을 장만해서 입고 발표를 한다면 그들 사이의 놀랄 만한 유사점이 뚜렷이 드러날 것이다. 프로이트가 음핵을 공격하는 내용을 떠올려보자. 1925년에 쓴 논문에서 프로이트는 음핵이 발기한다는 이유로 음핵을 여성의 성에 존재하는 '남성적' 요소로 보았고 음핵을 이용한 자위를 '남성적 행위'로 보았다. 그는 "음핵으로 향한 성욕을 제거하는 것이 여성성이 발달하는 데 필요한 전제 조건이다"라고 주장했다.304 음핵이 지녀온 "성감대의 역할과 중요성을 질"에 넘겨주는 일종의 체제 변화를 통해서만 여성다워질 수 있다.

　서아프리카 니제르에 사는 도곤 부족은 모두가 남성적인 영혼과 여성적인 영혼을 함께 가지고 태어난다고 믿는다. 여자아이가 진정한 여성성을 획득하기 위해서는 남성적인 영혼이 거주하는 부위, 곧 음핵을 제거해야 하고, 남자아이는 여성적인 영혼이 숨어 있는 포피를 제거하기 위해 할례를 받아야 한다고 믿는다.305 이미 보았듯이 빅토리아 시대의 몇몇 의학 전문가들은 '여성 질병'을 치료하는 수단으로 음핵 절제를 옹호했다. 지그문트 프로이트가 육체적 훼손 대신에 정신적 훼손을 제안했다는 점을 제외하면 그의 주장과 빅토리아 시대의 음핵 절제술, 그리고 오래되고 기묘한 아프리카 신화 사이의 다른 점은 무엇일까?

　프로이트는 음핵이 생식과 관련되지 않은 순수한 쾌감을 주기에 남성적이며, 진정한 여성성은 남성적인 행위에서 비롯된 성적 쾌감을 포기할 때 획득된다고 주장했다. 순수한 쾌감을 추구하는 이기심은 남성의 특징이고, 따라서 여성이 완전히 여성적으로 되려면 그러한 모습을 버려야 했다. 프로이트가 보기에 여성성은 자제심과 자신을 내세우지 않음을 의미했으며 질의 특성과 동일시되었다.

그렇다면 여자아이는 무엇 때문에 음핵이 주는 즐거움을 포기하게 될까? 프로이트는 여자아이가 "남자 형제나 놀이 친구의 남근이 눈에 띄게 두드러지고 훨씬 크다는 사실을 알아채고서 자신이 가진 작고 눈에 띄지 않는 기관보다 우월하다고 인지한다. 그리고 그 순간부터 남근 선망에 사로잡힌다"고 적었다.306 적어도 프로이트에게는 분명 크기가 중요했다. 그는 이러한 차이가 남자가 여성을 바라보는 방식을 결정한다고 보았고 이에 기반해 여성 혐오를 설명했다.

"상황이 결합하면서 불완전한 생물체에 대한 공포와 의기양양한 경멸이라는 두 가지 반응을 낳고, 그 반응이 고착되면서 다른 요소와 맞물려 남자가 여자와 관계 맺는 방식을 영원히 결정한다." 프로이트에 따르면 이로써 남성이 여성을 경멸하는 이유뿐 아니라 여성 자신조차 "그토록 중요한 측면에서 보잘것없는 성"을 향해 경멸을 키우는 이유가 설명된다.307 따라서 이 이론은 여성 혐오가 이상 현상이 아니라 사실 정상이며 남자와 여자가 모두 '불완전한' 여성에게 보이는 보편적인 반응이라고 예측한다.

여성의 발달을 설명하는 프로이트의 생각은 아프리카 주술사뿐 아니라 아리스토텔레스의 견해와도 유사하다. 2,200년 전에 아리스토텔레스 역시 여성을 '불완전한' 남성이자 자신의 잠재력을 온전히 발현하지 못한 생명체로 보았다(1장 참고). 아리스토텔레스처럼 프로이트도 남성을 성적 표준으로 두고 그와 비교해 다른 성을 판단하는 데서 출발했다. 이러한 관점은 남성과 정상성을, 그리고 여성과 비정상성을 연관 짓는 일종의 이분법을 확립했으며 시간이 흐를수록 그의 생각 속에 더욱 깊게 뿌리내렸다. 그는 해묵은 여성 혐오적 편견을 되풀이하는 데 이분법을 활용했다. 다른 점은 편견이 과학의 이름으로 정당화되었다는 사실뿐이었다.308 여성성이 음핵 자극에서 질 섹스로 중점을 바꾸는 데 달려 있다는 프로이트의 이론은 편견을 '과학적으로' 정당화했다고 평가된다. 동시대 나치 선전도 여성의 역할이 어머니로 한정되어야 한다는 편견을 주장하는 데 목청을 높였다.

프로이트는 그의 마지막 작품 가운데 하나인 «문명 속의 불만*Das Unbehagen in der Kultur*»(1929)을 썼을 때 남성을 문명과 동일시했고, 여성은 문명의 적으로서 남근 선망에 사로잡혀 분개하고 적의에 찬 보수적 힘으로 그렸다. 그는 여성의 성을 '검은 대륙'이라고 결론지었다. 여성을 아프리카인들과 함께 "남자들 소관"인 문명의 영역 밖으로 내몬 의미심장한 은유였다.309

프로이트는 ‹성의 해부학적 차이에 따른 심리적 결과›에서 여성의 성을 다룬 자신의 이론이 '소수의 사례'에 기반했다고 인정했다. 적은 양의 자료에 의존해서 큰 이론을 세우는 방식은 과학적으로 바람직하지 않다. 과학은 이론의 근거가 되는 실례의 양이 중요한 학문이다. 충분한 증거가 없음에도 자신의 견해를 내세우고자 한 점에서 프로이트의 이론은 여성성의 본질보다 프로이트 자신의 지나친 자부심을 드러낼 뿐이다.

프로이트는 "내 관점에서 누군가를 이해할 수 없을 때 섬뜩해진다"고 적었다.310 이러한 발언 때문에 일부는 프로이트를 니체의 '초인', 즉 자신을 숭배하며 위세 등등한 남성적 자부심을 내세워서 다른 모두를 하찮게 만드는 괴물들의 연장선상에 놓았다.311 분명 남녀에 대한 프로이트의 이분법적 견해는 니체의 철학처럼 비이성적이고 낭만적인 신조에서 파생되지는 않았지만 많은 유사성을 갖는다. 니체가 여성을 진실의 적이라고 보았다면 프로이트는 문명의 적으로 보았다.

남녀가 근본적으로 다르다고 보는 니체식 이원론은 20세기에 여성을 향해 일었던 철학적 반발, 그리고 뒤이은 정치적 반발의 주요 기반이 된다. 1901년 가을에 프로이트는 상대적으로 덜 알려졌지만 중요한 역할을 한 이원론 옹호자를 알게 되었다. 스물한 살 난 빈 대학 졸업

생 오토 바이닝거(Otto Weininger, 1880년~1903년)는 저술하려고 계획한 《성과 성격Geschlecht und charakter》이라는 책의 개요를 들고 프로이트에게 접근했다. 프로이트는 개요를 읽고 그다지 깊은 인상을 받지 못했다. 그리고 소수의 사례로 만족해온 자신의 태도는 생각하지 않고 역설적이게도 "세상은 생각이 아니라 증거를 원한다네"라고 논평했다. 젊은 바이닝거에게 이론을 정립하기 위해 앞으로 10년간은 증거를 모으라고도 말했다. 그러나 그러한 종류의 일은 바이닝거의 천성에 맞지 않았다. 어쨌거나 그는 살날이 그 정도로 많이 남아 있지 않았다.312

오토 바이닝거는 누가 보아도 총명한 학생이었고, 열여덟 살이 되었을 때 8개 국어를 할 수 있었다. 그는 쇼펜하우어와 니체에게서 깊은 영향을 받았다. 즉 여성에게 매우 적대적인 사상의 전통을 계승했고, 이 전통은 1903년에 출간된 그의 저서 《성과 성격》에서 철학 차원의 절정에 이르렀다.

책에서 여성 혐오의 이원론은 거의 신비적인 특성을 띤다. 문명이 이룬 모든 긍정적인 성취는 남성, 그것도 아리안인 남성과 연관을 지었다. 여성은 그와 정반대였다. 바이닝거는 여성도 인류에 속한다는 사실을 부정하는 극단적인 견해를 취했고 보잘것없는 존재로 격하하며 다음과 같이 적었다. "여성은 존재하지 않고 본질도 지니지 않는다. 그들은 그 어떤 것도 아니며 無다."313 그는 물질과 이데아, 변화하며 덧없는 감각 세계와 이데아 세계를 나눈 플라톤식 구분을 언급한다. 여성은 물질이고 남성은 형상(이데아)이다. 여성에게 '본질'이 없다는 바이닝거의 주장은 여성이 순수한 형상이 있는 가장 고차원 세계에 존재하지 않는다는 의미다. 따라서 여성이 물질 세계에 존재한다는 사실은 중요하지 않았다.

바이닝거는 인류 타락의 신화를 철학 차원에서 반복한다. "물질 그 자체로는 아무것도 아니다. 물질은 형상을 통해 존재하게 된다." 즉 형상인 남성이 '행위의 객체이자 물질'인 여성을 욕망함으로써 여성이 존재하게 된다. 여성은 '성 그 자체'다.

> 세계의 이원성은 이해의 범주 밖에 있다. 그것은 태곳적 수수께끼며 인류 타락의 과정이다. 그것은 영원한 생명과 필멸의 존재를, 순수한 것과 죄지은 것을 묶는다.

플라톤과 〈창세기〉, 원죄 교리가 바이닝거의 생각 속에서 합쳐지면서 여성은 남성을 필멸하는 물질에 묶어두는 존재가 되었고, 영원한 형상은 퇴보해서 덧없는 세계로 내려왔다. 그는 타락을 불러오는 수단인 "여성에게만 책임이 있다"고 결론 내린다.[314]

바이닝거는 유대인이었지만, 여성 혐오만큼 반유대주의도 책의 특징이 되는 요소다. '실제로든 이론으로든' 유대인 박해를 옹호할 정도로 저속한 입장과는 선을 긋기는 했다. 그는 여성과 유대인 사이의 유사점을 찾았다. 그에 따르면 여성처럼 유대인들은 "천재성이 없다." 유대인과 여성은 "엄청난 적응력"을 지녔다는 점과 "깊이 뿌리내린 독창적인 생각이 부족"하다는 점에서 닮았다. "여성처럼 유대인은 그들 자체로는 아무것도 아니며 무엇이든 될 수 있다." 둘 다 "딴마음을 먹곤 하며" 어떤 것도 진심으로 믿지 않기에 전혀 신뢰할 수 없다.[315]

당연하게도 바이닝거는 경험주의자를 경멸했으며, 진정한 아리아인은 감각 기관에 의한 얄팍한 증거에 기반하거나 실험을 통해 이론을 확인할 필요성에 얽매이지 않고 사상 체계를 구축한다고 주장했다. 그는 경험에 기반한 사유가 피상적이라고 멸시했으며, 경험주의에 기댄다는 이유로 영국인들을 경멸했다.

《성과 성격》의 궁극적인 목적은 저자가 책 도입부에서 언명했듯이 그에게 큰 염려를 안기는 여성 해방 문제를 다루는 것이었다. 바이닝거는 여성 해방이 인간이란 개념을 위협한다고 보았다. 바이닝거는 결론부에서 다시 그 문제를 다루면서 뉴질랜드가 여성에게 투표권을 주었다는 사실을 한탄하고, 이를 정신박약자와 어린아이, 범죄자에게 선거권을 주는 일과 동격으로 치부한다. 여성 해방의 원인을 유대인이 끼치는 해로운 영향과 매춘에서 찾기도 한다. 그리고 자연스럽게 4세기의 기독교 금욕주의자들이 가진 견해와 비슷한 입장에 도달해서는 "성교는 비도덕적이다"라고 결론짓는다.

1903년에 《성과 성격》을 출간하고 얼마 지나지 않아서 오토 바이닝거는 자살한다. 책은 거의 주목받지 못했고 주로 부정적인 반응을 얻었다. 그러나 젊은 나이의 죽음은 바이닝거와 그가 남긴 책에 비극적인 분위기를 입혔고 그의 생각은 오스트리아의 중심인 빈 사회에서 추종 세력을 거느리게 되었다. 성과학자인 이반 블로흐Ivan Bloch에 따르면 당시 이성애자 남성마저 "공포에 질려 여성과의 관계를 포기"하기 시작했다고 한다.316 바이닝거의 영향력은 프랑스, 독일, 영국과 미국으로 퍼졌고, 명망 있는 영국 문학 비평가인 포드 매독스 포드Ford Maddox Ford가 칭송하며 남자들 사이에 "새로운 복음서가 출현했다"고 선언했다.317

바이닝거는 같은 빈 출신 철학자인 루드비히 비트겐슈타인Ludwig Wittgenstein을 포함해 여러 사상가들에게 영향을 미쳤으며, 더 최근에는 일부 페미니스트의 관심을 끌었다. 저메인 그리어Germaine Greer는 바이닝거의 책을 《여성, 거세당하다The Female Eunuch》에서 찬양하며 여성에 관한 그의 이론이 주변에서 목격한 일들에 기반했을 뿐이라고 주장했다. 이런 면에서 그리어는 아름다움에 쏟는 관심처럼 일부 여성적 요소에 대한 경멸을 포함해 여성 혐오가 전통적으로 내세운 주장을 공유하는 페미니스트 사상의 한 줄기를 이어간다.

그러나 여성 혐오의 역사에서 바이닝거가 가지는 진정한 중요성은 다른 곳에서 나타난다. 사상 차원에서 보자면 바이닝거는 유대-기독교 전통과 그리스 철학 사상을 원천으로 삼아 내려온 여성 경멸의 사상적 물줄기를 생생하고 강렬하게 구체화했다. 그러나 그보다 더욱 중요한 점은 바이닝거가 반유대주의와 여성 혐오의 세계관을 대변했으며, 그러한 생각이 한 세기가 바뀔 무렵 빈 거리와 카페를 떠돌며 편견과 증오에 절은 분위기를 흡수한 청년 히틀러(1889년~1945년)에게 깊은 울림을 주었다는 것이다.

히틀러와 철학자 쇼펜하우어, 니체, 바이닝거는 사상뿐 아니라 삶에도 눈에 띄는 유사점이 존재한다. 모두 소외되었고 성에 자신이 없었으며 적어도 현재까지 알려진 바로는 여성과 성숙하고 안정된 관계를 맺거나 포근한 가정 생활을 누린 적이 없다. 그들의 소외감에는 자신에게 특별한 운명이 주어졌다는 강력한 믿음이 따랐다. 바이닝거는 책을 출간하고 나서 말했다. "내게는 세 가지 길이 있다. 교수대나 자살, 아니면 너무 찬란해서 감히 생각조차 할 수 없는 미래다." 히틀러는 그가 한 말을 이해했을 것이다. 그들의 여성 혐오는 여성에 대한 공포(아마 거기에 더해 친밀한 관계에 대한 근원적인 공포)에 기반했고 반유대주의 같은 다른 편견과도 연관되어 있었다.318 «햄릿»에 나오는 대사를 여기에 맞춰 변형하면 다음과 같이 말할 수 있을 것이다. 편견은 혼자서 오지 않는다. 그것은 떼를 지어 온다.

19세기에서 20세기로 넘어가던 시기에 빈의 분위기는 지독하게 반유대주의적이었다.319 바이닝거의 마음속에 여성 해방과 매춘, 유대인은 모두 하나로 연결되어 있었다. 그는 여성 운동이 "단지 어머니가 되어야 하는 구속을 떨쳐내버리고 자유로워지고자 하는 욕망의 표현일 뿐이다. 실제로 발생한 결과는 전반적으로 여성 운동이 모성을 저버리고 매춘으로 향하는 저항일 뿐이며, 목표했던 여성 해방보다는 매춘부 해방을 불러온다는 사실을 보여준다"고 적었다. 그는 유대인의 교활한 영향력 때문에 우리가 "그 앞에 굴복"하고 그것을 실제 모습이 아닌 다른 모습으로 파악한다고 주장했다.[320]

히틀러도 이러한 견해를 반복하며 여성의 권리가 "유대계 지식인들이 발명해낸 문구"라고 맹렬히 비난했다.[321] 비뚤어진 히틀러의 시각 속에서 유대인과 매춘부, 마르크스주의자, 신여성은 모두 모성과 '튜턴' 문명을 전복하려는 사악한 음모자에 속했다.

1908년에 히틀러는 열아홉 살 난 화가 지망생으로 빈에 도착했으나 미술 대학에 입학하는 데 실패했다. 남아돌던 시간에 히틀러는 얼마간 함께 한방을 썼던 아우구스트 쿠비체크August Kubizek에게 매춘이 불러오는 폐해에 대해 설교하곤 했다. 가끔 쿠비체크를 데리고 빈의 홍등가를 돌아다녔고 그러고 나면 감정에 고취되어 섹스와 도덕적 타락에 대해 더욱더 소리 높여 불평했다. 나중에 히틀러는 매춘과 자유주의 사상이 퍼지는 이유를 유대인 탓으로 돌렸다. 한번은 피아노를 배우던 쿠비체크가 어떤 여성에게 피아노를 가르쳐주려고 방에 데려오자 격분해서 비판을 퍼부었다. 히틀러는 친구에게 여성은 그러한 교육에서 이로운 점을 전혀 얻지 못한다고 말했다.[322]

바이닝거처럼 히틀러도 섹스를 자제해야 한다고 주장했고, 그에 더해 술과 고기 섭취도 억제해야 한다고 생각했다. 그는 자위도 반대했다. 다른 친구도 히틀러에 대해 말하면서 그가 "여성을 별로 존중하지 않았고 남녀 관계에 대해 매우 금욕적인 사고방식을 가지고 있었다"고 회고했다.[323] 히틀러가 직접 한 말을 인용하면 그의 이상형은 "귀엽고 껴안고 싶고 순진무구하고 상냥하고 다정하고 아둔한" 여자였다.[324]

여러 해에 걸쳐 히틀러의 성 생활을 둘러싸고 온갖 충격적인 소문이 쌓여갔다. 자서전인 《나의 투쟁》 속 그는 여성과 유대인, 매독에 관한 생각으로 가득 차 있다. 그리고 그가 어떤 식으로든 관계 맺었던 여인 여섯 명 중 다섯 명이 자살했다. 그 가운데에는 스물세 살이던 조카

겔리 라우발Geli Raubal이 있는데, 히틀러는 그녀에 관해서라면 병적인 질투심을 보였다. 라우발은 언젠가 "제 삼촌은 괴물이에요"라고 말한 적이 있다.[325] 1931년 9월에 라우발은 뮌헨의 아파트에서 권총으로 머리를 쏜 뒤 죽은 채로 발견되었다.

그가 섹스에 관심이 없었다는 사실은 거의 틀림없다. 예쁘고 젊은 여성들과 함께 있을 때는 어느 정도 즐거워한 듯이 보이지만, 그의 행동을 보면 일반적으로 여성에게서 엄청난 공포를 느꼈음을 알 수 있다.[326] 그는 대중의 순응성을 '여성적'이라 말함으로써 그가 연설로 고무하던 군중과, 그들과 비교 대상이 된 여성 모두에게 경멸을 나타냈다. 비극적이게도 히틀러의 인종적이고 여성 혐오적인 강박관념은 20세기 역사에 피로 물든 흔적을 남겼다.

나중에 나치를 탄생시키는 국가사회주의 운동이 등장하자 히틀러는 광신적인 생각을 품은 부랑자에서 카리스마 있는 지도자가 되었고, 살육의 참상까지 포함한 생각을 정치적 현실로 바꿔놓을 힘을 가지게 되었다. 처음부터 나치당에겐 인종적 증오뿐 아니라 여성 혐오가 강력한 원동력이었다. 나치당은 순전히 남자들로만 구성된 참호, 맥줏집, 군인 출신들이 설립한 준군사 조직과 퇴역 군인 협회에서 탄생했는데, 이들은 제1차 세계대전에서 독일이 패배한 데에 분노했고 원통해했다. 전사와 '초인'을 숭배하는 나치당 당원 문화에는 확연하게 동성애 특성이 번져 있었다. 이러한 면은 특히 나치당의 초기 준군사 조직인 SA에서 두드러졌다. 여성을 경멸하던 히틀러의 성향 역시 신출내기 정당에 만연했던 태도와 잘 맞아떨어졌다. 1921년에 국가사회주의 독일노동자당이 처음으로 총회를 열었을 때 당원들은 "여성은 당의 지도부나 통치위원회에 들어올 수 없다"는 결의안을 만장일치로 통과시켰다.[327]

더 넓은 관점에서 보면 나치당의 여성 혐오는 뿌리 깊은 역설의

한 표출 방식이다. 많은 근본주의와 보수주의 운동도 이러한 역설을 공유하며, 최근에는 이슬람교와 기독교, 정통 유대교 사이에서도 이런 모습이 보인다. 기술의 진보를 이용해 전쟁을 수행하고 지배를 유지하면서도 나치당은 현대성에 매우 적대적이었다. 나치당 당원이 보기에 하이힐을 신고 립스틱을 바른 채 담배를 피우는 1920년대의 해방된 여성만큼 현대성을 명백하고 우려스러운 모습으로 드러내는 것도 없었다. 1918년과 1933년 사이에 독일에서 현대식 쾌락주의 문화가 발달하면서 나이트클럽이 번창했고 할리우드 영화가 대유행했으며 다양한 성적 체험이 시도되었다.

　나치가 권력 구조에서 여성을 엄격히 배제했고 장기적으로는 공적 삶에서 여성들을 완전히 쫓아내려 했지만, 여성들은 전도유망한 이 선동가를 지지했다. 히틀러 자신이 인정했듯이 여성은 히틀러의 정치 경력에서 "적잖은 역할"을 했다.328 일부 여성은 히틀러를 새로운 메시아로 숭배하기도 했다.329 어떤 점에서 나치당은 'kinder, küche, kirche(아이, 부엌, 교회)'를 찬미하던 다른 보수 정당들과 동일한 노선을 따랐다. 처음에 독일 여성들은 더 전통적인 우파 정당을 지지했다. 그러나 1932년에 열린 선거에서 남성만큼이나 많은 수의 여성이 나치에 투표했다.330 나중에 벌어진 일을 고려하면 여성이 히틀러의 성공에 중요한 역할을 했다는 사실은 분명 매우 역설적이다. 하지만 당시가 불확실성과 급속한 변화, 사회를 위협하던 공산주의 혁명의 시대였다는 점을 고려하면 집과 가족이라는 시대를 초월한 가치를 설파하던 히틀러의 메시지가 많은 독일 여성을 안심시켰다는 사실은 그다지 이상하지 않다. 나치의 한 감상적인 시는 이 주제를 다음과 같이 표현했다.

어머니들이여, 당신들의 요람은
잠이 든 군대와 같다오.

언제나 승리할 준비가 되어 있으며

절대 비어 있지 않을 것이오.331

아마 여성 대부분은 모성을 군국주의로 편입하려는 시도를 진지하게 받아들이지 않았거나 요람과 전쟁을 연관 짓는 불길한 은유를 앞으로 닥칠 일에 대한 예견이라고 보지 않은 듯하다. 하지만 히틀러는 진심이었다. 독일 여성은 군국주의 생산 체계에서 필수적인 역할을 담당했다. 나치 선전은 잃어버린 순수함이라는 목가적인 이상향을 내세우며, 세상이 더 단순한 곳이었고 여성은 순수했으며 비뚤어진 사회적, 정치적 야심을 품는 대신에 어머니가 되는 데 만족해하던 시절을 떠올리게 했고, 잔혹한 현실을 눈속임으로 가렸다.

나치당에서 가장 악명 높은 여성 혐오자들인 율리우스 슈트라이허Julius Streicher와 SA의 사령관이기도 했던 에른스트 룀Ernest Rohm이 지나치게 감상적인 모습의 독일 어머니상을 전파하는 일을 도왔다. 예상할 수 있겠지만 둘 다 자신들의 어머니에게 집착했다. 슈트라이허는 자극적인 보도를 일삼던 주간지 «돌격병Der Sturmer»의 편집장이었다. «돌격병»은 전성기일 때 발행 부수가 거의 백만 부에 달했으며, 독일 처녀가 악마를 닮은 유대인에게 속수무책으로 겁탈당하는 외설스럽고 폭력적인 장면과 반유대주의를 결합했다. 슈트라이허의 지나친 선동은 일부 나치당 당원들조차 부끄러워했으며, 이들은 «돌격병»이 금지되기를 바랐다.

그러나 히틀러는 슈트라이허와 그의 강박관념을 용인했다. 아마도 그 자신이 반복해서 꾸던 악몽과 닮았기 때문일 것이다. 꿈속에서 벌거벗은 독일 여성이 사슬에 묶인 채 무력하게 있고 유대인 도살자가 뒤에서 슬금슬금 다가갔으나 히틀러는 그 장면을 보면서도 그녀를 구할 수 없었다.332

전후戰後 합의에 따라 라인을 점령한 프랑스 군대가 흑인 병사를 고용하자 슈트라이허는 1923년에 맹렬히 항의했다. 그리고 "라인에 있는 흑인 병사가 독일 소녀를 겁탈한다면 독일 인종은 영원히 그녀를 잃는 셈이다"라고 적었다.333 그는 독일 여성이 유대인과 한 번이라도 성관계를 맺으면 그 여성은 "순혈 아리아인 자녀"를 가질 수 없다고 믿었고, 다른 인종 간 결혼을 법으로 금지하기 위해 운동을 벌여서 성공했다.

여성 혐오의 문화는 외국인이 '자기 민족 여자'를 겁탈하거나 유혹할 거라는 환상에 집착한다. 나치와 심문관의 망상 속에서 악마 유대인은 인쿠부스가 마녀에게 하는 행위처럼 타락한 짓을 순혈 아리아인 처녀에게 자행했다. 명예처럼 남성이 안심하기 위해 중요하다고 여기는 것과 여성의 순결을 연관 짓는 흔한 여성 혐오적 집착이 여기서도 나타난다. 나치 이념에서 독일 여성의 순결을 지키는 일은 인종의 순수함을 보존하려는 노력과 동일시되었다. 섬뜩하게도 이렇게 병적인 집착은 사회 정책이 되었다. 나치당은 독일 여성이 유대인과 슬라브인처럼 '열등한' 민족과 섹스하지 못하게 하는 법안을 통과시켰다.

전쟁 중에 독일 남성들이 자리를 비운 동안 폴란드인 수천 명이 외롭고 분명히 때로는 욕구불만이었을 독일 아내와 과부 들이 있는 농장에 일손을 보충하기 위해 고용되었다. 독일 비밀 경찰인 게슈타포에 고발된 사건으로 미루어보면 독일 여성이 폴란드인 일꾼에게 겁탈당한 경우에도 여성을 공개적으로 처벌한 듯하다. 여성은 머리를 삭발당했고 대중의 웃음거리가 되었다. 남자는 합의하고 성관계를 했는지와 상관없이 교수형을 당했다. 그와 대조적으로 독일 남성이 폴란드 여성과 성관계를 하면 게슈타포는 단지 기록만 해두었다.334

히틀러는 현대 사회에서 여성의 지위를 둘러싸고 벌어지는 문제가 남녀 평등이라는 '어리석은' 개념이 낳은 직접적인 결과라고 보았

다. 현대 여성은 '가족의 쇠퇴'에 책임이 있으며 자식을 낳지 않음으로
써 '자연에 반역하는 죄'를 지었다고 여겼다. "하지만 독일 남성은 다시
독일 여성을 원합니다"라고 나치당은 팸플릿에서 선언했다. "천박하
고 즐거움만 좇고 번쩍거리는 옷과 장신구로 꾸며서 겉은 화려하지만
속은 공허하고 단조로운 경박한 노리개를 말하는 것이 아닙니다. 적들
은 경박한 삶에 화려한 색을 입히고 자연이 여성에게 할당한 진정한 역
할을 노예로 그리며 여성들이 적들의 사악한 목적을 따르게 하려 했습
니다"라고 나치당은 주장했다.335 당 전문가가 내세운 이상향에 따르
면 진정한 독일 여성은 립스틱과 하이힐, 매니큐어를 거부하고 태곳적
우유 짜는 여인과 같이 되려고 한다. 그들은 남녀의 자연스러운 차이가
원상태로 회복되어야만 여성이 다시 행복해질 수 있다고 여겼다. 나치
당 '철학자'인 알프레트 로젠베르크Alfred Rosenberg는 남자는 '체계적'으
로 사고하는 반면 여자는 '시적'으로 생각한다고 주장했다. 나치당 구
호 중 하나는 "여성은 여성 해방에서 해방되어야 한다"였다.
　히틀러는 "개인이 자기 몸으로 무엇을 하든 개인 소관이라는 생
각을 없애겠다"고 약속했다.336 개인의 몸은 국가 소관이었고 국가는
독일 여성의 몸으로 무엇을 하고 싶은지 알았다. 히틀러는 선언했다.

> 과거에 진보적, 지적 여성 운동이 설파하던 계획에 이른바
> '정신'에서 발생한 많고 많은 요점이 열거되어 있었다면,
> 국가 사회주의 여성 운동은 한 가지 요점만을 담고 있습니다.
> 바로 아이입니다.337

　히틀러의 발언은 여성을 둘러싼 수수께끼를 해결하는 방법은 임
신이라는 니체의 선포를 떠올리게 한다. 히틀러에게서 신비주의적 여
성 혐오자인 쇼펜하우어와 바이닝거가 보였던 어머니에 대한 비정상

적인 집착이 보인다. 이로 인해 독일 여성에게 나타난 실질적인 결과 가운데 하나는 1938년부터 아이를 임신하지 못하는 것이 법적 이혼 사유가 되었다는 것이다. 임신 중단과 피임은 금지되었다. 다른 모든 사례와 달리 이 사례에서 히틀러는 생명을 옹호하는 쪽이었다.

국가는 전장에서 보여준 용기를 치하하기 위해 남자 군인에게 상을 주었던 것처럼 "출산으로 이룬 성취"에 따라 여성에게 '모성 십자훈장'을 수여했다.338 히틀러의 전후 세계 계획에는 적어도 네 명의 아이를 낳지 않은 34세 미만의 모든 미혼 및 기혼 여성은 순혈 독일 남성과 교배해야 한다고 강제하는 법안이 포함되었다. 만약 남성이 기혼자이면 교배 목적을 위한 결혼 의무에서 풀려나게 된다. 나치 친위대 SS의 수장인 하인리히 힘러Heinrich Himmler에 따르면 "니체의 초인은 교배라는 수단으로 이뤄낼 수 있다."339 이렇듯 나치는 독일의 미래를 히틀러 사단에 새로운 총알받이를 계속 공급하는 거대한 종마 사육장으로 상상했다. 이곳에서 순수한 인종의 남자는 "수태 보조원"으로 불릴 것이다.

하지만 나치의 지배 아래서 여성 혐오는 불행히도 독일 여성의 순결에 대한 익숙한 강박관념이나 모성에 대한 감상적이지만 이기적인 환상을 영속하는 데만 한정되지 않았다. 독일 여성을 감상적으로 그려낸 환상과 가장 끔찍한 대조를 이룬 것은 제3제국을 통치하는 기간에 유대인 여성에게 저지른 지독한 만행이다.

나치는 '유대인 문제'를 해결하기 위해 인종 학살을 자행하면서 유대인을 일반적인 도덕률 바깥에 놓았다. 일부 학자는 반유대주의가 성별에 따라 희생자를 구분하지 않았다고 반박한다. 신시아 오지크Cynthia Ozick는 "홀로코스트는 남자, 여자, 아이로가 아니라 단지 유대인으로 받아들여진 희생자에게 벌어진 일이다"라고 적었다.340 그러나 언제나 그렇듯이 증오받는 집단이 박해를 당할 때 그 집단의 여성들은 선별되어 더 수치스럽고 잔혹한 일을 겪기 마련이다. 인종적, 종교적 증오심이 설칠 때 기저에 깔린 여성 혐오는 마음껏 발산되곤 한다.

　　히틀러가 1938년 3월에 오스트리아를 병합하고 독일 군인이 행진해 들어오면서 오스트리아 유대인을 대상으로 일련의 잔혹한 행위가 벌어졌다. 빈 교외의 부유한 주거 지역이었던 베링에서 나치는 유대인 여성에게 모피 코트를 입으라고 명령했다. 그리고 작은 솔을 주고는 도로를 문질러 청소하게 했다. 장난으로 양동이 안에 산을 부어놓기도 했다. 유대인 여성이 청소하려고 보도 위에 무릎을 꿇으면 나치 군인은 잔뜩 몰려든 구경꾼들의 환호와 야유 소리를 들으며 그들 머리에 오줌을 누었다.341 여성의 존재 자체를 부인했던 바이닝거를 배출했으며 히틀러 내면에 맹렬한 여성 혐오와 반유대주의를 길러낸 도시가 여러 해가 지나서 그 환상 뒤에 숨은 역겨운 현실을 목격해야 했다는 사실은 기괴한 한편 어쩐지 타당해 보이기도 한다. 니체의 '초인'은 편견에 빠진 맥줏집 불량배에 불과했다는 것이 드러났다.

　　나치 군대가 폴란드를 휩쓸고 3년 뒤에 소비에트 연방으로 쳐들어가 파죽지세로 성공을 거두자 대량 학살 행위는 흔한 일이 되었다. 수많은 유대인 남성, 여성, 아이를 한데 몰아 넣고 학살했다. 게토에서 자행된 학살에서 살해되기 전에 유대인 남성은 보통 상의만 탈의해도 되었고 바지가 제공하는 약간의 존엄성은 지킬 수 있었다. 하지만 유대인 여성은 해당되지 않았다. 그들은 대개 발가벗겨진 채 가축처럼 거리로 내몰려서 조롱과 굴욕을 당했다. 우리가 이 사실을 아는 이유는 독일 군인이 고향 사람들에게 보내거나 역사적 기록으로 남기기 위해 자주 이런 일들을 스냅사진으로 찍었기 때문이다.

　　미조츠 게토에서 1942년 10월 14일에 찍힌 흐릿한 흑백사진 두 장에는 벌거벗은 여인 16명이 군인 두 명의 감독 아래 옹송그리며 모여서 한 줄로 늘어선 장면이 담겨 있다. 옷 무더기가 주변 짧은 풀 위에 쌓여 있거나 흩어져 있다. 그 가운데 아이가 세 명 있다. 한 명은 아기로 어머니 품에 안겨 있고, 다른 두 명은 여자아이로 그들의 어머니나 언니인 듯한 좀 더 나이 든 여성에게 매달려 있다. 짐작건대 사진 속 여성들의 나이는 이십 대 후반에서 사십 대 초반일 것이다. 많은 여성이 품위를 지키기 위해 가슴을 가리려는 헛된 시도를 한다. 그들은 분명 추워 보인다. 그들은 죽음으로 향하고 있다.

그로부터 몇 분 뒤에 찍힌 흐릿한 다음 사진은 하얀 몸들이 뒤섞여 쌓여 있는 모습을 보여준다. 그 가운데 작은 여자아이 시체 옆에 아직 살아 있는 여성 한 명이 카메라를 등지고서 팔꿈치로 일어나려 하고, 독일 군인은 그녀를 옆에서 지켜보며 죽이기 위해 소총으로 조준한다.342 이러한 장면은 나치가 장악한 동부 모든 곳에서 계속 반복되었다. 이렇게 학살은 매우 평범한 일로 여겨졌고, 참여한 군인들은 마치 휴가 사진을 보내듯이 기꺼이 이들 일을 기록해서 가족, 아내, 여자친구와 공유했다.

강제수용소에서 온갖 참상이 벌어지는 가운데 유대인 여성은 선별되어 특별 취급을 당했고 기괴한 부인과 실험의 대상이 되었다. 독일 라벤스브뤼크 강제수용소에서 카를 클라우베르크Carl Clauberg 교수는 여성을 대상으로 불임 실험을 했다. 악명 높은 나치 의사 요제프 멩겔레Joseph Mengele는 기니피그 대신에 유대인과 집시 여성 수백 명의 자궁에 화학 물질을 주입해서 나팔관을 막기 위해 실험했다.343 젊은 여성은 경비대원의 유흥을 위해 마련된 강제수용소 내부의 유곽에서 강제로 일해야 했다.344 공공장소에서 벌거벗은 채 있는 것은 계속해서 성적 수치심을 주기 위한 수단으로 활용되었다. 이는 제거 수단이기도 했다. 죽음의 수용소였던 아우슈비츠에 새로 도착한 여성 중 임신한 것으로 보이는 여성은 들어오면서 왼쪽으로 인도되었고 가스실로 향하는 길로 들어섰다. 유대인 여성에게 생명을 잉태한 상태는 사형 선고나 마찬가지였다. 인류사에서 처음으로 살인이 산업 공정화된 나치식 비인도적 계획의 마지막 단계에도 여성 혐오는 존재했다.

　　나치즘이나 다른 형태의 파시즘과 달리 사회주의와 마르크스주의는 초기부터 여성 해방을 지지했다. 차이가 필수라고 본 나치와 달리 마르크스주의자의 목표는 차이를 뿌리 뽑는 것이었다. 그래서 마르크스주의와 여성 혐오 사이의 관계는 한층 더 복잡하다.

　　19세기에 초기 사회주의자들은 여성의 권리를 확고히 옹호했다. 마르크스와 프리드리히 엥겔스(Friedrich Engels, 1820년~1895년)는 여성의 지위에 대해 통렬한 비평을 내놓았다. 그들은 사회에 사유 재산 제도가 생긴 결과 여성이 종속된 위치에 놓였다고 보았다. 그들의 분석에서 가부장제와 여성의 억압은 소유 관계에서 비롯된 직접적인 결과였다. 엥겔스에 따르면 "일부일처제 결혼은 한 성이 다른 성을 지배하는 형태로 등장"하고 남녀 관계는 뒤이어 오는 계급 투쟁에 원형을 제공한다.[345] 마르크스주의자들은 이 계급 투쟁이 역사적 변화 뒤에 있는 추진력이라고 보았다. 여성의 온전한 해방은 여성 종속의 토대인 소유 관계가 폐지되었을 때에만 가능하다. 그리고 소유 관계 폐지는 사회주의 혁명을 일으켜서 자본주의와 부르주아 계급을 타도하고 프롤레타리아 계급이 승리를 거두어야만 이뤄낼 수 있다. 마르크스주의는 또 하나의 이분법 이념을 제시했다. 적어도 널리 알려진 단순화된 해석으로 보면 부르주아는 부패, 탐욕, 타락을, 프롤레타리아는 진보, 자유, 품위를 상징했다. 그리고 역사는 세계를 두 가지 힘이나 원칙이 대립하는 전장으로 바라보는 이분법의 이념이 지배하는 곳에서 여성이 곤란한 상황에 놓여왔다고 가르친다.

　　마르크스주의자는 18세기 경험주의자에게 철학 체계를 빚졌다. 둘 다 사회적 훈련이 사람들 사이에 성격이나 재능의 차이가 나는 이유를 설명해주며 계급, 인종, 성별 간 차이도 설명해준다고 믿었다. 여성 억압은 "생물학적 문제가 아니라 역사적 문제이며 역사 유물론이 분석하고 혁명 정치가 해결하기 위해 관심을 기울여야 하는 문제"였다.[346] 마르크스주의는 '백지 상태' 가설을 받아들여서 사회의 생산 관계가 사회 의식을 규정한다고 여겼다. 마르크스주의자는 알맞은 경제 여건이 조성되면 그 바탕에서 새로운 공산주의자 남성과 여성을 길러낼 수 있을 테고, 수백 년간 인간관계에 문제를 일으켜온 오랜 분열이 희미해질 거라고 자신했다. 하지만 성별 차이와 관련해 구체적으로 어떤 방향을 선택해야 할지는 결정하기 어려웠고, 본성이 아니라 사회 환경이 차이를 만들어냈다고 주장하는 경우에는 특히 더욱 그러했다. 본성은 '부르주아적'이거나 '반동적'인 개념이 되었고 여성을 예속 상태로 묶어두기를 바라는 이들의 생각과 동일시되었다.

1917년 러시아에서 처음으로 이러한 신념을 적용해볼 기회가 왔다. '세계 여성의 날'에 벌어진 시위가 일련의 정치적 격변을 촉발했고 그로부터 6개월 안에 러시아 제정이 전복되었으며 블라디미르 레닌(Vladimir Lenin, 1870년~1924년)이 이끄는 볼셰비키가 정권을 잡게 되었다. 레닌은 "여성을 위해 완전한 자유를 쟁취하지 못하면 프롤레타리아도 완전히 자유로울 수 없다"고 주장했다.[347] 새로운 정부는 여성 쟁점으로 신속하게 넘어가서 정권을 잡은 지 몇 달 안에 남녀의 절대 평등을 명시한 법안을 통과시켰다. 여성은 투표권을 획득했으며 남편과 이혼할 수 있는 권리도 얻었다. 새로 탄생한 소비에트사회주의공화국연방은 1920년에 임신 중단을 합법화한 첫 현대 국가가 되었다.

이 무렵 볼셰비키는 소비에트 연방의 공산당이 되었다. 레닌이 "수천 가지 자질구레한 일을 수행하느라 여성이 날마다 하는 희생"이라고 표현한 임무에서 벗어나 여성이 자유로워지는 유일한 방법은 가정에서 '해방'되어 프롤레타리아의 일원으로 '대규모 사회주의 경제'에 편입되는 것이었다.[348] 가정이라는 제도는 여성의 '예속'과 동일시되었기에 폐지되어야 했다. 가족의 사적 영역을 새로운 사회질서 안에 통합하기 위해 커다란 공공 식당, 탁아소, 공동 부엌과 공동 세탁소를 세웠다.

경멸받게 된 부르주아 계층은 이기심과 사치, 치장에 쏟는 애정과 동일시되었다. 이분법의 이념이 대개 그렇듯이 화장처럼 교묘한 솜씨와 연관된 모든 것이 악마화되었다. 레닌의 말에 따르면 공산주의의 새로운 세계 질서 안에서 그러한 것들은 "오랫동안 부르주아 계층에서 여성이 당해온 굴욕"을 의미했고 여성을 성적으로, 가정적으로 예속해온 제도를 상징했으며, 마르크스주의가 그 제도에서 여성들을 구출했다고 여겼다.[349] 어떤 면에서 레닌식 이상 국가는 플라톤의 «국가»에 나오는 이상향과 닮았다(1장 참고). 플라톤의 이상 국가에서도 여성은 아름다움에 대한 사랑처럼 인간의 성의 중요한 면을 부정하는 대가를 치러야만 지배 공동체인 수호자의 구성원으로 통합될 수 있었다.

제2차 세계대전이 끝난 뒤에 소비에트 군대는 소비에트 연방에 실현한 정치, 사회, 경제 모델을 동유럽에 도입했다. 마오쩌둥(1893년~1976년)은 1949년에 중국에서 공산당이 분투 끝에 권력을 거머쥐자 소비에트 모델을 따랐다. 비슷한 체제가 북한과 북베트남에도 수립되었다. 수억 명의 남녀가 역사상 가장 큰 사회 공학 실험에서 사실상 기니피그가 되었다.

평등주의를 실현하겠다는 약속은 공산주의 이념에 포함되었고, 이론적으로는 지위와 관계없이 누구에게나 쓸 수 있는 '동지'라는 호칭으로도 표현되었다. 그러나 역설적이게도 실제로는 이념을 강압하는 수단으로 쓰였으며 개인을 인간 본성이 없는 사회 공학의 산물로 격하하려고 시도했다. 마르크스가 "인간의 실제 본질은 사회적 관계의 총체"라고 선언하지 않았던가?[350] 히틀러는 개인의 시대가 끝났다고 주장했다. 공산주의자는 히틀러를 이념상 주적으로 삼았지만 이 점에는 동의했다.

물론 플라톤의 《국가》에도 나오듯이 남녀는 생물학적 기능이 다르고 그로 인한 해부학적 차이가 있지만 이러한 면은 심리 및 행동과 관련해 상대적으로 중요하지 않다고 여겨졌다. 여성이 성적 차이를 강조하거나 이목을 끌려고 시도하면 가장 나은 경우에도 눈총을 받았고 광신적인 정권 아래서 최악의 경우에는 타락한 부르주아 성향을 보유한 증거라며 처벌되었다. 마오쩌둥 사상을 따르던 중국에서는 문화 혁명(1962년~1976년) 시기에 치마가 여성의 성적 예속을 상징한다면서 금지했다. 여자도 남자처럼 앞에 챙이 달린 모자와 작업복처럼 생긴 획일화된 옷을 입어야 했다. 화장은 엄격히 금지되었다. 지역 공산당이 세운 주민 위원회는 가족 규모를 위해 한 가구당 한 자녀만 허용하던 엄격한 제한을 확실히 지키도록 여성의 월경 주기를 감시했다. '혁명 과학'이라는 미명 아래 출산을 제한할 목적으로 실험 약물을 여성 동지에게 투여했다.[351]

말할 것도 없이 마르크스주의 사회 이론에 따라 인간 본성을 개조하려던 대규모 실험은 실패로 돌아갔다. 1976년에 마오쩌둥이 사망하고 자유주의 정책이 용인되자마자 미용실이 등장하기 시작했고, 중국 여성들은 그곳에 떼를 지어 몰려갔다. 1990년대 후반에는 수십 년의 억압에 대항해 성 혁명이 중국을 휩쓸었다. 랩 댄서나 고고 댄서가 있는 술집이 문을 열기 시작했다. 중국인들은 "문화 혁명은 성 혁명의 아버지다"라고 말한다.[352]

중국에서는 가족 규모를 규정된 제한 아래로 유지하기 위해 여성에게 빈번하게 임신 중단을 강요했다. 반면 1936년에 스탈린 시절의 소비에트 연방은 임신 중단을 합법화한 지 16년 만에 다시 금지했다. 이전에 히틀러가 그랬듯이 스탈린도 생명을 옹호했다는 지적은 핵심을 비껴간 처사다. 여기에서 요점은 이 둘이 중국 공산주의자와 현대 미국 사회에서 벌어지는 이른바 '생명 옹호' 운동과 가진 공통점이다. 그들은 모두 선택권에 반대했고 자신의 출산을 제어할 권리를 포함해 여성이 바라는 어떠한 종류의 자율성보다도 중요한 목표가 우선되어야 한다고 보았다. 그 자체가 경멸의 한 형태였다.

우익 전체주의와 좌익 전체주의는 이념 차이가 있긴 하지만 여러 측면에서 매우 닮았다. 둘 다 계몽주의에 기반한 정치 혁명과 도덕 혁명이 낳은 결과를 뒤집는 일에 착수한다. 계몽주의는 역사상 처음으로 개인의 자율성, 자유와 행복을 추구할 권리를 신성시했고, 이러한 권리는 점차 여성에게로 확대되었다. 계몽주의를 거스르는 전체주의의 반격은 국가가 개인의 권리를 철저히 무시(사실상 경멸)했다는 점과 시민들을 소름 끼치도록 악랄한 방식으로 다룬다는 점을 통해 가장 명백하게 드러난다. 소설가 바실리 그로스만Vasily Grossman은 "전체주의 체제의 극단적인 폭력은 온 대륙에 걸쳐 인간 정신을 무력화할 수 있다는 사실을 증명했다"고 적었다.353

홀로코스트를 다룰 때도 그러했듯이, 정권과 충돌했던 모든 사람이 끔찍한 일을 당했기에 남자와 여자 가운데 누가 더 많은 고통을 견뎌내야 했는지를 구분하려는 시도는 그다지 의미가 없다고 주장할 수도 있다. 비인간적인 행위는 특성상 희생자도 인간임을 무시하거나 부인한다. 그러나 언제나 여성 혐오가 활약할 공간은 있기 마련이다. 실제로 전체주의 정권에서 여성 혐오의 감정으로부터 비롯한 잔혹 행위는 예삿일이다. 여성은 어머니로서 생물학적 역할을 했다는 이유로, 그리고 여성스럽다는 이유로 빈번하게 처벌 대상이 된다. 여성을 체계적으로 학대하는 일에서 전체주의 국가는 가장 무시무시한 모습을 드러내곤 한다.

2002년 5월에 탈북자 세 명은 북한 정치범 수용소에 속한 여자 수용소 안에서 벌어지는 끔찍한 일상을 일부 엿볼 수 있도록 해주었다.

정치범 수용소에는 현재 약 20만 명이 수감되어 있는 것으로 추정되며, 인권 단체들은 1972년 이래 40만 명이 수용소에서 사망했다고 믿는다. 탈북자 세 명은 워싱턴 D.C.에 있는 미국 하원 국제 관계 위원회에서 증언했다. 그들은 지구상에 마지막으로 남은 진정한 전체주의 국가에서 정치범으로 살아온 실상을 이야기했다. 1948년에 수립된 이래 조선민주주의인민공화국은 김일성과 후계자들로 이어지는 일종의 공산주의 세습 왕조의 지배를 받고 있다.

탈북자들은 임신한 여성에게 낙태 유도제를 주사하는 일이 흔하다고 설명했다. 교도관이나 수용소 의사는 수감 중에 아이를 낳은 여성에게 자기 아이를 스스로 죽이거나 다른 사람이 죽이는 장면을 지켜보도록 강요했다.354 탈북자 중 한 명인 이순옥은 수용소에서 보낸 기간을 기록한 «꼬리 없는 짐승들의 눈빛»이라는 책을 펴냈다.* 그녀는 개천 정치범 수용소에 갇혔고 그 안에 있던 수감자 중 80퍼센트가 주부였다고 말했다.355 그녀는 길이 6미터 너비 5미터인 감방에 갇힌 80명에서 90명 사이의 여성 가운데 한 명이었다. 그들은 이불 없이 바닥에서 잤다. 1년에 두 차례만 씻는 게 허용되었고, 화장실은 하루에 두 번만 정해진 시간에 이용할 수 있었는데 10명씩 떼를 지어 가야 했다. 독방의 너비는 0.6미터, 높이는 1미터 정도에 불과해서 똑바로 서 있을 수 없었고 누워서 다리를 뻗을 수도 없었다. 만약 여성이 창문에 비친 자기 모습을 바라보는 장면이 발각되면 허영심이라는 부르주아적 범죄를 지었다며 여성을 처벌했고 3개월이나 1년간 '낙후자반'으로 보냈다.

* «꼬리 없는 짐승들의 눈빛»은 한국에서 1996년에 출간되었고 영어로 번역된 후 미국에서 1999년에 출간되었다. 그 후 이순옥은 미국 하원에서 북한 수용소의 실태에 대해 증언했고, 2003년 다른 탈북자 두 명과 함께 미국 민주주의 진흥 재단에서 수여하는 민주주의상을 받았다. 각주 354번은 이에 기초한 것으로 보인다. 하지만 나중에 이순옥이 정치범이 아니라 경미한 경제사범이었다는 주장이 제기되어 그의 증언은 신빙성을 결여하고 있다. 각주 355번에 나와 있듯이 저자는 당시 이순옥이 미국 하원에서 증언한 내용을 바탕으로 이 부분을 집필했다.

"그들의 주요 임무는 수용소 화장실 탱크에서 인분을 모아 담 밖 수용소 밭에서 일하는 농산반에 공급하기 위해 커다란 인분 웅덩이로 옮기는 것이었습니다"라고 이순옥은 위원회에 보고했다. 그리고 "여성 둘이 화장실 탱크 바닥에서 무릎까지 오는 인분을 헤치고 가서 맨손으로 20리터 고무 양동이를 채웠습니다. 위에서 세 명의 다른 여성이 고무 양동이를 끌어올렸고 내용물을 수송용 탱크에 부었습니다"라고 말을 이었다. 그 후 탱크를 가져가서 커다란 인분 웅덩이에 쏟았다. 1991년 어느 비 오는 날 온종일 인분 운반 작업을 하던 평양 출신 주부 이옥단은 인분 탱크의 뚜껑이 열리지 않자 탱크 위로 올라갔다. 힘주어 뚜껑을 열려고 하던 순간 "비에 젖은 표면에 미끄러졌고 인분 웅덩이에 빠져버렸습니다. 웅덩이가 너무 깊었기 때문에 그녀는 그 안으로 사라져서 보이지 않았습니다. 거리를 두고 있던 교도관(교도관들은 항상 수감자에게서 악취가 난다며 떨어져 있었다)이 '그만둬! 너도 똑같이 죽고 싶지 않으면 그냥 죽게 내버려둬!'라고 소리쳤습니다." 그녀는 인분에 빠져 죽도록 그곳에 남겨졌다.

수용소에 도착하고 2년이 흐른 1989년에 이순옥은 파라티푸스를 앓다가 회복되었고 위생소에 보고해야 한다는 말을 들었다. "위생소에 도착했을 때 출산을 기다리는 여섯 임신부를 보았습니다"라고 이순옥은 말했다. "그곳에 있는 동안 임신부 세 명이 시멘트 바닥에서 담요도 없이 아기를 낳았습니다. 수용소 의사가 워커 발로 임신부를 차는데 보기에 끔찍했습니다. 아이가 태어나자 의사가 외쳤습니다. '빨리 죽여버려. 감옥에 있는 죄수가 아이를 가진다는 게 가당키나 한가? 어서 죽여.' 여자들은 손에 얼굴을 묻고 울었습니다. 주사를 놓아서 강제로 조산하게 했지만 아기들은 태어났을 때 여전히 살아 있었습니다. 죄수 간호사들이 떨리는 손으로 아기들의 목을 비틀어 죽였습니다. 그리고 살해된 아기들을 더러운 천에 싸서 양동이에 담고 뒷문을 통해 밖으로 가져갔습니다. 그 장면을 보고 너무 충격을 받아서 아직도 꿈에서 아기 때문에 우는 여인들의 모습을 봅니다. 수용소에 있는 동안 아기를 죽이는 장면을 두 번 보았습니다."

다른 탈북자들은 수감된 여자들이 감방에서 출산한 뒤에 직접 아기를 비닐봉지로 싸서 질식시키도록 강요받았으며 그렇게 하지 않으면 교도관들이 때리겠다고 위협했다고 미국 하원 국제 관계 위원회에서 증언했다. 교도관들은 중국인의 아이를 밴 여자에게 특히 강한 적개심을 보였다. 2000년 3월부터 5월까지 탈북자 8천 명이 중국에서 북한으로 강제 추방되었다. 매춘과 강제 결혼을 엄중히 단속하던 방침의 일환이었기에 송환자 대부분이 여성이었다. 그 가운데 최대 3분의 1 정도가 임신 중이었던 것으로 추정된다. 대다수가 북한에 도착한 뒤수감되었다. 예전에 공장 노동자였으며 이모 씨라고만 알려진 여성은미국 하원 국제 관계 위원회에서 다음과 같이 증언했다. "교도관들은우리에게 소리를 질렀습니다. '너희가 중국인의 씨를 가지고 외국에서 왔겠다. 우리 조선인은 단일 민족인데 감히 외국인의 씨를 가지고오다니.'"356

정자精子에 대한 애국적 감정은 민족주의의 극단적 사례이며 수많은 전쟁과 분쟁을 일으킨 20세기에 주로 한정된 현상이라고 여길 것이다. 하지만 불행히도 전쟁과 분쟁은 그런 현상이 생각처럼 드물지않다는 사실을 알려준다. 역사상 가장 큰 분열을 초래해온 요소 중 하나인 민족주의는 인종차별이나 종파주의, 부족주의와도 겹치곤 한다. 1994년 봄 르완다에서처럼 때로는 집단 학살로 규모가 확대되기도 한다. 증오받는 집단의 여성들은 여성 혐오에서 비롯된 감정까지 더해져서 훨씬 더 경멸을 받았고 살해되기 전에 강간과 성고문을 당했다. 이분법 세계에서 증오받는 집단은 '타자'를 상징했고, 그 집단의 여성은 '타자'의 가장 경멸스러운 면, 즉 타자의 여성적인 형태로 여겨졌다.

지난 백 년의 역사는 세상을 '우리'와 '그들'로 양분한, 매혹적일 정도로 단순한 세계관의 영향 아래 자행된 수많은 잔혹 행위의 암울한 연대기다. 1937년 12월에 일본인들이 당시 중국의 수도였던 난징에서 벌인 대학살부터 2002년 3월에 힌두 민족주의자들이 인도 서부에서 이슬람교도들을 학살한 사건까지 내내 취약한 여성들은 민족주의가 불러일으키는 인종적, 종교적 증오에 으레 수반되는 여성 혐오 때문에 고통받았다. 마치 평범한 남자들이 갑자기 수많은 잭 더 리퍼로 변신한 듯이 여성을 공격하면서 벌인 기괴한 신체 훼손에는 성적 요소가 있었다. 평소라면 정신병이 있다는 증거로 여겼을 법한 행동들이 용인되었다.

물론 전쟁이 일어나면 살육같이 평상시에 사회가 강력하게 제지하는 행위가 허가된다. 그러므로 어떤 면에서 일본 군인과 힌두 민족주의자는 윤간을 하고, 임신한 중국인과 이슬람교도 여성의 자궁을 갈라 열고 그 안에 있는 태아를 죽이면서 자신들의 행동이 허용되었다고 느꼈을 게 분명하다. 실제로는 그들의 문화 깊숙이 자리 잡은 여성에 대한 강한 경멸이 허용한 셈이다.

일본 군대는 한국 여성 수천 명을 전쟁 중에 '위안부'로 활용했다. 위안부 제도는 강요된 매춘을 완곡하게 이르는 말이다. 군인들이 그들을 부르던 호칭은 직설적이고 경멸적이었다. 그들은 '변소'라고 불렸다. 난징에서 얼마나 많은 여성이 강간당했는지 아무도 정확한 수치를 알지 못한다. 그중 다수가 강간 후에 신체를 훼손당하거나 살해되었다. 한 추정치는 그 수를 최대 8만으로 잡는다. 잭 더 리퍼와 같은 여성 연쇄살인마를 연상시키며 일본인들은 희생자 시신의 다리를 벌리고 음부에 대나무 작대기나 병, 다른 물체들을 쑤셔 넣은 채로 거리에 내버려두었다.357

독일인들은 1945년에 소비에트 군대가 동프로이센을 가로질러

진격해오면서 "뒤에 남은 독일 여성을 모두 강간했다"고 주장했다. 한 소비에트 전차 지휘관은 후에 독일에서 "우리 아이 2백만 명이 태어났다"고 자랑했다.358 만약 사실이라면 소비에트 연방의 독일 침략은 역사상 가장 큰 규모의 집단 강간이다.

전시 강간은 전쟁만큼 오랜 역사를 지녔다. 적에게 복수하는 방법이면서 병사들의 욕구불만을 해소할 방편으로 여겨졌다. 그러나 1990년대 초반에 유고슬라비아가 해체되고 뒤이은 내전에서 특히 악의적인 양상을 띠었다. 다수를 차지하는 세르비아인이 소수인 크로아티아인과 보스니아 이슬람교도에게 공격을 개시하면서 강간을 민족 분쟁에서 무기로 이용했다. 1992년에 세르비아계는 강간 수용소를 세웠고, 그곳에서 보스니아 이슬람교도와 크로아티아 여성은 조직적으로 강간당하고 임신을 하게 되었다.

세르비아 정교회는 수년간 세르비아인의 출산율이 낮은 이유가 세르비아 여성이 이기적이기 때문이라고 가르쳤다. 그들은 이를 두고 세르비아 인종에 대한 죄악이라고 선언했다. 선전가들은 세르비아인들에게 근본주의 이슬람교도들이 "17세에서 40세 사이의 건강한 세르비아 여인들을…… 정통 이슬람교도 씨로 임신시키려고" 납치해간다고 경고했다.359 보스니아 이슬람교도나 크로아티아인과 마찬가지로 세르비아인들도 남자가 아이의 정체성을 결정하고 여자는 씨를 품고 자라나게 하는 역할만 한다고 믿었다. 이미 다루었듯이 이러한 여성 혐오적 환상은 아리스토텔레스까지 거슬러 올라간다. 이런 생각에 의거해서 세르비아인들은 강제 임신을 민족을 번식하는 수단으로 보았다.

그와 동시에 강간은 적에게 깊은 수치심을 안기는 수단이었다. 특히 이슬람교도 사이에는 "여성의 처신이 곧 공동체를 대변한다"는 말이 있었기에 더욱 그러했다.360 그래서 불행한 여성들은 두 가지 짐을 져야 했다. 하나는 쓰라린 개인의 수치심이고 다른 하나는 공동체가 당한 치명적인 굴욕이었다. 가족과 남편은 대개 강간에서 살아남은 여성을 받아들이기를 거부했다. 여성의 미덕을 가족이나 국가, 인종의 명예와 동일시하는 너무나 익숙한 개념은 본인이 통제할 수 없는 일로 인해 고통받은 여성을 또다시 고통에 빠뜨렸다. 강간 트라우마에 공동체에서 거부당한 트라우마까지 더해졌다. 많은 여성이 실성했고 일부는 자살했다. 얼마나 많은 여성이 세르비아인 손에 성폭력을 당했는지 정확히 알려지지 않았다. 추정치는 2만에서 8만 사이다.361

　한때 유고슬라비아였던 나라에서 벌어진 전쟁은 강간을 전쟁 범죄로 보아야 하는지에 대한 논의를 불러일으켰다. 원래 전시 강간은 가장 가볍게 처벌되던 행위였으나 여성들은 부당한 측면을 바로잡기 위한 운동을 벌였다.362 1993년에 빈에서 인권을 주제로 UN회의를 열고 강간 및 다른 형태의 성폭력을 전쟁 범죄로 인정했다. 그 후에 베이징과 카이로에서 열린 회의에서 일부 쟁점에 관해 바티칸과 이슬람 국가 대표들이 상당히 반대하긴 했지만, 전시 성폭력이라는 쟁점을 여성의 권리라는 전체 맥락에서 다루었고 빈에서 한 선언을 재차 확인했다. 의심의 여지없이 이러한 행보는 도덕의 진전을 상징했다. 하지만 실질적 영향력은 제한될 수밖에 없다.

　문제는 같은 인간을 죽이면 안 된다는 가장 중요한 도덕 규범을 제거하는 전쟁의 본질 그 자체다. 전쟁의 이러한 측면은 다른 어느 때보다 20세기에 있었던 총력전에서 두드러졌다. 공동체 전체가 절멸하는 단계에 가까이 갔고 학살은 나치와 공산주의자의 손만을 거친 게 아니었다. 1943년에서 1945년 사이에 연합군 폭격기는 독일 도시들을 체계적으로 섬멸했고 70만 명의 남자, 여자, 아이가 죽었다. 최소한의 인간다움조차 지켜지지 않고 극악무도한 일이 정당하게 받아들여지던 때에 강간이 무시되었다는 사실은 놀랍지 않다. 현실적으로 전시 강간을 없앨 유일한 방법은 전쟁 자체를 없애는 것이다.

2000년대로 넘어온 시점에 전쟁이 사라질 가능성은 극히 희박해 보인다. 실제로 민족주의를 비롯해 인종, 민족, 종교적 이유로 증오받는 집단을 인간 이하로 취급하는 다른 이분법적 이념들이 상승세를 타고 있다. 그로 인해 여성에게 강간을 자행하거나 성적 수모를 안기는 일은 오히려 부추겨질 수 있다.

제8장
여성의 몸이란 전장

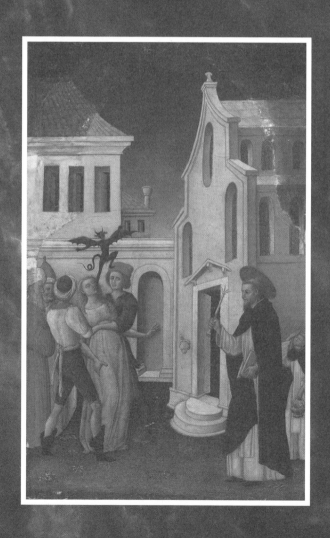

여성 생식권-피임-피임약의 발명-성모 마리아 목격-피임에 대한 공격-브라질의 가족계획-국제 금지 규정-임신 중단 반대-의사 살해와 테러-여성 할례-911테러-이슬람 여성의 베일-이슬람 문화의 여성 혐오-이란의 여성 정책-파키스탄의 강간법-아프가니스탄-탈레반의 여성 혐오-탈레반이 탄생하게 된 종교 학교-탈레반 정권이 무너진 뒤의 아프가니스탄-여성의 권리를 고려하지 않는 외교 정책

1960년대에 몸을 둘러싼 정치적 쟁점이 정치 체제에 발을 들였다.

지난 수천 년간 몸의 통제, 그 가운데서도 여성의 몸을 통제하는 일은 인간이 창조한 많은 종교, 사회, 정치 제도 및 이념의 주요 관심사였다. 만약 그렇지 않았다면 여성 혐오의 역사에 관한 책을 쓸 필요도 없었을 것이다. 남성의 정신 깊숙이에는 여성에 관한 생각이 공포와 매료의 원천으로 자리잡았다. 찬미든 비하든 여성을 비인간화하는 일은 언제나 넓은 의미에서 정치적 문제였다. 즉 몸을 둘러싼 정치가 시작된 건 1960년대가 아니다. 하지만 20세기 중반에 가서야 여성은 자신의 몸을 정치적으로 어떻게 정의해야 하는지에 영향을 미칠 힘을 얻게 되었다. 그 시점에 기술적 돌파구와 페미니즘의 부활이 맞물리면서 처음으로 몸에 대한 쟁점이 공공 영역에 들어섰다.

20세기 초반에 전체주의의 영향 바깥에 있던 서양의 선진국에서는 여성들이 정치적, 법적, 사회적 권리를 쟁취해갔다. 20세기 후반에는 관련 기술이 점차 정교해지고 믿을 만하고 이용 가능해지면서 더 근원적 쟁점인 여성의 생식권으로 투쟁이 옮겨갔다. 투쟁의 목적은 여성이 자신의 몸, 즉 생식 주기를 통제하는 궁극의 방법을 얻는 것이었다. 여성에게 생식권은 무엇보다 중요한 권리였고 진정한 자율성을 갖도록 이끄는 열쇠였다. 여성 혐오는 여성의 자율성을 부인한다. 여성의 종속된 위치는 자율성의 부재 때문에 가능하다. 서양에서 성 혁명이 일어나자 여성 혐오자들은 가장 끔찍한 악몽과 마주하게 되었다. 이 도전에 맞서는 데 동원된 증오심은 가히 놀랄 정도였다.

여성 혐오가 극심했던 유대교와 기독교의 전통을 물려받아서 여성의 역할에 대한 고정관념을 가지고 있던 이들은 여성이 임신할 위험 없이 섹스를 할 수 있다는 생각에 매우 심란해졌다. 영국 성공회 교회는 생식권을 '끔찍한 이단'이라고 단죄했다.363 미국에서는 1800년대에 여성이 평균적으로 일곱 명의 아이를 낳은 데 비해 1900년에는 그 수가 세 명으로 줄었고 20세기에 접어든 뒤로도 계속 가족 규모가 작아지자 도덕적인 반발이 거세졌다.

도덕적인 이유로 피임을 반대하는 세력에는 여성들도 포함되어 있었다. 미국에서 의학 학위를 받은 첫 여성인 엘리자베스 블랙웰Elizabeth Blackwell은 피임법을 활용해 "남편과 육체 행위를 즐기면서 자연을 거스르려고 시도하는 것은 한편으론 성공이 불확실하고 다른 한편으론 여성에게 대단히 유해하다"고 말했다.364 시어도어 루스벨트Theodore Roosevelt 대통령은 콘돔 사용을 '퇴폐적'이라고 비난했다. 훗날 나치가 맨발로 부엌일에 매인 임신한 여성을 이상으로 삼고 캠페인을 펼치며 사용하게 될 용어를 예견한 듯이, 루스벨트는 피임법을 활용하는 여성을 두고 "인종에 반한 범죄자…… 건강한 사람에게는 경멸과 혐오의 대상"이라고 말했다.365

피임에 반대하는 이들은 임신과 그에 수반하는 고통과 통증은 노동, 죽음과 함께 신이 내린 벌이며, 하와가 사악한 호기심으로 자초했다고 여겼다. 한편 여성이 끝없는 성욕을 가지고 있다는 생각은 완전히 사라지지 않았으며 남성에게 불안감을 일으키는 근원이었다. 그들은 임신의 위험이 없으면 여성이 즐거움을 위해 섹스를 할 것이며 어머니로서 가진 책임감을 내팽개치고 남자처럼 이기적으로 변하리라고 생각했다. 그러면 가족이 무너지고 문명도 덩달아 붕괴할 것이다. 어떤 이들에게는 이 문제가 이토록 단순했다. 이러한 일련의 논리로 인해 참정권 요구보다 생식권 요구가 훨씬 위협적으로 느껴지게 되었다. 효과적인 피임법이 없으면 여성이 누릴 수 있는 평등은 매우 제한될 것이다. 교회와 국가 내부의 피임 반대론자들은 상황이 그대로 유지되는 데 만족했다. 그들은 여성에게 투표권을 줄 수는 있지만 생식권을 줄 수는 없다고 생각했다.

1955년 피임약이 발명되기 전 인류 역사의 대부분 기간에 그랬듯 이 피임법이 서툴고 믿을 만하지 못하며 조잡하고 수치스러웠다면 피임할 권리는 큰 위협으로 느껴지지 않았을 것이다. 이전에 가장 널리 활용되던 피임 기구인 콘돔의 사용 여부를 결정하는 건 남성이었고 여성은 여기에서 속수무책이었다. 이론적으로는 여성이 콘돔을 사용하지 않는 남성과 성관계하기를 거부할 수 있었다. 하지만 현실에서 남성은 여성에게 강요하거나 협박하거나 압력을 넣는 방식으로 자신의 즐거움을 위해 여성이 위험 부담을 지게끔 만들 수 있었다. 오늘날에도 이런 모습은 크게 바뀌지 않았다. 하지만 1960년대 초반에 피임약이 널리 퍼져서 구하기 쉬워졌고, 인류 역사상 처음으로 여성은 남성과 상의할 필요 없이 자신의 생식 능력을 통제할 수 있게 되었다.

남성이 지배하는 오랜 체제와 여성 혐오를 정당화하는 이론은 마르크스와 엥겔스가 내세운 주장과 달리 단순히 사유 재산 제도가 만든 불평등한 관계에만 기반하지 않았다. 이 오랜 체제는 여성의 생물학적 예속에도 기반했으며 여성에게 생식 능력을 통제할 수 있는 피임법이 없기에, 혹은 있더라도 허가되지 않았기에 유지되었다. 가부장적 체제는 매우 성공적이었고 세계 여러 곳에서 여전히 견고하며 여성에게는 부인된 성적 자유를 남자에게 주었다. 철학자 버트런드 러셀은 "지배한 남자는 엄청난 자유를 누린 반면, 고통받은 여자는 완전한 예속 상태에 있었기에 그들의 불행은 중요하게 여겨지지 않았다"고 적었다.[366] 1960년대에 역사상 처음으로 피임약은 아주 오래된 위계질서를 위협했고 성 평등이 도래할 앞날을 펼쳐 보였다.

전통적으로 여성 운동은 점잖은 계층의 지지를 잃을까 봐 성 평등을 주장하기를 꺼렸다. 사실 1900년대 초반에 피임을 옹호하던 사람들의 목적은 남녀 사이의 기울어진 운동장을 평등하게 만들려고 하기보다는, 인구수를 조절하고 당시에 수가 증가하면서 사회 안정에 위협이 된다고 여겼던 빈곤층을 통제하는 데 있었다.367 여권 옹호자가 남녀가 성적으로 평등하다고 말한 건 일반적으로 남자가 여자에게 강요한 일부일처제의 도덕률을 본인도 지킬 필요가 있다고 강조하기 위해서였다. 간통한 남편이 간통한 아내만큼이나 죄인이라고 주장해 2천 년 전 여성들의 마음을 잡아끈 기독교의 윤리 전통이 그들 속에 여전히 확고했다. 여성이 남성처럼 문란하게 행동할 수 있게끔 허용함으로써 성 평등을 추구해야 한다는 생각은 전통적인 사회 관례에서 지나치게 벗어난 주장이었고, 생물학적 현실과도 맞지 않았다. 또한 여성 운동가들은 그로 인해 자신들이 쌓아온 노력에 자유분방한 급진주의라는 오명이 붙을까 봐 걱정했다.

그러나 피임약이 출현하면서 원한다면 여성도 임신을 두려워하지 않고 남성만큼 가볍게 성관계를 가질 수 있게 되었다. 남성도 마찬가지이지만, 선택할 수 있는 권리는 언제나 여성에게 진보를 가져오는 열쇠였다. 피임약이 소개된 지 15년이 채 지나지 않았을 때 여성 2천만 명이 약을 먹으며 권리를 행사했고 다른 천만 명은 자궁 내 피임 장치를 이용했다.368

여성 혐오는 여성의 '진정한' 역할이 무엇인지를 정의하면서 제한하고 그 역할에서 벗어나지 못하게 하는 방식으로 여성을 비인간화해 왔다. 서양 문명에서 그러한 정의를 강요하던 가장 강력한 기관은 기독교 교회였다. 하지만 20세기 초반에 서양에 속하는 대부분 지역에서 교회의 영향력은 크게 약화되었다. 역사상 다른 어떤 기관보다 남성이 여성을 바라보고 대하는 방식에 큰 영향을 미친 가톨릭 교회는 18세기부터 지성의 영역에서 돌이킬 수 없는 후퇴 국면에 들어갔다. 가톨릭 교회는 종교 개혁의 위협도 물리쳤지만 계몽주의와 뒤이은 과학 혁명을 당해낼 수 없었다. 그러고서 과학적인 세계관에 대항하는 진지한 철학적 답변을 내놓는 대신에 감상적인 소박함에서 피난처를 찾았다.

여성을 제자리에 머물도록 하는 데 교회가 활용해온 가장 효과적인 선전 무기인 성모 마리아가 포르투갈과 프랑스, 아일랜드 시골 소년 소녀의 눈앞에 갑자기 나타나기 시작했다. 19세기부터 시작해 그런 현상이 2백여 건 일어났는데, 교회는 그 가운데에서 프랑스 남부의 루르드 지방 사례를 포함해 소수만 공식 인정했다. 성모 마리아 발현지에는 여전히 매년 수백만 명의 신자들이 방문한다. 성모 마리아가 현대 세계에서 신앙이 사라져가는 걸 보고 괴로워했고, 묵주 기도만이 인류를 구할 수 있다는 메세지를 보내려던 것이라고들 추측했다. 성모 목격에 뒤이어 교황 비오 9세는 1854년에 성모 마리아의 원죄 없는 잉태를 교리로 선포하면서 성모 마리아가 원죄 없이 잉태된 유일한 인간이라고 칭송했고, 이 교리를 가톨릭 신앙의 가장 핵심적인 믿음 가운데 하나로 만들었다. 교회는 신자들의 감정과 맹신에 기대어 과학 혁명에 대응하면서 가톨릭 신조가 이성이 미치는 영역 너머에 있다고 선포했다. 이런 입장에 기반해서 교회는 피임과 임신 중단을 공격하기 시작했다.

교회는 과학과 벌인 지적 논쟁에서 졌을지는 몰라도 여전히 신자 수백만 명에게 어마어마한 도덕적 영향력을 행사하고 있으며, 특히 개발 도상국에서 그 입지가 매우 강력하다. 교회는 영향력을 이용해 여성이 피임 수단에 접근하지 못하도록 막으려고 시도했다. 특히 가난한 나라에서는 빈곤과 결핍의 고리에서 벗어날 가능성을 조금이라도 가지려면 피임 수단에 손쉽게 접근할 수 있어야 하지만 이곳의 여성들도 같은 벽에 부딪혔다.

예수회 소속이며 교회법과 결혼 생활 권위자인 오빌 그리스 신부 Fr Orville Griese는 1944년에 "피임이라고 알려진 자연을 거스르는 풍속이 미국을 파괴하고 있다"고 적었다. "만약 지금 비율로 계속 행해진다면 미국인은 존속하지 못할 것이다. 불행히도 미국인 대부분은 이 역겨운 악이 미치는 해로운 영향에 무관심하다. 실제로 피임이란 범죄를 조직적으로 비난하는 곳은 가톨릭 교회밖에 없다."369 오빌 그리스 신부의 말에 따르면 "자연을 거스르는 방식으로 혼인에 부과된 임무를 수행하는 것", 즉 피임 기구 사용은 설령 사용하지 않아서 여성의 죽음이 확실시되는 경우에도 의심의 여지없이 죄가 된다.370

1960년대 초반에 피임법을 활용해 가족 수를 제한하고 싶어 했던 수백만 여성 가톨릭 신자, 특히 미국 여성 가톨릭 신자들의 요청에 응답해서 교황명으로 설립된 위원회는 최신 과학 지식을 고려하며 피임에 대한 가톨릭의 가르침을 살펴보았다. 그리고 교회의 피임 금지를 뒷받침하는 《성경》이나 신학, 철학에 기반한 이유나 자연법에 기초한 근거가 없다고 밝혔다.371 수백만 가톨릭 신자 부부는 교회가 더 자유주의적인 태도를 보이리라 예상하며 안도의 한숨을 내쉬었다. 하지만 그 대신 1968년에 교황 바오로 6세Paulus VI는 〈인간 생명Humanae Vitae〉이라는 회칙을 발표했다. 회칙은 피임을 거부하는 가톨릭 교회의 입장을 재확인했다. 피임은 유해하며 하나님의 법을 거스르는 행동이었다. 그로부터 10년 뒤에 교황 요한 바오로 2세Ioannes Paulus II는 "인간 생명"이 "가톨릭교의 근본적인 믿음에 관한 문제"라고 선언했다.372

서양에서는 대부분까지는 아닐지라도 많은 수의 가톨릭 신자들이 금지령을 무시했다. 그들에게는 임신을 할지 말지를 결정하는 일이 고통스러웠을지언정 생사를 가르는 문제는 아니었다. 그러나 불행히도 세계에서 가장 가난한 지역에 사는 여성들에게는 생사가 달린 문제였다. 그곳에서 임신할지 말지를 선택할 권리는 여성이 가족들과 함께 가난에서 벗어날 가망과 긴밀히 연관되어 있었다. 이러한 맥락에서 교회에 내재한 뿌리 깊은 여성 혐오는 여성의 삶에 심각한 피해를 주었다. 교황 요한 바오로 2세는 교황직을 맡고 나서 가난하고 배우지 못한 여성을 대상으로, 콘돔 사용은 도덕적으로 볼 때 살인과 동등하며 피임할 때마다 그리스도가 십자가에 매달려 희생한 일이 '허사'로 돌아간다는 교리를 퍼뜨리는 데 상당한 시간을 쏟았다. 그는 "어떠한 개인적, 사회적 상황도 피임 행위로 발생하는 도덕적 잘못을 바로잡을 수 없었으며 미래에도 바로잡을 수 없을 것이다"라고 말했다.373

이러한 태도의 기저에는 아이를 갖는 데 여성의 동의가 필요하지 않으며 임신을 원했건 아니건 일단 아이를 가지면 여성 자신의 의사는 상관없다는 가정이 깔려 있다. 이러한 생각과 강간을 대하는 태도에 내포된 도덕적 암시를 비교해보면 흥미롭다. 모든 문명화된 사회는 여성과 성관계를 맺는 데 여성의 동의가 필요하다고 여긴다. 동의를 구하지 않고 강제로 성관계를 가지면 강간이라는 심각한 범죄를 저지르게 된다. 하지만 교회에 따르면 임신이라는 중요한 문제에서 여성의 동의는 논외다. 여성이 동의하지 않고 원하지 않더라도 임신하게 만들 수 있다. 매정한 신의 법은 여성의 의사를 무시하고 여성은 임신하는 순간 운명이 결정된다. 개인의 자율성은 그녀에게 허락되지 않는다.

여성의 삶에 가장 큰 영향을 미치는 일에 여성의 동의를 구할 필요가 없다고 치부하는 태도는 강간을 정당화하는 일과 도덕적 측면에서 매한가지다. 이러한 독단성은 여성을 대하는 가톨릭 교회의 태도 뒤에 극심한 경멸이 자리 잡고 있으며, 그 때문에 수백 년간 많은 이가 고통을 받았다는 사실을 다시 한 번 상기시킨다. 가난한 나라에 살기에 가장 취약한 수백만 명의 여성이 이로 인해 계속 고통을 받는다.

교회는 가톨릭 국가의 정부가 가족계획을 돕는 시설을 늘리지 못하도록 말려왔다. 하지만 인구수 증가가 경제 발전을 앞지르는 곳에서는 이들 시설이 간절히 필요하다. 1980년에 교황은 세계에서 가장 인구가 많은 가톨릭 국가인 브라질을 방문했다. 수년간 브라질은 가톨릭 교리를 따르며 가족계획에 반대해왔다. 임신 중단은 불법이 되었고 시술을 집도한 사람은 6년에서 20년 사이의 징역형을 받았다. 그 결과 브라질 여성 수백만 명은 원치 않는 임신을 중단하려면 불법 시술자를 찾아가거나 뜨개질 바늘과 옷걸이 같은 도구에 의지해야만 했다. 이 때문에 해마다 브라질 여성 5만 명이 시술을 섣부르게 시도하다가 죽는 것으로 추정된다.374

교황이 방문하고 2년이 지난 뒤에 정부는 이전의 태도를 바꿔서 유엔 인구 기금에 도움을 요청했다. 유엔 인구 기금은 가족계획을 가장 필요로 하는 가난한 나라에 도움을 주는 것이 목표다. 하지만 임신 중단은 여전히 브라질에서 불법이며 브라질 여성을 가장 많이 죽음으로 몰고 가는 원인이다. 물론 가난한 여성이 가장 크게 고통받는다. 브라질의 부유한 지배 계층은 사회의 낙인이나 체포를 두려워하지 않고 임신 중단 시술을 받을 수 있다. 브라질 가족계획 협회 회장인 엘시마르 코치뉴Elsimar Coutinho는 "브라질 법은 가난한 사람들을 처벌하기만 할 뿐이다"라고 평했다.375

가톨릭 교회뿐 아니라 다른 강력한 세계적인 기관이나 단체 들도 가장 가난하고 취약한 여성이 가족계획 시설에 접근하지 못하게 하려고 운동을 벌인다. 1980년대에 로널드 레이건Ronald Reagan 대통령이 이끌던 미국 정부는 임신 중단 시술을 하거나 임신 중단에 관한 정보를 제공하는 가족계획 단체에 재정 지원을 거부하는 정책을 시행했다. 새로운 정책은 근본주의 개신교 단체들이 로비스트를 통해 압력을 넣은 결과였다. 이 단체들은 1980년대부터 미국 정치에 행사하는 영향력을 키워왔으며, 이는 1960년대와 1970년대에 여성이 쟁취한 권리에 맞선 보수적, 종교적 반발의 일환이었다. 1994년에 치러진 의원 선거에서는 공화당을 지지하는 표 가운데 5분의 2가 기독교 우파에서 나왔다.376

핵심 지지층이 기독교 근본주의자들이었던 조지 W. 부시 대통령

은 이 정책을 부활시켜 테러와의 '전쟁' 이전에 임신 중단과의 '전쟁'을
먼저 선포했다. 2001년에 대통령 직무를 맡은 첫날 시술을 하거나 임신
중단에 관한 정보를 제공하는 단체에 자금 지원을 차단하는 '국제 금지
규정'을 재도입한 것이다. 가난한 국가에서 여성 건강을 돌보는 수백
개의 단체는 임신 중단 시술과 임신 중단에 대한 조언을 그만두거나 재
정 지원을 잃는 것 중 하나를 선택해야 하는 힘든 갈림길에 섰다. 에티
오피아 가족계획 협회의 아마레 바다다Amare Badada는 국제 금지 규정
에 서명하기를 거부한 사람 가운데 한 명이었다.

그는 서명 거부로 그가 담당한 지역의 가족계획 진료소 54곳 중
44곳이 아마 2004년 이전에 문을 닫아야 할 거라고 말했다. 한 진료소
가 대략 여성 5백 명을 담당하고 있고, 여성 일부는 진료소에 가기 위해
10킬로미터 남짓을 걸어야 한다. 진료소에서 매일 처리하는 문제에는
강간이나 강제 결혼, 할례도 포함된다. 바다다는 "국제 금지 규정 때문
에 저는 불법 시술을 한 뒤에 피 흘리며 찾아오는 여성을 치료할 수는
있지만 불법 시술의 위험성을 경고할 수는 없습니다"라고 말했다. 이
어서 "우리가 무엇을 생각하고 무엇을 말해야 한다고 이래라저래라 해
서는 안 됩니다"라고 주장하고 "미국은 여성들을 불법 시술자의 손에
넘기고 있습니다"라고 결론지었다.[377]

1999년을 기준으로 중앙아메리카와 라틴아메리카 국가 대부분에
서 강간이나 근친상간에 의한 임신이거나 임신부의 생명이 위험한 경
우를 제외하고 시술을 불법으로 규정한다. 아프리카 국가 대부분과 중
동과 남아시아 국가 다수에도 동일한 제한이 존재한다. 국민 대다수
가 가톨릭 신자인 아일랜드 공화국은 1983년 국가 헌법에 임신 중단 금
지 조항을 집어넣었다.[378] 세계 보건 기구 WHO는 이러한 제한 때문에
해마다 여성 7만 명이 위험한 시술로 사망하고 수십만 명이 심한 감염
이나 불임으로 고통받는다고 추정한다.[379] 이는 해마다 선택할 권리를

박탈당해서 죽는 여성의 수가 유럽에서 마녀사냥이 절정에 이르렀던 16세기와 17세기에 매년 살해된 여성의 수와 같거나 더 많다는 것을 의미한다. 그때와 마찬가지로 기독교의 여성 혐오는 불필요한 고통을 일으킨 주요 원인으로서 직접적인 책임이 있다.

가톨릭 교회가 자신을 가장 혹독하게 비평해온 개신교 근본주의자들과 임신 중단을 놓고 동일한 태도를 보인다는 사실이 다소 역설적으로 보일지도 모른다. 하지만 이른바 생명 옹호 운동이 아돌프 히틀러, 이오시프 스탈린Iosif Stalin, 마오쩌둥의 견해와 비슷하다는 사실보다는 놀랍지 않다. 세 명 모두 집권 기간 중에 한 번쯤은 임신 중단을 금지했다. 그들 모두의 공통점은 그들이 더 중요하게 여기는 종교, 도덕, 사회적 목적을 달성하기 위해서라면 여성의 자율성에 필수인 선택권을 짓밟아도 된다는 여성 혐오에 기반한 믿음을 지녔다는 것이다.

여성의 선택권을 위한 운동은 20세기 미국에서 가장 격렬하고 많은 논란을 불러온 투쟁 가운데 하나였다. 1980년대와 1990년대에 여성 혐오적 반발이 일어났는데, 가장 광적인 순간에는 가족계획 전문 진료소들이 공격을 받았고 의사와 의료계 종사자 들이 살해되기도 했다.

임신 중단 반대 운동을 정당화한 이념 뒤에는 기독교의 여성 혐오 전통과 함께 여성이 인류의 타락을 불러온 죄를 신이 심판했기 때문에 여성이 종속된 위치에 놓였으며 열등하다고 보는 기독교의 기본 교리가 있다(3장과 4장 참고). 하지만 가톨릭 교회조차 언제나 지금처럼 임신 중단을 절대 반대하는 태도를 보이지는 않았다. 1588년까지만 해도 교회는 태아가 잉태되고 남아는 40일, 여아는 60일이 지나야만 영혼을 얻게 된다는 아리스토텔레스의 말을 따랐다. 따라서 특정 상황이라면 그 전까지는 시술을 할 수 있었다.

하지만 1588년이 되자 교황 식스토 5세Sixtus V는 임신의 어떤 단계에서든 임신 중단은 살인이라고 선언했다. 1854년에 선포된 원죄 없는 잉태 교리는 마리아가 잉태된 바로 그 순간에 원죄 없는 유일한 인간의 영혼을 지니게 되었다고 간주했다. 이는 바로 수태된 그 순간부터 완전한 인간이었다는 점을 의미하기에 임신 중단을 금지하는 교회의 입장은 더욱 강화되었다. 1869년에 비오 9세는 종전의 가르침을 반복했다. 반대하는 주장이 없다고 확실시하기 위해 그다음 해에 비오 9세는 교황 무류성 교리*를 선포했다.

임신 중단이 살인이라는 교회의 주장은 의심의 여지없이 피임과 선택권을 바라는 여성들의 요구가 커지면서 점점 더 격렬해졌다. 이 쟁점은 가족의 운명을 결정하는 전쟁터가 되었다. "……남편과 아내의 결합이라는 관점에서 볼 때 수집된 통계는 많은 자녀를 둔 부모가 이혼하는 일이 사실상 없다는 사실을 보여줍니다. 그리고 자녀 수가 줄어들수록 이혼이 증가합니다. ……자녀를 많이 두는 것보다 남편과 아내의 결속력을 강화하는 요소는 없습니다."[380] 박식한 신학자들은 돌봐야 할 대가족이 없으면 아내는 이기적으로 변할 테고 수다를 떨고 위험한 책을 읽고 나쁜 친구들과 어울리는 데 전념할 거라고 주장했다.[381]

소비에트 연방에서 1936년에 금지했던 임신 중단은 스탈린이 사망한 뒤에 1955년 들어 다시 합법화되었고, 그 무렵 소비에트 연방의 위성국들도 같은 결정을 따랐다. 영국은 1967년에 합법화했고, 미국은 그로부터 6년 뒤에, 프랑스는 1974년에, 이탈리아는 1978년 5월에 그 뒤를 따랐다. 하지만 선택권을 옹호하는 결정이 미국에서는 개신교 근본주의자와 보수적인 가톨릭 양측의 맹렬하고 광신적인 저항에 부딪혔다.

미국 내 임신 중단 건수가 절정에 달했던 1980년대에 '구출 작전'이라 불리는 단체가 나타나서 임신 중단 시술을 제공하던 가족계획 전문 진료소 밖에서 시위를 벌였다. 단체 회원은 주로 중년이나 나이 든

* 교황이 최고 목자 자격으로 신앙과 도덕 관련 내용을 확정적 행위로 선언할 때 그 가르침에 오류가 없다는 교리.

남성이었다.382 시위자 일부는 여성들이 진료소 안에 들어가는 동안 묵주 기도문을 암송했고 다른 이들은 손상된 태아 모형이나 사진을 흔들었다. 시위자들은 의사와 진료소 직원 들을 향해 "낙태는 살인이다", "아기를 죽이지 마십시오" 또는 "아기 살해자" 같은 구호를 외쳤다. 그들은 임신 중단과 홀로코스트를 자주 비교했다. 태아 수백만 명을 나치 정권에서 대량 학살된 유대인에 빗댔다. 임신을 중단하기로 어렵게 결정을 내리며 이미 많은 스트레스를 견뎌낸 데 더해 빗발치는 협박과 욕설을 듣는 일은 많은 여성에게 고통스럽고 충격적인 경험으로 남을 수 있다.

교황부터 그 아래 포진한 성직자들까지 포함해 종교 권위자들은 여러 해 동안 임신 중단이 살인이라며 맹렬히 비난해왔다. 가톨릭 신부가 설교단에서 임신 중단을 말할 때면 으레 '살인'과 '살인자'라는 단어가 입에서 흘러나왔다. 개신교 설교자도 자극적이고 저속하고 잔혹한 표현을 동원했으며, 임신 중단을 실제로 일어났거나 상상 속에만 존재하는 참상과 비교하는 경쟁에서 절대 뒤지지 않았다. 개신교와 가톨릭 종교의 권위자들은 모두 여성의 선택권에 반대하면서 자주 홀로코스트를 암시하는 듯한 말을 섞었다. 여성을 향한 공격적 언사는 격렬한 혐오 발언의 형태를 띠어갔다. 시위자들은 스승의 본보기를 따랐다. 여기에서 논리는 필연적인 경로를 따른다. 만약 임신을 중단할 권리를 행사하는 여성과 그 여성을 돕는 의료진이 도덕 측면에서 살인자나 강제 수용소 관리자와 같다면 그에 합당한 처벌을 받아야 한다는 결론에 이르게 된다. 적어도 혐오 발언을 문자 그대로 받아들인 사람들 마음속에서는 그러했다.

그중에는 마이클 그리핀Michael Griffin이 있었다. 그리핀은 1993년 플로리다주 펜서콜라에 있는 임신 중단 진료소에서 의사 데이비드 건David Gunn을 총으로 쏘아 죽였다. 그의 행동은 세 아이의 아버지이며 예전에 장로교 목사였던 폴 힐Paul Hill을 고무시켰다. 그는 임신 중단 진료소 밖에서 자주 시위를 했고 창문을 통해 "엄마, 날 죽이지 말아요!"라고 소리치곤 했다. 힐은 텔레비전에도 출연했는데 ‹나이트라인Night-line›과 ‹필 도나휴 쇼The Phil Donahue Show› 같은 프로그램에서 임신 중단 시술 의사를 살해하는 일을 히틀러를 살해하는 일에 비유했다.383 1994년 7월 29일에 당시 69세였던 의사 존 베이어드 브리튼John Bayard Britton, 퇴임한 74세 공군 중령으로 그의 차를 운전하던 제임스 H. 배럿James H. Barrett과 그의 아내가 펜서콜라에 있는 다른 임신 중단 진료소의 주차장에 들어오던 순간, 힐은 12구경 산탄총을 발포했다. 힐은 먼저 배럿을 죽이고 브리튼의 머리를 쏘았다. 나중에 힐은 브리튼이 방탄 조끼를 입고 있으리라 생각하고 의도적으로 머리를 겨냥했다고 설명했다. 그는 두려움에 떨며 차 안에 웅크리고 있던 배럿의 부인에게도 부상을 입혔다.

힐은 투항했고 재판에서 유죄 판결과 사형 선고를 받았다. 그가 처형되던 2003년 9월 3일 밤에 시위대가 플로리다주 스타크에 있는 교도소 바깥에 모였다. 그 가운데 일부는 사형에 반대했고, 일부는 힐을 지지했으며, 다른 시위대는 선택할 권리를 옹호했다. 힐을 지지하는 사람들 일부는 비록 혐오는 아닐지라도 살인을 선동하는 플래카드를 들고 있었다. 그중 하나에는 "죽은 의사는 생명을 죽이지 못한다"는 문구가 쓰여 있었고, 다른 하나에는 "아기 살해자를 죽이는 것은 정당한 살인이다"라는 말이 적혀 있었다. 시위자 한 명은 «뉴욕 타임스The New York Times» 기자에게 힐이 임신 중단 반대 운동의 "수준을 높였습니다"라고 말했다. 그리고 "언젠가 저도 그처럼 남자다울 수 있는 용기를 가졌으면 합니다"라고 덧붙였다. 처형 전 기자회견에서 힐은 국가가 그를 "순교자로 만들 것"이라고 이야기했다. 그는 마지막으로 이런 말을 남겼다. "낙태가 악의 세력이라고 믿는다면 그걸 막기 위해 맞서면서 해야 할 모든 일을 다해야 합니다."384

1993년과 1998년 사이에 힐처럼 임신 중단 반대 운동이 사용하던 과격한 어휘에 담긴 논리를 따랐던 이들은 가족계획 전문 진료소에서 일하던 임신 중단 시술자와 직원들 일곱 명의 목숨을 앗아갔다. 2001년 호주에서 '생명 옹호' 테러리스트들은 미국에서 있었던 공격을 모방하며 멜버른 동부의 임신 중단 진료소 밖에 있던 경비원을 살해했다. 당연하게도 개신교와 가톨릭 교회, 임신 중단을 반대하는 주류 단체들은 살인 사건과는 재빨리 거리를 두었다. 생명을 옹호한다고 주장하는 단체가 살인을 저지르는 기괴한 역설은 가장 광신적인 사람을 제외한 모든 사람 눈에 무시할 수 없을 정도로 너무나 확연하게 두드러졌다. 하지만 '생명 옹호' 운동이 진료소 직원들과 진료소를 이용하는 여성들을 비난하기 위해 흔히 사용해온 혐오 발언을 고려하면 도덕적 책임감을 회피할 수 없다. 임신 중단을 홀로코스트에 비견하며 살인자들이 생명의 이름으로 살인을 저지르는 데 중요한 역할을 한 근본주의 개신교와 보수적인 가톨릭 지도자들한테도 마찬가지로 책임이 있다. 힐은 의사를 죽이는 일을 히틀러를 죽이는 일과 비교했다.

가톨릭교로 개종한 48세의 제임스 C. 콥James C. Kopp은 2003년 5월에 의사인 바넷 A. 슬레피안Barnett A. Slepian을 뉴욕주 버펄로 근처에 있는 자택에서 살해한 죄로 유죄 선고를 받았다. 그는 법정에서 진술하면서 가족계획 연맹의 설립자인 마거릿 생어Margaret Sanger를 히틀러에 견주었고 임신 중단은 "홀로코스트의 연장선에 있다. 그건 1945년에 끝나지 않았다"고 말했다.385 그리고 "우리가 여전히 강제수용소 울타리에 구멍을 낼 수 있고 아기 몇 명이 안전한 곳으로 기어서 빠져나오게 할 수 있다는 사실을 낙태 반대 운동을 하는 어린 형제자매들이 알았으면 한다"고 말을 이었다.386

아기(사실 아기라기보다 태아여야 하지만)가 가시 철조망 울타리

사이로 기어 나온다는 상상은 기이하고 터무니없지만 그간의 맥락을
고려하면 놀라운 공상은 아니다. '생명 옹호' 테러는 편견에 휩싸인 사
람들과 사회 부적응자로 이뤄진 불쾌한 무리를 끌어모았고 여성 혐오
와 다른 혐오 사이에 존재하는 연결 고리를 비추었다.

　　2003년 6월에 에릭 로버트 루돌프Eric Robert Rudolph는 1996년과
1998년 사이에 저지른 네 건의 폭탄 테러 혐의로 기소되었다. 그 가운데
한 건은 하계 올림픽을 개최하던 조지아주 애틀랜타의 올림픽 공원에
서 파이프 폭탄을 터뜨린 사건인데, 그로 인해 여성 한 명이 사망했고
백 명가량이 부상을 입었다. 앨라배마주 버밍햄에 있는 임신 중단 진료
소 밖에서 벌인 폭탄 테러로는 비번인 날 경비원으로 일하던 경찰관이
숨졌다. 그는 애틀랜타에서 일어난 게이바 폭탄 테러와도 연관되어 있
다. 루돌프는 백인우월주의자 단체의 회원이며 유대인이 세계를 장악
했다고 불평하는 반유대주의자이기도 하다. 루돌프가 자라난 노스캐
롤라이나주 머피의 지역 사회에서는 그를 민중 영웅처럼 떠받들고 있
으며 그곳에 있는 많은 사람이 그의 견해에 지지를 표한다. 마을 거주
자 한 명은 "루돌프는 기독교인이고 나도 기독교인입니다. 그는 낙태
와 싸우는 데 자기 인생을 바쳤습니다. 그게 우리가 중시하는 가치입니
다"라고 주장했다고 한다.387

　　존 A. 버트John A. Burt는 유명한 임신 중단 반대 활동가로, 플로리
다에 있는 가족계획 진료소에서 과격한 시위를 벌이다 여러 차례 기소
되었다. 1993년에 살해된 의사 데이비드 건의 가족은 마이클 그리핀이
살인을 저지르도록 버트가 부추겼다고 주장했고 민사 소송에서 이겼
다. 버트는 쿠 클럭스 클랜* 회원이기도 하다. 2003년에는 십 대 소녀를
성추행한 혐의로 기소되었다.

　　연방대법원이 로 대 웨이드Roe vs Wade 사건에서 내린 판결로 미국

---

*　KKK라고도 불리는 백인우월주의자 단체.

여성에게 선택할 권리를 보장했지만, 그로부터 30년이 흐른 뒤에 이른 바 '생명 옹호' 운동은 여전히 승리를 없던 일로 만들고 여성이 임신 중단을 하려면 옷걸이나 뜨개질 바늘을 활용해야 했던 시절로 되돌리려고 활동을 벌인다. 그 가운데 일부가 때때로 테러를 저질러왔다는 사실은 다른 모든 증오나 편견과 마찬가지로 여성 혐오도 극단의 폭력을 낳을 수 있다는 점을 상기시킨다. '생명 옹호' 운동이라는 이름으로 살인을 저지르는 사람들을 그저 정신 나간 극단주의자라고 일축하고 싶은 마음이 들 법도 하다. 하지만 교회 지도자들이 임신 중단 시술을 받아야 하는 절박한 여성과 인종 학살을 자행한 나치를 비교해온 행태도 제정신으로 보기는 힘들다. 그런데도 종교와 보수 색채를 띤 우파 정치인은 여전히 이렇게 부당한 비교를 활용하여 여성을 비인간화하며 종속된 위치에 묶어두려 한다.

　몸의 정치는 19세기부터 서양의 영향권에 있던 아프리카와 아시아, 중동 지역에서 더 치명적인 결과를 낳았다. 역설적이게도 서양이 토착 관습에 맞서 자유주의적인 진보 가치를 도입하려고 시도했기 때문에 이러한 결과를 불러들인 사례가 많았다. 제2차 세계대전이 끝나자 식민주의를 반대하는 기세가 거세졌다. 종종 반대는 식민주의자들이 폐지하고자 했던 관습과 전통을 지키는 형태를 띠었다. 불행히도 그 관습들은 여성에게 해를 끼치거나 여성 혐오의 전통적 믿음을 담고 있는 경우가 많았다. 인도에서 과부를 불태우는 풍습인 사티를 금지하고자 한 영국의 노력은 영국의 지배에 강렬한 적대감을 불러왔다(6장 참고). 1950년대에 영국 정부가 케냐 부족들의 음핵 절제 관습을 금지하려 한 시도는 마우마우라고 알려진 반식민주의 운동에 기름을 끼얹은 격이 되고 말았다. 1962년에 케냐는 독립을 쟁취했고, 여성 할례 관습은 계속되고 있다.

　이집트에서도 여성 할례는 여전하다. 이집트 카이로에서 1994년

9월에 UN 주최로 열린 국제 인구 개발 회의에서 여성 할례가 신체의 온전성을 보장하는 기본 인권을 침해한다고 규탄을 받았다. 1996년에 어린 여자아이 두 명이 음핵 절제 실패 후에 출혈로 사망하자 호스니 무바라크Hosni Mubarak 대통령이 이끌던 정부는 풍습을 금지했다. 하지만 여성 할례를 지지하는 대중의 의사는 여전히 강력하다. 사이드 이브라힘Said Ibrahim이라는 한 농부는 "그럼 내 딸이 남자를 쫓아다녀도 우두커니 서서 보고만 있어야 합니까?"라고 말했다고 한다. "어떤 이교도 의사가 그게 건강에 해롭다고 말한들 무슨 상관입니까? 그렇다고 사실이 되나요? 만약 그들이 사형 선고를 내린다고 해도 난 내 딸이 할례를 받게 할 겁니다. 이집트에서 명예가 어떤 의미인지 압니까? 여성이 순종적이면 여성 자신에게도, 아버지에게도, 남편에게도 모두 이로운 겁니다."[388] 열일곱 살 난 소년도 동의했다. 소년은 "할례를 금지하면 여자들이 미국인들처럼 제멋대로 되고 말 거예요"라고 말했다고 보도되었다.[389]

    이집트 여자아이 가운데 80퍼센트에서 97퍼센트가 어떤 형태로든 할례를 받는 것으로 추정된다. 전 세계에서 할례 절차를 겪은 여성은 1억 명가량이고 여기에 해마다 2백만 명씩 추가된다. 이집트 페미니스트 나왈 아사드Nawal Assaad에 따르면 여기에는 미국에 있는 이민자 공동체에서 자행되는 할례 4만 건이 포함된다.[390] 그러나 서양의 영향에 맞선 가장 거센 반발은, 여성에게 베일을 씌우는 이슬람 관습을 금지하려던 정부의 노력에 저항하는 형태로 중동에서 나타났다.

    여성 혐오가 역사에 변화를 불러오는 기폭제가 되는 경우는 드물지만, 세상사의 향방을 결정하는 데 중대한 역할을 하기도 했다. 미국에서 911테러를 일으키게 된 길고 유혈 낭자한 일련의 사건들이 40년 전에 아프가니스탄에 있는 한 대학에서 여학생이 베일을 쓰지 않았다는 이유로 분노한 남학생이 여학생 얼굴에 염산을 투척한 사건에서 시작했다고 해도 과장은 아닐 것이다. 남학생의 이름은 굴부딘 헤크마티아르Gulbuddin Hekmatyar다. 그는 아프가니스탄의 개혁 정부에 대항해 반란을 선동했다. 이슬람 근본주의자에 맞선 잔혹한 전쟁에 처음에는 소비에트 연방이 나중에는 미국이 휩쓸렸다.

아랍 세계에 서양의 영향력이 스며들면서 이슬람 관습이 위기에 처하기 시작한 19세기부터 여성에게 베일을 씌우는 관습은 서양인과 이슬람 개혁론자, 이슬람 민족주의자와 근본주의자를 비롯한 모두에게 격렬한 논쟁 주제가 되었다. 이로 인해 혁명과 폭력, 유혈 사태가 빈번히 발생했다. 아랍 국가들을 지배하고 통제하려고 추진하던 서양 세력은 이슬람 문화가 후진적이고 근본적으로 열등하다는 증거로 베일을 쓰는 관습을 들었다. 반면 식민주의 세력과 싸우던 이들은 서양의 압도적인 정치, 경제, 문화의 힘에 맞서 이슬람 정체성을 지키려면 관습을 유지해나가는 것이 핵심이라고 여겼다. 여성의 복지와 지위가 이 모든 논쟁의 중심이어야 했지만, 현실에서 여성들은 그때마다 주도권을 잡은 세력의 성향에 따라 베일을 쓰거나 벗으라는 지시를 받았다. 서방은 여성의 처우에 관심을 두긴 했지만, 더 중요한 목표인 아랍권 지배에 방해가 되도록 허용하지는 않았다.

이런저런 논쟁 이면에는 언제나 이슬람교에 내재한 여성 혐오라는 문제가 거대하게 자리 잡고 있다. 사실 이슬람처럼 기독교와 유대교하고 밀접하게 연관된 종교가 강한 여성 혐오의 경향을 보이지 않는다면 그것이 기적일 것이다. 이슬람교는 어쨌건 «성경»을 신의 계시 가운데 하나로 여기며 그 안에 나오는 여성 혐오적 이야기들도 받아들였다. 여성의 낮은 지위를 설명하는 열쇠인 인류 타락의 신화는 유대교와 기독교처럼 이슬람교도 중요하게 다룬다.

초기 이슬람교는 재산 상속권같이 여성 기독교인은 누리지 못했던 권리들을 여성에게 부여하긴 했지만, 무함마드(Muhammad, 570년~632

넌)는 일부다처제, 격리와 베일 착용 등 여성에게 부정적인 영향을 미친 다른 관습들도 채택했다. 무함마드 사후에 아랍 군대가 정복자로서 중동과 북아프리카를 휩쓸었고 여성은 공적 삶에서 배제되었다. 기도 중에 남녀를 격리하는 관습이 도입되었고 간통죄에 대한 처벌로 투석형이 소개되었다.

같은 시기에 이슬람 문명은 지성, 과학, 예술의 절정에 도달해 꽃을 피웠다. 이슬람 문명은 고대 세계의 학문을 보존했고, 로마가 무너진 뒤에 서방을 차지한 야만족들에게 학문을 다시 전해주었다. 19세기 탐험가인 리처드 버턴 경Sir Richard Burton은 성을 주제로 한 아랍 문화의 걸작 «향기로운 정원The Perfumed Garden»을 번역했고, 아랍 문화의 중심이었던 바그다드를 "당시 그리스와 아라비아에 국한되어 있던 인류 문명의 중심이자 로마가 가장 넓었을 때의 영토보다 더 넓었던 제국의 중심 도시였으며 본질적으로 향락의 도시로 9세기에 파리 같았던 곳"이라고 묘사했다.[391] 인도의 «카마수트라»에 나오는 여성들처럼(6장 참고) «향기로운 정원» 속 여성들도 관능적인 아름다움으로 찬미를 받는다. 성을 다룬 이전의 인도와 중국의 문헌들처럼 이 책도 남녀 모두 성적 만족에 이르는 방법을 적은 안내서다. 책은 "남자의 크나큰 쾌락을 여자가 타고난 부위에 놓으시고 남자가 타고난 부위가 여자에게 가장 큰 즐거움을 선사할 수 있게 한 신이시여, 찬미받으소서"라고 시작한다.[392] 부끄러워하지 않고 솔직하게 여성의 성욕을 인정한다는 점에서 이슬람은 육신을 계속 억압해온 기독교보다 동양의 전통에 가깝다.

그러나 여성의 성욕을 인정하고 학문과 예술을 숭상하는 문화에 여성을 향한 지적, 종교적, 사회적 경멸이 공존하는 경우는 이번이 처음은 아니다. 8세기부터 줄곧 '여성'이라는 단어는 '노예'라는 단어와 동의어로 쓰였다. 학자들은 이슬람교가 팽창하면서 많은 지역의 관습과 전통을 흡수했기에 이슬람 문화 특유의 여성 혐오나 차별 관행을 여기에서 분리해내기는 힘들다고 주장한다. 예를 들면 일부다처제, 베일 착용과 격리는 동로마 사회 상류층에 오랫동안 뿌리내린 요소였다.393

이슬람 중세 신학자인 알 가잘리(Al-Ghazali, 1058년~1111년)는 다음과 같이 말하며 기독교, 유대교 신학자와 동일한 익숙한 여성 혐오를 표출했다. "남자에게 닥쳐오는 모든 시련과 불행, 재난은 여자에게서 온다." 그는 하와가 불복종한 결과로 여성이 감내해야 하는 18가지 벌을 열거했다. 그 가운데에는 월경, 출산, 임신이 있었다. 하지만 생물학적 측면을 넘어 여성에게 해로우며 전적으로 사회적인 관습들도 포함했다. 예를 들면 "자기 자신에 대한 통제력을 지니지 못하고…… 이혼당할 수는 있지만 이혼을 요구할 수는 없고…… 남자는 법적으로 아내를 네 명 거느릴 수 있지만 아내는 한 남편밖에 두지 못하고…… 집 안에 격리되어서 지내야 하고…… 집 안에서 머리를 감싼 채로 있어야 하고…… 남자 한 명의 증언에 대항하기 위해서는 여자 두 명의 증언이 있어야 하며…… 가까운 친척의 동행 없이는 집 밖으로 나가면 안 된다는 것" 등이다.394

사회 관습을 신의 뜻으로 치부함으로써 알 가잘리는 관습에 종교의 승인이라는 힘을 실어주었다. 이들 관습이 모두 무함마드 때에 시작되지는 않았으나 알 가잘리는 이슬람교에 존재하던 여성에 대한 보수적인 생각의 통합을 상징하는 인물이었다. 한 선도적인 아랍 역사학자는 여성에게 호의적인 주요 이슬람 학자로 이븐 아라비(Ibn al-'Arabi, 1165년~1240년) 한 명 정도만 꼽을 수 있다면서 그가 "아마도 유일하다"고 평가한다.395 아랍 세력이 쇠퇴하고 중동에 점차 유럽과 미국이 침투해오자 이러한 관습(혹은 알 가잘리의 표현에 따르면 '벌')은 중동 여성의 낮은 지위와 그들이 받는 가혹한 대우를 상징하게 되었다. 그리고 서양 세력과 그에 대척하는 이슬람 세력 사이의 과거부터 현재까지 이어지는 선전전의 일부가 되었다.

서양 세력이 이슬람 국가들과 맺은 관계는 언제나 모순되었고 일관성을 결여했으며 때로는 철저한 이중성으로 점철되었다. 영국은 1882년에 이집트를 점령한 뒤 베일 착용이 이집트의 낙후성을 보여준다고 규탄하며 자신들은 이로부터 이집트인들을 구해내려 하고 있다고 주장했다. 하지만 동시에 여자아이들의 교육을 지원하는 재정은 삭감했다.396 1951년에 이란에서 경제를 개혁하려던 시도는 영국이 CIA와 손잡고 쿠데타를 조직한 뒤 샤Shah에게 독재적인 권력을 돌려주면서 물거품이 되었다.

이집트는 여성이 두드러진 역할을 한 정치적 봉기가 일어나고 나서 1953년에 영국에서 독립했다. 혁명은 가말 압델 나세르(Gamal Abdel Nasser, 1918년~1970년) 대통령에게 권력을 쥐여주었다. 1956년에 나세르 정부는 여성에게 제한된 형태의 참정권을 부여했다. 같은 해에 나세르 정부의 수에즈 운하 국유화에 맞서서 영국과 프랑스, 이스라엘군이 이집트를 침공했다. 비록 점점 독재적이 되어가기는 했지만 나세르는 서양의 침략에 맞선 인물로 여겨졌기에 대중의 존경을 받았다.

이란의 샤가 맞이한 상황은 그와 정반대였다. 베일 착용 금지를 포함해 1951년 이후에 샤가 진행하던 현대화 계획은 이슬람 근본주의자들 눈에 서양 세력에 빌붙어 변절하는 행위로 비쳤다. 이에 맞서 1979년에 테헤란에서 여성들이 베일을 착용할 권리를 요구하며 큰 시위를 벌였다. 같은 해에 이란에서 일어난 이슬람 혁명은 아야톨라 호메이니Ayatollah Khomeini에게 권력을 안겼다. 호메이니는 여성에게 극심한 제한을 가했고 샤가 통치하는 동안 이뤘던 진전들을 되돌리려는 목표를 좇으며 여성을 공적 영역에서 배제했다. 새로운 법에는 여성이 공공장소에서 항상 베일을 착용해야 하고 이를 어기면 처벌로 채찍질을 74번 한다는 항목도 있었다. 이들은 이란 여성을 "언제라도 남편이 원하면 활용할 수 있는 사유화된 섹스 대상"으로 전락시켰다.397

제한을 어겼다고 비난받는 여성은 남성들의 폭력에 노출되었고, 근본주의자 패거리는 충분히 가리지 않았다고 판단되는 여성들을 거리에서 공격하곤 했다. 법률 체계가 전체적으로 정비되었고 여성 혐오가 법제화되었다. 여성 판사들은 해고되었고, 여성 목격자의 증언은 남성이 보강하지 않으면 받아들여지지 않았다. 여성은 법대에 입학하지 못하게 되었다. 여성이 결혼할 수 있는 연령은 18세에서 13세로 낮아졌다. 아야톨라 호메이니가 미국의 적이었기에 그의 여성 정책은 이슬람교의 야만성을 드러내는 예시며 중동에서 서양이 억지력을 키워야 한다는 증거라고 홍보되었다. 하지만 독재에 대항한 민주주의 세력에 맞서 샤를 지지했던 서양 세력한테도 이슬람교의 반격에 적어도 일부 책임이 있다는 사실은 이해관계에 따라 잊혔다.

그보다 동쪽에 있는 파키스탄에서도 서양화에 대항해서 비슷한 반응이 일어났다. 1980년에 지아 울 하크Zia ul-Haq 장군의 독재 아래서 베일 착용이 강요되었다. 여성은 "타락의 뿌리이자 원인"이라고 선포되었고, 특히 일하는 여성은 도덕 붕괴와 가족 해체에 책임이 있다고 규탄을 받았다. 새로운 정권은 여성들이 연금을 받고 퇴직하기를 원했다.398 이미 들어본 적이 있는 듯한 이 선언은 1930년대에 독일 나치당이 여성에게 '적합한' 영역인 가정에 여성을 묶어두기 위해 벌였던 선전을 떠올리게 한다.

정부에 조언하던 이슬람 성직자는 여성이 "긴급 상황을 제외하고 가정을 벗어나서는 안 된다"고 주장했다. 이슬람 율법 전문가가 여성이 공공 영역에 존재하는 한 남성이 강간 때문에 처벌을 받아서는 안 된다고 주장해서 강간을 범죄로 분류하는 법이 폐지될 뻔하기도 했다. 달리 말하면 여성이 집 밖에 있어야 할 이유 자체가 없으므로 남성이 공공장소에 있는 여성을 보고 욕정이 일어서 강간하더라도 이해할 만하다는 뜻이었다. 강간을 당하면 여성은 소송을 제기하기 위해 남자 목격자 네 명을 내세워야 한다. 여성의 증언이나 이교도의 증언은 인정하지 않는다.* 강간을 당했다고 고발하는 여성은 공격당할 당시에 남자 보호자의 통제 밖에 있었을 것이므로 여성의 행동은 곧장 의심받는다. 이와 관련해 법원이 보이는 여성 혐오적 편견은 노골적이다.

지아 울 하크 장군이 이끌던 가혹한 집권은 끝났지만 여성 혐오의 유산은 계속 살아남았다. 2002년 5월에 26세였던 한 여성은 시동생이 강간했다고 고발했는데, 자신이 투석형을 선고받았다. 아프가니스탄 국경 근처에 있는 파키스탄의 외진 산간 지방에 사는 자프란 비비Zafran Bibi는 남편이 감옥에 있는 동안 여자아이를 낳았다. 그녀는 집 뒤에 있는 산비탈에서 또는 집에 사람이 없을 때는 농장 안에서 시동생인 자말 칸Jamal Khan이 지속해서 성폭행했다고 법원에 말했다. 판사는 이슬람 율법을 적용해 다음과 같이 말했다.

> 이 여성은 성관계를 맺었으나 상대가 남편의 동생이었다는
> 사실을 법정에서 진술했습니다. 따라서 법원은 최고형을
> 선고하는 것 말고는 달리 도리가 없습니다.399

시동생인 자말 칸은 기소되지 않고 법정에서 걸어 나왔다. 인권 단체 직원은 사형 선고가 취소되더라도 비비가 혼외 성관계를 맺었다는 이유로 10년에서 15년 사이의 징역형을 받을 수 있다고 말했다.

파키스탄 법원은 서로 합의한 성관계와 강간에 별 차이를 두지 않는다. 파키스탄 감옥에 있는 여성의 80퍼센트가량이 이슬람 율법에 의거하여 간통죄를 저질렀다고 유죄 판결을 받았다.400 심하게는 12세나 13세밖에 안 된 여자아이들도 혼외 성관계로 기소될 수 있고 유죄가 선

---

* 2006년 11월에 파키스탄 의회를 통과한 여성보호법에 따라 남성 이슬람교도 네 명을 증인으로 세워야 한다는 조건은 폐지되었다.

고되면 공개 태형을 받는다.401 강간을 당했다고 신고한 여성 중 절반 정도는 간통했다고 유죄 판결을 받는다. 법은 여성이 강간으로 고소하지 못하도록 적극적으로 막는다. 하지만 여성이 고소하지 않고 임신을 해도 간통죄로 유죄 선고를 받을 수 있다.

자프란 비비의 사례가 대중 매체의 관심을 끌고 나서 몇 주 지났을 때 반대편에 있는 펀자브 지방에서 일어난 무크타란 비비의 사례가 알려졌다. 그녀의 남동생이 더 높은 신분의 여성과 관계를 맺었다는 혐의가 제기되었고, 부족 회의가 내린 결정에 따라 그녀는 윤간을 당했다. 대중의 항의가 있자 경찰은 남자 여섯 명을 강간과 관련해 기소했다.402 국가는 무크타란 비비에게 보상으로 8천 달러 정도를 건넸다.403 그러나 보통 이와 같은 사례 대부분은 신고하지 않고 그냥 넘어간다.

이란과 파키스탄 여성이 놓인 환경이 잔혹하고 억압적이지만 그곳에서 일어나는 일은 아프가니스탄에서 벌어진 일에 비하면 전주곡에 지나지 않았다. 정치, 사회, 법률적으로 잔혹하게 여성 혐오를 실현하는 것이 주요 목적인 국가가 그곳에서 역사상 아마도 처음으로 탄생했다.

아프가니스탄은 서양인들 뇌리에 깊이 각인되었다. 납치한 비행기를 조종해서 세계 무역 센터와 미국 국방부 건물인 펜타곤, 펜실베이니아주 벌판으로 몰고 간 남자들은 대체로 이슬람 근본주의자들이 지난 수십 년간 아프가니스탄에 설립해온 훈련소의 산물이었다. 2001년 9월 11일 아침 9시가 채 안 되었을 때 아메리칸 항공 11편을 몰고 세계 무역 센터 북쪽 건물에 충돌했다고 알려진 모하메드 아타Mohamed Atta는 유언장에 어떤 여성도 그의 몸을 만져서는 안 되고 장례식에도 참석해서는 안 된다고 명기해놓았다. 그러나 섬뜩한 한편 역설적이게도 그가 저지른 비인도적 범죄의 결과인 비행기 충돌이 일으킨 붕괴와 화재로 그의 원자와 다른 여성 수백 명의 원자가 확실히 뒤섞이게 되었다. 아타가 여성 혐오자였다는 사실은 우연의 일치가 아니다. 여성 혐오는 아프가니스탄 산악 지대에서 훈련을 받은 이슬람 테러리스트가 가진 세계관에서 본질적인 요소다. 불행한 땅에서 근래 역사의 향방을 결정한 요소이기도 하다.

아프가니스탄의 근래 역사를 관통하며 911테러로까지 연결되는 열쇠는 여성을 인간으로 대우하려는 시도에 맹렬하게 맞선 저항이다. 개혁을 추진하던 정부가 여성이 더는 베일을 착용하지 않아도 된다고 선포한 1959년에 이슬람 근본주의자들은 저항의 중심에 있었다. 근본주의자들은 때로는 다양한 민족주의자 집단이나 (공동의 적과 싸우기 위해 주기적으로 연합하는) 부족 연맹과 협력하기도 하고 서로에게 다시 총구를 겨누기도 했다.

아프가니스탄 여성은 1964년에 투표권을 얻었다. 이때만 해도 아프가니스탄은 다른 대부분의 이슬람 국가보다 진보적이었다. 카불 같은 도시에서 일부 여자아이들은 학교에 갈 수 있었다. 그렇다 해도 여성 대다수는 여전히 문맹이었다. 그리고 대담하게 교육을 받으려 했던 여성은 굴부딘 헤크마티아르처럼 근본주의에 빠진 광신도의 공격에 노출되었다. 굴부딘 헤크마티아르가 무자헤딘mujahedin, 즉 성스러운 전사로서 처음 벌인 기억할 만한 행동은 집단을 통솔해서, 베일을 착용하지 않고 학교에 다니는 젊은 여성들의 얼굴에 염산을 투척한 일이었다. 나중에 그의 부하들은 한 여학생을 십자가형에 처했다. 벌거벗겨져서 두 동강 난 여학생의 몸이 카불 대학교의 한 교실 문에 못 박힌 채 발견되었다.404

미국은 1978년에 친소련 성향의 사회주의자들이 정부에 대항해서 쿠데타를 일으켰을 때가 되어서야 아프가니스탄에 관심을 가지기 시작했다. 새로운 정권은 여성의 지위를 향상하는 정책을 포함해 여러 가지 개혁을 시도했으나 맹렬한 저항에 부딪혔고, 이슬람 근본주의에 대한 지지가 확대되었다. 이러한 흐름 속에서 소비에트 연방이 1979년 말에 아프가니스탄에 개입하게 되었다. 이때부터 미국은 헤크마티아르를 확고하게 지지하기 시작했다. 헤크마티아르는 당시 지아 울 하크 장군이 이끌던 파키스탄 이슬람 근본주의 정권의 꼭두각시였다. 레이건 행정부 때 수십억 달러가 파키스탄의 첩보 기관을 통해 헤크마티아르와 그의 지지자들에게로 흘러들어갔다.405 그보다 온건한 성향의 무자헤딘들은 그렇게 막대한 액수의 자금을 지원받지 못했다. 헤크마티아르가 실제로 소련군에 타격을 주었는지는 논란의 여지가 있지만, 피비린내 나는 전쟁 끝에 결국 1989년에 소비에트 군대는 철수해야만 했다.

　미국 정책 입안자들은 분명 공산주의자들이 여성 혐오자들보다 더 위험하다고 생각했다. 그러나 역사는 그들이 틀렸다는 사실을 증명했다. 소비에트 군대가 철수하고 뒤이은 혼돈 속에 탈레반이라고 알려진 조직이 등장했으며, 주요 구성원은 파키스탄에 있는 이슬람 종교 학교에서 배운 신학생들이었다. 이들의 뿌리는 이슬람교 내부에서도 초보수 성향을 띠는 데오반디즘으로, 탄생 시기는 19세기로 거슬러 올라가며 인도 북부가 발원지다. 이 종파는 코란을 엄격하게 문자 그대로 해석하라고 가르친다.406

　탈레반에게 여성 혐오는 나치에게 반유대주의가 의미하는 바와 같다. 즉 이념의 핵심에 해당한다. 탈레반 통치가 남부로는 칸다하르, 북부로는 카불까지 뻗어나가면서 여성은 공적 영역에서 체계적으로 밀려났다. 나치가 유대계 독일인을 대상으로 공포한 뉘른베르크 법에 상당하는 일련의 여성 혐오적 법령들이 반포되었고, 여성은 일하거나 학교에 가거나 남자 의사에게 진료를 받거나 화장하거나 어떤 형태로든 장신구를 착용하지 못하게 되었다. 또한, 남자 친척이 동행하고 머리부터 발끝까지 부르카를 써서 완전히 가리지 않는 한 공공장소로 나올 수 없었다. 눈 위치에 뚫린 작은 구멍만이 걸어 다니는 무덤이라고 부를 만한 복장 안으로 약간의 빛이 들게 했다. 텔레비전과 음악을 비롯해 춤과 모든 종류의 오락거리가 금지되었다. 라디오에서는 코란 기도와 끊임없는 제한과 포고령만이 단조롭게 흘러나왔다. 예를 들면 다음과 같았다.

대중교통 체계는 남자 전용 버스와 여자 전용 버스를 제공할
것입니다……. 성인 여성과 여자아이는 부르카 아래 밝은
색상의 옷을 입어서는 안 됩니다……. 여성은 남성복 재단사를
방문해서는 안 됩니다……. 여자아이는 젊은 남성과 이야기를
나눠서는 안 됩니다. 이 법을 위반하면 어긴 사람들끼리 당장
결혼해야만 합니다. 여성의 목소리는 남성을 흥분시킬 수
있으므로 여성이 공개 석상에서 말하는 것은 허용되지 않습니다.
결혼하기로 약속한 여자는 결혼 준비 때문이더라도 미용실에
가서는 안 됩니다……. 상인들은 여성 속옷을 판매해서는 안
됩니다.407

　남자도 표적이 되었다. 남자는 수염을 기르고 터번을 둘러야 했다. 사진 전시는 허용되지 않았고 결혼처럼 축하하는 자리에서도 사진을 찍을 수 없었다. 휘파람 불기도 법으로 금지되었다. 탈레반은 휘슬 주전자를 금지할 근거를 코란에서 찾아내기도 했다. 탈레반은 직해直解주의를 극단으로 끌고 갔다.
　포고령이 터무니없고 몰상식했지만 탈레반은 무시무시한 잔혹성을 동원해서 집행했다. 도덕선양및악덕억제부의 보호 아래 도덕경찰이 거리를 순찰했다. 그들은 카불 거리에서 여성 두 명을 붙잡고 의식을 잃을 때까지 채찍질했다. 부르카 아래 하얀 신발을 신었다는 죄목이었다. 그러한 행동은 하얀색인 탈레반 국기를 모독하는 일로 여겨졌

다. 다른 카불 여성은 거리에서 붙잡혀 맹렬한 비난을 들었다. 이유는 매니큐어를 발랐기 때문이다. 그녀의 손가락은 그 자리에서 잘려나갔다. 여성은 혼자 밖에 나가면 태형을 받았다. 간통죄로 유죄 판결을 받은 여성 두 명은 공개 처형장으로 변한 카불 운동경기장으로 끌려왔다. 많은 군중 앞에서 그들은 머리에 총을 맞고 죽었다. 이 악몽을 견뎌내고 살아남은 한 젊은 여성은 다음과 같이 표현했다. "조리 없이 연이어서 발표하는 것처럼 보였지만 포고령에는 어떤 논리가 있었어요. 바로 아프가니스탄 여성 몰살이었죠." 그녀는 탈레반이 "내게서 내 얼굴을 빼앗아가려고 했어요. 그리고 다른 여성들의 얼굴도 훔쳐가려고 했습니다"라고 적었다.408

여성들은 맞서 싸웠다. 한 여성은 카불에 몰래 미용실을 열었다. 그녀의 고객은 무시무시한 혁명을 꾸미는 모의 가담자들처럼 은밀하게 오갔다. 실제로 화장하는 행위는 그만큼 무시무시한 일이 되었다. 다른 사람들은 자기 집에 여자아이들을 위한 학교를 열었다. 그들은 여자아이들에게 항상 종교 책자를 들고 다니라고 조언했다. 집이 불시에 단속을 당하더라도 종교 서적이 있으면 아이들이 종교의 가르침을 받고 있었을 뿐이라고 도덕경찰을 설득할 수 있으리라는 희망에서였다.409

카불을 점령하고 얼마 지나지 않은 1996년 9월에 탈레반은 부르카의 눈 위치에 난 구멍이 너무 크지 않은지를 두고 논쟁을 벌였다. 베일이 여성의 얼굴을 성적인 기관으로 만들었는데, 어떤 대가를 치르더라도 성적 요소는 부인되고 거부되고 억압되어야 했다. 여성뿐 아니라 여성과 관련된 모든 사물에 여성의 성적 면모가 스며 있다고 여겨졌고, 특히 옷은 더욱 그러했다. 그래서 탈레반은 여성의 옷도 만지지 않았다. 한 남자는 아내와 딸을 데리고 아프가니스탄에서 도망쳤다. 그가 탈레반 경비대원에게 "이건 제 아내의 여행 가방이고 저건 제 딸들의 가방입니다"라고 말하자 경비대원들이 뒤로 물러났고 짐 수색을 피할 수 있었다.410 여성의 몸에 대한 경악과 공포가 이토록 분명하게 표현되고 뚜렷하게 발현된 일은 드물었다.

일부는 이런 여성 혐오를 설명해줄 근거를 이슬람교의 본질에서 찾고자 했다. 다양한 이슬람교 율법학자들이 여성의 아름다움을 보고 사악하다거나 악마의 작품이라고 치부하며 비난해온 문구들을 찾아내기는 쉽다. 하지만 이런 면에서는 기독교와 유대교도 이슬람교와 별반 다르지 않다. 비록 《향기로운 정원》 같은 작품에 기독교 전통에서는 찾아볼 수 없는 성에 관한 동양의 시각도 섞여 있긴 하지만, 이슬람교는 기본적으로 기독교, 유대교와 함께 여성 혐오로 가득한 유산을 공유한다. 물론 이슬람교가 물려받은 역사적 전통도 의심의 여지없이 영향력을 미쳤다. 그러나 탈레반 특유의 무자비한 여성 혐오를 설명할 길은 다른 곳에서 찾아야 한다.

탈레반은 중세 십자군같이 남성들로만 구성된 성전사 단체와 비교되어 왔다.411 그보다 더 근래에 있었던 유사한 단체로는 나치당을 들 수 있다. 나치당의 정책 역시 여성을 공공 영역에서 몰아낸 뒤 가정이라는 감옥에 가두고자 했고, 그곳에서 여성에게 그들이 맡은 유일하고 진정한 기능인 생식만 하라고 요구했다.

탈레반과 나치는 모두 전쟁과 환멸, 불만의 산물이었다. 탈레반은 소비에트 연방과의 전쟁을 피해 아프가니스탄인 수백만 명이 피신해 있던 파키스탄 난민 수용소와 남자들로만 이루어진 종교 학교에서 탄생했다. 부유한 사우디아라비아인들은 종교 학교를 세우고 재정을 지원하며 서양에 대한 뿌리 깊은 적대감과 반동 성향을 띠는 이슬람 분파의 가르침을 주입했다. 이 학교에 다닌 아이들 중 많은 수는 고아였고 여성과 접해본 일이 거의 없거나 아예 없었다. 탈레반은 남자들만 모인 환경에서 자라면서 여성을 극도로 적대시하고 한편으론 적잖이 두려워하기도 하는 세계관을 굳혀갔다.

나치와 탈레반은 모두 수년간 죽음과 파괴를 경험하면서 냉혹해지고 굴욕감으로 분개한 남성들을 끌어모았다. 나치당에 가입한 독일인들이 분노하게 된 기폭제는 제1차 세계대전에서 독일이 당한 패배였다. 탈레반에 가입한 사람들의 분노에 불을 지핀 건 미국의 자금을 받으며 제멋대로 날뛰는 패거리들이 그들의 나라와 전통에 입힌 굴욕, 그보다 광범위하게는 서양의 영향력이 중동에 퍼지면서 이슬람이 당하는 굴욕이었다.

나치에게는 참호처럼 남성들만의 구역인 맥줏집이 있었고 전후에 생겨난 퇴역 군인 협회와 준군사 조직이 있었다. 탈레반한테는 종교 학교가 비슷한 역할을 했다. 그곳에서 분노와 불만이 똘똘 뭉쳐 생겨난 이념 속 여성 혐오는 지극히 극단적이어서 제정신이라고는 도저히 생각할 수 없을 정도다. 만약 한 개인이 그런 신조를 주장했다면 당연히 정신이 나갔다고 여길 것이다. 하지만 이전에도 다루었듯이 종교가 어떤 신념을 승인하면 정상과 비정상을 가르는 분별력 따위는 어느새 창밖으로 내던져진다.

온통 남자로 가득했던 환경에서 나치당 당원들이 그랬듯이 탈레반 사이에서도 강한 동성애 요소가 나타났다는 사실은 별로 놀랍지 않다. 탈레반이 몰락하고 얼마 지나지 않은 2001년 후반에 그들의 근거지인 칸다하르를 방문한 미국 기자는 사진 가게에서 탈레반 전사의 사진을 파는 데다 사진 속 인물 일부가 아이라이너를 칠한 것을 보고 놀랐다. 그리고 여성에게는 완전히 금지된 일을 근본주의자들이 그리 드물지 않게 해왔다는 사실을 알게 되었다. 그들은 헤나로 손톱과 발톱을 칠하고 있었다. 일부는 심지어 굽이 높은 샌들을 신어서 종종걸음으로 다니기도 했다. 여성이 화장하면 폭행하거나 신체를 훼손하고, 동성애자를 공식 처벌하던 방법이 불도저로 무너뜨린 벽 아래 산 채로 매장하

기였던 곳의 주도에서 이렇게 '여성스러운' 탈레반들은 용인되었다.412

도덕적인 규제가 인간 본성을 거스를 때 필연적으로 위선이 나타난다.

불행히도 위선은 서양 세계가 이슬람 세계와 관계를 맺는 근본 방식이기도 하다. 911테러가 일어나기 전에 서양 정부들은 탈레반이 인권을 침해하고 특별히 여성을 겨냥해서 수많은 잔혹 행위를 저질렀는데도 대체로 무시해왔다. 1997년 2월에 프랑스 정부는 탈레반 정부의 물라 모하메드 아바스Mullah Mohammed Abbas 공중보건장관을 파리로 초청했다. 카불에서 두 여성이 간통죄로 처형을 당한 바로 그날, 그는 프랑스 외무장관과 하원의장의 환대를 받았다. 한 아프가니스탄 여성은 그를 두고 "여성들이 병원에 가지 못하게 하고" 여의사와 간호사를 쫓아내고 보육 시설 문을 닫는 '공중보건장관'이라고 평했다. 아바스는 '무지한 이슬람교 율법학자'로 심지어 의사도 아니었다. 프랑스 정부의 초청은 아프가니스탄 여성을 절망에 빠뜨렸다. "만약 프랑스가 탈레반을 환영한다면 탈레반의 선전이 효과가 있었다는 뜻이겠지요."413 미국이 공격을 받기 4개월 전인 2001년 5월에 조지 W. 부시 대통령은 탈레반이 아편 생산을 엄중히 단속하자 그로 인한 세수 부족을 메꿔주겠다며 4,300만 달러를 건넸다.414 그동안 내내 탈레반은 미국과 그 동맹국을 공격하려고 드는 오사마 빈 라덴Osama bin Laden에게 추종자들을 훈련할 시설을 제공하고 있었다.

2001년 10월 미국이 탈레반 목표물에 공습을 시작했고, 작전에 참여한 전투기 조종사 가운데 적어도 한 명이 여성이었다는 사실이 그나마 약간의 만족을 준다. 그러나 수십 년간 서양이 잘못된 정책을 추구하며 탈레반의 탄생을 도왔다는 점을 생각하면 결국 매우 작은 보상일 뿐이다.

탈레반 정권이 무너진 뒤에 미국과 동맹국은 여러 해 동안 이어진 전쟁과 이슬람 근본주의로 인해 파괴된 의료와 교육 체계를 복구하려고 여성을 위한 건강과 교육 계획에 자금을 지원하고 있다. 탈레반이 달아나고 1년이 지났을 때 한 유니세프 직원은 "아프가니스탄의 임산부 사망률은 재앙 수준"이라고 보고했다. 한 지역에서는 1998년과 2002년 사이에 출산 가능 연령대 여성의 사망 원인 중 64퍼센트가 임신과 관련한 합병증이었다고 한다.415 여자아이들을 교육하려는 노력 덕택에 대도시에 학교가 다시 생겨났고 외진 시골 지역에도 급조된 학교들이 문을 열었다.

그러나 아프가니스탄은 여전히 불안정하며 이슬람 근본주의자들의 위협도 건재하다. 2002년 후반에 카불 남쪽에 있는 여러 마을에서 여학교 네 군데가 공격을 당했다. 한 학교 근처에는 다음과 같은 경고 메시지가 남겨져 있었다. "우리는 이교도들이 쳐놓은 그물에서 순결한 여동생과 딸 들을 구출해내라고 동포들에게 촉구한다. 미국인들의 계획에 따르는 일을 멈추어라. 그렇지 않으면 치명적인 공격을 마주하게 될 것이다." 지역 경찰은 공격한 범인이 탈레반 지지자거나 여전히 헤크마티아르에게 충성하는 사람일 거라고 말했다.416

아프가니스탄, 더 넓게는 중동이 주는 교훈 하나는 여성의 처우가 미국 외교 정책의 주요 안건이 아니라는 사실이다. 다만 조지 W. 부시 행정부처럼 임신 중단 시술을 제공하는 가족계획 진료소에 들어가는 보조금을 막는 일은 예외다. 워싱턴의 외교 정책을 결정하는 강경파들이 세계 내 힘의 균형을 살피며 동맹국과 적을 선택할 때 여성 혐오는 인종차별과 마찬가지로 전혀 쟁점이 되지 않는다. 여성의 권리는 사우디아라비아나 파키스탄 같은 국가에서 철저히 부인되고 있지만 두 국가는 미국의 가까운 동맹국이다.

인종차별과 달리 여성 혐오는 때때로 기분을 상하게 할지언정 예로부터 내려오는 문화적 특성이어서 외부인이 개입해서는 안 되는 문제로 여겨진다. 그리 멀지 않은 옛날에 아내 학대를 누구도 상관해서는 안 되는 가정 내 다툼으로 생각했던 것과 비슷하다.

　　최근 역사에서 한 가지 명백한 사실을 배워야만 한다. 여성의 권리는 인간의 권리다. 이 점을 인지하지 못하는 외교 정책은 인류의 절반을 비인간화하게 된다.

제9장
결론: 여성 혐오 한층 더 깊게 파고들기

여성 혐오는 오래된
상식-랩 속의 여성 혐오-
연쇄살인마 리지웨이-
여성 혐오를 설명하려는
이론들-인류 타락 신화-
자주적인 남성에 대한
신화-백지 상태 이론-
다윈의 진화론-발정기가
없는 인간 여성-
아름다움-여성 혐오에
경멸을 보낼 때

여성 혐오의 역사에 관한 책을 쓰고 있다고 말하면 성별에 따라 반응이 뚜렷이 달랐다. 여자들은 내가 무엇을 발견했는지 호기심에 가득 차서 알고 싶어 했다. 하지만 '여성 혐오'가 무슨 뜻인지 뻔히 아는 남자들은 내가 그걸 정당화하려 한다고 지레짐작하며 말없이 윙크를 보내거나 고개를 끄덕였다. 내가 인종차별의 역사를 쓰는 중이라고 말했다면 아무도 당연한 듯이 내가 인종차별주의자라고 결론 내리지 않았을 것이다. 이런 반응은 많은 남자가 인종차별과 달리 여성 혐오를 편견으로 보지 않고 거의 필연적인 것으로 생각한다는 사실을 암시한다.

홀로코스트 역사학자 대니얼 골드하겐Daniel Goldhagen이 반유대주의를 언급하며 사용한 문구를 이 맥락에 인용하면, 인류 역사 대부분에 걸쳐 여성 혐오는 "사회에서 받아들인 상식"의 일부였다.[417] 너무나 분명해서 오히려 알아채기 힘든 편견이기도 했다. 다른 문명권, 다른 시대를 살펴보아도 역사적 기록이 이 점을 확실히 보여준다. 남성은 단지 여성이라는 이유만으로 비난하고 노골적인 혐오감을 드러내면서도 그것을 완전히 정상적인 일로 치부했다. 세계의 모든 주요 종교, 그리고 세계적으로 명성 있는 철학자들이 경멸의 시선으로 여성을 바라보았고 때로는 편집증에 가까운 불신을 가지고 여성을 대했다. 그리스 고전 시대에 아테네 여성들은 삶의 대부분을 집 안에서 보내야만 했고 중세 말기에 여성들은 마녀로 몰려서 산 채로 화형당했다. 이렇게 두 사회에 여성을 폄하하고 악마화하던 오랜 역사가 있었지만, 그들이 겪었던 일은 여성에 대한 편견이 불러온 결과로 여겨지지 않았다.

편견은 이름이 붙기 오래전부터 존재해왔다.

오늘날에도 세계 많은 곳에서 여성은 베일을 착용하고 격리되며 음핵을 절제당한다. 그 사회에서는 이들 관습을 '상식'의 일부로 받아들인다. 험프리 공공정책연구소에 따르면 여성은 여전히 전 세계 자산의 1퍼센트 미만을 소유한다. 유니세프 보고서는 1억 2천만 명의 아동이 학교에 가지 않으며 그 가운데 80퍼센트가 사하라 이남 아프리카와 동남아시아에 살고 있고 대부분이 여자아이라고 전한다. 1993년 초에 인도 뭄바이에 있는 한 진료소가 낙태를 8천 건 진행했는데, 그중 7,999건이 여아 낙태였다는 사실이 보도되었다.418 소설가 조지 오웰이 말했듯이 "바로 앞에 있는 것을 보기 위해서는 끊임없이 노력해야만 한다."419

여성 혐오는 서양 문화 여러 곳에 여전히 팽배해 있다. 남자들이 굴욕을 당했다고 느끼거나 분노하는 곳에서 여성은 여전히 보편적인 희생양이 된다. 1990년에 게토 보이스Geto Boys라는 그룹은 발표한 랩에서 외쳤다. "그녀는 벗고 있고 나는 엿보고 있지/ 그녀의 몸은 아름다워. 그래서 나는 강간하려 해/ 그녀는 커튼을 열지 말았어야 하지만 그게 그녀의 운명인걸." 랩 가사에서 흔히 여성은 '개년'이거나 '창녀'다. 하지만 대중문화에서 래퍼들만이 여성 혐오를 옹호하는 것도 아니고 처음 시작한 것도 아니다. 심지어 사랑과 성적 해방을 즐겼다고 기억되는 1960년대와 1970년대에 롤링스톤스는 ‹Under My Thumb›*이나 ‹Stupid Girl› 같은 곡으로 인기를 끌었다. 1976년에 롤링스톤스는 «Black and Blue»라는 음반을 여성이 얻어맞은 채 의자에 묶여 있는 그림과 함께 홍보했다.

그러나 여성을 향한 적대감은 랩 문화에서 핵심으로 보인다. 시카고에 있는 빈민가 출신의 한 젊은 흑인 남성은 여성과 동성애자에게 적대적인 모습을 보이기로 악명 높은 래퍼 아이스 큐브Ice Cube를 언급하

---

* '손아귀에 넣다'라는 뜻으로 자신을 깔보던 여자를 자신이 통제하게 되었다는 가사를 담고 있다.

면서 자신이 그의 음악을 좋아하는 이유가 "진실을 말하고 실제로 그게 내 주변에서 벌어지는 일이기 때문이다. 이 주변 남자와 여자 사이에는 커다란 갈등이 존재한다. 남자 다수는 포주같이 굴고 여자 다수는 못된 년, 창녀처럼 군다"고 말했다.420 랩 가사에 나오는 노골적인 여성 경멸이 흑인 여성과 다른 이들의 비난을 받기는 했다. 하지만 랩은 소외와 좌절감이 특징인 문화의 산물이고, 이런 문화에서 여성 혐오는 여전히 사회 전반에 퍼진 '상식'의 일부다. 이 예시는, 박멸하기가 거의 불가능한 바이러스처럼 여러 문화로 자기 복제하며 퍼지는 여성 경멸의 힘을 다시 상기시킨다.

여성 혐오에 대한 역사의 가르침은 네 단어로 요약할 수 있다. 만연해 있고 끈질기며 유해하고 변화무쌍하다. 바퀴가 발명되기 훨씬 전부터 남자는 여성 혐오를 발명했다. 그러나 바퀴가 화성에서 굴러다니는 오늘날에도 여성 혐오는 여전히 많은 사람의 삶을 망가뜨리고 있다. 다른 어떤 편견도 이토록 끈질기게 계속되지 않으며 이토록 극단적인 특징을 보이지 않는다. 어떤 인종도 그렇게 오랜 기간 부당한 대우를 받지 않았다. 어떤 특성을 가진 집단도 그렇게 전 세계적 규모로 차별받지 않았다. 어떤 편견도 그렇게 다양한 형태로 나타나지 않았다. 여성 혐오는 때로는 사회의 승인을 받은 사회적, 정치적 차별로 나타나고, 때로는 개인적 증오로 가득 찬 망상의 승인만을 받은 사이코패스의 뒤틀린 마음속에 솟아오른다. 게다가 어떤 편견도 그렇게 파괴적이지 않다. 그런데도 여성 혐오를 두드러지게 했어야 할 특징들이 이상하게도 여성 혐오를 오히려 눈에 띄지 않게 만들었다. 여성 혐오와 관련해서 우리는 너무 자주 우리 바로 앞에 있는 것을 보고자 하는 노력을 포기했다.

2003년 11월에 미국의 연쇄살인마 계보를 잇는 게리 리지웨이Gary Ridgway는 시애틀 법정에 서서 "유죄를 인정합니다"라는 말을 반복했다. 그는 20년가량에 걸쳐 48명의 여성을 교살한 혐의를 받았으며 희생자는 대부분 매춘부였다.421 광란적인 살인의 피해자가 유대인이거나 아프리카계 미국인이었다면 국가적인 경종이 울렸을 테고, 새로운 세기에 접어든 순간 대체 미국의 인종 문제는 어떤 국면에 처해 있는지를 묻는 자기 성찰적인 질문으로 가득한 글이 쏟아져 나왔을 것이다.

하지만 리지웨이나 잭 더 리퍼 같은 여성 연쇄살인범들이 저지른 행동을 설명하는 일은 주로 심리학자에게 남겨진다. 살인범이 여성을 죽이고 싶어 하는 충동은 특이한 사례로 치부된다. 하지만 사실 그 충동은 단지 흔히 보이는 편견이 강화된 형태일 뿐이다. 여성 혐오는 화장실 벽에 휘갈긴 '씹' 같은 욕에서 드러나는 경멸부터 연쇄살인마의 살의에 찬 분노까지 매우 다양한 강도로 나타나며, 너무 광범위하고 극단적이다. 그래서 여러 사람이 시도를 하지만 하나의 간단한 이론으로 설명하기에는 적합하지 않다. 의심의 여지없이 혐오와 편견의 역사를 기술하는 주요 명분 중 하나는 편견과 혐오를 끝낼 방법을 찾기 위해 원천을 밝혀내려는 것이다. 따라서 그것은 남성이 여성에게 경멸을 나타내는 말과 행동 모음집 이상이어야 한다.

이미 암시했듯이 여성 혐오를 다룬 역사에서 이러한 임무는 특히 더 어렵다. 이유는 분명하다. 남녀 관계의 복잡함 때문이다. 둘의 관계에는 생물학, 성, 심리, 사회, 경제, 정치적 요소가 개입한다. 고르디우스의 매듭*처럼 복잡하게 서로 얽혀서 의지하고 있으며, 개인 차원과 종 차원에서 모두 연관되어 있다. 만약 매듭을 끊는다면 엉킨 타래 어디에서 남자가 여자를 경멸하게 된 원인을 찾을 수 있을까?

생물학적 차원부터 정치적 차원까지 남녀가 서로 관계를 맺는 모든 분야에서 제각기 여성 혐오를 설명하는 이론을 내놓았다. 모두 경멸

---

* 고르디우스의 매듭을 푸는 자가 아시아의 왕이 된다는 전설이 있었는데, 매듭이 복잡해서 잘 안 풀리자 알렉산드로스 왕이 칼로 매듭을 끊어서 풀었다고 한다.

의 중심에는 여성이 잠재적으로 자신과 다르며 위협적일 수 있다고 여기는 남성의 두려움이 있다고 추정한다. 여성 혐오의 역사는 남성이 자신과 여성이 실제로 다른 점 혹은 다르다고 여기는 점에 집착해왔다는 사실을 분명히 보여준다. 남성에게 여성은 최초의 '타자'다. 인간은 타자로 지정한 부류의 사람을 희생양으로 만들곤 하는 우려스러운 경향이 있다. 그리고 다른 인종, 종교, 계급이 존재하기 전부터 남자와 여자가 있었다.

　그런데 여성을 '타자'라고 지정하면 복잡한 문제를 맞닥뜨리게 된다. 여성은 제외할 수 없는 '타자'다. 인종차별주의자는 멸시하는 집단과는 교류를 피할 수 있다. 하지만 여성과의 관계는 심지어 여성 혐오자들조차 피할 수 없다. 뉴기니 고지대나 아마존강 유역에 사는 원주민이 취침 구역에 여성이 들어오는 것을 금하고, 고대 아테네 시민이 여성을 집 안 외진 곳에 가둬두고, 가톨릭 신학자가 여성을 수녀원 안에 격리하고, 이슬람 광신도가 여성에게 머리부터 발끝까지 베일을 씌워 가릴지언정 여성과의 친밀함은 피할 수 없으며 필수다. 인류와 사회의 지속이 거기에 달려 있다.

　의존, 두려움, 경멸 등 상충하는 여러 감정을 설명하려던 이론들은 일반적으로 한두 가지 결함을 지녔다. 지나치게 야심 차거나 충분히 포괄적이지 못했다. 첫 번째 부류인 지나치게 야심 찬 이론에는 생물학과 성, 심리학, 정신분석학에 기반한 설명이 속한다. 생물학적 이론은 "태아는 처음에 기본 상태일 때는 여성이며" 임신 6주에서 3개월 사이에 테스토스테론을 포함한 남성 호르몬이 분비되면서 남성으로 변화하게 된다고 말한다.[422] 이렇게 남성성이 처음에 지녔던 여성성에 더해졌기에 남성이 예전으로 되돌아갈까 봐 두려워한다고 여긴다. 이들은 개체 발생은 계통 발생을 되풀이한다는 주장, 즉 한 개체의 태아가 발달하면서 자신이 속한 종의 진화 단계를 반복한다는 가설에 기초했다.

여성을 늪, 수렁, 구덩이 등의 단어로 묘사하는 일은 흔하고, 이는 집어삼켜지는 것에 대한 두려움을 나타낸다고 설명한다. 남성이 질을 집어삼키거나 거세하는 기관으로 보고 두려워한다는 성적 이론 역시 이러한 개념을 반영한다.

프로이트나 다른 사람들이 주장한 심리학, 정신분석학적 가설도 마찬가지로 야심 차다. 이런 종류의 가설은 남자아이가 초기에 어머니에게 의지해야 하는 점, 혹은 어머니에 대한 남자아이의 짝사랑을 주범으로 보았다. 이 요소는 나중에 가서 모든 여성을 향한 분노와 적의로 표출된다고 추정했다. 남자아이가 여자아이의 '보잘것없는' 음핵을 보고 경멸한 데서 여성 혐오가 비롯했다는 프로이트의 이론도 모든 범위를 포함하려는 야심 찬 설명에 속한다(7장 참고).

바로 이 부분이 그들이 주장하는 이론의 약점이다. 모든 남자가 태아일 때 여성인 상태로 시작하고, 모든 남자아이가 가장 영향을 받기 쉬운 성격 형성기에 어머니에게 의지하고, 모든 남자가 여성과 섹스하며 '집어삼켜지는' 경험을 하므로, 이들 이론은 모든 남성이 여성 혐오자임이 분명하다고 예측한다. 하지만 사실 모든 남성이 여성 혐오자인 건 아니다. 여성 혐오는 남녀 관계 역사의 한 부분일 뿐이다. 만약 앞의 이론이 전부 사실이라면 여성이 서양 또는 서양식 민주주의 사회에서 평등을 향해 이뤄낸 진전이 거의 불가능했을 것이다. 이면에 남성의 지지와 옹호도 있었기 때문이다. 만약 그랬다면 지금 이 책도 쓰이지 않았을 것이다. 그렇기에 처음에 자기 안에 존재했던 여성에 대한 두려움도, 오이디푸스기 이전의 전능한 어머니에 대한 복수심도 남녀 관계를 보편적으로 결정짓는 요인이 아니다.

두 번째 부류인 충분히 포괄적이지 못한 이론들은 세상을 끊임없는 권력 투쟁의 결과물로 간주하고 사회, 경제, 정치적 측면에서 바라본다. 대부분 마르크스주의에서 파생했다(7장 참고). 대체로 그들이 접근하는 방식은 합리주의적이다. 편견을 보면 그들은 편견에 어떤 목적이 있는지 의문을 갖는다. 이 관점에 따르면 편견은 한 인종이나 계급이나 민족이 다른 집단을 경제, 사회, 정치적으로 착취하는 행위를 정당화할 필요에서 생겨났다. 많은 페미니스트가 이런 설명이나 이와 유사한 설명에 이끌렸고, 이를 '가부장제'를 비평하는 내용으로 발전시켰다. 비평에 따르면 가부장제에서 모든 권력은 남성이 손에 쥐고, 여성은 영원한 최하층 계급으로 희생당한다. 여성 혐오는 여성을 낮은 지위에 묶어두고 이를 정당화하기 위해 여성을 폄하하던 관념에서 생겨났다.

그러나 여성 혐오를 설명하려는 마르크스주의 이론이나 그에 기반한 이론에는 두 가지 문제점이 있다. 첫 번째는 이 이론에서 소유 관계나 경제 여건이 여성 혐오의 뿌리라고 주장하지만 이러한 요소가 존재하지 않는 문화에도 여성 혐오가 존재한다는 꽤 설득력 있는 증거들이 있다는 점이다. 데이비드 길모어David Gilmore를 비롯한 일부 인류학자들에 따르면 여성 혐오는 여성이 상대적으로 높은 사회적 지위에 있고 가부장적이라고 말할 수 없는 문화에서도 발견되었다.

두 번째 문제점은 여성 혐오가 지닌 망상적 요소다. 자본주의자는 노동 계급이 정신적으로 열등하다는 점을 증명할 필요를 느꼈을 테고, 노예 소유주도 아프리카인들이 지적으로 덜 발달했다고 폄하하려고 했다. 하지만 여기에서 여성 혐오와 연관된 환상과 동등한 요소는 없다. 여성 혐오적 환상에서 여성은 다른 여성이 유산하게 만들 수 있고, 빗자루를 타고 하늘을 날아다니며, 남근을 사라지게 하고, 단지 손을 갖다 대는 것만으로도 남성에게 평생 불운을 안기며, 고양이에게 젖을 먹이고, 여러 갈래로 나뉜 성기를 가진 악령과 성관계를 하고, 악마의 자식을 출산했다.

여성 혐오를 제외하고 수백 년간 지속해서 비슷한 주장에 시달린 편견은 단 하나뿐이었다. 바로 반유대주의였다.

반유대주의는 로마가 멸망한 뒤에 유럽에서 발전한 기독교 문명에 주로 한정되지만, 여성 혐오와 매우 닮았으며 흥미로운 유사점 및 차이점을 보인다. 대략 1,500년 동안 반유대주의는 사회가 지닌 '상식'의 일부였다. 우주와 사회 질서의 일부로 너무 당연하게 받아들여져서 이에 대한 견해를 밝히는 경우도 거의 없었다. 여성처럼 유대인도 예수의 죽음을 불러오는 데 일정한 역할을 했기에 "세계의 도덕 질서를 훼손한다"고 여겨졌다. 유대인은 예수의 신성을 부정했기에 책임이 따른다고 보았고 여성은 하와가 초래한 인류의 타락 때문에 예수가 이 땅에 와야만 했다고 비난받았다.

중세 후기와 근대 초기에는 유대인과 여성이 작물을 망치고 우물에 독을 풀고 암소나 다른 남성의 아내가 유산하게 만드는 놀라운 힘을 소유하고 있다고들 생각했다. 유대인과 여성 대부분이 사회에서 가장 낮고 취약한 계급에 속하는데도 이런 힘이 있다고 간주했다. 분명 유대인과 여성은 누구에게도 실제적인 위협이 되지 않았다.[423] 하지만 이러한 사실은 공동체에서 증오에 찬 폭력이 분출할 때 아무런 도움이 되지 않았다. 유대인을 대상으로 한 폭력은 꽤 주기적으로 일어났다. 여성을 대상으로 한 폭력은 고점과 저점을 오가며 거의 3백 년 동안 지속한 마녀사냥의 형태로 나타났다(4장 참고).

반유대주의와 여성 혐오 사이에 존재하는 다른 공통점은 변화무쌍함이다. 뒷받침하던 종교적 이유가 역사 속으로 사라지고 한참 지난 뒤에도 반유대주의는 유럽에서, 특히 독일에서 세력을 떨쳤다. 반유대주의는 종교적 편견에서 세속적 편견으로 바뀌었다. 유대인을 박해하는 동기는 이제 종교가 아니라 인종이었다. 이미 다루었듯이 이런 형태의 반유대주의는 특히 20세기 초반에 빈의 지식인 사회에서 강렬하게 번져나갔다. 그곳에서 반유대주의와 여성 혐오는 오토 바이닝거나 아돌프 히틀러 같은 사람들의 마음속에서 섬뜩하게 결합했다. 끔찍했던 나치 시대에 혐오의 두 물줄기는 함께 흘렀다.

　여성 혐오 역시 늘 그렇듯 상황에 따라 유연하게 변했고, 17세기부터 기독교의 영향력이 지식인 계층에서 쇠퇴하자 세속화 과정을 거쳤다. 20세기 초반에 반유대주의가 정당화된 과정처럼 여성이 지적, 도덕적으로 열등하다는 생각을 정당화하는 데에도 이른바 '과학적'인 설명이 종교의 권위를 대체했다.

　과장된 모습의 악마 유대인은 주로 반유대주의 기독교 문화권에서 볼 수 있다. 하지만 환상에 기대려는 특성은 여성 혐오가 발현되는 곳이라면 어디에서건 발견된다. 유대교, 힌두교, 독일, 미얀마 불교, 이슬람과 여러 아프리카 부족을 포함한 다양한 문화에는 여자 악마나 악령이 각양각색의 형태로 존재한다. 이들 가운데 가장 유명한 것이 고대 그리스 신화에 나오는 고르곤 세 자매, 복수의 여신 세 자매, 스킬라와 카리브디스 같은 여자 괴물이다. 악마 유대인과 달리 여자 악령은 여전히 인기 있는 주제이며 대중문화로도 흘러들어서 마티 로빈스Marty Robbins가 부른 ‹Devil Woman› 같은 노래에도 나온다. 가사는 다음과 같이 시작한다.

> 여자 악마야, 너는 사악해
> 마치 검은 산호초처럼……

　여성 혐오는 반유대주의와 마찬가지로 "실재하는 사회 갈등에 비해 과도했다."[424] 그러나 반유대주의조차도 비이성적인 측면이 있긴 하지만 시공간 차원에 기원이 존재한다. 현대와는 멀리 떨어져 있고 무관해 보이긴 하지만 말이다. 기원은 서기 1세기 후반부터 시작된 투쟁이었고, 유대인과 기독교인 중 누가 «성경»에 드러난 진리의 계승자가 될 것인지, 진리를 어떻게 해석해야 하는지를 놓고 다툼이 벌어졌다. 하지만 사회, 정치, 이념 갈등 가운데 성별에 따라 의견이 갈려서 남녀가 즉각적으로 정반대편에 서는 경우는 존재하지 않는다.

역사는 여자도 남자만큼 전쟁을 지지하기도 한다는 사실을 증명한다. 장기적이거나 큰 충격을 던지는 갈등의 여파로 사회 질서가 무너져내리면 여성이 가장 취약해진다는 사실도, 자기 자식의 목숨이 걸려 있는 상황도 그들을 꺾지 못한다. 실제로 여성은 때로는 다른 여성에게 폭력을 저지르라고 선동하기도 한다. 르완다 학살 중에 정부 인사였던 폴린 니라마수후코Pauline Nyiramasuhuko는 투치족 여성을 죽이기 전에 강간하라고 후투족 남성들을 선동한 것으로 추정된다. 역설적이게도 니라마수후코는 여성부 장관이었다. 《뉴욕 타임스》는 그녀를 "강간부 장관"이라고 불렀다.425 현재 그녀는 인종 학살 혐의로 재판을 받고 있으며 역사상 이러한 죄목으로 기소된 최초의 여성이다.*

투표권을 포함해 여성의 권리와 관련된 문제에서도 많은 여성이 그에 반대하는 남성들과 같은 편에 섰다. 오늘날 선택 옹호 운동의 가장 격렬한 반대자 일부도 여자다. 여성이라는 정체성은 어떤 이념도 강제하지 않는다. 그리고 자기 정체성에서 더 중요하게 생각되는 다른 범주 속으로 흡수된다. 명백하게 역사가 보여주고 상식이 일러주듯이 여성 혐오는 남녀 관계에 근본적으로 존재하는 사회, 정치, 이념적 분쟁의 결과물이 아니다. 의심의 여지없이 일부 사회, 경제, 정치 문제는 남녀 갈등을 심화할 수 있다. 한 성이 다른 성에 경제적으로 의존하게 하는 제도도 그중 하나다. 하지만 그러한 상황들은 기원을 설명하지 못한다. 이 점에서 여성 혐오는 우리가 아는 다른 혐오들과는 다르다.

나는 이 역사를 3천 년 전 지중해 동부에서 시작했다. 이곳에서 여

---

* 폴린 니라마수후코는 그 후 2011년 유엔 산하 르완다 국제 형사 재판소에서 종신형 선고를 받았다.

성, 그리고 여성의 역할과 지위를 바라보는 우리의 시각에 가장 결정적인 영향을 미친 복잡한 믿음 체계가 고안되었다. 나는 고대 그리스와 유대-기독교에서 비롯한 사상과 신화의 산물인 이 체계가 여성 혐오의 기원을 밝히는 데 중요한 단서가 되거니와, 사회 구조 너머의 일반적인 기원을 설명해주리라고 믿는다.

고대 그리스와 유대-기독교 창조 신화에 모두 존재하는 인류 타락의 신화에서 남성은 여성보다 먼저 존재하며 신에 의해 자율적으로 창조되었다. 따라서 남자는 신과 특별한 관계에 있을 뿐 아니라 자연의 다른 창조물과 다르다고 여겨졌다. 남자는 다른 창조물과 구별되어 따로 창조되었고 창조주와 유일무이한 관계를 맺었다. 여성이 창조되자 그 관계가 깨졌고 남자의 세계에 자연과 연관된 특성들을 불러들였다. 남자는 갑자기 여느 짐승과 마찬가지로 필요와 한계의 지배를 받게 되었고, 성교, 생존 경쟁, 노화와 고통의 경험, 다양한 질병으로 인한 쇠약, 그리고 마지막에는 죽음이라는 굴욕을 겪게 되었다. 프랑스 소설가 루이 페르디낭 셀린Louis Ferdinand Céline의 말을 인용하면 이건 "현실에 대한 공포"였다.426

하지만 진정한 공포는 남자가 자주적이 아니고 사실 의존적이라는 점을 깨닫는 데서 왔다. 시인 옥타비오 파스는 "거기에는 우리의 어머니 하와도 있었다. 그녀는 천국 꿈을 꾸던 아담을 잠에서 깨우고 실제 세상, 즉 노동, 역사, 죽음을 마주하게 했다"고 적었다.427 그리스 신화에서 판도라도 마찬가지로 환상을 깨뜨리는 역할을 한다. 하와와 판도라가 상기시키듯이 자주성은 불가능하다.

자주성을 잃는 데에 따르는 불안이나, 남성이 자연의 다른 창조물과 구분되는 별개의 존재가 아니라는 데서 오는 두려움은 그보다 더 단순한 차원에서 여성에게 집어삼켜진다는 공포의 형태를 띠고 전 세계에 걸쳐 여러 문화에서 공통적으로 나타난다.

남성은 자주성이라는 환상을 쉽게 버리지 않는다. 유대인과 기독교도, 이슬람교도가 믿는 하나님은 홀로 존재하며 여성성을 지닌 존재의 도움 없이 무에서 세계를 창조했다. 많고 많은 신 중에서 자신의 창조물에 성적 감정을 품지 않는 유일한 신이며 창조물이 지닌 아름다움에 감탄하는 일도 거의 없다. 오히려 여성의 아름다움은 자주 그에게 분노를 일으킨다. 창조주와 창조물이 맺은 관계에서 창조물은 그저 우주에서 신이 유일무이한 존재라고 더 확고히 느끼게 해주어야 했고, 그렇지 못했을 때는 벌을 받았다. 그는 언제나 본보기로 존재하지만 누구도 흉내 낼 수 없는 존재였다.

그렇긴 해도 몇몇 남자들은 시도했다. 플라톤과 아리스토텔레스부터 테르툴리아누스와 성 토머스 아퀴나스, 루소와 니체, 히틀러까지 모든 여성 혐오자들은 이런저런 방식으로 남성이 신 또는 우주(또는 그게 무엇이든 자신의 운명이라고 여기는 궁극의 진실에 붙인 이름)와 맺었던 특별한 관계를 회복할 수 있다는 걸 증명하려고 했다. 이러한 시도는 일종의 이원론을 창조한다. 여기에서 여성은 더 낮은 차원의 진리를 상징했고 성과 연관되며 자꾸만 방해되는 존재였다. 여성은 변화하는 세계를 대표하기에 거부되고 폄하되어야 했고, 남성은 거기에서 독립하고 자신이 그보다 우위에 있음을 확고히 하고자 했다. 캐서린 헵번이 〈아프리카의 여왕The African Queen〉에 나와서 험프리 보가트가 분한 인물에게 "올넛 씨, 이 세계에서 본성이란 초월하라고 있는 거랍니다"라고 말하며 플라톤주의자임을 드러냈을 때 이 남성들은 동의했을 것이다.428

하지만 자연을 '초월'하려면 자연을 이해해야 하고 자연과 인류의 관계도 알아야 한다. 인간은 자연을 이해할 수 있는 유일한 종이지만, 여전히 자연을 초월하지도 자연 아래로 추락하지도 못했다. 인간은 여전히 자연과 분리될 수 없다.

자주적인 남성을 그린 신화는 오랫동안 하향 곡선을 탔다. 그러나 역설적이게도 계몽주의에 뿌리를 두고 여성 혐오를 공격하는 데 지적 기반을 마련해준 바로 그 이론에서 철학적으로 부활했다. 백지 상태 이론은 해부학이나 생물학적 측면을 제외하고, 성별 차이를 포함해 개인 간 모든 차이는 사회적으로 각인되었다고 주장하면서 인간 본성을 추방하려 했다. 이 이론에 기반해서 여성의 지위를 개선하려던 개혁가들은 여성이 '열등'하다는 점을 증명하기 위해 인용하는 성별 차이가 실은 교육과 양육의 결과물이라고 주장할 수 있었다. 그들은 장애물을 제거하면 여성도 남자와 똑같다는 사실이 증명되리라고 믿었다. 백지 상태 가설은 인간이 자연의 나머지 창조물들과 분리되었다고 보는 위험한 이원론에 기초했다. 인간 역사는 왠지 자연사와는 분리되어 있었다. 다른 생명체와 달리 남녀의 행동에는 타고난 면이 없었고 사회 구조로만 결정되었다.[429]

여성 혐오의 역사는 이원론의 사고 체계가 여성에게 부정적인 경향이 있음을 보여준다. 그 가운데 특히 인류 타락의 신화는 남자가 자연의 다른 창조물과 비교해 특권을 가진 위치에 있었으나 여성에 의해 타격을 입었다고 주장했다. 백지 상태 이론은 철학 차원에서 분할을 영속시켰다. 여성에 대한 편견을 없애려는 투쟁에서 긍정적인 역할을 한 시기도 있었지만 이 전제에 기반해서 평등을 주장하면 결국에는 여성에게 피해가 간다. 거기에는 두 가지 이유가 있다. 첫째로, 19세기 이후에 과학이 발전하면서 이 이론의 기초가 되는 추정 일부에 이의를 제기했다. 우리는 여성의 평등을 잘못된 전제에 근거해 주장하기를 원하지 않는다. 둘째로, 이 이론이 마치 사실인 듯이 거기에 행동을 맞추면 공유하는 인간 본성을 부인하는 대가를 치르면서 남자와 여자 사이에 실제로 존재하는 차이를 부인하거나 과소평가하게 된다.

찰스 다윈의 진화론은 자연을 바라보는 방식과 자연이 인간 행동을 형성하는 데 수행하는 역할을 바라보는 방식을 급진적으로 바꿔놓았고, 백지 상태 이론에 의구심을 제기했다. 버트런드 러셀에 따르면 "모든 사람이 똑같이 태어났고 성인 사이에 나타나는 차이는 전적으로 교육 때문이라는 신조는 같은 종에 속하더라도 개체 사이에 선천적인 차이가 존재한다고 강조하는 다윈의 이론과 양립할 수 없었다."[430] 지구가 우주의 중심에서 쫓겨난 뒤로 아마 가장 혁명적인 과학 이론일 진화론은 큰 파장을 일으킨 주장 때문에 특이하게도 진보와 보수 양쪽에서 공격을 받았다. 반대하는 근거는 양쪽 다 근본적으로 같았다. 진화는 인류가 자연의 다른 창조물과 다르다는 의견을 부정했다. 인간은 〈창세기〉에 나오는 유대-기독교의 인류 타락의 신화에서 명시했듯이 신과 특별한 관계에 있지도 않았고, 백지 상태 이론이 암시하듯이 다른 생물 모두에게 영향을 미치는 자연 과정에서 특별히 제외되지도 않았다.

인간 행동이 사회 요인뿐 아니라 물려받은 특질에 의해서도 형성되며, 갈라파고스의 거북들만큼 인간도 진화의 산물이라는 사실을 강력한 증거들이 가리킨다. 여기에서 말하는 인간 행동에는 성적 행동도 포함된다. 여성 혐오는 새로운 발견을 어떻게 받아들였을까?

일부 페미니스트들은 남녀 간에 선천적인 차이가 있다는 주장이 여성을 차별하는 행동을 정당화할까 봐 두려워했기에 백지 상태 가설에 매달렸다. 스티븐 핑커Steven Pinker는 그렇게 결정한 것이 "돌진하는 기차 앞 철로에 페미니즘을 묶어두는 일"을 한 셈이었다고 적었다.[431] 사실 인간 본성을 진화론에서 바라보는 관점은 백지 상태 이론에 내재한 위험성에서 우리를 보호한다. 사회 구조가 인간 본성을 결정한다고 믿는 사람들은 남녀가 같아질 수 있다고 주장하는 정도를 넘어 남녀가 같아져야 한다고 요구하는 경우가 많았다. 이 이론에 기반한 사회 체제는 화장을 했다는 이유로, 또는 그 밖에 그들의 이상에 부합하지 않는 행동을 했다는 명목으로 여성을 처벌한다. 그들은 어머니가 아기를 보살필 때 단순히 생물학적 기능을 수행하는 것일 뿐 이런 행동에서 어떤 영향을 받지는 않는다고 여기기에 출산 후 아기를 어머니에게서 떼어놓고 공동 보육 시설에서 기르면 된다는 플라톤의 의견에 동의한다.

진화론은 우리가 남자, 여자, 개인으로서 왜 다른지 설명하는 데에 도움을 주지만 차이에 기반해서 차별해야 한다고 도덕적, 법적으로 강요하지 않는다. 더군다나 다윈의 이론이 성별 간 고유한 차이에 기능이 있다는 점을 사람들이 인정하게 돕는다면, 이념적인 이유에서 성별 차이를 무시하거나 제거하려 하고 그 과정에서 인간 본성을 왜곡하는 사람들에게서 우리를 안전하게 지킬 수 있다. 하지만 궁극적으로 남녀 평등은 인간 본성에 대한 이론이 아니라 정의, 평등, 개인의 온전성과 같이 계몽주의 시절부터 발전해온 철학, 정치적 원칙에 바탕한 개념에서 나온다.

핑커는 "남녀가 심리적으로 동일하지 않을지도 모른다는 가능성과 페미니즘 원칙은 사실 양립할 수 있다"고 적었다. "반복해서 말하자면 평등함은 모든 인간 집단이 서로 대체될 수 있다는 경험에 기반한 주장이 아니다. 평등함은 개인을 자신이 속한 집단의 평균적인 특성으로 판단하거나 제약해서는 안 된다는 도덕 원칙이다." 즉 설령 여성 대부분이 도서관에서 플라톤을 읽는 것보다 미용실에서 보내는 시간이 많다고 하더라도 그것이 여성에게 투표권을 빼앗을 이유는 되지 않는다. 남자 대부분이 기하학 문제를 풀기보다 축구를 보면서 맥주 마시기를 선호하더라도 투표권을 빼앗아서는 안 되는 이유와 마찬가지다.

진화론은 여성 혐오를 설명하지 못할는지 몰라도 남녀가 성적으로 어떻게 상호 작용하는지 이해하도록 도왔다. 그 결과, 시간과 문화를 초월해서 성별 간에 존재하는 갈등의 원인을 더 잘 이해하도록 이끌었다. 예를 들면 사랑을 노래하는 시가 탄생한 진화론적 이유는 남녀 대립이 반드시 파괴적 양상을 띠는 건 아니라는 사실을 보여준다.

　인류라는 종이 진화하던 어떤 시점에 인간 여성은 발정기를 억제했다. 동물 왕국에서 인류와 가까운 종인 영장류의 암컷 대부분과 달리 인간 여성의 배란은 감추어져 있다. 생리학자이자 동물학자인 재레드 다이아몬드Jared Diamond는 "인간의 배란은 너무나 잘 감춰져 있어서 1930년대 이전에는 배란 시기에 대한 정확한 과학적 정보가 없었다. 그전에 의사들은 여성이 월경 주기 중 아무 때나 임신할 수 있다고 여겼고 심지어 월경 중에 가장 임신 확률이 높다고 생각하기도 했다"고 적었다.[432] 다른 영장류 수컷은 암컷이 언제 성적 접근을 허용할지 훨씬 쉽게 알 수 있다. 주기 중 적절한 때가 되면 암컷 영장류의 엉덩이가 선명하게 붉은빛을 띠며 부풀어 오른다. 수컷들은 거기에 반응해서 모여들고 우두머리 수컷에게 우선 선택권이 있다. 하지만 사춘기에 접어든 이후로 인간 여성은 월경 주기 내내 성적 수용 능력과 관련해서 겉보기에 같은 모습을 유지한다. 인간 남성은 여성이 그의 관심을 받아들일 준비가 되었는지 아닌지 해석해야만 한다. 대개 여성은 준비되어 있지 않고, 남성은 설득해야만 한다.

> 우리에게 충분한 세계와 시간이 있었다면
> 여인이여, 이다지 수줍어하는 것도 죄악이 아닐 겁니다.
> 우리는 자리에 앉아 어느 방향으로 걸을지 생각하며
> 긴 사랑의 나날을 보내겠지요…….
> 당신의 눈을 찬미하고
> 이마를 응시하면서 백 년을 보낼 겁니다.
> 각각의 젖가슴을 흠모하는 데에 이백 년,
> 나머지 부분에는 삼천 년을 보내겠지요…….
> 하지만 등 뒤에서 언제나 소리가 들려온답니다.

날개 달린 시간의 전차가 급히 다가오는 소리지요.

그리고 저기 우리 앞에는

광활한 영원의 사막이 펼쳐져 있습니다.433

여전히 발정기가 있었다면 시인이 해야 할 행동은 한 달 중 적당한 때에 나타나는 일뿐이었을 테고, 시인의 애인은 그다지 수줍어하지 않고 그하고든 가능한 다른 남성하고든 성교를 해야 한다고 느꼈을 것이다. 그러나 인간 성생활의 본질상 언제나 불확실성이 존재했고 여성은 자신이 가장 적합하다고 생각하는 상대를 고를 힘을 가지게 되었다. 남성은 여성의 결정에 영향을 끼치고자 했다. 그 과정에서 위대한 예술이 탄생했다. 따라서 발정기가 없어진 덕분에 인류한테는 사랑을 노래하는 시들이 생겼다. 이것이 아마도 시인이나 다른 창조적인 예술가들이 성별 대립에서 성직자나 철학자보다 나은 결과를 내는 이유일 것이다. 그들은 여성 혐오가 남녀 관계의 일부일 뿐이라는 사실을 증명한다. 시인과 예술가는 남녀의 갈등과 모순을 예술을 통해 승화할 수 있다.

인간 성생활에 벌어진 혁명에서 핵심이 선택이었다는 점은 우연이 아니다. 발정기가 없어지면서 인간 여성은 강제적인 요소에서 벗어났고 남성이 자신에게 계속 관심을 쏟도록 했으며 상대를 고를 기회도 더 많이 가졌다. 배란은 진화에 중대한 역할을 했다. 마찬가지로 중요한 점은 그 덕분에 남녀가 단순히 생식만을 위해서가 아닌 다양한 관계를 맺게 되었다는 사실이다. 모든 인간 문화에서 특징으로 발견되는 복잡한 사회적 상호 작용이 나타났고 그 안에서 남녀는 연인, 친구, 동반자, 직장 동료 등 다양한 차원의 관계를 맺게 되었다. 이 사실은 여성이 선택할 권리가 여성 자신의 온전성을 지키는 데에 필요할 뿐 아니라 인간을 인간답게 하고 다른 영장류와 구분되게도 한다는 점을 일깨워준다.434 당연하게도 선택할 권리를 넓히는 일은 역사 내내 여성에게 중대했다. 상대를 고를 권리와 그와 성교할 상황을 제어할 권리를 획득하면서 여성의 역사는 중요한 단계에 들어섰다. 이제 선택을 위한 전투는 자신의 생식 능력을 제어할 권리에 초점이 맞춰져 있다.

선택권이 여성의 진화와 그에 따른 인간의 진화에 핵심이었듯이 여성의 성, 그리고 관능성을 드러내고 강조할 권리도 마찬가지다. 여성 혐오가 사회의 '상식'이 된 문화의 특징 가운데 하나는 이 권리를 억압하려고 한다는 것이다. 아프가니스탄의 탈레반 정권(8장 참고)처럼 몇몇 사례에서 이런 특징은 거의 편집증 수준에 도달해서, 속옷 등 여성의 성적 매력과 연관된 것이라면 뭐든지 이들에게 거의 공포에 가까운 감정을 불러일으킨다. 이 공포는 여성의 성을 임신과 출산에 묶어두려는 노력과 연관되어 있기에 많은 여성 혐오자의 마음속에 어머니가 거대하게 자리한다는 사실은 놀랍지 않다.

그들은 다른 차원에서 여성과 관계를 맺는 데 어려움을 느낀다. 물론 늘 그렇듯이 그들은 여성이 관능성을 드러내지 못하게 반대하면서 사악한 남성 우월주의자들 손아귀에서 '그들을 보호하기 위해서'라는 핑계를 댄다. 나치와 이슬람 근본주의자도 여성이 화장하거나 미용실을 이용하지 못하게 막으려고 시도하면서 이미 낡을 대로 낡은 이유를 들었다(7장 참고). 그러나 그들의 행동과 강박 관념은 자신들이 성적으로 성숙한 여성과 관계를 맺지 못한다는 사실만을 드러냈다.

육신을 적대시하는 유대-기독교의 전통을 물려받았기에 서양 문화는 여성의 아름다움에 여전히 상반된 감정을 보인다. 메리 울스턴크래프트는 널리 알려졌듯이 여성에게 "아름다움이라는 변덕스러운 힘"을 포기하라고 촉구했고 그렇지 않으면 "남성보다 지성이 떨어진다고 증명하는 꼴이 될 것이다"라고 말하며, 그 같은 적대감을 다시 상기시켰다(6장 참고). 여성 대다수는 몸과 마음으로 세계를 나누는 이분법을 거부했고 그로부터 2백 년이 흐른 지금도 계속 거부한다. 심리학자인 낸시 에트코프Nancy Etcoff가 말했듯이 "태곳적부터 함께했던 힘과 쾌락의 영역을 포기하는 것은 해결책이 아니다."435

　　해결책은 아름다움을 포기하는 것이 아니라 여성 혐오를 거부하는 것이다. 계몽주의가 탄생하고 현대 민주주의가 도래하면서부터 개인의 자율성과 각자의 행복을 추구할 권리가 강조되었다. 그리고 남자와 동등한 권리를 갖기 위해 투쟁하던 여성들과 그 여성들을 옹호하던 남성들은 여성이 세계의 도덕 질서를 훼손한다는 여성 혐오적 믿음에 이의를 제기했다. 여성은 점차 세계의 도덕 질서 안에 포함되었고 필수 요소로 받아들여지게 되었다. 심지어 변화에 저항하는 전통이 남아 있는 문화에서도 이 과정이 진행되고 있다. 여성 혐오는 이제 '사회에서 받아들이는 상식'의 일부가 아니다. 남성은 이제 자기 자신과 싸움을 벌일 필요가 없으며 가장 생산적이고 즐겁고 만족스러운 관계를 맺을 수 있는 사람과 반목할 필요도 없다.

　　이제 여성 혐오의 핵심이던 오랜 환상에서 깨어나 세상에서 가장 오래된 편견에 경멸을 보내는 법을 배울 때가 된 것 같다.

균형 있게 읽기
여성 혐오의 역사는 지금도 쓰이고 있다

우리는 과연 여성 혐오의 정확한 기원을 찾을 수 있을까. 누군가는 생물학적 차이에서 원인을 찾고 누군가는 사회 구조에서 원인을 찾는다. 여성 혐오는 그 어떤 차별과 혐오보다도 뿌리가 깊다. 잭 홀런드는 기원전 8세기쯤 지중해 연안 어딘가에서 여성 혐오의 기원을 찾는다. 신화, 종교, 철학, 문학 등에서 나타나는 여성 혐오의 역사를 중심으로 고대 그리스, 로마에서 오늘날까지 세계 곳곳에서 벌어지는 폭력의 현장을 추적한다.

혐오의 얼굴이 얼마나 복잡한지는 사도 바울을 예로 들 수 있다. 사도 바울이 갈라디아인에게 보낸 편지인 갈라디아서의 일부 내용은 페미니즘이나 성소수자 운동을 위해서 자주 인용된다. 그는 신분과 성별에 상관 없이 '그리스도 안에서 하나'임을 강조하기 때문이다. 그러나 다른 면에서 보면 사도 바울을 적극적인 여성 혐오자의 위치에 놓는 것도 가능하다. 그는 여성이 교회에서 머리를 가려야 한다고 규정했고, 기독교 창조 신화를 기준으로 여성은 남성의 몸에서 나왔기에 남성을 위해 태어난 존재임을 확고히 했다.

종교의 영향에서 인간이 벗어나려는 수많은 움직임 속에서도 여성 혐오는 오히려 굳건히 지켜졌다. 신이 아닌 인간 존재에 대한 탐구가 본격적으로 발달한 르네상스 시대에 수많은 여성은 악마와 결탁한 마녀가 되어 산 채로 불태워졌다. 인간의 이성을 강조하는 17세기 계몽주의 시대에도 플라톤 학파에서는 여성에게 영혼이 있는지를 놓고 토론했다. 어떤 여성이 어리석다면 여성이라는 종이 원래 열등하기 때문이고, 어떤 여성이 똑똑하다면 악마와 내통했다고 규정했다.

338

균형 있게 읽기   여성 혐오의 역사는 지금도 쓰이고 있다

이처럼 여성은 영혼도 이성도 없을 뿐만 아니라 육체도 철저하게 혐오받았다. 월경 혐오와 임신 중단에 대한 여성의 자율권 통제는 오늘날까지 이어지는 현상이다. 또한 같은 죄라도 여성은 더 고통스럽게 처형받고 의학이 빛나는 성취를 이루는 동안에도 여성이 겪는 출산의 고통을 줄이고 싶어 하진 않았다. 여성은 고통받아야 하는 몸이다. 무통 분만을 위한 마취제 사용의 거부감을 그나마 잠재운 계기는 1853년 빅토리아 여왕이 무통 분만을 한 '사건'이다.

인류는 신의 이름으로, 사랑과 생명을 위해서, 윤리적으로, 과학적 근거를 내세워 끊임없이 여성을 짓밟아왔다. 여성은 여신으로 승격되거나 마녀로 매장되는데, 어느 쪽이든 비인격화되기는 마찬가지다. 페미니즘 연구에서 대상화를 많이 다룰 수 밖에 없는 이유다. 여신과 마녀 사이에서, 여성은 마녀가 되지 않도록 조심하지만 아무리 애써도 여신이 되진 않는다. 그렇게 여성이 자기 자신을 사랑할 수 없는 구조를 만든다. 남성의 인정에 권위를 부여한 사회에서 이 자기혐오는 나아가 여성이 다른 여성을 사랑하고 인정하지 못하도록 방해한다.

이 책은 잭 홀런드의 사망 후 저자의 아내와 딸의 노력으로 세상에 나올 수 있었다. 저자의 딸 제니 홀런드는 소개글에서 자신이 적어도 가정에서는 여성 혐오의 영향에서 벗어나 있었다고 말한다. 혐오의 방식이 발명되듯이, 존재에 대한 차별은 그 형태가 너무도 다양하여 사는 동안 꾸준히 발견해야 하는 성질이다. 심지어는 페미니스트라고 스스로 생각하는 여성 혐오자도 얼마든지 찾을 수 있다. 자신이 '적어도 가정에서는' 혐오의 진공 상태에 있었다는 생각은 오히려 경계하는 게 좋다.

여성 혐오의 광범위한 역사를 추적하며 정리한 저자의 의지가 반가우면서도, 그와는 다른 관점의 의견을 보태고 싶다. 1970년대 영미권에 있었던 브래지어 태우기 운동에 대한 홀런드의 관점에 나는 동의하

지 않는다. 그는 이런 운동을 여성의 '성적 면모를 부정'하는 행동으로 여기고, 이런 방식이 오히려 여성으로 하여금 여성 운동에서 멀어지게 했다고 지적한다. 그렇지 않다. 여성의 여성 운동 참여는 남성 연대가 강력하게 방해한다. 게다가 21세기 한국에서도 브래지어 착용을 거부하는 여성들이 꾸준히 늘어나는 중이다. 여성들이 겪는 몸의 구속에 대한 이해 부족이다. 또한 메리 울스턴크래프트에 대한 평가도 다소 부당한 면이 있기에 독자들이 울스턴크래프트가 쓴 글과 그에 대한 평전을 직접 읽기를 권장한다. 18세기 여성으로서 한계가 없진 않으나 그는 당시 계몽주의 철학자들의 여성 혐오를 누구보다 앞장서서 비판했던 인물이다. 무엇보다 나는 이 책의 결론에 비판적이다. 과학은 인류에 존재하는 무수한 차별들을 해결할 수 있는 하나의 방편이 될 수 있을 뿐이다. 저자는 진화론에 너무 의지해서 '양성'을 바라보고 있는데, 이는 자칫 생물학적 차이에 과하게 의미 부여를 해서 차별을 합리화하기 쉽다. 이 책에서 언급된 다른 사례들이 가진 긍정적 의미가 있지만, 결론 부분의 한계도 함께 언급해야 할 필요를 느낀다.

이 책에서 서술한 혐오의 역사는 여성 혐오의 역사 중에서 일부분을 다룬 시각이다. 홀런드의 말대로 여성 혐오는 "만연해 있고 끈질기며 유해하고 변화무쌍하다." 지금도 여성 혐오의 역사는 변화무쌍하게 쓰이는 중이다. 기술 발달이 여성 혐오와 결합하여 각종 '비대면 폭력'이 범람한다. 그러나 혐오의 역사만 있는 게 아니라 우리에게는 저항의 역사도 있다. 무력하고 수동적인 피해자로 살지 않았다는 사실도 중요하다. 그 저항의 역사가 축적되어 오늘이 있는 것이다.

— 이라영
예술사회학자, 《여자를 위해 대신 생각해줄 필요는 없다》 저자

참고문헌

+ Ahmed, Leila, *Women and Gender in Islam*, Yale University Press, New Haven and London, 1992.

+ Anderson, Bonnie S., and Zinsser, Judith P., *A History of their Own, Volume I*, Oxford, 2000.

+ Balsdon, J. P. V. D., *Roman Women: Their history and habits*, Harper and Row, 1962.

+ Barrett, Anthony A., *Agrippina: Sex, Power and Politics in the Early Roman Empire*, Yale University Press, 1996.

+ Bauman, Richard A., *Women and Politics in Ancient Rome*, Routledge, New York and London, 1992.

+ Bishop, Clifford and Osthelder, Xenia, editors, *Sexualia: From prehistory to cyberspace*, Koneman, 2001.

+ Bloch, Howard, *Medieval Misogyny and the Invention of Western Romantic Love*, University of Chicago Press, 1991.

+ Blundell, Sue, *Women in Greece*, Harvard University Press, Cambridge, 1995.

+ Breslaw, Elaine G., editor, *Witches of the Atlantic World, A Historical Reader and Primary Source Book*, New York University Press, 2000.

+ Brown, Peter, *Body and Society: Men, women, and sexual renunciation in early Christianity*, Columbia University Press, New York, 1988.

+ Burleigh, Michael, *The Third Reich: A new history*, Pan Books, 2001.

+ Clack, Beverley, editor, *Misogyny in the Western Philosophical Tradition, A Reader*, Routledge, New York, 1999.

+ Clarke, John R., *Roman Sex, 100 BC–AD 250*, Harry N. Abrams, Inc., New York, 2003.

+ Davidson, John, *Courtesans and Fishcakes: The consuming passions of Classical Athens*, Harper Perennial, 1999.

+ Davis-Kimball, Jeannine, with Mona Behan, *Warrior Women: As archaeologist's search for history's hidden heroines*, Warner Books, New York, 2002.

+ Eller, Cynthis, *The Myth of Matriarchal Prehistory: Why an invented past won't give women a future*, Beacon Press, Boston, 2000.

+ Fest, Joachim C., *The Face of the Third Reich*, Pelican Books, 1972.

+ Gay, peter, editor, *The Freud Reader*, W.W. Norton and Company, New York, 1989.

+ Gilmore, David, *Misogyny: The male malady*, University of Pennsylvania Press, 2001.

+ Goldhagen, Daniel, *Hitler's Willing Executioners: Ordinary Germans and the Holocaust*,

Vintage, New York, 1997.

+ Groneman, Carol, *Nymphomania, a History*, W. W. Norton & Co, New York and London, 2002.

+ Kaplan, Robert D., *Soldiers of God: With Islamic warriors in Afghanistan and Pakistan*, Vintage, New York, 2001.

+ Karlsen, Carol, *The Devil in the Shape of a Woman: Witchcraft in colonial New England*, Vintage, New York, 1989.

+ Keddie, Nikki, and Baron, Beth, editors, *Women in Middle Eastern History*, Yale University Press, New Haven and London, 1991.

+ Kendrick, Walter, *The Secret Museum: Pornography in modern culture*, University of California Press, 1987.

+ Keuls, Eva, *The Reign of the Pallus*, University of California, 1985.

+ Kleinbaum, Abby Wettab, *The War Against the Amazons*, New Press, New York, 1983.

+ Kofman, Sarah, translated from the French by Catherine Porter, *The Enigma of Woman: Woman in Freud's writings*, Cornell University Press, 1985.

+ Lea, Henry, arranged and edited by Arthur Howland, *Materials Towards a History of Witchcraft*, Thomas Yoseloff, 1957.

+ Levkowitz, Mary R. and Fant, Maureen B., editors, *Women's Life in Greece and Rome: A source book in translation*, Johns Hopkins University, 1982.

+ Llewellyn, Anne, editor, *War's Dirty Little Secret: Rape, prostitution and other crimes against women*, The Pilgrim Press, 2000.

+ McElvaine, Robert S., *Eve's Seed: Biology, the sexes and the course of history*, McGraw-Hill, New York, 2001.

+ Meacher, Robert, *Helen: Myth, legend and the culture of misogyny*, Continuum, New York, 1995.

+ Moller Orkin, Susan, *Women in Western Political Thought*, Princeton University Press, 1979.

+ Moulton, Ian Frederick, *Before Pornography: Erotic writing in early Modern England*, Oxford University Press, 2000.

+ O'Shea, Stephen, *The Perfect Heresy: The revolutionary life and death of the medieval Cathars*, Walker and Company, 2000.

+ Paz, Octavio, translated from the Spanish by Helen R. Lane, *Conjunctions and Disjunctions*, Seaver Books, 1982.

+ Pearsall, Ronald, *The Worm in the Bud: The world of Victorian sexuality*, Pelican Books, 1969.

+ Pomeroy, Sarah, *Goddesses, Whores, Wives and Slaves*, Schocken Books, New York, 1975.

+ Rich, Adrienne, *Of Woman Born: Motherhood as experience and institution*, W. W. Norton, New York, 1986.
+ Stephens, Walter, *Demon Lovers: Witchcraft, sex and the crisis of belief*, University of Chicago Press, 2002.
+ Tannahill, Reay, *Sex in History*, Abacus, London, 1979.
+ Trevor-Rope, Hugh, *The European Witch-craze of the 16th and 17th Centuries*, Penguin, Harmondsworth, 1966.
+ Warner, Marina, *Alone of all her Sex: The myth and the cult of the Virgin Mary*, Vintage, New York, 1983.
+ Willey, David, *God's Politician: John Paul at the Vatican*, Faber and Faber, London, 1992.
+ 낸시 에트코프, «미: 가장 예쁜 유전자만 살아남는다», 이기문 옮김, 살림, 2000.
+ 라티파, «빼앗긴 얼굴: 탈레반에 짓밟힌 아프가니스탄 여성의 삶에 대한 생생한 기록», 최은희 옮김, 이레, 2002.
+ 레너드 쉴레인, «자연의 선택: 지나 사피엔스», 강수아 옮김, 들녘, 2005.
+ 로드니 스타크, «기독교의 발흥: 사회과학자의 시선으로 탐색한 초기 기독교 성장의 요인», 손현선 옮김, 좋은씨앗, 2016.
+ 로잘린드 마일스, «세계 여성의 역사: 인류를 지탱해온 '위대한 절반'의 사라진 흔적을 찾아서», 신성림 옮김, 파피에, 2020.
+ 린 헌트(엮음), «포르노그래피의 발명: 외설, 그리고 근대성의 기원, 1500년부터 1800년까지», 전소영 옮김, 알마, 2016.
+ 메리 울스턴크래프트, «여성의 권리 옹호», 문수현 옮김, 책세상, 2018.
+ 매릴린 옐롬, «유방의 역사», 윤길순 옮김, 자작나무, 1999.
+ 버트런드 러셀, «서양철학사», 최민홍 옮김, 집문당, 2017.
+ 베티 프리단, «여성성의 신화: 새로운 길 위에 있는 우리 모두에게 용기를», 정희진 해제, 김현우 옮김, 갈라파고스, 2018.
+ 스티븐 핑커, «빈 서판: 인간은 본성을 타고 나는가», 김한영 옮김, 사이언스북스, 2004.
+ 요한 야곱 마이어, «풍속으로 읽는 인도 이야기», 김형준 옮김, 산수야, 1998.
+ 요한 하위징아, «중세의 가을», 이종인 옮김, 연암서가, 2012.
+ 지그문트 프로이트, «문명 속의 불만», 김석희 옮김, 열린책들, 2020.
+ 폴 존슨, «기독교의 역사: 인간의 역사에서 기독교란 무엇인가», 김주한 옮김, 포이에마, 2013.
+ 프리드리히 헤어, «중세의 세계», 김기찬 옮김, 현대지성사, 1997.

주석

한국어판이 출간된 도서는 한국어판명으로 표기했습니다.

1. 통계 자료는 다음을 참고. 스티븐 핑커, «빈 서판: 인간은 본성을 타고 나는가», 김한영 옮김, 사이언스북스, 2004.
2. *Hesiod: Theogony/Works and Days[elip]*, translated by Dorothea Wender, Penguin Classics, 1973.
3. Dorothea Wender, 같은 책.
4. Robert Meacher, *Helen: Myth, legend and the culture of misogyny*, Continuum, 1995.
5. Dorothea Wender, 같은 책.
6. Sarah Pomeroy, *Goddesses, Whores, Wives and Slaves*, Schocken Books, 1975.
7. *The Epic of Gilgamesh*, translated by N. K. Sanders, Penguin Classics, 1960.
8. Sue Blundell, *Women in Greece*, Havard University Press, 1995.
9. 기원전 7세기 시인인 세모니데스Semonides는 다음과 같이 적었다. "제우스는 가장 사악한 존재인 여성을 만들고/벗어날 수 없는 족쇄로 우리를 그들에게 묶어놓았다네."
10. Christopher Marlowe, *The Tragical History of Dr Faustus*.
11. *The Iliad*, tranlated by Richmond Lattimore, as quoted by Robert Meacher, 같은 책.
12. *The Trojan Women*, translated by Gilbert Murray and George Allen, Unwin Ltd., 1905.
13. 지그문트 프로이트, «문명 속의 불만», 김석희 옮김, 열린책들, 2020.
14. Robert Graves. *Larousse Encyclopaedia of Mythology*, Hamlyn, 1968의 서문에서 인용.
15. 메난드로스(Menandros, 고대 그리스 극작가)가 남긴 말. Eva Keuls, *The Reign of the Phallus*, University of California, 1985에서 인용.
16. '기원전 400년경 있었던 남편 변론.' *Women's Life in Greece and Rome: A source book in translation*, edited by Mary R. Lefkowitz and Maureen B. Fant, Johns Hopkins University, 1982에서 인용.
17. Sarah Pomeroy, 같은 책.
18. Sarah Pomeroy, 같은 책.
19. James Davidson, *Courtesans and Fishcakes: The consuming passions of Classical Athens*, Harper Perennial, 1999.
20. Eva Keuls, 같은 책.
21. Abby Kleinbaum, *The War against the Amazons*, New Press, 1983에서 애비 클라인바움은 아마존 신화가 놀랍도록 끈질기게 살아남는 점에 대해 이렇게 평했다. "부상당하고 맞고 패배하고 고대 영웅들의 창에 맞았음에도 교부와 기독교 옹호자들이 도덕적으로 분개하는 틈에서, 르네상스 영웅들이 굉장한

마법과 힘을 부리는 가운데에서, 근대
초기 정복자들이 보여준 대담함과
탐욕스러움 사이에서 아마존은 계속
살아남았고 서양 문화에 반복해서
등장했다."

22. Sue Blundell, 같은 책.

23. 기원전 5세기에 쓰인
아리스토파네스의 희극들도 자주
비슷한 주제를 다루었다. 여기에서
여성은 지배적인 도덕적, 사회적,
정치적 질서에 저항한다. 그의 작품은
의심의 여지없이 당시 아테네에
존재하던 우려와 강박 관념, 집착을
반영한다. 비극과 희극이 비슷한
주제를 다루므로, 둘 다 시대와
연관성이 있다고 추정할 수 있다.

24. *Antigone*, translated by E. F. Watling,
Penguin Classics, 1947.

25. E. F. Watling, 같은 책.

26. *Hippolyta*, translated by Judith Peller
Hallet, Oxford Classical Texts, 1902-13.

27. 플라톤의 이원론이 완전히 새로운
관점을 취한 것은 아니었다. 기원전
6세기에 피타고라스Pythagoras
학파는 대립자 표를 만들었다. 표는
피타고라스 학파가 우주를 지배한다고
믿은 열 쌍의 대립자로 채워졌으며, 그
가운데에는 선과 악, 왼편과 오른편,
빛과 어둠, 제한과 무제한, 남성과 여성
등이 포함되었다. 고대인들은 자연을
네 가지 기본 원소로 단순화했는데, 이
원소들 역시 불과 공기, 흙과 물이라는
대립하는 쌍으로 이루어졌다. 이런
방식으로 사고하는 습관 때문에
남녀는 영원하고 불변하는 대립
상태에 있으며 이 차이가 끝나지 않는
갈등의 원천이라고 여기게 되었다.

28. Anthony Flew, *An Introduction*

to *Western Philosophy: Ideas and
arguments from Plato to Popper*, Thames
and Hudson, 1989에서 인용. 포퍼가
저술한 «열린 사회와 그 적들*Open
Society and Its Enemies*»은 플라톤과
마르크스의 정치적, 사회적 사상을
비평한다.

29. 버트런드 러셀, «서양철학사», 최민홍
옮김, 집문당, 2017.

30. *The Republic*, translated by H. D. P. Lee,
Penguin Classics, 1955. 이 판본이 모든
인용문의 출처다.

31. 동굴에 갇힌 죄수의 비유에서
플라톤은 감각으로 인지하는 세계가
거짓이라는 생각을 전달한다.
죄수들이 어릴 적부터 동굴에 갇힌
채 묶여 있었다고 상상해보자. 동굴
입구 근처에서 불이 타오르고 있고
사람들이 불과 죄수 사이에 솟아 있는
길을 통과한다. 바깥 근처에서 세상
만물이 지나가더라도 죄수들은 동굴
벽에 스치는 그림자만을 볼 수 있다.
그들은 이 이상을 알지 못하기에
그림자가 실재라고 오해한다.
죄수들이 직접 본 적 없는 실재의
그림자에 속았듯이 우리도 감각을
통해서만 세상을 인지하며 완벽한
이데아의 세계를 알지 못한다.
이데아는 절대적이며 영원하고,
시각과 청각, 미각, 촉각으로 이뤄진
세상은 이데아 세계의 그림자에
불과하다. 철학자는 동굴에서 탈출해
그 너머의 세계를 본 죄수라고
여겨졌다.

32. 버트런드 러셀, 같은 책.

33. Eva Keuls, 같은 책.

34. 아리스토텔레스의 «동물 발생론».
다음 책에서 인용하였다. *Misogyny in*

the Western Philosophical Tradition, A Reader, edited by Beverley Clack, Routledge, 1999.

35. Women's Life in Greece and Rome: A source book in translation, edited by Mary R. Lefkowitz and Maureen B. Fant, Johns Hopkins University, 1982.

36. Sarah Pomeroy, 같은 책.

37. Marcia Guttentag and Paul Secord, Too Many Women?: The sex ratio question, Sage Publications, 1983.

38. The Complete Plays of Aristophanes, edited by Moses Hales, Bantam Books, 1962에 수록된 "Lysistrata"에서 인용.

39. Women's Life in Greece and Rome: A source book in translation, edited by Mary R. Lefkowitz and Maureen B. Fant, Johns Hopkins University, 1982.

40. Mary R. Lefkowitz and Maureen B. Fant, 같은 책.

41. Mary R. Lefkowitz and Maureen B. Fant, 같은 책.

42. Mary R. Lefkowitz and Maureen B. Fant, 같은 책.

43. The City of God, translated by Gerald G. Walsh et al, Image Books, 1958.

44. J. P. V. D. Balsdon, Roman Women: Their history and habits, Harper and Row, 1962.

45. Livy, The Early History of Rome, translated by Aubrey de Sélincourt, Penguin Classics, 2002.

46. 지그문트 프로이트, 《문명 속의 불만》, 김석희 옮김, 열린책들, 2020.

47. Sallust, Jugurthine War, and Conspiracy of Catiline, translated by S. A. Handford, Penguin Classics, 1963.

48. Sallust, 같은 책.

49. Sallust, 같은 책.

50. 이집트 여성은 메소포타미아 여성처럼 정교한 화장술로 유명했다. 화장은 기원전 3천 년 전에 기록된 메소포타미아 문헌에서 처음 언급된다.

51. J. P. V. D. Balsdon, 같은 책.

52. 셰익스피어, 《안토니우스와 클레오파트라Antony and Cleopatra》, 2막 2장.

53. Mery R. Lefkowitz and Maureen B. Fant, 같은 책.

54. Mery R. Lefkowitz and Maureen B. Fant, 같은 책.

55. Richard A. Bauman, Women and Politics in Ancient Rome, Routledge, 1992.

56. Livy, 같은 책.

57. Sarah Pomeroy, 같은 책.

58. Richard A. Bauman, 같은 책.

59. Richard A. Bauman, 같은 책에 인용된 마크로비우스Macrobius가 전하는 일화.

60. Carol Groneman, Nymphomania: A History, W. W. Norton, 2000에서 정신과 의사 프랭크 카프리오Frank Caprio의 말 인용.

61. Carol Groneman, 같은 책.

62. Carol Groneman, 같은 책.

63. Translated by Rolfe Humphries, Indiana University Press, 1958.

64. Rolfe Humphries, 같은 책.

65. Tacitus, The Annals, translated by Michael Grant, Penguin Classics, 1956. 충격적인 결혼이 고대 로마에 없진 않았다. 네로 황제가 통치하던 때 검투사로 싸워서 이미 여론을 술렁이게 했던 한 귀족 남성은 자신의 남자친구와 결혼했다. 네로 황제 자신도 신부 면사포를 쓰고 남자 애인

가운데 한 명과 결혼했다.

66. Tacitus, 같은 책.

67. Anthony A. Barrett, *Agrippina: Sex, power and politics in the early Roman Empire*, Yale University Press, 1966.

68. Tacitus, 같은 책.

69. Richard A. Bauman, 같은 책.

70. 아그리피나는 자신의 삶과 가족이 겪은 불행을 담은 자서전을 썼는데, 시기가 아마도 죽음을 맞이하기 몇 해 전인 것으로 추정된다. 유감스럽게도 현재는 존재하지 않는 이 유일무이한 문서가 알려지게 된 것은 타키투스와 대大 플리니우스Plinius가 저서에 자료로 쓰면서 몇 차례 언급했기 때문이다. 이 자료를 통해 네로가 머리부터가 아니라 역위로 태어났다는 사실을 알 수 있었고, 아마 그 때문에 아그리피나는 그 후로 아이를 얻지 못한 듯하다.

71. 유베날리스, «풍자 시집*Saturae*».

72. E. J. Kennedy, *Apulieus, The Golden Ass, A New Translation*, Penguin Classics, 1998. 수탕나귀는 사실 변신한 인간 영웅이었고 여성과 정사를 끝내고 나면 자신도 사자에게 먹힐까봐 두려워 일을 수행하기 전에 탈출하기로 결심한다.

73. 이 구절은 20세기에 발견된 ‹집회서›의 히브리어 필사본에 나오며 버트런드 러셀이 «서양철학사*History of Western Philosophy*»에서 인용했다.

74. 폴 존슨, «기독교의 역사: 인간의 역사에서 기독교란 무엇인가», 김주한 옮김, 포이에마, 2013.

75. 피타고라스가 설립한 학교에서 여성 제자도 받아들였다는 일부 증거들이 있다.

76. «빈 서판: 인간은 본성을 타고 나는가»에서 핑커가 인용.

77. Peter Brown, *Body and Society: Men, women, and sexual renunciation in early Christianity*, Columbia University Press, 1988에서 인용.

78. Tacitus, *The Annals*, translated by Michael Grant, Penguin Classics, 1956. 이 여성의 혐의는 그녀의 남편이 수사했고 그녀는 무죄 판결을 받았다.

79. 도미티아누스 황제(재위 기간 서기 81년-96년)의 한 남자 친척은 기독교인이었으며 사도 바울이 로마에 왔을 때 그와 나란히 사역했다. 전설에 따르면 로마의 아름다운 산 클레멘테 성당은 그의 가족 빌라가 있던 자리에 세워졌다고 한다.

80. 여기에 인용된 주장과 증거는 다음 책에 기반한다. 로드니 스타크, «기독교의 발흥: 사회과학자의 시선으로 탐색한 초기 기독교 성장의 요인», 손현선 옮김, 좋은씨앗, 2016.

81. 여성은 유산하기 위해 먼저 다양한 독을 복용했다. 실패하면 시술이 잇따랐고 칼날과 못, 갈고리 같은 도구로 태아를 조각낸 뒤에 조금씩 빼냈다. 대개 남편이나 애인이 낙태를 강요했다. 도미티아누스 황제는 조카를 임신시켜놓고선 낙태를 강요했고, 시술을 받은 뒤에 조카는 사망했다.

82. 로드니 스타크, 같은 책.

83. Marcia Guttentag and Paul Secord, *Too Many Women?: The sex ratio question*, Sage Publications, 1983.

84. 로드니 스타크, 같은 책. 스타크는 ‹고린도서› 14장 34~36절에서 여성은 교회에서 잠자코 있어야

한다고 언급한 악명 높은 말은 사도
바울 본인의 생각이 아니라 그가
반박하고자 하는 상대의 주장을 옮긴
것이라는 논거를 인용한다.

85. Pamela Eisenbaum, 'Is Paul the Father
of Misogyny and Anti-Semitism?',
Cross Currents, Winter 2000-2001.
아이젠바움은 사도 바울이 여성
혐오자도 반유대주의자도 아니었다고
강력하게 주장한다.

86. 이 묘사는 외경인 ‹바울행전›에 나오며,
Paul Johnson, A History of Christianity,
Simon and Schuster, 1976에서
인용했다.

87. Peter Brown, 같은 책.

88. Peter Brown, 같은 책.

89. De Ieuinion 5.1, Corpus Christianorum,
2:1261

90. 'On Female Dress', The Writings of
Tertullian, Volumn I, translated by the
Rev. S. Thelwall, Edinburgh, 1869.

91. ‹고린도후서› 6장 16절.

92. Rev. S. Thelwall, 같은 책.

93. Peter Brown, 같은 책에서 인용.

94. Rev. S. Thelwall, 같은 책.

95. 로마 제정이 시작되고 첫 130년
동안 15명의 황제가 통치했던 것과
비교된다.

96. 이 벽은 아우렐리아누스Aurelianus
황제 재위 기간(서기 270년~275년)에
세워졌다. 오늘날에도 로마의 유명한
볼거리로 남아 있다.

97. 서기 260년에 발레리아누스Valerianus
황제는 샤푸르 1세Shapur I에게
패배했다.

98. 첫 대규모 전염병은 서기 165년에서
180년 사이에 창궐했고 두 번째
전염병은 서기 251년에 발생했다.

99. 로드니 스타크, 같은 책.

100. 오리게네스는 마태가 기록한 말을
문자 그대로 해석하며 직해주의의
위험성을 고통스럽게 실례로
보여주었다. “그곳에는 천국을
위해 스스로 고자가 된 이들도
있었다.”(‹마태복음› 19:12)

101. Peter Brown, 같은 책에 인용된
‹도마복음(토마스 복음서)›.

102. Bonnie S. Anderson and Judith P.
Zinsser, A History of their Own, Volume
I, Oxford, 2000에서 인용.

103. Peter Brown, 같은 책.

104. Peter Brown, 같은 책.

105. Peter Brown, 같은 책.

106. 2002년 폴 설리스 신부Fr Paul Surlis가 한
강연에서 인용.

107. Peter Brown, 같은 책.

108. 로마 관리들은 이들이 유대인을
공격했다며 기소하기를
원했지만, 밀라노 주교이자 훗날
성 아우구스티누스를 감화시킨
암브로시우스가 반유대주의 패거리를
보호하기 위해 개입했다. 이들이
훌륭한 기독교인이라는 이유에서였다.

109. 마니교의 교리는 이원론 성격이
강했고 모든 물질이 악하다고
보았다. 마니교 추종자들은 생식
활동이 악을 영속시키는 일이라
여겨서 금지했으며, 신이 물질로 된
세계에 아들을 내려보냈을 리 없다고
생각했다. 실제로 그들은 예수가
환영이었다고 가르쳤다. 마니는 서기
276년 페르시아인들에게 처형되었다.

110. Confessions, translated by Henry
Chadwick, Oxford University Press,
1991. 이후에 나오는 «고백록»의
인용문은 전부 이 책을 활용했다.

주석

111. *The City of God,* translated by Gerald
    G. Walsh, S. J., Demetrius B. Zema, S.
    J., Grace Monahan, O. S. U., Daniel J.
    Honan, Image Books, 1958. 이후에
    나오는 «신국론»의 인용문은 전부 이
    책을 활용했다.
112. 버트런드 러셀, 같은 책.
113. Gerald G. Walsh 등, 같은 책.
114. 새겨진 글과 편지, 각종 문서를
    엮어 편집한 *Women's Life in Greece
    and Rome*에 편집자 레프코위츠와
    판트는 히파르키아Hipparchia와
    아폴로니아Apollonia를 포함시켰다.
    각각 서기 3세기와 2세기의 인물이다.
115. 'Socrates Scholaŝticus', *Ecclesiaŝtical
    Hiŝtory*에서 인용.
116. 'Damascius', *Life of Isidore,* translated
    by Jeremiah Reedy, Phanes Press, 1993.
117. 니키우의 주교 요한의 연대기에서
    인용.
118. 요한의 연대기에서 인용.
119. Socrates Scholaŝticus, 같은 책.
120. Edward Gibbon, *The Decline and Fall of
    the Roman Empire,* Penguin Classics,
    2000.
121. 모세Moses가 육신을 가지고서
    천국에 존재하는지를 놓고 논쟁이
    있었다. «구약성서»에 나오는 선지자
    에녹Henoch과 엘리야Eliyah도 부활을
    오랫동안 기다리는 대신 하늘로 바로
    올라갔다고 여겨진다.
122. Marina Warner, *Alone of All her Sex: The
    myth and the cult of the Virgin Mary,*
    Vintage Books, 1983에서 인용.
123. 프리드리히 헤어, «중세의 세계», 김기찬
    옮김, 현대지성사, 1997.
124. Bonnie S. Anderson and Judith P.
    Zinsser, *A Hiŝtory of their Own, Volume

I,* Oxford, 2000
125. Stephen O'Shea, *The Perfeĉt Heresy:
    The revolutionary life and death of
    the medieval Cathars,* Walker and
    Company, 2000에서 인용.
126. Bonnie S. Anderson and Judith P.
    Zinsser, 같은 책.
127. 프리드리히 헤어, 같은 책.
128. 프리드리히 헤어, 같은 책.
129. 프리드리히 헤어, 같은 책.
130. Marina Warner, 같은 책.
131. 교회의 부유함을 지적하는 비판과
    교회가 점차 신도들에게서
    멀어져간다는 비난은 다른 이단
    운동의 토대이기도 했다. 예수의
    청빈한 삶을 본받자고 설교한
    페트루스 발데스Petrus Valdes의 영향을
    받은 운동도 여기에 속한다.
132. Stephen O'Shea, 같은 책.
133. Marina Warner, 같은 책.
134. Marina Warner, 같은 책.
135. Geoffrey Chaucer, *The Canterbury
    Tales,* rendered into modern English by
    Nevill Coghill, Penguin Books, 1951.
136. Geoffrey Chaucer, 같은 책.
137. Howard Bloch, *Medieval Misogyny and
    the Invention of Weŝtern Romantic
    Love,* University of Chicago Press, 1991.
138. 3세기 로마에는 마녀가 누군가를
    마법으로 죽이면 화형에 처하는
    규정이 있었다. 6세기에 프랑크 왕국의
    왕비 프레데군트Fredegond는 자신의
    어린 자식들을 죽였다고 고발당한
    여성들을 마녀로 몰아서 불태워
    죽였다. 고발된 여성들은 화형당하기
    전에 고문을 받고 자백했다. 아이를
    죽었다고 다른 여성을 고발하는
    일이나 고문을 이용하는 점은 훗날

마녀사냥이 불러일으킨 광기의 특징이
되었다.

139. 1080년에 여성들이 폭풍과 흉작을
불러왔다면서 마녀로 고발되고
사형을 당하자 교황 그레고리오
8세Gregorius VIII는 덴마크 왕에게
그러한 식의 처우를 그만두라고
항의했다. 하지만 민간에서
미신은 계속 전해졌고 잔혹한
결과를 부르기도 했다. 1090년에
바이에른에서는 군중이 여성 세 명을
죽였다. 그로부터 90년 뒤에 마법을
부렸다고 의심받은 한 여성은 지역
주민들의 지시로 내장이 꺼내지는
형을 받았고 자신의 내장을 든 채 헨트
시내 거리를 걷도록 강요받았다.

140. 요한 하위징아, «중세의 가을», 이종인
옮김, 연암서가, 2012.

141. Walter Stephens, *Demon Lovers:
Witchcraft, sex and the crisis of belief*,
University of Chicago Press, 2002.

142. 나중에 학자들은 어떻게, 어디서
정액이 추출되고 몽정으로 나온
정액도 사용되는지 등 많은 추측을
쏟아냈다.

143. Walter Stephens, 같은 책.

144. Walter Stephens, 같은 책에서 인용.

145. 마녀사냥이 절정에 이르렀을 때도
아일랜드는 대체로 영향을 받지
않았다. 이미 언급했듯이 고대 그리스,
로마 세계와 유대교, 기독교 세계관에
공통으로 존재하는 여성 혐오적
요소가 아일랜드의 켈트족 전통에는
많지 않았다.

146. Norman Cohn, *Europe's Inner Demons*,
University of Chicago Press, 2000.

147. Norman Cohn, 같은 책. 1600년대부터
악령 들림은 흔한 현상이 되었고 여성

다수가 한 번에 악령에 사로잡히는
경우도 빈번했다. 가장 유명한
사례가 프랑스 루딩의 수녀들과 미국
세일럼의 여성들이다. 여기에 나오는
보헤미아 출신 사제처럼 악령이
들리면 종교 의식에 참석하는 데
극도의 반감을 느꼈다.

148. Henricus Institoris, *Malleus
Maleficarum*, translated with an
introduction, bibliography and notes
by the Rev. Montague Summers, John
Rodker, 1928. 이 인용문은 번역자인
서머스가 쓴 서문에 나온다. 이 책과
관련된 인용문은 달리 명시하지 않은
이상 모두 서머스의 번역본에서
가져왔다.

149. 마녀가 남근을 훔친다는 비난은
오늘날 아프리카에서 여전히
일어난다. 2001년 11월에 BBC는
베냉의 코토누에서 군중이 다섯
사람을 공격해 죽였다고 보도했다.
남자들이 자기 남근이 사라졌다고
말한 뒤에 벌어진 일로, 다섯 명 중 네
명이 불타서 죽었다. 그들은 남자의
남근이 악수나 주문을 통해 사라질 수
있다고 믿는다.

150. Walter Stephens, 같은 책.

151. Walter Stephens, 같은 책.

152. Henry Lea, *Materials Towards a History
of Witchcraft, Volume Two*, arranged
and edited by Arthur Howland, Thomas
Yoseloff, 1957.

153. Stephen O'Shea, 같은 책.

154. Rev. Montague Summers, 같은 책.

155. Rossell Hope Robbins, *The
Encyclopaedia of Witchcraft and
demonology*, Crown, 1959.

156. Henry Lea, 같은 책.

157. 장 보댕의 말을 Henry Lea의 책에서 인용.
158. Walter Stephens, 같은 책.
159. Norman Cohn, 같은 책.
160. Hugh Trevor-Roper, *The European Witch Craze of the 17th Century*, Penguin Books, 1966.
161. Henry Lea, 같은 책.
162. 1930년대에 스탈린이 볼셰비키 당을 숙청할 때 잠을 못 자게 하는 고문이 주로 사용되었다. 보여주기식 재판에서 당의 유력한 지식인들은 3백 년 전에 마녀들이 그랬듯이 자신들이 시골 지역을 몰래 다니면서 우물에 독을 풀고 가축을 죽였다고 자백했다. 1971년 북아일랜드에서 영국인도 IRA 활동 대원으로 의심되는 사람들에게 이 방식을 변형된 형태로 사용했다.
163. Carol Karlsen, *The Devil in the Shape of a Woman: Witchcraft in colonial New England*, Vintage Books, 1989.
164. Alexis de Tocqueville, *Democracy in America*, Everyman's Library, 1994.
165. 역사학자 보니 앤더슨과 주디스 진서에 따르면 1920년에 잔 다르크가 성인으로 추대된 건 군사적 성공 때문이 아니라 고결한 삶 때문이었다. Bonnie S. Anderson and Judith P. Zinsser, *A History of their Own, Volume I*, Oxford, 2000.
166. Bonnie S. Anderson and Judith P. Zinsser, 같은 책.
167. 《옥스포드 영어 사전》에는 '여성 혐오misogyny'라는 단어가 1656년에 한 용어 사전에 처음 등장했으며 여성에 대한 증오 또는 경멸을 뜻한다고 되어 있다. '여성 혐오자misogynist'라는 단어는 1630년에 《여성 혐오자

스웻남 규탄받다»라는 제목의 팸플릿에 등장했다. 스웻남은 여성을 비난하는 악명 높은 소책자를 쓴 저자다. "스웻남이란 이름은 여성들의 귀에/이제까지 있었던 그 어떤 여성 혐오자보다 끔찍하게 들린다네."
168. Antonia Fraser, *The Weaker Vessel: Women in 17th century England*, Alfred A. Knopf, 1984.
169. Lawrence Stone, *The Family, Sex, and Marriage in England 1500-1800*, Pelican Books, 1979.
170. Lawrence Stone, 같은 책.
171. Lawrence Stone, 같은 책.
172. 옥스퍼드 대학 법학교수인 윌리엄 블랙스톤William Blackone의 말로, 다음 책에 인용되어 있다. 메리 울스턴크래프트, «여성의 권리 옹호», 문수현 옮김, 책세상, 2018.
173. Lawrence Stone, 같은 책.
174. 로잘린드 마일스, «세계 여성의 역사: 인류를 지탱해온 '위대한 절반'의 사라진 흔적을 찾아서», 신성림 옮김, 파피에, 2020에서 인용.
175. Bonnie S. Anderson and Judith P. Zinsser, *A History of their Own, Volume I*, Oxford, 2000.
176. Lawrence Stone, 같은 책.
177. Antonia Fraser, 같은 책.
178. Antonia Fraser, 같은 책.
179. Lawrence Stone, 같은 책.
180. Lawrence Stone, 같은 책.
181. 버트런드 러셀, 같은 책.
182. 그리스인과 유대인이 창조한 인류 타락의 신화는 자주성이라는 개념에 근거했으나 남성의 자주성만을 다루었다. 이 생각에 따르면 남자는 여성보다 먼저 창조되었고 여성 없이

행복하고 자주적으로 살았으며 신들과 특별한 관계에 있었다.

183. 버트런드 러셀, 같은 책에서 인용.

184. 이러한 관점은 현대 들어 진화생물학에서 발견한 사실들 때문에 도전을 받고 있지만 여전히 사회과학자들 사이에서 우세하다.

185. Lawrence Stone, 같은 책.

186. Lawrence Stone, 같은 책에서 로크 인용.

187. Lawrence Stone, 같은 책.

188. 두 번째 진전은 그 후로 3백 년이 지나고 1960년대에 피임약이 널리 보급되면서야 이뤄졌다.

189. T. S. Eliot, 'The Poetry of the 18th Century', *The Pelican Guide to English Literature, volume 4: From Dryden to Johnson*, edited by Boris Ford, Pelican Books, 1973.

190. 매릴린 옐롬, «유방의 역사», 윤길순 옮김, 자작나무, 1999에서 인용.

191. *Ben Johnson's Plays, vol. 1*, with an introduction by Felix Schelling, J. M. Dent and Sons, 1960.

192. Ian Frederick Moulton, *Before Pornography: Erotic writing in early modern England*, Oxford University Press, 2000.

193. *William Shakespeare, The Complete Works*, General Editors Stanley Wells and Gary Taylor, Oxford, 1988.

194. David Gilmore, *Misogyny: The male malady*, University of Pennsylvania Press, 2001.

195. T. S. Eliot, *Selected Essays by T. S. Eliot*, Faber and Faber, 1969.

196. T. S. Eliot, 같은 책.

197. 오셀로도 아내 데스데모나에 대해 똑같은 한탄을 한다. 질투가 심해지면서 그는 다음과 같이 발언한다.(«오셀로» 3막 3장) 아, 결혼의 저주여/우리는 이 우아한 창조물들이 우리 것이라고 말하지/하지만 그들의 욕망은 우리 것이 아니라네!

198. 혹은 T. S. 엘리엇이 제안했듯이, 햄릿의 격렬한 분노를 정당화할 수 있는 인물을 거트루드를 통해 창조하는 데 셰익스피어가 실패한 것일 수도 있다. 이 희곡이 남긴 또 다른 수수께끼다.

199. Park Honan, *Shakespeare: A Life*, Oxford University Press, 1998.

200. *The Complete Poems of John Wilmot, Earl of Rochester*, edited with an introduction by David M. Vieth, Yale University Press, 1968. 로체스터 백작의 시 전집으로, 처음으로 검열되지 않고 온전히 출간되었다. 다른 시에서는 시인이 애인에게 간청하면서 여성 혐오 대신 개인 위생을 시의 주제로 삼는다. "아름답고 심술궂은 요정이여, 청결하고 상냥해다오/여전히 뒤에 있는 종이와/ 스펀지를 그 전에 사용해서/내 모든 기쁨을 도로 돌려다오." 여기에서 로체스터 백작은 그 시대 잉글랜드 남자와 여자가 계급을 불문하고 악명 높게 더럽고 개인 위생에 신경 쓰지 않았다는 사실을 반영한다. 아울러 로마 제국이 멸망하고 그와 함께 공중목욕탕과 수도교, 도로의 배수로를 쓸어낼 수 있도록 끊임없이 흐르던 물이 사라지면서 유럽이 천 년 넘게 불결한 상태에 있었다는 사실을 상기시킨다. 17세기에 런던에서 개인 위생이란 주로 손과

얼굴만을 씻는 것을 의미했다. 새뮤얼 피프스(Samuel Pepys, 1633년~1703년)는 무수히 많은 성적 만남을 포함해 자신의 일상에 대해 솔직히 털어놓은 일기로 유명하다. 한번은 그의 아내인 엘리자베스가 생애 처음으로 목욕탕에 다녀온 다음 그도 갔다 오기 전에는 같이 자지 않겠다고 거부했다. 3일이 지난 뒤에 섹스에 대한 욕망이 목욕에 대한 반감을 눌렀고 피프스는 마침내 동의했다. 하지만 일반적으로는 여성이 더 불쾌감을 준다고 여겨졌다.

201. David Farler-Hills, *Rocheſter's Poetry*, Rowman and Littlefield, 1978에서 인용.
202. 그로 인한 불안감은 재치 있는 시들로 표출되었다. 가장 유명한 시는 로체스터 백작이 쓴 "시뇨르 딜도*Signior Dildo*"다.
203. Walter Kendrick, *The Secret Museum: Pornography in modern culture*, University of California Press, 1987.
204. Ian Watt, *The Rise of the Novel*, University of California Press, 1957.
205. 일반적으로 다른 두 권은 «로빈슨 크루소*Robinson Crusoe*»(1719)와 «전염병 연대기*A Journal of the Plague Year*»(1722)라고 여겨진다.
206. Lawrence Stone, 같은 책.
207. Daniel Defoe, *Conjugal Lewdness*, 1727.
208. Daniel Defoe, *Roxana: The fortunate miſtress*, edited with an introducton by David Blewett, Penguin Classics, 1982.
209. Daniel Defoe, 같은 책.
210. «록사나»가 지닌 다른 흥미로운 특징은 매춘부에 관한 소설임에도 록사나의 성생활에 대해서는 거의 언급하지 않는다는 점이다. 책에

나오는 유일한 성적 장면은 록사나와 그녀의 헌신적인 하녀 에이미 사이에 벌어진다. 록사나의 애인이 에이미에게 눈독을 들이고 에이미도 그에게 시선을 주지만 주도적으로 무언가를 하기에는 에이미가 너무 수줍음을 타고 '여성스럽다.' 록사나는 에이미에게 그와 함께 침대로 가라고 권유하고 에이미가 거절하는데도 고집을 부린다. 에이미가 여전히 수줍어하자 록사나는 그녀의 옷을 벗기기 시작한다. 처음에 에이미는 저항하지만 몸싸움을 벌인 끝에 포기한다. 록사나는 당시 여자가 남자에게 자신을 내주었을 때 흔히들 사용하는 표현을 쓰며 "그녀는 내가 하게 내버려두었다"고 적는다. 그러고서 벌거벗은 에이미를 자신의 애인과 침대에 밀어 넣고 둘이 사랑을 나누는 모습을 지켜본다. 이 장면이 들어간 이유는 여주인공에게 결단력 있게 행동할 능력이 있음을 분명하게 보여주기 위해서였고, 이는 여성이 수줍음을 탄다는 고정관념에 저항하는 방식이었다. 그녀는 남자처럼 결단성을 보이며 에이미를 제어하고, 마찬가지로 남자들과 돈도 제어하면서 자신의 목적을 위해 활용한다.

211. 유베날리스까지 거슬러 올라가는 진부한 여성 혐오의 고정관념을 표현한 이 시와 디포가 독창적이고 다채로운 모습으로 그린 록사나를 비교해보면 흥미롭다. 포프는 소설이 부엌의 하녀들을 위한 문학이라고 경멸했지만, 그를 포함한 시인들이 여성에 대해 표현한 내용은 이제 딱하고 예측 가능하며 시대에 뒤떨어진 것으로 보인다.

212. Samuel Richardson, *Pamela, vol. 1*, with an introduction by George Saintsbury, Everyman's Library, 1960.

213. 소설가 헨리 필딩Henry Fielding은 답이 무엇인지 확신했다. '샤멜라Shamela'[sham은 '가짜' 또는 '가식'이라는 뜻으로 'sham'과 '파멜라Pamela'를 합친 단어다]라고 이름 붙인 팸플릿에서 필딩은 리처드슨이 위선자라고 비난했다. 필딩의 첫 소설인 «조지프 앤드루스*Joseph Andrews*»는 «파멜라»를 패러디했으며, 거기에 나오는 젊고 잘생긴 하인은 음탕한 부비 부인이 노리는 대상이다. 필딩은 남자만이 성욕을 느낀다고들 여기는 게 우습다고 생각했고 그가 쓴 가장 위대한 작품인 «톰 존스*Tom Jones*»에서도 같은 주제를 탐구한다.

214. Jean-Jacques Rousseau, *Emile*, translated by Barbara Foxley, Everyman Library, 1911.

215. Susan Moller Orkin, *Women in Western Political Thought*, Princeton University Press, 1979.

216. Jean-Jacques Rousseau, 같은 책

217. Jean-Jacques Rousseau, 같은 책.

218. 버트런드 러셀, 같은 책.

219. 린 헌트(엮음), «포르노그래피의 발명: 외설, 그리고 근대성의 기원, 1500년부터 1800년까지», 전소영 옮김, 알마, 2016.

220. 린 헌트의 책에서 캐스린 노버그Kathryn Norberg의 말 인용.

221. «쥐스틴, 혹은 미덕의 불운*Justine, ou Les Malheurs de la vertu*»과 «쥘리에트 이야기, 혹은 악덕의 번영»은 각각 1814년과 1815년에 금지되었다. 두

222. Marquis de Sade, *The History of Juliette: or, The Fortunes of Vice*, Grove Press, 1968.

223. Sir James Frazer, *The Golden Bough: The roots of religion and folklore*, Avenel Books, 1981.

224. 요한 야곱 마이어, «풍속으로 읽는 인도 이야기», 김형준 옮김, 산수야, 1998. 저자인 마이어의 분석은 오래된 인도 서사시 «마하바라타»에 기반한다.

225. 서유럽 전역에서도 비슷한 조각상들이 발견되는데, 이는 역사가 기록되기 전인 기원전 8천 년경부터 기원전 3천 년경 사이에 모권제에 바탕한 문명이 존재했다는 증거로 활용되었다. 하지만 유물을 보고 사회관계에 대한 결론을 이끌어내는 일은 어렵기로 악명 높다. 우리가 중세에 대해 아는 점이 성모 마리아의 초상화밖에 없었다면 아마 가톨릭이 지배하던 유럽이 모권제 사회였다고 결론 내렸을 것이다.

226. *Sexualia: From prehistory to cyberspace*, edited by Clifford Bishop and Xenia Osthelder, Koneman, 2001에서 인용.

227. Octavio Paz, *Conjunction and Disjunctions*, translated from the Spanish by Helen R. Lane, Seaver Books, 1982.

228. Philip Rawson, *Erotic Art of the East*, quoted by Octavio Paz, 같은 책.

229. Octavio Paz, 같은 책.

230. Reay Tannahill, *Sex and History*, Abacus, 1981에서 인용.

231. Reay Tannahill, 같은 책.

232. Reay Tannahill, 같은 책.
233. Octavio Paz, 같은 책.
234. Octavio Paz, 같은 책.
235. Clifford Bishop and Xenia Osthelder, 같은 책.
236. Reay Tannahill, 같은 책에서 인용.
237. «뉴욕 타임스» 2003년 7월 20일자 보도.
238. Clifford Bishop and Xenia Osthelder, 같은 책.
239. 요한 야곱 마이어, 같은 책.
240. ‹연합 통신› 2002년 11월 10일자 보도.
241. Clifford Bishop and Xenia Osthelder, 같은 책에서 인용. 서유럽 여성 대다수에게 남성과 동등한 교육을 받을 기회가 차단되었다는 사실에도 아베 뒤부아가 분노했기를 바란다.
242. Clifford Bishop and Xenia Osthelder, 같은 책.
243. Clifford Bishop and Xenia Osthelder, 같은 책.
244. 요한 야곱 마이어, 같은 책.
245. Reay Tannahill, 같은 책.
246. 요한 야곱 마이어, 같은 책.
247. Reay Tannahill, 같은 책.
248. ‘An Occasional Letter to the Female Sex’. Common Sense, edited by Isaac Kramnick, the Penguin American Library, 1976의 편집자 서문에서 인용.
249. 메리 울스턴크래프트, «여성의 권리 옹호»의 서문에서 인용.
250. 메리 울스턴크래프트, 같은 책, 브로디의 서문.
251. 메리 울스턴크래프트, 같은 책, 브로디의 서문.
252. 메리 울스턴크래프트, 같은 책, 브로디의 서문.
253. 메리 울스턴크래프트, 같은 책.
254. 버트런드 러셀, 같은 책.
255. Reay Tannahill, 같은 책.
256. 더블린 트리니티 칼리지의 제니 E. 홀런드Jenny E. Holland는 출간하지 않은 1998년 논문에서 인간이 생명을 창조하는 이야기는 과학이 산파의 역할을 대체하는 데 대한 우의적인 비평이라고 주장했다. 19세기에 의학이 급속도로 발전하면서 대체가 일어났다.
257. Reay Tannahill, 같은 책.
258. Reay Tannahill, 같은 책.
259. Charles Dickens: Selected Journalism, 1850-70, edited with an introduction and notes by David Pascoe, Penguin Classics, 1997.
260. Ronald Pearsall, The Worm in the Bud: The world of Victorian sexuality, Pelican Books, 1969. 이폴리트 텐Hippolyte Taine 인용.
261. Jack London, The People of the Abyss, with an introduction by Brigitte Koenig, Pluto Press, 2002.
262. Jack London, 같은 책.
263. Ronald Pearsall, 같은 책에서 엘리자베스 프라이Elizabeth Fry 인용.
264. Ronald Pearsall, 같은 책.
265. Ronald Pearsall, 같은 책.
266. Carol Groneman, Nymphomania: A History, Norton, 2001.
267. ‘Masturbation and Clitoridectomy’, Journal of the American Medical Association, 19 October 1963에서 툴레인 의과대학 교수인 존 더피John Duffy가 인용.
268. Carol Groneman, 같은 책에 인용된 사례.
269. «더 타임스» 1999년 3월 27일자에

실린 피터 스토다드Peter Stothard의
기사 "우리 수중의 여성들Women at Our
Mercy"에 설명되어 있다.
270. John Duffy, 같은 책.
271. Ronald Pearsall, 같은 책. 케이트
그린어웨이는 프랑스와 독일에서도 큰
성공을 거두었다.
272. Ronald Pearsall, 같은 책.
273. 디킨스의 작품은 그와 거의 동시대에
활동한 프랑스 소설가 에밀 졸라의
작품과 극명한 대비를 이룬다. 에밀
졸라의 소설은 성적으로 성숙한
여성을 생생하게 그려냈지만
어린아이를 그럴듯하게 묘사해내지는
못했다. 그의 소설 «대지La Terre»는
1888년에 외설적이라는 이유로
검열을 받았으며, 영국 하원에서 이
쟁점을 두고 토론이 벌어졌다. 분노한
한 의원은 영국의 도덕심이 "이런
종류의 문학"에 "잡아먹히고 있다"고
주장했다. 영국 출판인은 이 일로
3개월간 감옥에 갇혔다.
274. Adrienne Rich, *Of Woman Born:
Motherhood as experience and
institution*, W. W. Norton, New York,
1986.
275. Ronald Pearsall, 같은 책에서 «란셋*The
Lancet*» 인용.
276. 로잘린드 마일스, 같은 책. 저자
마일스에 따르면 법전에 의거해서
남편은 아내에게 머물거나 자기가
지시한 곳으로 옮겨가라고 강요할
수 있었고, 이혼 시에 아내의 재산과
수입을 획득할 수 있었으며 간통죄로
아내를 최대 2년까지 감옥에 보낼 수
있었지만, 남편은 기소될 수 없었다.
그리고 남편은 아내의 자식이 가진
모든 권리를 박탈할 수 있었다. 그녀는

"프랑스 여성들의 형편은 중세에 더
나았다"고 결론 내린다.
277. Ronald Pearsall, 같은 책.
278. Ronald Pearsall, 같은 책 인용.
279. 로잘린드 마일스의 책에서 허버트
스펜서 인용.
280. Ronald Pearsall의 책에서 «새터데이
리뷰» 1868년 2월자 인용.
281. Reay Tannahill, 같은 책.
282. Ronald Pearsall, 같은 책.
283. *Witches of the Atlantic World: A
historical reader and primary source
book*, edited by Elaine G. Breslaw, New
York University Press, 2000에서 인용.
284. Elaine G. Breslaw, 같은 책.
285. De Tocqueville, *Democracy in America*,
Everyman's Library, 1972.
286. De Tocqueville, 같은 책.
287. A. Leon Higginbotham, *Shades
of Freedom: Racial politics and
presumptions of the American legal
process*, Oxford University Press, 1996.
288. 잡지 «에센스*Essence*» 웹사이트에 있는
인터뷰에서 인용. 쉐프톨은 조네타
B. 콜Johnetta B. Cole과 함께 다음 책을
저술했다. Beverly Guy-Sheftall and
Johnetta B. Cole, *Gender Talks: The
struggle for women's equality in African
American communities*, Ballantine
Books, 1999.
289. 로잘린드 마일스, 같은 책.
290. 당시에도 무법지대에 가까운
개척지에서 왜 이런 진보적인 정책을
내놓게 되었는지 추측들이 무성했다.
카우보이와 총잡이 들은 여성이
대다수 미국인에게 도덕적이고
존경할 만한 것들을 상징하므로
와이오밍을 보는 시선이 이 행보로

인해 나아지리라고 생각했던 듯하다.
여성은 배심원이 될 수 있는 권리도
획득했다. 수석재판관 호이트Hoyt는
처음에 이 행보에 반대했으나 나중에
"여성들이 품위와 예의, 바른 행실과
지성을 가지고 처신해서 와이오밍주의
모든 공정한 시민들의 존경을
받았다"고 말했다. Reay Tannahill, 같은
책 참고.

291. 로잘린드 마일스, 같은 책.

292. Reay Tannahill, 같은 책.

293. 버트런드 러셀, 같은 책.

294. 그러나 니체는 여성에 대해 완전히
오해한 것처럼 바이런에 대해서도
잘못 알았다. 여성의 정조를 빼앗는
데에만 관심을 두는 무정한 유혹자인
돈 주앙과 같기는커녕 바이런은
유혹하기보다는 유혹당하는 쪽이었다.
그가 쓴 가장 위대한 풍자 서사시 ‹돈
주앙Don Juan›은 온화하고 공상적이며
심성 좋은 젊은이의 이야기인데,
이 젊은이는 아름다운 여성에게 안
된다고 말하기를 힘들어한다.

295. 권력을 바라보는 니체의 생각은 여러
면에서 사드 후작과 비슷하다. 하지만
‘신성한 후작’은 니체의 여성관을 보고
우스꽝스럽고 유치하다고 생각했을
것이다. 사드는 여성도 인간이므로
남자만큼 잔혹해질 수 있다고 보았고
그의 소설 속 인물인 쥘리에트를 통해
그 생각을 드러냈다.

296. Ronald Pearsall, 같은 책.

297. 잭 더 리퍼 전문가들은 그가 저지른
살인이 실제로 더 많은지 적은지
논쟁한다. 다른 살인이 최대 열 건 더
있었을 수 있으며 그 가운데 일부는
일반적으로 잭 더 리퍼가 저질렀다고
여겨지는 살인보다 먼저 일어났고

일부는 마지막 살인보다 나중에
일어났다고 한다. 하지만 잭 더 리퍼와
관련된 모든 것이 그렇듯 순전히
추측일 뿐이다.

298. Donald Rumbelow, *The Complete Jack
the Ripper*, with an introduction by
Colin Wilson, the New York Graphic
Society, 1975에서 인용했다.

299. 그가 보고한 내용은 ‹Casebook: Jack
the Ripper› 웹사이트에 인용되어
있다. 구글 검색엔진에서 잭 더 리퍼와
연관된 것으로 뜨는 17만 8,000개의
항목 가운데 하나다.

300. Donald Rumbelow, 같은 책.

301. 잭 더 리퍼의 정체는 오늘날에도
수수께끼로 남아 있다. 주요 용의자가
15명가량 있었으며, 빅토리아 여왕의
손자인 클래런스 공작부터 폴란드
출신 이발사까지 다양한 사람이 용의
선상에 올랐다. 피해자들이 죽기 전에
‘외국인’ 같고 ‘영락했지만 체면 차리는
듯한’ 남자와 이야기하는 모습을
보았다고 여러 증인이 증언했다.
화이트채플은 유대인 구역이었고
경찰은 그런 소문이 반유대주의
폭동을 일으키지 않을까 염려했다.
그런 이유로 경찰은 얼마 안 되는
진짜 단서 중 하나를 없애버렸다. 네
번째 살인이 일어나고 얼마 지나지
않아서 한 순경은 다음과 같이 적힌
낙서를 발견했다. "유대인이 아무
이유 없이 비난받는 건 아닐 것이다."
적힌 지 얼마 안 된 낙서였고 아마
살인자가 그 지역 유대인들에 대한
감정을 불러일으키려고 시도한 것으로
보인다. 프로이트는 훗날 여성 혐오와
반유대주의 사이의 관계에 대해
추측했다.

302. *Collected Poems*, edited by Edward Mendelson, Random House, 1976.

303. Sarah Kofman, *The Enigma of Woman: Woman in Freud's writings*, translated from the French by Catherine Porter, Cornell University Press, 1986.

304. *Some Psychical Consequences of the Anatomical Differences Between the Sexes*, The Freud Reader, edited by Peter Gay, W. W. Norton and Company, 1989.

305. *Sexualia: From prehistory to cyberspace*, edited by Clifford Bishop and Xenia Osthelder, Koneman, 2001.

306. Peter Gay, 같은 책.

307. Peter Gay, 같은 책.

308. Sarah Kofman, 같은 책.

309. 지그문트 프로이트, 같은 책

310. 베티 프리단, «여성성의 신화: 새로운 길 위에 있는 우리 모두에게 용기를», 정희진 해제, 김현우 옮김, 갈라파고스, 2018. 여기서 베티 프리단이 인용.

311. Robert S. McElvaine, *Eve's Seed: Biology, the sexes and the course of history*, McGraw-Hill, 2001.

312. 바이닝거에 관한 정보 상당수는 다음 웹사이트에서 가져왔다. www.theabsolute.net/ottow/ottoinfo, 5 November 2003. 이 웹사이트에 있는 정보는 다음 자료에 기반한다. Chandak Sengoopta, *Sex, Science, and Self in Imperial Vienna, a doctoral dissertation*, Johns Hopkins University, 1996.

313. Otto Weininger, *Sex and Character*, feastofhateandfear website, 11 November 2003.

314. feastofhateandfear website, 앞의 자료.

315. feastofhateandfear website, 앞의 자료.

316. www.theabsolute.net/ottow/ottoinfo.

317. www.theabsolute.net/ottow/ottoinfo.

318. 프로이트는 서양 문명에 나타나는 모습을 토대로 해서 여성 혐오와 반유대주의 사이에 존재하는 무의식적인 연결 고리에 대한 이론을 세웠다. 프로이트는 두 증오가 모두 거세 공포에서 비롯한다고 추측했으며, 할례는 여성의 성기를 보는 것과 같은 종류의 공포를 불러일으킨다고 여겼다.

319. Ian Kershaw, *Hitler 1889-1936: Hubris*, W. W. Norton, 1998.

320. Otto Weininger, 같은 책.

321. Joachim C. Fest, *The Face of the Third Reich*, Pelican Books, 1972.

322. Ian Kershaw, 같은 책.

323. Ian Kershaw, 같은 책.

324. Ian Kershaw, 같은 책.

325. Ian Kershaw, 같은 책.

326. Ian Kershaw, 같은 책.

327. Joachim C. Fest, 같은 책.

328. Joachim C. Fest, 같은 책.

329. Joachim C. Fest, 같은 책.

330. Ian Kershaw, 같은 책.

331. Michael Burleigh, *The Third Reich: A New History*, Pan Books, 2001.

332. Michael Burleigh, 같은 책.

333. Truth at Last Archives, 17 November 2003, 웹사이트에서 인용. 슈트라이허는 1946년 10월에 연합군의 재판을 받고 처형되었다.

334. Michael Burleigh, 같은 책.

335. Michael Burleigh, 같은 책.

336. Joachim C. Fest, 같은 책에서 «나의 투쟁» 인용.

337. Joachim C. Fest, 같은 책, 인용.

338. Joachim C. Fest, 같은 책.
339. Joachim C. Fest, 같은 책.
340. Women Writing the Holocaust, website, 17 November 2003.
341. Daniel Goldhagen, *Hitler's Willing Executioners: Ordinary Germans and the Holocaust*, Vintage Books, 1997.
342. 그림은 골드하겐의 책에 복사되어 있다.
343. Rover Jay Lifton, *The Nazi Doctors*, «뉴욕 타임스» 2003년 11월 17일자에 인용.
344. Women in Concentration Camps website, 17 November 2003.
345. Friedrich Engels, *The Origins of the Family, Private Property and the State*, with an introduction by Michael Barrett, Penguin Classics, 1985.
346. Friedrich Engels, 같은 책. Rosalind Delmar 인용.
347. *The Woman Question: Selections from the writings of Karl Marx, Frederick Engels, V. I. Lenin, Joseph Stalin*, International Publishers, 1951.
348. *The Woman Question.* 레닌은 엥겔스의 주장을 따르고 있다. 엥겔스는 «가족, 사유재산, 국가의 기원Der Ursprung der Familie, des Privateigenthums und des Staats»에서 여성이 경제 전반에 통합되었을 때에만 여성 해방이 가능하다고 주장했다.
349. *The Woman Question.*
350. *Basic Writings on Politics and Philosophy*, Anchor Books, 1989.
351. Adrienne Rich, *Of Woman Born: Motherhood as experience and institution*, W. W. Norton, New York, 1986.
352. The People's Daily Online, 12 November 2003.
353. Antony Beevor, *The Fall of Berlin*, Viking, 2002에 인용된 «삶과 운명Life and Fate».
354. 북한 정부는 그들이 주장한 혐의를 터무니없는 거짓말이라고 한다. 그러나 신뢰할 만한 인권 단체들이 탈북자들의 증언을 입증한다.
355. 이순옥을 인용하거나 언급할 때 쓰인 모든 자료의 출처는 그녀가 미국 하원 국제관계위원회에서 증언한 내용을 옮긴 기록이다.
356. «뉴욕 타임스» 2002년 5월 3일자.
357. *War's Dirty Little Secret; Rape, prostitution and other crimes against women*, Anne Llewellyn, editor, The Pilgrim Press, 2000에 인용된 아이리스 장Iris Chang의 «난징의 강간The Rape of Nanking».
358. Antony Beevor, 같은 책.
359. Anne Llewellyn, 같은 책.
360. Anne Llewellyn, 같은 책.
361. Anne Llewellyn, 같은 책.
362. 강간 때문에 군인이 처벌받은 드문 사례 중 하나는 알렉산드로스 대왕이 기원전 334년에 페르시아를 침략했을 때 일어났다. 그는 두 페르시아인의 아내를 강간한 죄로 병사 두 명을 처형했다. 알렉산드로스는 그들을 "인류를 멸망시키려는 잔혹한 야수"에 비견했다. *Plutarch's Life of Alexander*, translated by Thomas North, Southern Illinois Press, 1963 참고.
363. Ronald Pearsall, *The Worm in the Bud: The world of Victorian sexuality*, Pelican Books, 1969.
364. Ronald Pearsall, 같은 책.

365. Reay Tannahill, *Sex and History*, Abacus, 1981.

366. Bertrand Russell, *Why I am not a Christian: And other essays on religion and related subjects*, Simon and Schuster, 1950.

367. 예외는 있었다. 예를 들면 19세기 산아 제한 옹호자였던 애니 베전트Annie Besant는 "여성의 권리를 쟁취하는 데 《성경》과 종교가 방해된다면 이것들은 사라져야 한다"고 말했다. Ronald Pearsall의 책 참고.

368. 로잘린드 마일스, 같은 책.

369. Fr Orville Griese, *The 'Rhythm' in Marriage and Christian Morality*, Newman Bookshop, 1944.

370. Fr Orville Griese, 같은 책.

371. David Willey, *God's Politician: John Paul at the Vatican*, Faber and Faber, 1992.

372. David Willey, 같은 책.

373. David Willey, 같은 책.

374. David Willey, 같은 책.

375. David Willey, 같은 책, 인용.

376. Tim LaHaye and Jerry B. Jenkins, *Armageddon: The cosmic battle of the ages*에 대한 Joan Didion의 리뷰.‹New York Review of Books›, 2003일 11월 17일자.

377. BBC News World Edition website, 28 June 2003.

378. 아일랜드 여성에게는 다행스럽게도 영국은 배를 타고 잠깐이면 갈 수 있는 곳이다. 아일랜드에서는 임신 중단 시술을 받을 수 없기에 매년 아일랜드 여성 수천 명이 영국에 시술을 받으러 간다. 아일랜드 정부는 자신들이 선택한 정책의 결과를 마주하지 않고도 경건한 척하면서 자신들이 생명을 옹호한다고 주장할 수 있다.

379. *Sexualia: From prehistory to cyberspace*, edited by Clifford Bishop and Xenia Osthelder, Koneman, 2001.

380. Fr Orville Griese의 책에 인용된 자크 르 클레르크Jacques Leclercq 박사 인용.

381. Fr Orville Griese, 같은 책.

382. 《뉴욕 타임스》 2003년 1월 20일자에 따르면 1981년 낙태율은 15세에서 44세까지 여성을 대상으로 했을 때 여성 천 명당 29건을 약간 넘었다. 2003년 낙태율은 천 명당 21.3명이다.

383. 《뉴욕 타임스》 2003년 9월 4일자.

384. 《뉴욕 타임스》 2003년 9월 4일자.

385. 《뉴욕 타임스》 2003년 5월 10일자.

386. 《뉴욕 타임스》 2003년 5월 10일자.

387. 《뉴욕 타임스》 2003년 6월 2일자.

388. 《댈러스 모닝 뉴스》 1996년 8월 9일자.

389. 《댈러스 모닝 뉴스》 앞의 기사.

390. 《댈러스 모닝 뉴스》 앞의 기사.

391. *The Perfumed Garden of the Shakh Nefzawi*, translated by Sir Richard Burton, edited with an introduction and additional notes by Alan Hull Walton, Gramercy Publisinh Company, 1964.

392. Sir Richard Burton, 같은 책.

393. Leila Ahmed, *Women and Gender in Islam*, Yale University Press, 1992.

394. Reay Tannahill, *Sex and History*, Abacus, 1981.

395. Leila Ahmed, 같은 책.

396. Leila Ahmed, 같은 책. 저자인 아메드는 영국의 이집트 총독이었던 크로머 경Lord Cromer이 이집트에서는 베일에 반대하는 운동을 벌인 반면, 고향인 영국에서는 여성의 참정권에 반대하는 단체를 만들었다고 지적한다.

397. Leila Ahmed, 같은 책에서 할레 아프샤르Haleh Afshar 인용.
398. Leila Ahmed, 같은 책.
399. ‹뉴욕타임스› 2002년 5월 17일자.
400. «뉴욕 타임스» 앞의 기사.
401. «뉴욕 타임스» 앞의 기사.
402. «뉴욕 타임스» 2002년 7월 2일자.
403. «뉴욕 타임스» 2002년 7월 6일자.
404. 라티파, «빼앗긴 얼굴: 탈레반에 짓밟힌 아프가니스탄 여성의 삶에 대한 생생한 기록», 최은희 옮김, 이레, 2002.
405. Robert D. Kaplan, *Soldiers of God: With Islamic warriors in Afghanistan and Pakistan*, Vintage, 2001.
406. 라티파, 같은 책. 더 역설적인 점은 영국이 인도를 점령하는 동안 힌두교 민족주의자들의 위협을 상쇄하기 위해 데오반디즘을 부추겼다는 사실이다.
407. 라티파, 같은 책.
408. 라티파, 같은 책.
409. 라티파, 같은 책.
410. 라티파, 같은 책.
411. Robert D. Kaplan, 같은 책.
412. «뉴요커» 2002년 1월 28일자에 존 앤더슨John Anderson이 쓴 기사. 앤더슨은 탈레반 통치 기간에 국가 지도자였던 물라 오마르Mullah Omar가 자신의 차인 도요타 랜드크루저의 CD 재생기로 세속적인 음악을 들었다는 사실도 발견했다.
413. 라티파, 같은 책.
414. «로스앤젤레스 타임스» 2001년 11월 4일자.
415. «뉴욕 타임스» 2002년 10월 27일자.
416. «뉴욕 타임스» 2002년 10월 31일자. 2003년 12월에 아프가니스탄의 새로운 헌법을 만들기 위해 전국 단위의 제헌 회의를 열었을 때 여성 대표 백 명 가운데 한 명이 무자헤딘이 그 자리에 있는 것에 반대 의사를 밝혔다. 그리고 "왜 아프가니스탄 사람들에게 재앙을 가져온 범죄자들을 다시 위원회 회장으로 선택한 거죠?" 하고 물었다. BBC에 따르면 2003년 12월 18일에 그녀는 유엔의 보호를 받아야 했다. 여성들은 제헌 회의가 만든 위원회 어디에도 선출되지 않았다.
417. Daniel Goldhagen, *Hitler's Willing Executioners: Ordinary Germans and the Holocaust*, Vintage Books, 1997.
418. «워싱턴 포스트» 1993년 4월 4일자.
419. *The Collected Essays, Journalism and Letters of George Orwell, Volume 4: In Front of Your Nose, 1945-50*, edited by Sonia Orwell and Ian Angus, Penguin Books, 1970.
420. «시카고 트리뷴» 1990년 11월 18일자. 락 음악 비평가인 그레그 코트Greg Kot가 쓴 기사 "Rock turns mean and ugly."
421. «뉴욕 타임스» 2003년 11월 6일자. 리지웨이는 '그린강의 살인마Green River Killer'로도 알려졌다. 1980년대부터 시애틀 근처 그린강 강둑에서 희생자들의 시신이 발견되기 시작했으나 오랫동안 잡히지 않았다.
422. David Gilmore, *Misogyny: The Male Malady*, University of Pennsylvania Press, 2001에서 새뮤얼 슬립Samuel Slipp 인용.
423. 로마 당국이 유대인을 대하는 방식과 기독교 세계에서 유대인이 겪은 운명을 비교하는 일은 흥미롭다. 로마가 유대 속주를 지배하는 데에

유대인들은 실제적인 위협이 되었다.
첫 중대한 봉기가 서기 66년에, 그다음
번 봉기가 서기 132년에 일어났고
유혈 사태를 겪고서야 진압되었지만
로마인들은 반유대주의 법을
제정하지 않았다. 기독교의 특징인
종교적, 인종적 편협함은 로마인들의
사고방식에는 이질적이었다.

424. Daniel Goldhagen, 같은 책.
425. «뉴욕 타임스 매거진» 2002년 9월
15일자.
426. *Fable for Another Time*, translated by
Mary Hudson, University of Nebraska
Press, 2003.
427. Octavio Paz, *Conjunction and
Disjunctions*, translated from the
Spanish by Helen R. Lane, Seaver Books,
1982.
428. 스티븐 핑커, 같은 책.
429. 스티븐 핑커, 같은 책.
430. 버트런드 러셀, 같은 책.
431. 스티븐 핑커, 같은 책.
432. Jared Diamond, *The Rise and Fall of the
Third Chimpanzee: How our animal
heritage affects the way we live*, Vintage,
1992.
433. *Oxford Book of English Verse*, edited by
Christopher Ricks, Oxford University,
1999에 나오는 앤드루 마블Andrew
Marvell의 "To his Coy Mistress."
434. 피그미침팬지라고도 불리는 보노보는
사람 이외에 배란이 숨겨진 유일한
영장류다. 보노보도 인간처럼 언제나
성적으로 왕성하고 생식 이외에
다양한 목적으로 성행위를 한다.
Richard Wrangham and Dale Peterson,
*Demonic Males: Apes and the origins of
human violence*, Mariner Books, 1996

참고.
435. 낸시 에트코프, «미: 가장 예쁜
유전자만 살아남는다», 이기문 옮김,
살림, 2000.

찾아보기

찾아보기

판도라의 딸들, 여성 혐오의 역사
−세상에서 가장 오래된 편견
　　　잭 홀런드 지음, 김하늘 옮김

'�口'

창문
몸의 �口
마음의 �口

초판 1쇄 2021년 7월 26일 발행

ISBN: 979-11-5706-237-9 (03900)

�口　　기획편집: 유온누리
　　　편집도움: 강경희
　　　디자인: 이준한
　　　마케팅: 김성현, 최재희, 김규리
　　　인쇄: 한영문화사

�口　　펴낸이: 김현종
　　　펴낸곳: (주)메디치미디어
　　　경영지원: 전선정, 김유라
　　　등록일: 2008년 8월 20일 제300-2008-76호

�口　　주소: 서울시 종로구 사직로 9길 22 2층
　　　전화: 02-735-3308
　　　팩스: 02-735-3309
　　　이메일: meeum@medicimedia.co.kr
　　　인스타그램: @__meeum

ㅁ은 (주)메디치미디어의 인문·교양·에세이 브랜드입니다.